拉美经济专题
阅读与评析

Lectura y comentario sobre la economía latinoamericana

黄乐平 编著

外语教学与研究出版社
北京

图书在版编目 (CIP) 数据

拉美经济专题阅读与评析：西班牙文、汉文 / 黄乐平编著． -- 北京：
外语教学与研究出版社，2020.12
ISBN 978-7-5213-2710-6

Ⅰ．①拉… Ⅱ．①黄… Ⅲ．①西班牙语－高等学校－教材②经济概况－
拉丁美洲－西、汉 Ⅳ．①H349.39

中国版本图书馆 CIP 数据核字 (2021) 第 117012 号

出 版 人　徐建忠
责任编辑　李　丹
责任校对　李欣欣
封面设计　水长流文化
出版发行　外语教学与研究出版社
社　　址　北京市西三环北路 19 号（100089）
网　　址　http://www.fltrp.com
印　　刷　北京虎彩文化传播有限公司
开　　本　710×1000　1/16
印　　张　24
版　　次　2021 年 6 月第 1 版　2021 年 6 月第 1 次印刷
书　　号　ISBN 978-7-5213-2710-6
定　　价　68.00 元

购书咨询：（010）88819926　电子邮箱：club@fltrp.com
外研书店：https://waiyants.tmall.com
凡印刷、装订质量问题，请联系我社印制部
联系电话：（010）61207896　电子邮箱：zhijian@fltrp.com
凡侵权、盗版书籍线索，请联系我社法律事务部
举报电话：（010）88817519　电子邮箱：banquan@fltrp.com
物料号：327100001

拉丁美洲与加勒比海地区（以下简称拉美）目前共有33个国家和12个尚未独立的地区，人口约6.51亿（2018年），主要语言为西班牙语和葡萄牙语。拉美经济在世界经济中占有重要地位，据世界银行统计，2018年拉美地区国内生产总值（GDP，现价美元）为5.80万亿美元，约占当年世界总量的6.70%。21世纪以来，中国和拉美之间的贸易往来日益频繁，经济合作不断加强。在"一带一路"倡议的助推下，中拉合作正在迈上新的台阶。

在我国，很多高校的西班牙语专业都开设了拉美概况或国情课程，但多以历史和文化为主要授课内容。当前，随着中拉经贸合作的不断深入，国家需要大量既精通外语又熟悉拉美经济的复合型人才。因此，在条件允许的情况下，有必要在高校西班牙语专业研究生阶段设立拉美经济研究方向，或为研究生及本科高年级学生开设介绍拉美经济概况的选修课，这不但可以在一定程度上满足国家对相关人才的需求，也可以提高学生的综合素养和就业竞争力。

本书可以作为高校西班牙语专业研究生或本科高年级阶段拉美经济概况课程的参考教材。本书共分为四篇，分别为：拉美本土发展理论；危机与改革；21世纪以来拉美对发展模式的探索；拉美的包容性发展。每一篇又分为两至三章，共十章十个专题。从历史的角度看，学生主要应该了解当代拉美经济的发展情况，因此本书内容的时间段大致设定为二十世纪四五十年代至二十一世纪第一个十年。从主题的角度看，本书十个专题既包括当代拉美经济研究中几个重要的主题，例如拉美经委会的结构主义理论、20世纪80年代以来拉美国家的经济改革和期间发生的金融与经济危机、区域经济一体化等，也包括当前拉美经济研究中几个热门的话题，例如包容性发展、收入分配、中小企业、教育公平等。通过对这十个专题的学习，学生可以对当代拉美经济的发展脉络和若干重要问题有一个基本的了解和认识，为下一步的深入学习打下基础。

本书每一章分为三部分。第一部分是导读，简要概括了本章的主要内容。第二部分是西班牙语文献，全面而深入地阐述这一章的主题。文献主要选自拉丁美洲和加勒比经济委员会（简称拉美经委会）等权威机构出版的报告、著作和研究论文，有较高的权威性和学术价值，其文字准确而具有专业性，既有利于学生学习基础知识，又有利于学生提高西班牙语阅读能力。每篇文献后附有思考题，以帮助学生把握文献主要内容，还附有词汇表，可帮助学生扩充相关专业词汇。第三部分是对西班牙语文献的评论文章，对文献所涉及的内容进行了梳理总结和评论，并适当展开，对相关主题进行一定的研究分析。文后附有参考文献列表，学生可以进一步查阅资料，进行延伸学习。

关于授课进度和方法，编者建议：本书适用于一学期（约17周，每周两课时）的课程。第1周教师对学习内容和方法进行概述，第2—17周讲授第1—8章，每章用时两周。第9—10章可以作为课外学习内容。建议学生课前仔细阅读书中文献和评论文章，同时查找并浏览评论文章后所列参考文献，写出学习总结。每周由若干名学生在课堂上以幻灯片形式对其学习总结进行演示陈述，之后教师进行点评、总结、讲授。

中国社会科学院拉丁美洲研究所的张勇研究员对书稿进行了认真的审阅，提出了很多宝贵的修改意见。在编写过程中，北京第二外国语学院西班牙语专业研究生臧明微、王晓阳、田莉、高杉在资料整理工作上做了很大贡献。在本书的编辑出版过程中，外语教学与研究出版社的编审专家和美仑编辑付出了很多辛劳和努力。在此一并致谢。

本书是编者在教学实践基础上编写完成的。书中还存在很多问题和不足，有待于今后在教学科研过程中不断完善，同时也恳请广大读者不吝指正。

编著者

2020年1月22日于深圳

（编著者：黄乐平，深圳大学外国语学院副教授，经济学博士，毕业于中国社会科学院研究生院世界经济专业，研究方向为拉美经济。）

目录

第一篇

拉美本土发展理论

第一章

拉美经委会理论
的发展

导 读

　　拉美经委会（CEPAL）于20世纪四五十年代提出的结构主义理论是拉丁美洲独立思考如何进行发展的伟大尝试，它引导了拉美国家的进口替代工业化发展战略，促进了各国工业化的发展和民族经济的独立。在20世纪90年代拉美新自由主义经济改革时期，拉美经委会与时俱进，在对结构主义理论进行扬弃的基础上，提出新结构主义，继续对拉美经济的各个主题进行思考。本章文献《拉美经委会六十年：结构主义和新结构主义》（节选）全面回顾了拉美经委会理论的发展历程，从中我们可以对该组织提出的理论主张有一个初步了解。

文献 | Sesenta años de la CEPAL: estructuralismo y neoestructuralismo

Ricardo Bielschowsky[①]

I. Introducción

El presente artículo sintetiza la evolución del pensamiento de la **Comisión Económica para América Latina y el Caribe (CEPAL)** [1]en sus 60 años de existencia, mediante una revisión sistemática del extenso material bibliográfico publicado por la institución, con énfasis en el sexto decenio.

Se observa que, en general, los textos de las tres primeras décadas estudiados en este trabajo son principalmente los suscritos por los intelectuales más destacados de la CEPAL en ese período, mientras que los utilizados en referencia al pensamiento de los tres últimos decenios corresponden más bien a documentos oficiales de la institución.

Se reproduce en este trabajo, con la debida extensión a la sexta década, la clasificación periódica utilizada en un artículo anterior sobre las cinco primeras décadas (Bielschowsky, 1998), organizada en torno a los "mensajes" que impulsaron la producción intelectual de la institución y que reflejaban el contexto histórico de cada momento.

Las ideas centrales de los primeros 30 años fueron la **industrialización**[2] (década de 1950); la necesidad de aplicar reformas en los ámbitos fiscal, financiero, agrario y administrativo, entre otros, para profundizar la industrialización y reducir las desigualdades (década de 1960) y la reorientación de los "estilos" de desarrollo (década de 1970).

En el decenio de 1980, a raíz de la **crisis de la deuda**[3] se produjo un inevitable cambio de prioridades en el enfoque de la CEPAL, que se trasladó así desde el binomio producción-distribución prevaleciente hasta entonces a los temas macroeconómicos.

A partir de 1990, y sin desatender la necesidad de conquistar y preservar la estabilidad

① Oficial de Asuntos Económicos, Oficina de la CEPAL, Brasilia.

macroeconómica, el foco principal volvió a ser el de las reformas de largo plazo. El mensaje que pasó a dominar el temario de investigación y reflexión de la CEPAL, la transformación productiva con equidad, contenía los dos objetivos prioritarios expresados tradicionalmente por la institución: desarrollar una base productiva en que se conjugaran un aumento continuo de la productividad y una inserción internacional competitiva y construir una sociedad más igualitaria y justa.

En el decenio de 1990, la CEPAL actualizó su pensamiento para adecuarlo a la nueva realidad de **apertura comercial**[4], movilidad internacional de capitales, privatización y desregulación, en un contexto de relaciones más estrechas con el resto del mundo y de mayor **integración regional**[5]. Lo hizo conservando los elementos centrales del enfoque estructuralista inaugural y formulando estrategias y políticas alternativas en buena medida discrepantes con las de la agenda neoliberal. Para caracterizar a esta nueva etapa se utilizó, con razón, la expresión "neoestructuralismo".

Entre 1998 y 2008 se enriquecieron, maduraron y perfeccionaron los análisis y propuestas neoestructuralistas, configurándose así una agenda de políticas que abarca los cuatro campos analíticos fundamentales de la CEPAL: macroeconomía y finanzas, desarrollo productivo y comercio internacional, desarrollo social y **sostenibilidad ambiental**[6]. Este programa reciente —heterodoxo en materia macroeconómica, desarrollista en cuanto a asignación de recursos e intervención del Estado, universalista en el campo social y conservacionista en materia ambiental— figura en los principales textos oficiales de la CEPAL, a los cuales se hará referencia en este trabajo, así como en un sinnúmero de artículos firmados por sus investigadores.

La lectura de esos documentos permite afirmar que el pensamiento de la institución se caracteriza por la continuidad y el cambio. A lo largo de su historia, la CEPAL ha mantenido el mismo enfoque metodológico y analítico, conservando la unidad y coherencia de su producción intelectual, pero actualizando los análisis en forma permanente. Como se observa en el libro *cincuenta años del pensamiento de la CEPAL: textos seleccionados*, "lo que se va modificando es la historia real objeto del análisis, así como el contexto ideológico en que esta se genera, lo que obliga permanentemente a matizar los énfasis y a renovar las interpretaciones, a fin de adaptarse a los nuevos contextos históricos" (CEPAL, 1998a).

Así lo confirma la transición hacia el neoestructuralismo, que obedeció al cambio histórico de las condiciones internas e internacionales, es decir, a la inestabilidad macroeconómica que se instaló en los años setenta tras la falencia del sistema de Bretton Woods y, desde fines de los años ochenta, a la reorientación de las economías de la región hacia la desregulación y la globalización. Ello condujo a la CEPAL a revisar su postura analítica y proposicional, a fin de adecuarla a los nuevos tiempos. Sin embargo, en esa revisión se preservó el instrumental analítico acumulado, poniéndolo al servicio de una "agenda positiva" para el desarrollo económico y social de la región, alternativa y opuesta a las concepciones del pensamiento ortodoxo en materia macroeconómica y neoliberal relativo a asignación de recursos.

El presente artículo contiene tres secciones, además de esta introducción y de la conclusión. En la segunda sección se presenta una síntesis de las principales ideas generadas por la institución en la etapa estructuralista —los primeros 40 años— y, en la tercera, del pensamiento de la etapa neoestructuralista vigente desde 1990. La cuarta sección muestra la proximidad de los análisis realizados en ambas etapas.

II. La etapa estructuralista (1948-1990)

El sistema analítico de la CEPAL se basa en el método "histórico-estructural", que examina las especificidades productivas, sociales, institucionales y de inserción internacional de los países de América Latina y el Caribe en su carácter de "periféricos", en contraposición a las características de las economías "**centrales**[7]" observadas desde la perspectiva prioritaria de su transformación a mediano y largo plazo. El enfoque se originó en los tres textos fundacionales con que Prebisch orientó teórica e ideológicamente a la institución (CEPAL, 1951a y 1951b; Prebisch, 1973), que fue profundizado durante las dos décadas subsiguientes por el autor y algunos de sus seguidores.

De acuerdo con la trilogía inaugural, en comparación con los países centrales, productores de **bienes industrializados**[8], la **estructura socioeconómica**[9] de la región presentaba las siguientes características: i) especialización en bienes del sector primario y baja **diversidad productiva**[10] (complementariedad intersectorial e integración vertical reducidas); ii) niveles muy dispares de productividad sectorial[5] y oferta ilimitada de **mano de obra**[11] con ingresos próximos a la subsistencia, y iii) **estructura institucional**[12] (Estado, sector agrario y composición empresarial, entre otros) poco inclinada a la **inversión**[13] y al **progreso técnico**[14].

La industrialización, que se había fortalecido como respuesta a la **recesión**[15] de los años treinta y de la Segunda Guerra Mundial y progresaba en forma espontánea —sin el apoyo de políticas de fomento—, era la fórmula para superar la pobreza y revertir la distancia creciente entre la periferia y el centro. No obstante, se perfilaba como muy problemática debido a las características señaladas de la estructura socioeconómica.

En efecto, para **diversificar**[16] la escasa base productiva se requería invertir simultáneamente en muchos sectores, lo que suponía un gran esfuerzo adicional en materia de **divisas**[17] y **ahorro**[18], en circunstancias que la especialización en **bienes primarios**[19] generaba una oferta muy limitada de divisas en un contexto histórico caracterizado por las fuertes presiones sobre la demanda de ellas. Por otra parte, la coexistencia de un pequeño sector de productividad elevada con otro más amplio de menor dinamismo configuraba una **heterogeneidad estructural**[20] en que la proporción excedente-ingreso era muy reducida. A su vez, el atraso institucional se traducía en **capacidad fiscal**[21] insuficiente, desperdicio de parte del excedente en **inversiones improductivas**[22] y consumo superfluo, así como un magro estímulo de la inversión y el **avance tecnológico**[23].

Las tres características citadas del **subdesarrollo**[24] y de la "condición periférica" de América Latina constituyen los aspectos esenciales en torno a los cuales se han estructurado el trabajo intelectual y los niveles analíticos tradicionalmente explorados por la CEPAL: progreso técnico, **crecimiento**[25], **empleo**[26], **distribución del ingreso**[27] y **pobreza**[28]; **inserción internacional**[29] en el ámbito de las relaciones "centro-periferia" y planificación y diseño de las implicaciones de política económica. Más adelante, al examinar el pensamiento reciente, subrayaremos el hecho de que estos elementos aún están presentes en el análisis **cepalino**[30].

La superación de la "condición periférica" suponía, en opinión de los intelectuales más connotados de los primeros tiempos de la institución (Prebisch, Furtado, Medina Echavarría, Noyola Vázquez, Ahumada, Pinto y Sunkel, entre otros), una modalidad propia de introducir el progreso técnico, de distribuir el ingreso y de relacionarse con el resto del mundo. Por eso, estos autores sostenían que era necesario formular una teoría autónoma capaz de aprehender la naturaleza del subdesarrollo de la región y las vicisitudes de su evolución socioeconómica. No fueron pocas las contribuciones analíticas generadas por los investigadores de la CEPAL a partir de la inspiración estructuralista. Con independencia y audacia, esa producción contribuyó al diseño de una identidad ideológica para la región en su conjunto.

Durante la primera década, dedicada al mensaje de la industrialización, tal vez el principal aporte haya sido la idea **prebischiana**[31] de que había una **asimetría**[32] básica entre el escaso **dinamismo**[33] de la demanda mundial de **productos primarios**[34] originados en la periferia y la amplia demanda periférica de productos industriales fabricados en el centro. Esta asimetría tendría consecuencias potencialmente fatales para el desarrollo de los países de la región, porque tendería a provocar un **desequilibrio**[35] de carácter estructural en la **balanza de pagos**[36], con efectos adversos en la **inflación**[37] y la continuidad del crecimiento. Además, se señalaba que las

dificultades se acentúan por el hecho de que, a diferencia de los beneficios prome-
tidos por los defensores del libre comercio, se produce un deterioro de los **términos de
intercambio**[38] en perjuicio de los países subdesarrollados.

La atención prestada a la **vulnerabilidad**[39] externa y a la escasez de divisas, que junto
con la falta de ahorro e inversión eran vistas como el principal obstáculo al crecimiento,
conduciría al análisis de las causas determinantes del proceso de industrialización,
es decir, de la dinámica de la **sustitución de importaciones**[40]. También incidiría
decisivamente en la interpretación estructuralista de la inflación latinoamericana por
Noyola Vázquez (1957) y Osvaldo Sunkel (1958), cuya contribución fundamental
consistió en apuntar a la posibilidad teórica de que en ciertas circunstancias la causa
primaria de la inflación no fuera la **expansión monetaria**[41], sino los **desajustes en
la balanza de pagos**[42] y otros problemas propios de la estructura subdesarrollada de
América Latina.

Al mismo tiempo, la cuestión de la vulnerabilidad externa fue un aspecto fundamental
de los análisis formulados en los años cincuenta para establecer un **mercado
regional**[43] —en Centroamérica y, después, en América Latina en su conjunto—,
entendido en esa época como mecanismo que permitiría ampliar la industrialización y
atenuar el problema de falta de divisas (CEPAL, 1959). Años después, tras la creación
de la Conferencia de las Naciones Unidas sobre Comercio y Desarrollo (unctad),
liderada por Prebisch, también sería un elemento central de las propuestas relacionadas
con la necesidad de regular las reservas (*stocks*) internacionales de bienes primarios y
de crear esquemas preferenciales de acceso a los mercados centrales para los productos
primarios e industriales de los países en desarrollo.

En los años sesenta, al mensaje en favor de la "industrialización" se incorporó un
componente adicional: la propuesta de efectuar **reformas institucionales**[44] —agraria,
fiscal y financiera, entre otras— que se consideraba indispensables para permitir
la continuidad y **profundización**[45] del desarrollo industrial. Al mismo tiempo, en
una CEPAL menos optimista que en la década anterior, y como reacción al hecho
de que el éxito relativo de la industrialización no había impedido que aumentara
considerablemente la pobreza urbana, surgieron las primeras formulaciones sobre sus
efectos en los planos del empleo y la distribución del ingreso. De ahí en adelante, la
cuestión de la **equidad**[46] pasaría a vincularse con el tema del **desarrollo productivo**[47]
en la agenda de la institución. Ello representó un importante avance respecto de los
trabajos de la década anterior, en que prácticamente no se había tratado esta temática.

Furtado (1961) formuló la tesis de la persistencia del **subempleo**[48] —y, por ende,
del subdesarrollo— a lo largo del proceso de industrialización. A las interpretaciones

anteriores de la CEPAL sobre la propensión al **desequilibrio estructural**[49] de la balanza de pagos y la inflación, se sumaba ahora la evidencia de una nueva modalidad de pobreza y **desequilibrio social**[50], crecientemente urbano y simultáneo a la **modernización**[51] promovida por la industrialización.

Fue entonces que surgió en la CEPAL el análisis que vinculaba la pobreza y la distribución desigual del ingreso con el aumento de las disparidades en materia de productividad y **remuneración**[52] del trabajo entre personas, sectores y regiones. Se originó así el concepto de heterogeneidad estructural, interpretada como resultado de las condiciones históricas heredadas y de la evolución natural del mercado de trabajo. Su argumento central es que, en perjuicio del trabajador, la oferta abundante de mano de obra se acompaña de una lenta expansión de su demanda, esta última debido al escaso ritmo de crecimiento de las inversiones y al predominio de una elevada intensidad de capital.

Fueron años de abundante producción de ideas sobre la relación entre la dinámica de la distribución del ingreso y del crecimiento en las condiciones de la nueva heterogeneidad socioeconómica, como las que realizaron Pinto (1965, 1970), Furtado (1969) y Tavares y Serra (1971). Al mismo tiempo, como consecuencia del creciente ingreso de **capitales extranjeros**[53] a la región, fueron años de fecundo debate sobre el carácter dependiente del proceso de modernización latinoamericano, en el que destacaron Sunkel (1971) en la interpretación económica y Cardoso y Faletto (1969) en la interpretación política.

En los años setenta, el pensamiento de la CEPAL seguiría avanzando en torno a sus dos carriles fundamentales, a saber, la naturaleza y dificultades del crecimiento económico y el desarrollo industrial y la distribución del ingreso.

En cuanto al primero de ellos, continuó el debate iniciado en la década anterior sobre las insuficiencias de la industrialización, en que se habían cuestionado las limitaciones que representaba el **exceso de protección**[54] y la ausencia de una **institucionalidad**[55] que favoreciera la inversión y el progreso técnico. Sin embargo, ante una oleada liberalizadora introducida en los países del Cono Sur en los años setenta, la CEPAL adoptó una actitud reservada frente a posibles revisiones del marco regulatorio de la actividad económica, pese a que desde comienzos de los años sesenta muchos de sus intelectuales habían reconocido que este era excesivamente **proteccionista**[56] (por ejemplo, Prebisch, 1961 y 1982; Macario, 1964). En su lugar, se proponía incentivar las exportaciones orientadas a los ámbitos regional y mundial. La expansión simultánea del mercado interno y de la exportación de bienes industriales —combinación que en ese entonces daba sus primeros pasos en países tales como Brasil— se consideraba el mecanismo esencial para enfrentar el problema de la vulnerabilidad externa, de manera que a partir de los primeros años de la década de 1970 pasó a presentarse como opción contrapuesta al **endeudamiento**[57] externo, que fue objeto de advertencias contundentes en cuanto a los riesgos que implicaba recurrir a él en exceso (CEPAL, 1971).

En lo relativo a la distribución del ingreso, maduró el debate sobre estilos o modalidades de desarrollo merced al análisis de la relación entre la estructura de la demanda (distribución del ingreso) y de la oferta (**acumulación de capital**[58] y progreso técnico) y a la comprobación de que el modelo predominante perpetuaba la desigualdad y no permitía enfrentar adecuadamente la pobreza. El mensaje señalaba la necesidad de redistribuir el ingreso —lo que según se entendía exigía recuperar la democracia, a la sazón eliminada en buena parte de la región— como forma de hacer políticamente viable un estilo más justo de crecimiento.

En los años ochenta, denominados "**la década perdida**[59]" debido a la caída del **ingreso per cápita**[60] regional originado por la crisis de la deuda, el trabajo de la CEPAL estuvo condicionado por el contexto de los ajustes recesivos practicados en gran parte de los países de la región. Ello condujo a reducir la importancia relativa de los dos temas hasta entonces principales —desarrollo productivo e igualdad— y a reorientar las prioridades a un campo en que la institución no había intervenido mayormente en los decenios anteriores, a saber, el análisis de la **estabilidad macroeconómica**[61] y sobre todo de la trilogía deuda-inflación-ajuste.

Entre los mensajes de la CEPAL se contaba renegociar la deuda externa para permitir el ajuste con crecimiento. Cabe mencionar que en los años ochenta no había una convergencia perfecta de sus cuadros técnicos y dirigentes en cuanto a la forma de abordar el problema, es decir, entre proximidad o alejamiento de la perspectiva del Fondo Monetario Internacional (FMI) y de la banca y entre mayor o menor heterodoxia en la lucha contra el proceso inflacionario. En general, prevaleció la visión de la corriente heterodoxa, que hacía hincapié en que era preciso combinar el control de la inflación con la renegociación de la deuda para permitir la recuperación del crecimiento y la inversión. Era la fórmula propuesta para evitar a corto plazo los grandes sacrificios a que los acreedores estaban sometiendo a los países de la región y para alcanzar a mediano y largo plazos la competitividad de las exportaciones. Se expresaba así un mensaje que coincidía con la tradición de la CEPAL, porque se señalaba que más allá de afrontar las dificultades de corto plazo, la solución estructural de los problemas externos requería aumentar y diversificar la producción y las exportaciones.

En los años ochenta, la relativa supremacía de las reflexiones en torno a la macroeconomía no impidió que continuara el interés por la temática del desarrollo económico, en sus esferas productiva y distributiva. El mejor momento en este sentido fue tal vez la formulación de las tesis de Fernando Fajnzylber (1983, 1990). Cuando ingresó a la CEPAL, en 1983, el autor acababa de terminar el libro *la industrialización trunca de américa latina*. Esta obra, junto con *Industrialización en américa latina: de la caja negra al casillero vacío*, divulgada a fines de la década, fueron los principales textos de referencia para la revisión del estructuralismo y el arraigo de la etapa "**neoestructuralista**[62]" iniciada en 1990.

Fajnzylber era contrario al neoliberalismo emergente y entendía que el desarrollo supone un papel importante del Estado, pero era muy crítico del modelo de desarrollo adoptado en esa época, así como de la institucionalidad que lo acogía. Naturalmente, la oposición de Fajnzylber al neoliberalismo durante los años ochenta no se aparta de las numerosas discrepancias con esa ideología que se dieron a conocer en los trabajos mundiales del período sobre la temática del desarrollo. Sin embargo, las formulaciones del autor han sido particularmente relevantes para la CEPAL, ya que desde el punto de vista analítico fue quien condujo a la institución hacia la etapa neoestructuralista, en la que se evaluarían las oportunidades y desafíos para el desarrollo en economías abiertas y con Estados activos pero menos **intervencionistas**[63]. Asimismo, su énfasis en el progreso técnico basado en la acumulación de conocimientos —que en parte derivó de los estudios neoschumpeterianos sobre la revolución representada por las tecnologías de la información y la biotecnología y la creación de sistemas nacionales de innovación— habría de establecer una nueva referencia analítica en el pensamiento de la CEPAL.

III. La etapa neoestructuralista (1990-2008)

1. una breve reseña de su evolución

A fines de los años ochenta, casi todos los países de América Latina y el Caribe avanzaban aceleradamente hacia la apertura comercial y financiera, la **privatización**[64] y la reducción de la intervención estatal en general. Como se sabe, el contexto político e ideológico internacional de ese momento era muy desfavorable para la heterodoxia y hostil a las formulaciones clásicas de la CEPAL debido a su escepticismo y prudencia en relación con la **liberalización del comercio**[65] y otras desregulaciones. Ante la sensación de irreversibilidad histórica de tales reformas y la necesidad de dialogar con los países miembros de la organización, Gert Rosenthal —quien sucedió a Norberto González como Secretario Ejecutivo en 1988 y encabezó la producción intelectual de la institución hasta fines de 1997— acogió e impulsó las ideas de Fajnzylber para posicionarlas en el debate ideológico de la época, reconociendo las reformas institucionales pero oponiéndose a una serie de elementos centrales de la liberalización orientada por el Consenso de Washington. Durante el mandato de Rosenthal, la CEPAL adoptó las contribuciones de Fajnzylber como base para diseñar una nueva estrategia de desarrollo productivo, social y de inserción internacional.

Las investigaciones sobre el funcionamiento de las economías latinoamericanas y caribeñas en las nuevas circunstancias históricas pasaron a ocupar un lugar fundamental en la institución, junto con la formulación de estrategias y políticas alternativas a la agenda reformista ortodoxa para el desarrollo de la región. Los análisis e implicaciones de política se basaron en una revisión selectiva y transformadora de las reformas recomendadas por la ortodoxia, haciendo hincapié en el objetivo de crecimiento con equidad distributiva.

Efectivamente, como se dijo en la introducción, los textos elaborados a partir de 1990 contienen propuestas contundentes de revisión de la apertura financiera y el manejo macroeconómico en un contexto de volatilidad de los capitales financieros; aplicación de nuevas políticas industriales, tecnológicas y comerciales; reorientación de las reformas previsionales y diseño de políticas sociales en diferentes áreas, así como intervenciones públicas en materia de sostenibilidad ambiental.

La fórmula neoestructuralista permitió tender un puente con los gobiernos latinoamericanos y caribeños que habían adherido a las reformas, sin abandonar la construcción analítica estructuralista original e insistiendo en la necesidad urgente de implementar políticas de transformación social y económica para superar el subdesarrollo, más allá del funcionamiento del libre mercado. Si para algunos ello significó rendirse al neoliberalismo, para otros fue una alternativa que permitiría seguir incidiendo en los destinos de la región desde la perspectiva teórica y metodológica clásica de la CEPAL. La lectura de los principales textos de las décadas de 1990 y 2000 refuerza esta última interpretación.

A partir de 1990, la institución flexibiliza, entonces, el concepto de políticas de desarrollo que había acompañado al estructuralismo clásico en las cuatro décadas anteriores. Pero al mismo tiempo que admite la inevitabilidad de cambiar el marco regulatorio, analiza críticamente las reformas, señalando tanto sus méritos como sus errores e insuficiencias. Se reconoce la necesidad de revisar la participación del Estado en la vida económica y los instrumentos y **mecanismos de intervención**[66], pero se sigue asignando un papel clave a su contribución en la agenda de **desarrollo socioeconómico**[67] en los ámbitos financiero, productivo, social y ambiental.

El documento *Transformación productiva con equidad* (CEPAL, 1990), presentado en el vigésimo tercer período de sesiones y coordinado por Rosenthal y Fajnzylber, contiene los planteamientos básicos de esta nueva etapa. Se propone una mayor apertura comercial impulsada en forma gradual y selectiva y reforzada por un tipo de cambio real elevado y estable, como parte de un proyecto orientado a lograr una competitividad "auténtica", es decir, basada en el fortalecimiento de la capacidad productiva y de innovación. En este sentido, se subraya el carácter sistémico de la competitividad, priorizando la creación de infraestructura física, la formación de recursos humanos y las políticas de innovación y **progreso técnico**[68] para alcanzar un crecimiento más elevado y sostenido y una inserción internacional exitosa.

Con esta propuesta, la CEPAL introducía nuevamente en el debate sus temas de preocupación permanente: el crecimiento de largo plazo y la **justicia social**[69]. Fajnzylber aportó varias ideas fuerza al mensaje de *Transformación productiva con equidad*, renovando la visión cepalina del desarrollo. Sostuvo que tanto la equidad como el progreso técnico son fundamentales para elevar la productividad y la competitividad, distinguiendo entre la competitividad auténtica y la espuria. La primera surge de la aplicación constante y creciente de nuevas tecnologías, la calificación del capital humano y la equidad, mientras que la segunda se basa en ventajas cambiarias, salariales y de recursos naturales. Por otra parte, subrayaba la relevancia de la industria por ser el sector de mayor potencial de contenido y difusión de progreso técnico, pero a la vez señalaba que esta debía articularse con los demás sectores para favorecer los efectos de derrame (*spillovers*) y los encadenamientos productivos. También propuso una amplia concertación social en torno a la innovación y el cambio técnico. Consideraba clave el papel de las instituciones y valoraba la democracia, ya que esta permitía materializar la transformación productiva y social (Torres, 2006).

A partir de entonces, las ideas se profundizaron en una serie de textos, sobre todo en los documentos de los períodos de sesiones siguientes. Al respecto, cabe citar las propuestas relativas al requisito de simultaneidad entre la equidad y la transformación productiva y al análisis de sus complementariedades (CEPAL, 1992), así como la que centra la atención en la educación y el conocimiento como ejes fundamentales de la transformación productiva con equidad (CEPAL/unesco, 1992).

Es también el caso de las políticas encaminadas a mejorar la inserción en la economía internacional, entre las que cabe mencionar el control de las corrientes de capital extranjero de corto plazo y la regulación estricta de las finanzas (CEPAL, 1995), la aceleración del crecimiento para lograr cambios significativos en materia de transformación productiva, aumento de la productividad y equidad (CEPAL, 1996) y la orientación hacia el "regionalismo abierto" (CEPAL, 1994).

Asimismo, la revisión abarcó las recomendaciones en el ámbito fiscal, simbolizadas por el concepto de pacto fiscal (CEPAL, 1998b), con un método que procura conciliar las demandas sociales con el saneamiento de las finanzas públicas y el equilibrio macroeconómico, en condiciones de maduración progresiva de las prácticas democráticas. El documento aborda la consolidación del ajuste fiscal, el aumento de la productividad de la gestión pública y de la transparencia, el fomento de la equidad y el fortalecimiento de la institucionalidad democrática.

En su sexta década de existencia, la CEPAL continuó el trabajo de los 50 años anteriores, orientándose especialmente al perfeccionamiento y maduración de los planteamientos neoestructuralistas de los años noventa. Para ello, pudo evaluar los resultados de las reformas liberalizadoras a la luz del desempeño económico y social de la región y tras casi una década de intensas discusiones al respecto. Asimismo, el pensamiento de la institución evolucionó en medio de una distensión significativa del debate ideológico, provocada por el debilitamiento del pensamiento neoliberal hegemónico en la región debido a las sucesivas perturbaciones cíclicas de fines del decenio de 1990 y comienzos del actual.

En el curso de la sexta década hubo dos coyunturas distintas: la primera mitad (1998-2003) se caracterizó por la lentitud del crecimiento económico mundial y regional tras la oleada de crisis financieras (asiática, rusa, argentina) y la segunda (2003-2008), por la expansión económica acelerada tanto del mundo como de la mayoría de los países de la región. No obstante el panorama económico favorable del segundo quinquenio, no se desarticuló el mayor equilibrio ideológico materializado en el escenario internacional desde fines de los noventa entre el neoliberalismo y las visiones que lo impugnaron. Lo mismo puede decirse del contexto ideológico regional, en que se observó además el surgimiento de varios gobiernos cuyos discursos y programas discrepabandel ideario antes hegemónico.

En el primer quinquenio citado, la CEPAL fue dirigida por José Antonio Ocampo y en el segundo por José Luis Machinea. Hubo una armonía analítica en los trabajos de ambos períodos, apreciándose leves reorientaciones de énfasis vinculadas a los cambios de contexto.

En sintonía con lo que la institución venía articulando desde los años noventa sobre resultados y políticas macroeconómicas en circunstancias de volatilidad de los capitales financieros (CEPAL, 1995; Ffrench Davis, 2005), en el primer quinquenio se profundizó el análisis anterior para evaluar los efectos de las corrientes internacionales de capital en las economías de la región en los períodos de bonanza y caída cíclica. Se hizo hincapié en la importancia de crear una arquitectura financiera mundial y regional y de adoptar políticas nacionales autónomas de fuertes componentes anticíclicos, orientadas a mitigar o compensar los efectos de dichos flujos (Ocampo, 1999a y 1999b; CEPAL, 2000a, 2001a y 2002). Al mismo tiempo, y de diferentes maneras, se fueron rescatando y actualizando las bases estructuralistas del pensamiento de la CEPAL. Desde el punto de vista analítico, si Fajnzylber fue el protagonista de la inauguración del **neoestructuralismo**[70], Ocampo fue quien inició su consolidación y perfeccionamiento.

Durante el segundo quinquenio se continuó el trabajo anterior, agregando algunos aspectos que venían al caso dado el contexto expansivo que se estaba viviendo en la región. Por ejemplo, con Machinea se insistió en la necesidad de elaborar **mecanismos macroeconómicos anticíclicos**[71] como medida preparatoria ante la posible inversión de las coyunturas favorables y de visualizar los desafíos de la región desde una perspectiva que iba mucho más allá del ámbito coyuntural (CEPAL, 2007a). También se siguió avanzando en el análisis de los temas de desarrollo productivo y **comercio internacional**[72] (CEPAL, 2004a y 2008b), así como de la temática social. Al respecto, cabe citar el estudio sobre las redes de protección social en América Latina y el Caribe (CEPAL, 2006a), quizás el de mayor amplitud y alcance que se haya realizado sobre el tema en la región.

2. la sexta década y las nuevas formulaciones

Cinco fueron las principales novedades analíticas introducidas en el quehacer de la institución durante el último decenio: un amplio balance del desempeño de los países en el ámbito económico y social tras las reformas liberalizadoras, la perspectiva de agenda para **la era global**[73], los conceptos sociopolíticos de ciudadanía y **cohesión social**[74], la fusión de los enfoques estructuralista y schumpeteriano y el acento en las políticas macroeconómicas anticíclicas frente a la **volatilidad financiera**[75].

Cabe destacar que no se trata de innovaciones teóricas o conceptuales a escala global, sino simplemente de incorporar conceptos y esquemas analíticos novedosos en el pensamiento de la institución o, al menos, de utilizarlos con nuevos énfasis. Pero el hecho de haberlos incorporado revela que, sin perder la referencia analítica tradicional (es decir, la orientación histórico-estructural), el pensamiento de la CEPAL siguió avanzando en su sexta década de existencia con inquietud intelectual y una actitud permanentemente renovadora.

a) Evaluación de los efectos de las reformas sobre la base de los resultados de los años noventa

El primer aporte de la CEPAL en la última década, a partir del enfoque neoestructuralista, fue el seguimiento y evaluación crítica de los resultados de las reformas. Se analizó el desempeño escasamente favorable de los países de la región en los años noventa, en un esfuerzo de investigación y reflexión realizado entre mediados de 1990 y comienzos de 2000 que se concretó en numerosas publicaciones.

Uno de los documentos que sintetizan este trabajo es *Una década de luces y sombras: américa latina y el caribe en los años noventa* (CEPAL, 2001b). Así, por el lado de las "luces", la obra destaca el control de la inflación y la reducción de los **déficits fiscales**[76], el **dinamismo exportador**[77], la mayor atracción de inversión extranjera directa, el aumento de productividad de las empresas y sectores líderes, el incremento del gasto social, el mayor énfasis en la problemática del desarrollo ambientalmente sostenible y los avances en materia de democracia y respeto de los derechos humanos. En cuanto a las "sombras", señala el crecimiento económico decepcionante e inestable; la diversificación insuficiente de las exportaciones; el predominio de estrategias defensivas en las empresas nacionales; la reestructuración de los sectores industriales, con resultados muy deficientes en materia de capacidad productiva e innovadora; los grandes déficits externos y la persistencia de la vulnerabilidad externa, exacerbada por la gran inestabilidad de las corrientes de capital. Las sombras incluyen también los mediocres esfuerzos en materia de ahorro e inversión, el aumento del desempleo, la informalidad y la heterogeneidad estructural y la persistente inequidad en la distribución del ingreso.

b) la agenda para la era global

La segunda novedad se relaciona con la ampliación del paradigma de la transformación productiva con equidad a fin de absorber el concepto de agenda para la era de globalización, que incluyó un conjunto de propuestas sobre las relaciones entre países y pueblos a escala global, el papel crítico del espacio regional y las estrategias nacionales. Fue una idea creada por Ocampo para organizar las recomendaciones en materia de estrategias, instituciones y otros instrumentos de política en estos tres ámbitos (CEPAL, 2002).

El concepto reafirma los principios que se encuentran en los debates de las organizaciones internacionales, a saber: i) suministrar bienes públicos de carácter global tales como democracia, paz, seguridad, estabilidad macroeconómica y financiera o sostenibilidad ambiental; ii) la corrección, empleando mecanismos heterodoxos, de las asimetrías mundiales en tres áreas básicas (productivacomercial, macroeconómica-financiera y **movilidad del capital y de la mano de obra**[78]), y iii) la incorporación de una agenda social internacional basada en los derechos. En el plano de las estrategias nacionales, abre espacios de reflexión en torno a los desafíos de la globalización en los cuatro campos a que se dedica la CEPAL: macroeconomía y finanzas, transformación productiva, desarrollo social y sostenibilidad ambiental. Además, introduce entre las esferas global y nacional una faceta intermedia relacionada con las recomendaciones en materia de institucionalidad y de política que pueden promoverse en el ámbito regional, a fin de respaldar la estabilidad macroeconómica y la **integración financiera**[79], productiva y comercial.

c) El enfoque en materia de derechos, ciudadanía y cohesión social

La tercera innovación corresponde al enfoque relacionado con los derechos, la ciudadanía y la cohesión social. El aspecto sociológico del desarrollo no es un tema nuevo en la producción de la CEPAL, ya que en el pasado estuvo representado por grandes intelectuales del área como Medina Echavarría, Cardoso, Faletto, Graciarena, Woolfe y Gurrieri. En el último tiempo esta perspectiva ha recuperado su importancia en el pensamiento de la institución.

En los estudios anteriores, la cuestión de los conflictos entre las clases sociales ocupaba, inevitablemente, un lugar destacado. Los nuevos análisis, en cambio, centran la atención en las dificultades para ejercer plenamente los derechos de la ciudadanía. Se trata del encuentro con la tradición de defensa de los derechos humanos de las Naciones Unidas que, como se sabe, se inició por la vía de las garantías al ejercicio de los derechos civiles y políticos e incorporó gradualmente el concepto de derechos económicos, sociales y culturales.

El tema se abordó en varios textos, pero adquirió relevancia en dos de ellos: el documento del período de sesiones de 2000, titulado *Equidad, desarrollo y ciudadanía: una visión global* (CEPAL, 2000a), y el libro *cohesión social: inclusión y sentido de pertenencia en américa latina y el caribe* (CEPAL, 2007b).

La arquitectura conceptual del mensaje de derechos, ciudadanía y cohesión social se sostiene en torno a cuatro pilares complementarios. El primero consiste en examinar los problemas sociales de la región —pobreza, exclusión, desigualdad de ingresos y riqueza, protección social insuficiente e inadecuada, acceso desigual a los **mecanismos de protección**[80] existentes, **discriminación racial, étnica y cultural**[81]— bajo el prisma de un marco ético de derechos humanos, entendidos como universales, indivisibles e interdependientes. El segundo fundamento es que las políticas sociales y la lucha contra la pobreza deben regirse según los principios de universalidad, solidaridad y eficiencia. El tercero indica que ellas deben tratarse en su totalidad, tanto en lo que se refiere a la necesaria integración con las políticas económicas —ya que ambas son centrales para el desarrollo social— como en cuanto al reconocimiento de la relación virtuosa entre los diferentes **beneficios sociales**[82] (educación, salud y vivienda, entre otros). El cuarto fundamento consiste en desarrollar una institucionalidad y una práctica democrática que, en esencia, conduzcan a los ciudadanos a integrarse a la vida política y a organizarse para participar en los procesos de toma de decisiones y de implementación de políticas sociales que les permitan satisfacer sus derechos y fortalecer su **sentido de pertenencia**[83].

d) la fusión de los enfoques estructuralista y schumpeteriano

El balance de los años noventa señala un cuarto avance, que corresponde a un interesante refinamiento analítico del neoestructuralismo de la CEPAL en el ámbito del desarrollo productivo y la inserción internacional: la fusión de la visión estructuralista y la interpretación schumpeteriana. Esta se originó en los escritos de Fajnzylber de los años ochenta y en el último tiempo ha sido perfeccionada analíticamente por varios autores como Katz, Ocampo y Cimoli.

En esta fusión es posible destacar tres formulaciones complementarias. En primer lugar, de acuerdo con la orientación de Katz, la que se ha expresado en un conjunto de trabajos de evaluación crítica de los efectos de las reformas en el comportamiento productivo de los países de la región y en el ritmo de crecimiento de sus economías, así como en una reflexión sobre las estrategias de transformación y las políticas de desarrollo pertinentes (Katz, 2000a y 2000b).

La segunda es una contribución al análisis de la relación entre la dinámica de la estructura productiva y el crecimiento económico de los países en desarrollo (Ocampo, 2002 y 2005). Dicho estudio comparte el criterio de quienes, como en la CEPAL desde sus orígenes, han considerado que el aumento del **PIB per cápita**[84] se relaciona con las modificaciones de la composición del producto y de las modalidades de especialización para el comercio internacional. La revisión de los procesos de innovación se integra con la idea de formación de **cadenas productivas**[85] a partir de los impulsos que promueven potencialmente las innovaciones en función de "aspectos complementarios, vínculos y redes", capaces de generar un "**tejido productivo integrado**[86]". O sea, aborda el tema de la innovación en el sentido amplio de Schumpeter, como la capacidad de crear nuevas actividades y nuevas formas de realizar las existentes.

El tercer planteamiento subraya la importancia del comercio exterior como factor determinante del **potencial de crecimiento sostenible**[87] a mediano y largo plazos. Este fue perfeccionándose gradualmente y encontró en el documento progreso técnico y cambio estructural en américa latina (CEPAL, 2007c) su versión hasta ahora más acabada.

Así, la principal restricción de la convergencia es el comportamiento del comercio internacional, medido en función de la **elasticidad de las exportaciones y de las importaciones**[88], que es un reflejo de la competitividad de los países. Por su parte, esta depende del aumento de la productividad de los países en desarrollo respecto de los desarrollados, medida según la **brecha tecnológica**[89] de la **estructura productiva**[90] —que, entre otras cosas, refleja el grado de diversificación y la complejidad de las cadenas productivas— y las características no tecnológicas que inciden en la competitividad, tales como financiamiento, institucionalidad y **sistemas arancelarios**[91].

El estudio concluye que en América Latina y el Caribe es preciso reorientar la modalidad productiva y exportadora hacia los bienes de mayor contenido tecnológico y, al mismo tiempo, agregar valor mediante cadenas sectoriales de mayor envergadura. Ello permitiría fortalecer el crecimiento, superando el hecho de que el progreso técnico de la región se ha limitado a los enclaves de escasos efectos en la economía en su conjunto, lo que ha fomentado la heterogeneidad estructural, la informalidad laboral, los **magros salarios**[92], la pobreza y la concentración del ingreso y la riqueza.

La fusión de los enfoques schumpeteriano y estructuralista no sorprende, dada la prioridad que ambos atribuyen al análisis de las tendencias históricas en el terreno productivo. El acento neoschumpeteriano en la formación y acumulación de conocimiento mediante el proceso de aprendizaje de las empresas, en el efecto de las decisiones del pasado sobre las del presente (pathdependency) y en la modificación de los paradigmas tecnoeconómicos son elementos enriquecedores del enfoque histórico-estructural aplicado por la CEPAL, en su intento por comprender las transformaciones de las estructuras productivas en condiciones de subdesarrollo y heterogeneidad estructural.

En el documento del período de sesiones de 2008, la interpretación se abre a otra novedad analítica en la CEPAL, es decir, la idea de que las nuevas tecnologías permiten que las oportunidades ya no se concentren tan marcadamente en la industria y que se incorporen con intensidad en otros sectores de la economía (CEPAL, 2008).

e) las políticas macroeconómicas anticíclicas frente a la volatilidad financiera

En los años noventa, la cuestión de la inestabilidad del crecimiento y su evidente vinculación con la volatilidad de los capitales financieros se convirtió en un tema importante en el programa de la CEPAL. Las primeras manifestaciones de preocupación por este problema ya habían aparecido en algunos documentos de la primera mitad de ese decenio (CEPAL, 1995). A la sazón, se insistía en la necesidad de crear mecanismos capaces de atenuar la entrada de **capitales especulativos**[93] y sus efectos no deseados. A partir de las crisis de la segunda mitad de la década, el énfasis se trasladó a la construcción de una institucionalidad financiera internacional y regional (CEPAL, 1999 y 2002) y a la elaboración de políticas anticíclicas adecuadas para la conducción de una macroeconomía estable en América Latina y el Caribe (véase CEPAL, 2000a, 2001a, 2002).

En lo que respecta a este último tópico, se pone de relieve que, sin abandonar las conquistas en materia monetaria y fiscal y la estabilidad de precios, la política macroeconómica debe apuntar a sus objetivos reales, es decir, al ritmo y estabilidad del crecimiento económico y al **pleno empleo**[94]. Al mismo tiempo, se critica agudamente el manejo procíclico de la actividad económica, argumentando que en el ámbito fiscal la política macroeconómica tiende a sobrecalentar la economía y a impedir la formación de reservas para enfrentar las **caídas cíclicas**[95] y, en los ámbitos monetario y **crediticio**[96], a confirmar el efecto extremadamente expansivo de la entrada de capitales mediante el fenómeno de contagio del optimismo entre los agentes económicos y el **exceso de endeudamiento**[97] y de exposición al riesgo. Se afirma que la inversión del flujo de corrientes externas se traduce en **contracción del crédito**[98], pérdida de liquidez de los activos, un efecto riqueza negativo, contracción de la economía y restricciones fiscales que impiden contrarrestar los ciclos.

También se sostiene que los problemas se magnifican a causa de sus efectos en el tipo de cambio, cuya valorización con frecuencia excesiva perjudica la inversión en **bienes transables**[99] y la competitividad durante los períodos de **bonanza cíclica**[100], a la vez que genera desequilibrios en la balanza de pagos. Por otra parte, su desvalorización a menudo violenta en las caídas cíclicas tiende a influir negativamente en los precios internos y el patrimonio de los agentes privados y públicos endeudados en moneda extranjera, lo que contribuye a que se produzcan **perturbaciones financieras**[101] nacionales y a profundizar la recesión, con efectos especialmente perversos para el empleo, los salarios, el gasto público social, la pobreza y la distribución del ingreso. Se señala que la recurrencia de **conmociones cíclicas**[102] pone de relieve la importancia de contar con redes de protección social eficaces que puedan atender a los sectores sociales más vulnerables durante este tipo de coyunturas.[24]

Asimismo, se ofrece un programa de políticas para enfrentar la volatilidad de los capitales financieros, compuesto de tres elementos: gestión coherente y flexible de las políticas anticíclicas en los ámbitos fiscal, monetario y crediticio; regulación y supervisión prudencial activa del sistema financiero, con un contenido anticíclico, y aplicación de una política de **pasivos**[103] que dé lugar a que las características de la deuda externa e interna sean adecuadas. Se subraya también el papel que le corresponde a los **regímenes cambiarios**[104] compatibles con el fortalecimiento de la competitividad.

Cuestionario

ⓐ Según la trilogía inaugural del estructuralismo, ¿cuáles son las características que presentaba la estructura socioeconómica de América Latina en comparación con los países centrales?

ⓑ ¿Cuáles son los dos temas fundamentales del pensamiento de la CEPAL en los años setenta del siglo XX?

ⓒ ¿Cuáles son las cinco principales novedades analíticas introducidas en el quehacer de la CEPAL durante el primer decenio del siglo XXI?

Vocabulario

[1]	Comisión Económica para América Latina y el Caribe (CEPAL)		联合国拉丁美洲和加勒比经济委员会（简称拉加经委会）
[2]	industrialización	*f.*	工业化
[3]	crisis de la deuda		债务危机
[4]	apertura comercial		贸易开放
[5]	integración regional		区域一体化
[6]	sostenibilidad ambiental		环境的可持续性
[7]	central	*adj.*	中心的
[8]	bienes industrializados		工业品
[9]	estructura socioeconómica		社会经济结构
[10]	diversidad productiva		生产多样性
[11]	mano de obra		劳动力
[12]	estructura institucional		制度结构
[13]	inversión	*f.*	投资
[14]	progreso técnico		技术进步
[15]	recesión	*f.*	衰退
[16]	diversificar	*tr.*	使多样化
[17]	divisas	*f. pl.*	外汇
[18]	ahorro	*m.*	储蓄

[19]	bienes primarios		初级产品
[20]	heterogeneidad estructural		结构异质性
[21]	capacidad fiscal		财政能力
[22]	inversiones improductivas		非生产性投资
[23]	avance tecnológico		技术进步
[24]	subdesarrollo	*m.*	欠发达
[25]	crecimiento	*m.*	增长
[26]	empleo	*m.*	就业
[27]	distribución del ingreso		收入分配
[28]	pobreza	*f.*	贫困
[29]	inserción internacional		国际参与
[30]	cepalino	*adj.*	拉美经委会的
[31]	prebischiano	*adj.*	普雷维什的
[32]	asimetría	*f.*	不对称
[33]	dinamismo	*m.*	动力；活力
[34]	productos primarios		初级产品
[35]	desequilibrio	*m.*	失衡
[36]	balanza de pagos		国际收支
[37]	inflación	*f.*	通货膨胀
[38]	términos de intercambio		贸易比价
[39]	vulnerabilidad	*f.*	脆弱性
[40]	sustitución de importaciones		进口替代
[41]	expansión monetaria		货币扩张
[42]	desajustes en la balanza de pagos		国际收支失衡
[43]	mercado regional		区域市场
[44]	reformas institucionales		制度改革
[45]	profundización	*f.*	深化
[46]	equidad	*f.*	公平
[47]	desarrollo productivo		生产发展
[48]	subempleo	*m.*	就业不足
[49]	desequilibrio estructural		结构失衡
[50]	desequilibrio social		社会失衡
[51]	modernización	*f.*	现代化
[52]	remuneración	*f.*	报酬
[53]	capitales extranjeros		外国资本
[54]	exceso de protección		过度保护
[55]	institucionalidad	*f.*	制度性
[56]	proteccionista	*adj. / m. f.*	保护主义的；保护主义者
[57]	endeudamiento	*m.*	负债

[58]	acumulación de capital		资本积累
[59]	la década perdida		失去的十年
[60]	ingreso per cápita		人均收入
[61]	estabilidad macroeconómica		宏观经济稳定
[62]	neoestructuralista	*adj. / m. f.*	新结构主义的；新结构主义者
[63]	intervencionista	*adj. / m. f.*	干预主义的；干预主义者
[64]	privatización	*f.*	私有化
[65]	liberalización del comercio		贸易自由化
[66]	mecanismos de intervención		干预机制
[67]	desarrollo socioeconómico		社会经济发展
[68]	progreso técnico		技术进步
[69]	justicia social		社会公平
[70]	neoestructuralismo	*m.*	新结构主义
[71]	mecanismos macroeconómicos anticíclicos		逆周期宏观经济机制
[72]	comercio internacional		国际贸易
[73]	la era global		全球化时代
[74]	cohesión social		社会凝聚
[75]	volatilidad financiera		金融波动性
[76]	déficits fiscales		财政赤字
[77]	dinamismo exportador		出口活力
[78]	movilidad del capital y de la mano de obra		资本和劳动力流动
[79]	integración financiera		金融一体化
[80]	mecanismos de protección		保护机制
[81]	discriminación racial, étnica y cultural		种族、民族和文化歧视
[82]	beneficios sociales		社会效益
[83]	sentido de pertenencia		归属感
[84]	PIB per cápita		人均国内生产总值
[85]	cadenas productivas		产业链
[86]	tejido productivo integrado		一体化生产网络
[87]	potencial de crecimiento sostenible		可持续增长潜力
[88]	elasticidad de las exportaciones y de las importaciones		进出口弹性
[89]	brecha tecnológica		技术差距
[90]	estructura productiva		生产结构
[91]	sistemas arancelarios		关税体系
[92]	magros salarios		微薄的工资
[93]	capitales especulativos		投机资本
[94]	pleno empleo		充分就业
[95]	caídas cíclicas		周期性下降

[96]	crediticio	adj.	信贷的
[97]	exceso de endeudamiento		过度负债
[98]	contracción del crédito		信贷紧缩
[99]	bienes transables		贸易品
[100]	bonanza cíclica		周期性繁荣
[101]	perturbaciones financieras		金融动荡
[102]	conmociones cíclicas		周期性震动
[103]	pasivos	m.	债务；亏空
[104]	regímenes cambiarios		汇率制度

评论 │ 拉美经委会理论的发展

拉丁美洲和加勒比经济委员会（简称拉美经委会，CEPAL）成立后所提出的结构主义（又称发展主义）理论是拉丁美洲第一次独立思考如何进行发展的伟大尝试。第二次世界大战之后，这一理论在几乎所有拉美国家都居于主导地位，有效地引导了各国的发展实践，促进了各国工业化的实现和经济的飞速发展。20世纪80年代债务危机发生后，拉美各国长期实行的进口替代工业化模式走向了尽头，作为其理论支撑的结构主义也面临着退出历史舞台的命运。作为结构主义理论策源地的拉美经委会审时度势，对这一理论进行了扬弃性的发展，逐渐形成了新结构主义理论，并提出了一系列新政策主张以指导各国改革实践。进入21世纪以来，拉美经委会理论与时俱进，不断探索发展。

一、结构主义理论的形成和基本内容

作为曾经的欧洲殖民地，拉美曾长期信奉西方古典经济理论。按照亚当·斯密的国际分工学说和大卫·李嘉图的比较优势学说，拉美国家应该充分利用其丰富的劳动力资源和土地资源来出口初级产品，同时从西方发达国家进口工业制成品，这样才能实现资源的有效配置。然而，20世纪30年代大萧条之后，上述理论和拉美长期实行的出口导向型发展模式出现了危机。人们发现，拉美初级产品出口极易受到世界市场需求影响，在经济衰退期，拉美贸易比价急剧恶化，并且这种恶化具有长期趋势。因此，传统的出口导向发展模式难以为继，拉美急需建立一种新的发展理论和新的发展模式来使其走上现代化道路。

此外，世界经济的重大变化带来的冲击是结构主义产生的外部推动力。一方面，20世纪30年代"大萧条导致的世界贸易的萎缩几乎使拉美国家无法出口，因此它们不得不寻求刺激停滞不前的私人部门的一些方法"[①]；另一方

[①] J. 拉莫斯《增长、危机和战略性转变》，载《拉美经委会评论》，1993年8月，第65-66页。转引自：江时学《拉美发展模式研究》，经济管理出版社，1996年，第73页。

面，两次世界大战对拉美国家的进口造成了严重限制，一些国家因而开始发展工业生产，以替代原有进口。于是拉美国家"自发"地走上了进口替代的道路。在这一实践的基础上，以普雷维什为代表的拉美经委会的学者们在二战后逐渐提出了适应这一发展模式的结构主义理论，使进口替代从"自发"走向了"自觉"[①]。

拉美经委会自1948年成立以来即逐步提出结构主义理论。该理论以"历史—结构"方法为分析基础，考察拉美和加勒比国家作为外围资本主义在生产、社会、制度以及国际参与等各方面与中心资本主义不同的特点。拉美经委会于1951年出版的《1949年拉美经济研究》和《1950年拉美经济研究》以及普雷维什于1973年出版的《经济增长的理论和实践问题》三部著作奠定了这一时期结构主义理论的基础，在随后的几十年间，普雷维什和其他结构主义者对其进行了不断的完善。结构主义理论的主要内容如下：

（一）中心—外围理论

上述三部著作认为，资本主义体系分为中心和外围两部分。作为中心的工业化发达国家与作为外围的农业发展中国家扮演着完全不同的角色：后者为前者生产初级产品从而换回工业制成品。经济循环周期和技术进步总是始于中心国家，然后再扩散到外围国家。但是在这种经济周期中利益分配是不均衡的，对外贸易总是有利于工业国家。这是因为工业制成品的生产率提高速度要快于初级产品。此外，在经济衰退期农业国家要比工业国家更为脆弱，因为工业国家劳动组织程度较高，可以避免其价格下跌。上述两个因素，即国际贸易中长期存在的不对称以及经济周期的脆弱性，有力地批判了新古典主义贸易理论所认为的工业国和农业国可以在贸易中获得均等利益的论断。

中心和外围国家不仅在国际贸易中分工不同，而且各自的生产结构也不同。中心国家生产结构具有同质性，生产率水平均衡，生产多样性程度较高，因而技术进步能够均匀地扩散到各个部门。而外围国家生产结构具有明显的异质性，从事出口初级产品的部门生产专业化，能够吸收来自中心国家的技术进步成果，生产率高，而其他部门生产率低下，技术落后，因此形成

---

① 苏振兴主编：《拉丁美洲的经济发展》，经济管理出版社，2000年，第62页。

明显的二元性特点。

此外，由于中心和外围技术进步和劳动生产率增长速度不同，两者平均收入水平差异巨大，这也在很大程度上导致了外围国家的贸易条件恶化。而生产率、收入的差距和贸易条件的恶化又反过来阻碍着外围国家改变其落后的生产结构。

（二）拉美作为外围资本主义的特点

相对于中心国家，拉美的社会经济结构呈现明显的异质性，且主要有三个特点：一是第一产业生产专业化，能够获得技术进步的成果，但生产多样性不足（产业间互补性和垂直一体化不足）；二是各产业生产率水平差异很大，劳动力供应过剩，大多数人们的收入仅够维持生计；三是制度结构（国家、农业部门和企业构成等）很少倾向于投资和技术进步。在这样的异质性结构中，从事出口专门化生产、生产率较高的部门能够创造就业，而生产率低的部门失业严重。由于人口膨胀，剩余劳动力难以迅速被生产吸收，失业问题将长期存在，甚至在工业化阶段也将持续。

普雷维什（Prebisch，1980）认为，随着发达资本主义中心地位和霸权的加强、中心国家与外围国家利益冲突的升级，外围资本主义体系的两大缺陷——专业化和异质性更加明显。此外，中心国家的技术进步带来了生产率的提高，而这一成果在不同于中心国家的外围国家社会结构中应用和分配的方式构成了上述两大缺陷的内部根源。在这一分配过程中，权力关系扮演着重要角色。由于生产资料集中在社会结构的上层，大部分技术进步的成果以剩余的形式留在了这里。收入分配的不平等刺激了社会上层模仿中心国家的消费方式，这对于资本积累是一种潜在的巨大浪费，因此外围国家在物质资本和人力资本方面积累不足。

（三）贸易比价恶化论

贸易比价，又称价格贸易条件（NBTT）或进出口商品比价，其计算公式为：

$$NBTT = (Px / Pm) \cdot 100$$

Px代表一国出口商品的价格指数，Pm代表一国进口商品的价格指数。如果选取某年为基期，设该年的NBTT为100，那么通过计算报告期年度的NBTT数据，就可以看出一国在一段时期内价格贸易条件的变化状况。若报告期的NBTT指数大于100，则同基期相比，该国的价格贸易条件改善；反之，则恶化。

普雷维什在20世纪50年代即提出，在世界对外围国家初级产品需求不足与外围国家对中心国家工业制成品需求旺盛之间存在着不对称，这种不对称对拉美国家的发展造成了潜在的严重后果，因为这会使其国际收支出现结构性失衡，不但不会出现自由贸易倡导者所宣扬的好处和利益，反而会使贸易比价不断恶化，损害发展中国家的利益。外围国家贸易比价持续恶化的原因主要在于：1. 随着生产率和收入的上升，国家对工业制成品的需求大于对初级产品的需求，因而第一产业的发展落后于第二和第三产业，这使得初级产品部门产生出越来越多的剩余劳动力，并给该部门工资水平带来压力、降低了初级产品价格；2. 初级产品在经济衰退期的价格下跌幅度总是大于在繁荣期的价格上涨幅度，因而贸易比价恶化是一种长期趋势；3. 对初级产品的需求往往取决于对最终产品的需求，因而中心国家在产业链中居于主导和垄断地位，可以制定价格，而外围国家只能接受被压低的价格。

（四）自发工业化阶段出现的问题

20世纪30年代大萧条和两次世界大战造成的衰退使一些拉美国家自发地走上了工业化的道路，从最初开始生产简单消费品逐渐改为生产复杂的耐用消费品。但是拉美生产专业化的特点依然持续。因为专业化的初级产品生产仍然在生产结构中占有主要地位，所以产业间的互补性和生产的垂直一体化程度依然很低。在技术进步方面，由于工业，尤其是位于产业链高端的工业较第一产业更能产生技术进步，普雷维什认为必须推动工业发展，尤其是由简单到复杂阶段的发展。

拉美在社会经济结构方面存在上述三个传统特点，因此自发性的工业化存在诸多问题，例如：要建立生产基础就必须同时对多个生产部门进行投资，这就需要大量外汇和储蓄，而第一产业生产专业化的特点决定了获得的外汇非常有限；高生产率的初级产品部门与广大低生产率的其他部门并存，生产结构异质性突出，"收入剩余"（excedente-ingreso）的比例有限；制度落后导致财政能力不足，非生产性投资和无用消费过剩，而投资和技术进步却缺乏动力。普雷维什等人指出，要超越"外围资本主义局限"，就必须在引入技术进步、分配收入以及正确处理与世界关系等方面形成自己的独特方式。

（五）进口替代工业化的必要性以及相应的政策

结构主义理论指出，建立现代工业是摆脱贫困、实现民族经济发展的唯一途径。而进口替代是行之有效的工业化道路。拉美所面临的外部脆弱性和外汇不足、缺乏储蓄和投资等问题，被看作是增长的主要障碍，同时也构成了开展进口替代工业化的主要原因。要进行进口替代，需要做到以下几点：1.由于脱离中心国家而走内向型发展道路，拉美国家面临着市场狭小的障碍，所以应当实现区域经济一体化；2.为了初步建立起工业基础，需实行限制进口等贸易保护措施；3.国家对经济进行强有力的干预。

拉美经委会在1959年出版的《拉美共同市场》中指出，为克服外部脆弱性、解决外汇不足的问题、扩大工业化规模，必须建立地区共同市场。20世纪70年代，该机构还指出应扩大对拉美内部和世界其他地区的工业制成品出口，以应对外部脆弱性问题和外债过高的问题。

20世纪60年代，拉美经委会提出，要使工业化能够持续深入发展，必须进行农业、财政和金融等方面的体制改革，并关注收入分配平等问题。塞尔索·富尔塔多（Celso Furtado，1961）指出，工业化带来城市化和现代化的同时，也使社会出现了新的贫困和失衡等结构性问题，这一方面是历史遗留因素造成的，另一方面源于劳动力市场上供应始终大于需求，而造成劳动力需求不足的原因是投资增长缓慢和资本过于集中。

二、对于结构主义理论和实践的评价

结构主义理论是拉美最重要的本土发展理论之一，为拉美各国的经济发展做出了重要贡献，但同时它也有着时代的局限性。

（一）结构主义理论和实践的积极意义

拉美结构主义理论的提出具有划时代的意义。在资本主义发展到帝国主义的时代，资本主义固有矛盾越来越明显地暴露出来，最终导致20世纪30年代爆发了世界性的经济危机；而帝国主义国家为了摆脱危机、加紧对全世界的掳掠，最终酿成了两次世界大战。这些在给各国人民带来深重灾难的同时，也促成了第三世界的觉醒，使它们放弃了对发达国家的幻想，开始寻求摆脱依附、实现民族独立和自强的道路。大萧条和世界大战对于长期实行初级产品出口导向发展模式的拉美国家而言更是一种致命性的打击。在这一关键时期，结构主义的及时提出对于拉美走出困境、实现自身的重大变革来说，有着非同凡响的意义。所以，这一理论的建立是时代的要求。此外，历史表明，工业化是摆脱外围地位、实现经济发展和现代化的必由之路，而进口替代又是实现工业化的有效途径。在当时的时代背景下，走进口替代工业化道路可以说是大多数拉美国家唯一的选择。所以，结构主义理论的提出是历史的必然。

结构主义理论有着坚实的实践基础。它是在世界经济大变动的强烈冲击下产生的，并且是在总结部分拉美国家早期自发的进口替代工业化实践经验和教训的基础上被提出的，进而又指导着新一阶段的进口替代实践，因而它是充满活力的、不断发展和完善的理论。

结构主义具有较强的理论完整性。它是在批判西方古典经济学理论的基础上被提出的，进而广泛吸收了马克思主义政治经济学和凯恩斯主义理论，在实践中不断检验、丰富完善。它不仅创造性地提出了中心—外围理论和贸易比价恶化论，以论证旧有模式的弊端，还提出了走工业化道路的目标，为拉美的发展指明了方向。结构主义非常清楚地认识到了拉美自发走上进口替代道路的客观必然性，也清楚地看到了自发的进口替代所表现出的种种矛盾和问题，如仍然存在的外部失衡、贸易比价继续恶化、劳动力过剩、资本积累不足等，并给出了一系列解决方案，使进口替代走向自觉的阶段。所以结构主义经历了一个从实践到理论再到实践的完整过程。此外，在20世纪七八十年代，进口替代的弊端逐渐显现时，普雷维什等人还非常理性地对结构主义进行了反思和改造，以适应时代的要求。

埃德加·多斯曼（Edgar Dosman, 2001）指出，普雷维什等人提出的中心—外围理论不仅给出了具有很强说服力的论断，而且为农业国家指明了走出困境的道路。外围国家不是必然处于依附地位，只要能避免通胀和扭曲，工业化可以帮助拉美摆脱不平等的国家贸易。这种变革方式受到了所有拉美国家的认可。

阿尔多·费雷尔（Aldo Ferrer，2010）指出，普雷维什将拉美各国的内部条件与其国际环境、短期不稳定性以及长期的结构脆弱性结合起来，其主要目的是解决在面对世界秩序（现在叫全球化）的挑战和机遇时如何提高自身应对能力的问题。由此产生出一系列主要论断：中心—外围理论，贸易条件恶化论，工业化论，地区一体化论，收入分配论以及公共政策理论。在当前全球化的背景下，结构主义提出时就存在的历史问题依然存在：技术进步成果分配的不平衡导致各国发展水平和福利水平不对称，如果不正视福利水平极端不平衡带来的严重后果，那么国际关系就难以迎来稳定的局面，也不能解决各国经济发展的问题。对此奥克塔维奥·罗德里格斯（Octavio Rodríguez，2001）也指出，20世纪八九十年代出现的技术革命也造成了中心国家和外围国家在产生和吸收技术进步成果方面的差距。外围国家在起跑线上就处于落后地位，导致其之后的技术发展能力低下。因此，外围国家在出口和全球价值提升方面就面临困难，这进一步导致贸易赤字和贸易比价恶化的出现。可见，普雷维什的理论在当代依然有着很强的现实意义。

在结构主义理论的引导下，拉美国家在二战后到20世纪80年代初的30多年间取得了举世瞩目的经济成就。1945—1980年，拉美地区的GDP年均增长率高达5.60%。1950—1980年，拉美地区制造业年均增长率达6.50%（其中巴西和墨西哥分别在8.00%和7.00%以上），明显高于世界制造业的年均增长率（5.70%）。值得一提的是，1977年，制造业在拉美国内生产总值中的比重为26.50%，接近工业化国家的水平（27.00%）[①]，制造业已成为拉动经济增长的主要动力。经济的发展也促进了社会进步，拉美各国文盲率大大降低，生活水平显著提高。

（二）结构主义理论和实践的局限性

拉美结构主义也有其局限性。第一，唯工业化理论导致了过于重视工业

---

① 江时学：《拉美发展模式研究》，经济管理出版社，1996年，第58-60页。

而轻视农业的现象，造成了新的产业结构不均衡的局面。各国以实现工业化为经济发展的首要目标，在工业上投入大量资金，而农业和传统初级产品部门却相对萎缩。这不仅使得这些部门出口创汇能力减弱，还使得工、农业部门工资差距日益悬殊。第二，内向型的发展方式和资金积累模式造成了新一轮的国际收支不平衡。各国通过进口替代逐步建立起现代工业体系，实现了一般消费品和耐用消费品的自给；但同时，大工业所需的中间产品、技术和设备等还需进口，需要大量资金。工业制成品主要面对国内市场，出口创汇能力严重不足；而传统的初级产品出口创汇能力降低，无法满足进口需要。加上工业高投入、高指标，资金缺口越来越大。由于对外国直接投资进行限制，各国只能大量对外举债。在高额债务的雪球越滚越大时，20世纪70年代的两次石油危机助推了20世纪80年代拉美债务危机的爆发，使拉美经济面临崩溃的边缘。第三，这一理论过分强调国家干预经济的重要性，而忽视了市场机制对资源的有效配置作用，经济计划的庞大笼统造成了资源浪费和官僚主义等不良现象。第四，结构主义理论过于强调经济增长，而忽视了物价稳定、财政与货币平衡以及通货膨胀等宏观经济问题，造成经济有增长无发展的现象，并且在经济增长的同时，忽视了收入分配，因此不仅没有改善社会问题，反而加大了贫富差别。

各国学者关于结构主义及其进口替代工业化实践的思考和争论主要集中在以下几个方面：

1. 关于进口替代工业化过程中对外资的依赖。恩里克·杜赛尔（Enrique Dussel，1973）在《拉美的依附和解放》一书中指出，进口替代工业化主要依赖外部资本，使拉美国家更加依附于外部世界。

2. 关于内向发展战略。拉美经委会在1961年指出，进口替代发展政策歧视出口，缺少鼓励工业品出口的国际刺激性，因此各国工业部门过度依赖国内市场，外部脆弱性增加。之后拉美经委会又提出，为应对外部脆弱性问题，应扩大工业制成品出口，这样可以解决外债过高的问题。普雷维什还进一步指出，即使在地区内的共同市场实施进口替代也无法完全克服内向发展的缺陷，所以应该扩大与发达国家的贸易关系以促进技术进步。

3. 关于国家保护主义。新自由主义者批评进口替代保护主义政策和国家干预使国内价格背离国际价格的行为，因为这导致了资源配置的扭曲。里卡多·别斯丘斯基（Ricardo Bielschowsky，2009）指出，普雷维什早在20世纪50年代末就已指出过度保护主义的弊端，即过度保护不仅减弱了发展生产的刺激性，还使进口被缩小到仅能维持经济活动的水平，从而增加了外部脆弱性。拉美经委会也认识到了过度保护和缺乏促进投资和技术进步的制度体系等问题，但面对20世纪70年代智利等国所进行的具有自由主义性质的改革，拉美经委会却在经济调控方面采取了保守态度。

三、拉美经委会理论的发展：新结构主义

20世纪80年代拉美国家债务危机后，拉美各国在国际金融机构的要求和指导下进行了经济调整，并逐步开始了具有新自由主义性质的经济结构改革。到20世纪80年代末，几乎所有拉美国家都在加速私有化以及贸易和金融领域的开放，并限制国家对经济的干预。此时的国际政治、经济和意识形态环境对拉美经委会曾提出的经典理论非常不利。由于对贸易自由化和放松管制持谨慎、怀疑的态度，该理论在新自由主义成为拉美主导性经济思想后逐步陷入被动，处于孤立地位。然而拉美经委会在代表着西方"正统"经济思想的新自由主义的攻势下并未退缩，而是一方面与其展开论战，一方面对自身传统理论的缺陷进行了深刻的总结和反思。在对结构主义批判、继承和发展的基础上，拉美经委会逐步提出了一套关于生产和社会发展以及国际参与的新战略，即新结构主义。

（一）新结构主义在20世纪90年代的政策主张

20世纪90年代初，在拉美经委会发表的一系列文章中，新结构主义的观点逐步被阐明。它承认体制改革的必要性，但反对由"华盛顿共识"指导的一系列自由化措施，对改革的缺陷提出严厉批评；在资本流动速度过快从而导致金融风险加大的情况下，它提出要重新审视金融领域的开放和宏观经济政策；此外，还提出要实行新的工业、技术、贸易和社会政策，加强在环境可持续性方面的公共干预。新结构主义承认过去曾夸大了国家在经济生活中的重要性，但反对新自由主义走向另一个极端，即完全否定国家的作用。它认为在市场发挥作用的同时，国家还应在金融、生产、社会和环境领域扮演

重要的角色。

新结构主义理论将重点放在以下几个方面：

1. 提高"真正的"竞争力，加强国际参与

新结构主义认为，结构主义内向发展的模式导致了拉美国家产品国际竞争力的减弱，因此应将进口替代改为出口导向，加强生产体系的国际参与。但是它认为贸易开放要逐步、有选择地进行，并保持实际汇率的稳定。此外，新结构主义认为新自由主义改革中通过提高汇率、降低工资或利用自然资源优势而增强的竞争力是"虚假的"竞争力。要提高"真正的"竞争力和生产率、实现长期增长，必须通过技术进步和社会公正两条途径。在技术进步方面，要建立鼓励创新和技术进步的政策，加强人力资源建设和科学技术基础设施建设，以实现更高和更持续的增长，并在国际参与中形成优势。在社会公正方面，新结构主义认为经济发展过程中应该把实现增长和社会公正作为并列的目标，不可偏废。经济转型和社会公正应互为补充，而不是像新自由主义认为的，市场充分发挥作用就会自然带来社会公正。因此，在改革的同时要大力发展教育、医疗等社会保障事业。此外，为了更好地参与国际经济，要加快增长、提高生产率、促进生产转型，并实行"开放的地区主义"。

2. 强调工业在产业结构调整中的重要性

进口替代时期，结构主义强调工业化的重要性，因此拉美各国大力发展以制造业为主的工业体系，改善了产业结构。但对工业投入过多造成了农牧业相对被忽视的现象。实行改革后，新自由主义认为各产业部门之间的关系是中性的，应当以是否能发挥比较优势作为决定优先发展哪一个部门的标准。因此各国在实行出口导向战略后普遍出现了去工业化的现象，除巴西以外，其他国家的重工业基本被拆除了。新结构主义认为，在技术进步的产生和传播方面，工业是最重要、最具潜力的部门，在产业结构调整过程中发挥着不可替代的作用。同时工业也应与其他部门协调发展，以促进技术溢出效应的产生和产业链的形成。制造业实现改造和升级的主要途径是技术进步，国家必须依靠鼓励和支持高新技术产业的发展，培育新的竞争优势和国民经济支柱。

3. 重视财政、货币政策的作用

针对结构主义忽视短期经济政策调整的弊病，新结构主义主张在民主逐

步健全的条件下协调社会需求和公共财政平衡、宏观经济平衡之间的关系。1994年墨西哥金融危机后，新结构主义提出，在提高国际参与竞争力的同时，要控制短期外资的流动，加强金融监管。20世纪90年代末新结构主义进一步提出要建立国际和地区金融体系，同时各国采取独立性的逆周期金融政策，以减缓国际资本随经济周期流动所带来的负面影响。

（二）新结构主义在21世纪的发展

20世纪末到21世纪初拉美接连发生的金融动荡导致新自由主义在拉美的统治地位发生动摇，于是它与新结构主义之间的论战也渐渐平息。在经历了"失去的五年"后，2003—2008年，拉美经济逐渐恢复并高速增长，但这并未使新自由主义重新占领上风。21世纪以来，在探索和研究拉美发展实践、紧密联系现实的基础上，拉美经委会进一步提出了一系列新的理论和政策主张，完善了新结构主义。

1．对20世纪90年代改革的成效做出评价

新结构主义认为，20世纪90年代拉美各国的改革有效地控制了通胀，减少了财政赤字和出口增长，增加了对外国直接投资的吸引力，使企业生产率提高，社会支出增加，民主、人权、环境问题得到重视。但改革也使增长变得不稳定，出口多样性程度变低，工业部门结构调整未能有效提高生产能力和创新能力，国际收支赤字严重，外部脆弱性增加，外资流动依然具有不确定性，失业增加，收入分配存在结构性不均衡和长期的不平等现象。

2．关注人权、公民权和社会凝聚

新结构主义注意到公民权利得到完全实施依然存在难度，因此提出四项建议：重视各国的社会问题，如贫困、收入差距拉大、社保不健全、种族和文化歧视等；社会政策和减贫斗争应遵循广泛性、一致性和高效性的原则；社会政策的实施要考虑全局性，不仅要和经济政策相协调，还要照顾到各社会利益之间的关系；要完善制度，促进民主实践，鼓励公民参与决策过程，使其充分享有权利，增强其归属感。

3．关于产业结构调整和技术创新的新主张

新结构主义进一步探讨了产业结构和经济增长之间的关系。它认为人均GDP的增长与产业结构的改变和针对国际贸易的生产专业化模式有很大关

系，要形成"整合性的、网络式的"产业链以推动技术创新。在这一点上，该理论涉及了熊彼特[①]的"创新"概念，即创造新的生产活动或为开展现有生产活动而创造新形式的能力。[②]

新结构主义认为国际贸易是中长期经济持续增长的潜在决定因素，为增强国际竞争力，可以通过扩大产业链规模的方式来提高出口商品的技术附加值。技术进步可以使发展机会不再只集中于工业，而是可以扩散到其他产业部门。此外，技术进步还可以改善拉美国家的一系列问题，如劳动的非正规性、工资低、收入集中和贫富分化。

4. 面对金融风险而提出的逆周期宏观经济政策

20世纪90年代，国际资本流动的不确定性导致经济增长缺乏稳定性。因此新结构主义主张完善国际和地区金融制度，建立有效机制来控制投机资本的流入。该理论反对实行顺周期政策，因为这一政策一方面在财政领域会造成经济过热，而且无法应对周期性衰退，另一方面在货币领域会造成企业过于乐观、过度负债，从而导致货币极度扩张，风险加剧。各国应实行灵活的逆周期宏观经济政策，对金融体系实行谨慎而积极的调控和监督，使外债和内债均保持在适当的水平，以实现经济增长节奏的稳定和充分就业。

参考文献

1. 江时学. 拉美发展模式研究[M]. 北京：经济管理出版社，1996.

2. 苏振兴. 拉丁美洲的经济发展[M]. 北京：经济管理出版社，2000.

3. BIELSCHOWSKY R. Sesenta años de la CEPAL: estructuralismo y neoestructuralismo [J]. Revista CEPAL, 2009(97):173-194.

4. CEPAL. La transformación productiva 20 años después. Viejos problemas, nuevas oportunidades [M]. Santiago de Chile: CEPAL, 2008.

5. DI FILIPPO A. Estructuralismo latinoamericano y teoría económica [J]. Revista CEPAL, 2009(98): 181-202.

---

① 约瑟夫·熊彼特（Joseph Schumpeter, 1883—1950），美国经济学家，提出了"经济周期"理论和"资本主义的创造性破坏"概念。

② Ricardo Bielschowsky. "Sesenta años de la CEPAL: estructuralismo y neoestructuralismo", *Revista CEPAL* 97, abril 2009, pp.182–183.

6. DOSMAN E. Los mercados y el Estado en la evolución del "manifiesto" de Prebisch [J]. Revista CEPAL, 2001(75): 89-105.

7. FAJNZYLBER F. Industrialización en América Latina: de la "caja negra" al "casillero vacío" [M]. Santiago de Chile: Cuadernos de la CEPAL, No 60,1990.

8. FERRER A. Raúl Prebisch y el dilema del desarrollo en el mundo global [J]. Revista CEPAL, 2010(101): 7-15.

9. OCAMPO J A. Raúl Prebisch y la agenda del desarrollo en los albores del siglo XXI [J]. Revista CEPAL, 2001(75): 25-40.

10. PREBISCH R. El Mercado Común Latinoamericano [M]. México D.F.: CEPAL, 1959.

11. PREBISCH R. Hacia una teoría de la transformación [J]. Revista CEPAL, 2008(96): 26-39.

12. RODRÍGUEZ O. Prebisch: Actualidad de sus ideas básicas [J]. Revista CEPAL, 2001(75): 41-52.

13. RODRÍGUEZ O. Fundamentos del estructuralismo Latinoamericano [J]. Comercio exterior, 2001(2): 100-112.

第二章

依附论

导 读

20世纪60年代诞生在拉丁美洲的依附论是对拉美经委会理论和"新马克思主义"理论的批判和继承，它主张通过走社会主义道路来打破对资本主义发达国家的"依附"，从而实现民族经济的独立和发展。这一理论当时在全世界引起极大反响。20世纪80年代后，随着拉美新自由主义改革的开展和国际共产主义运动走向低潮，依附论学者逐渐分化，依附论也走向衰落。本章的第一篇文献是依附论代表学者卡多佐的名著《拉丁美洲的依附与发展》（节选），而第二篇文献《依附论的兴衰与复兴》（节选）回顾了依附论的发展历程，对于我们了解这一经典理论很有帮助。

文献 | Dependencia y desarrollo en América Latina

Fernando Henrique Cardoso, Enzo Faletto [1]

Subdesarrollo, periferia y dependencia

Para permitir el paso del análisis sociológico usuales a una interpretación global del desarrollo es necesario estudiar desde el inicio las conexiones entre el sistema económico y la organización social y política de las sociedades subdesarrolladas, no solo en ellas y entre ellas, sino también en relación con los países desarrollados, pues la especificidad histórica de la situación de subdesarrollo nace precisamente de la relación entre sociedades "periféricas" y "centrales". Es preciso, pues, redefinir la "situación de subdesarrollo tomando en consideración su significado histórico particular, poniendo en duda los enfoques que la presentan como un posible "modelo de ordenación de **variables económicas y sociales**[1]. En este sentido, hay que distinguir la situación de los países subdesarrollados con respecto a los que carecen de desarrollo, y diferenciar luego los diversos modos de subdesarrollo según las particulares relaciones que esos países mantienen con los centros económica y políticamente hegemónicos. Para los fines de este ensayo solo es necesario indicar en lo que se refiere a la distinción entre los conceptos de subdesarrollo y carente de desarrollo, que este último alude históricamente a la situación de las economías y pueblos —cada vez más escasos— que no mantiene relaciones de mercado con los países industrializados.

En cuanto al subdesarrollo, una distinción fundamental se ofrece desde la perspectiva del proceso histórico de formación d**el sistema productivo mundial**[2]; en ciertas situaciones, la vinculación de las economías periféricas al mercado mundial se verifica en términos "coloniales, mientras que en otras las economías periféricas están encuadradas en "sociedades nacionales. Acerca de esta últimas, cabría añadir que en determinados casos se realizó la formación de vínculos entre los centros dominantes más desarrollados y los países periféricos cuando ya existía en ellos una sociedad nacional, al paso que en otros, algunas colonias se han transformados en naciones manteniéndose en su situación de subdesarrollo.

---

[1] Fernando Henrique Cardoso: sociólogo, político, científico político, filósofo y profesor universitario brasileño; Enzo Faletto: sociólogo chileno.

En todo caso, la situación de subdesarrollo se produjo históricamente cuando la expansión del **capitalismo comercial**[3] y luego del **capitalismo industrial**[4] vinculó a un mismo mercado economías que, además de presentar grados diversos de diferenciación del sistema productivo, pasaron a ocupar posiciones distintas en la estructura global del sistema capitalista. De ahí que entre las economías desarrolladas y las subdesarrolladas no sólo exista una simple diferencia de etapa o de estado del sistema productivo, sino también de función o posición dentro de una misma estructura económica internacional de **producción y distribución**[5]. Ello supone, por otro lado, una estructura definida de relaciones de dominación. Sin embargo, el concepto de subdesarrollo tal como se lo emplea comúnmente, se refiere más bien a la estructura de un tipo de sistema económico, con predominio del sector primario, fuerte **concentración de la renta**[6], poca diferenciación del sistema productivo y sobre todo, predominio del **mercado externo**[7] sobre el **interno**[8]. Eso es manifiestamente insuficiente.

El reconocimiento de la historicidad de la situación de subdesarrollo requiere algo más que señalar las características estructurales de las economías subdesarrolladas. Hay que analizar, en efecto, cómo las economías subdesarrolladas se vincularon históricamente al mercado mundial y la forma en que se constituyeron los grupos sociales internos que, lograron definir las relaciones hacia afuera que el subdesarrollo supone. Tal enfoque implica reconocer que en el plano político-social existe algún tipo de dependencia en las situaciones de subdesarrollo, y que esa dependencia, empezó históricamente con la expansión de las economías de los países capitalistas originarios.

La dependencia, de la situación de subdesarrollo, implica socialmente una forma de dominación que se manifiesta por una serie de características en el modo de actuación y en la orientación de los grupos que en el sistema económico aparecen como **productores**[9] o como **consumidores**[10]. Esta situación supone en los casos extremos que las decisiones que afectan a la producción o al consumo de una economía dada se toman en función de la dinámica y de los intereses de las economías desarrolladas. Las economías basadas en enclaves coloniales constituyen el ejemplo típico de esa situación.

Frente a la argumentación presentada, el esquema de "economías centrales y "economías periférica pudiera parecer más rico de significación social que el esquema de economías desarrolladas y economías subdesarrolladas. A él se puede incorporar de inmediato la noción de desigualdad de posiciones y de funciones dentro de una misma estructura de producción global. Sin embargo, no sería suficiente ni correcto proponer la sustitución de los conceptos desarrollo y subdesarrollo por los de economía central y economía periférica o —como si fuesen una síntesis de ambos— por los de economías autónomas y economías dependientes. De hecho, son distintas tanto las dimensiones a que estos conceptos se refieren como su significación teórica. La noción de dependencia alude directamente a las condiciones de existencia y funcionamiento del sistema económico y del sistema político, mostrando las vinculaciones entre ambos, tanto en lo que se refiere al plano interno de los países como al externo. La noción de subdesarrollo caracteriza a un estado o grado de diferenciación del sistema productivo —a pesar de que, como vimos, ello implique algunas "consecuencias sociales— sin acentuar las pautas de control de las decisiones de **producción y consumo**[11], ya sea internamente (**socialismo**[12], **capitalismo**[13], etc.) o externamente, (**colonialismo**[14], periferia del mercado mundial, etc.). Las naciones de "centro y "periferia, por su parte, subrayan las funciones que cumplen las economías subdesarrolladas en el mercado mundial y sin destacar para nada los factores político-sociales implicados en la situación de dependencia.

Además, una sociedad puede sufrir transformaciones profundas en su sistema productivo sin que se constituyan al mismo tiempo en forma plenamente autónoma los centros de decisión y los mecanismos sociales que los condicionan. Tal es el caso de Argentina y Brasil al terminar el proceso de **sustitución de importaciones**[15] e iniciarse el de la producción de **bienes de capital**[16], momento que les permitió alcanzar determinado grado de **madurez económica**[17], incluso en lo que respecta a la **distribución del ingreso**[18] (como ocurrió hasta cierto punto, en la Argentina). Por otra parte, en casos límites, una sociedad nacional puede tener cierta autonomía de decisiones sin que por ello el sistema productivo y las formas de **distribución de la renta**[19] le permitan equipararse a los países centrales desarrollados ni siquiera a algunos países periféricos en proceso de desarrollo. Sé da esta hipótesis, por ejemplo, cuando un país rompe los vínculos que lo ligan a un determinado sistema de dominación sin incorporarse totalmente, a otro (Yugoslavia, China, Argelia, Egipto, Cuba e incluso el México revolucionario).

Como consecuencia de ese planteamiento, cuando se trata de interpretar globalmente un proceso de desarrollo, es necesario tener presente que no existe un nexo inmediato entre la diferenciación del sistema económico y la formación de **centros autónomos de decisión**[20], y por lo tanto que los análisis deben definir no solo los grados de **diferenciación estructural**[21] que las economías y las sociedades de los países que se hallan en la fase de transición alcanzaron en el proceso de integración en el proceso mundial, sino también el modo mediante el cual se logró históricamente esa integración. Semejante perspectiva aconseja una gran cautela en la interpretación de como se han producido el desarrollo económico y la modernización de la sociedad en América Latina.

Diversos autores han subrayado el carácter de "resultado imprevisto" que el desarrollo asume en América Latina. Algunos países, por ejemplo, al proyectar la defensa de su principal producto de exportación, propusieron una **política de devaluación**[22] que tuvo como consecuencia indirecta, y hasta cierto punto no deliberada, la creación de condiciones favorables al crecimiento industrial. Sin embargo, sería difícil sostener que la **diferenciación económica**[23] así alcanzada —en función de variaciones coyunturales del mercado y sin implicar un proyecto de autonomía creciente y un cambio en las relaciones entre las clases— pueda por sí sola alterar en forma sustantiva las relaciones de dependencia. La esfera política del comportamiento social influye necesariamente en la forma del proceso de desarrollo. Por ello, si se parte de una interpretación global del desarrollo los argumentos basados en puros **estímulos**[24] y reacciones de mercado resultan insuficientes para explicar la industrialización y el progreso económico. Para que tales estímulos o mecanismos de defensa de la economía subdesarrollada, puedan constituir el comienzo de un proceso de industrialización que reestructure el sistema económico y social, es necesario que se hayan producido en el mismo mercado internacional transformaciones o condiciones que favorezcan el desarrollo, pero es decisivo que el juego político-social en los países en vías de desarrollo contenga en su dinámica elementos favorables a la obtención de grados más amplios de autonomía.

Debe tenerse en cuenta como quedó señalado anteriormente, que el enfoque propuesto no considera adecuado, ni aun desde un punto de vista analítico, separar los factores denominados "externos" y los "internos"; al contrario se propone hallar las características de las sociedades nacionales que expresan las relaciones con lo externo.

Son justamente los factores político-sociales internos-vinculados, como es natural, a la dinámica, de los **centros hegemónicos**[25], los que pueden producir políticas que se aprovechen de las "nuevas condiciones" o de las nuevas oportunidades de crecimiento económico. De igual modo, las fuerzas internas son las que redefinen el sentido y el alcance político-social de la diferenciación "espontánea" del sistema económico. Es posible, por ejemplo, que los grupos tradicionales de dominación se opongan en un principio a entregar su poder de control a los nuevos grupos sociales que surgen con el, proceso de industrialización, pero también pueden pactar con ellos, alterando así las consecuencias renovadoras del desarrollo en el plano social y político.

Las alianzas de los grupos y fuerzas sociales internas están afectadas a su vez por el tipo e intensidad de los cambios, y estos dependen en parte del modo de vinculación de las economías nacionales al mercado mundial; la articulación de los grupos económicos nacionales con los grupos y fuerzas externas se produce en forma distinta y con consecuencias diferentes antes y después de empezar un proceso de desarrollo. El sistema interno de alianzas políticas se altera, además, muchas veces por las alianzas existentes en el plano internacional.

Tal perspectiva implica que no se puede discutir con precisión el proceso de desarrollo desde un ángulo puramente económico cuando el objetivo propuesto es comprender la formación de economías nacionales. Tampoco es suficiente, con fines de descripción, el análisis del comportamiento de **variables derivadas**[26]—dependientes, por lo tanto, de los factores estructurales y del proceso histórico de cambio—, como es el caso de las **tasas de productividad**[27], ahorro y renta, de las funciones de consumo, del empleo, etcétera.

Para que los modelos económicos construidos con variables de esta naturaleza puedan tener significación en el análisis integrado del desarrollo deben estar referidos a las situaciones globales —sociales y económicas— que le sirven de base y les prestan sentido. La interrelación de lo económico y lo social se hace notoria en la situación de "**enclave colonial**[28]", en donde la desigualdad de la situación política entre la colonia y la metrópoli hace que el sistema económico sea percibido como directamente ligado al sistema político poniendo así, de relieve más claramente la relación entre ambos. Y, por el contrario, cuando el desarrollo tiene lugar en "estados nacionales", la faz económica se torna más "visible" y los condicionantes políticos y sociales aparecen más fluidos; no obstante, estos últimos mantienen una influencia decisiva respecto al aprovechamiento, y continuación de las oportunidades de desarrollo que ocasionalmente se manifiestan en el mercado.

Por consiguiente, al considerar la "situación de dependencia" en el análisis del desarrollo latinoamericano, lo que se pretende poner de manifiesto es que el modo de integración de las economías nacionales al mercado internacional supone formas definidas y distintas de interrelación de los grupos sociales de cada país, entre sí y con los grupos externos. Ahora bien, cuando se acepta la perspectiva de que los influjos del mercado, por sí mismos, no son suficientes para explicar el cambio ni para garantizar su continuidad o su dirección, la actuación de las fuerzas, grupos e **instituciones sociales**[29] pasa a ser decisiva para el análisis del desarrollo.

Cuestionario:

ⓐ Según el autor, ¿cuáles son las definiciones del subdesarrollo, la periferia y la dependencia?

ⓑ ¿Existe un nexo inmediato entre la diferenciación del sistema económico y la formación de centros autónomos de decisión? Y ¿por qué?

Vocabulario

[1]	variables económicos y sociales		经济和社会变量
[2]	el sistema productivo mundial		世界生产体系
[3]	capitalismo comercial		商业资本主义
[4]	capitalismo industrial		工业资本主义
[5]	producción y distribución		生产和分配
[6]	concentración de la renta		收入集中
[7]	mercado externo		外部市场
[8]	mercado interno		内部市场
[9]	productor	*m.*	生产者
[10]	consumidor	*m.*	消费者
[11]	producción y consumo		生产和消费
[12]	socialismo	*m.*	社会主义
[13]	capitalismo	*m.*	资本主义
[14]	colonialismo	*m.*	殖民主义
[15]	sustitución de importaciones		进口替代
[16]	bienes de capital		资本货物
[17]	madurez económica		经济成熟
[18]	distribución del ingreso		收入分配
[19]	distribución de la renta		收入分配
[20]	centros autónomos de decisión		自主决策中心
[21]	diferenciación estructural		结构差异
[22]	política de devaluación		货币贬值政策
[23]	diferenciación económica		经济差异
[24]	estímulo	*m.*	刺激，激励
[25]	centros hegemónicos		霸权中心
[26]	variables derivadas		衍生变量
[27]	tasas de productividad		生产率
[28]	enclave colonial		殖民飞地
[29]	instituciones sociales		社会机构

文献 | Vida, muerte y resurrección de las "teorías de la dependencia"

Fernanda Beigel[①]

Desarrollo dependiente y democracia restringida (muerte)

Ya en 1974, Fernando Henrique Cardoso había introducido el tema del desarrollo dependiente y la posibilidad de compatibilizarlo con la democracia representativa, que se convertiría en el objetivo central de muchos intelectuales que vivían bajo estados autoritarios. Los enemigos de la democracia no eran ya el capital internacional y su política expropiadora de nuestros países, sino el corporativismo y la burocracia, que habían limitado la negociación en el nuevo nivel de dependencia. Según relata irónicamente Immanuel Wallerstein, esta concepción trataba de interpelar a los sectores **progresistas** [1] impulsándolos a creer que "con un poco de paciencia y sabiduría en la manipulación del sistema existente, podremos hallar algunas posibilidades intermedias que son al menos un paso en la buena dirección". Estas tesis ganaron fuerza internacional y crearon el ambiente ideológico de la alianza de centro-derecha que arraigó en la década siguiente en Argentina, México, Perú, Venezuela, Bolivia y Brasil (Wallerstein, 1996).

Vista desde el continente latinoamericano, la década del ochenta se presenta como un período de transición. Agustín Cueva señla que **la Revolución Sandinista**[2] (1979) produjo una especie de "parteaguas" entre el campo intelectual centroamericano y el sudamericano. Mientras en el primero todavía se tematizaban las luchas de liberación nacional, en el segundo comenzaban a revalorizarse los mecanismos formales de la democracia y se concentraba todo el interés en terminar con los gobiernos militares en la región (Cueva, 1988: 8-15). El eje del debate en las ciencias sociales se desplazó de la preocupación por el cambio estructural hacia el tema del orden y la convivencia democrática. Del compromiso del científico social a la excelencia académica, cada vez más pretendidamente neutral. Pero no solo se trataba de un cambio temático. Mientras algunos países centroamericanos recibían la ola de exiliados que escapaban de las dictaduras, una fuerte modificación estaba ocurriendo en las universidades y centros de investigación sudamericanos. Se trataba de un proceso de privatización de las

① Socióloga. Investigadora del CONICET. Coordinadora Académica de la Carrera de Doctorado en Ciencias Sociales de la Facultad de Ciencias Plíticas y Sociales, Universidad Nacional de Cuyo, Argentina.

instituciones académicas y un retorno de tendencias **empiristas**[3], que al poco tiempo reemplazaron el espíritu del libro por el "paper", el ensayo por el informe.

Más allá de la influencia real de las tesis del desarrollo dependiente en los procesos políticos latinoamericanos, lo cierto es que una parte importante de los nacionalismos y populismos de antaño adhirieron a las políticas norteamericanas para asegurar la **estabilidad monetaria**[4]. Esto trajo "apoyo" internacional y una renovada relación de dependencia basada en vastos movimientos de **capital financiero**[5]. De allí surgieron algunos esquemas nacionales con "moneda fuerte", estabilidad monetaria y fiscal, obtenidas mediante privatizaciones y recorte de gastos estatales, pero siempre jaqueadas por el aumento de la emisión de bonos de **deuda pública**[6]. La existencia de ciertos niveles de crecimiento económico en los comienzos de este modelo reforzó la embestida neoliberal contra todo intento de retornar a las políticas que hubiesen distribuido mejor el ingreso nacional, y agudizó su enfrentamiento con todas las teorías del conflicto social que pretendiesen ser liberadoras. Se implantaron así los llamados **ajustes estructurales**[7], y hasta fines de los noventa parecía confirmarse la hipótesis de que existía un desarrollo dependiente, y que este era afín a los regímenes políticos liberal-democráticos. Dos Santos recuerda que todas las políticas de bienestar se vieron amenazadas: "no había dinero para nadie, pues el hambre del capital financiero es insaciable" (Dos Santos, 2002). Contrariamente a lo esperado, el mayor triunfo de los modelos neoliberales no se produjo en la esfera económica: sólo técnicos obtusos podían ignorar los efectos de la **burbuja financiera**[8] en las variables macroeconómicas. El éxito expansivo ocurrió en la política y la cultura.

¿Cuáles fueron las principales postas de esta carrera? Las dictaduras militares de los años setenta prepararon la salida. **La caída del Muro de Berlín**[9], en 1989, dejó atrás varios corredores. Y con el Consenso de Washington, ese mismo año, los neoliberales armaron los festejos en la línea de llegada. Por doquier se decretó la defunción de las teorías de la dependencia. Grupos dirigentes y enormes porciones de la opinión pública latinoamericana apoyaron la subasta del patrimonio de nuestras naciones y aplaudieron la sumisión de los gobiernos a las políticas del **Fondo Monetario Internacional**[10]. En el imaginario social de nuestros pueblos rondaban los fantasmas del pasado autoritario o del espiral inflacionario y un pesimismo embriagador parecía conformarse con la puesta en escena de la estabilidad económica.

Al comenzar la década del noventa, el cortejo fúnebre de la teoría de la dependencia se nutría por derecha y por izquierda①. Desde paradigmas eurocéntricos, se atacaba

---

① La versión de las teorías de la dependencia como paradigma "simplista" puede verse, entre otros, en Hardt y Negri (2002) y Grosfoguel (2003: 151-166).

la "mitología **tercermundista**[11]" y se reclamaba a los dependentistas por ausencia de "universalidad"[①]. Desde esos confines se alimentaba, sin embargo, un nuevo mito, que habría de estallar un poco después, cuando se abriera una brecha de luz entre el derrotismo posmoderno y el triunfalismo neoliberal.

Es cierto que el destino de las teorías de la dependencia estuvo marcado por factores externos al campo intelectual: el golpe de Estado contra el socialismo chileno, la derrota de las experiencias guerrilleras, la caída del Muro de Berlín y la hegemonía mundial norteamericana. Pero también aportó su dosis mortífera esta lectura que se difundió hasta convertir al dependentismo en un paradigma "mecánico", "simple", "incoherente" o "desvencijado". No pretendemos sostener exactamente lo contrario. Estamos de acuerdo en que estaba atravesado por un conjunto de ambigüedades, propias de una construcción teórica abierta que aportó principalmente al diagnóstico de la región, antes que a la elaboración de políticas concretas. Ya hemos señalado que, en los años sesenta y setenta, los propios exponentes de estas teorías declaraban que se pretendía transformar un "proceso de investigación en curso" en una concepción cerrada y homogénea. La literatura dependentista fue asumida en su imagen de divulgación como una "doctrina", cuando era más bien una corriente intelectual con una problemática común. Así, el fuerte impacto que tuvo esta corriente en su coyuntura histórica y las intensas polémicas que dieron vida al enfoque de la dependencia transformaron hipótesis provisionales en afirmaciones categóricas y cristalizaron teorías que estaban en plena elaboración (Cerutti Guldberg, 1992; Camacho, 1979)[②].

Pero veamos más de cerca este mito que se fue forjando alrededor de la teoría de la dependencia. Acusarla de "simplista" era también una forma de decir "ideológica". En un sentido peyorativo, desacreditaban la calidad de la teoría dado que se posicionaba supuestamente desde la investigación científica pero promovía básicamente un cambio de sistema. De esta manera, estos críticos que argumentaban en favor de la **"neutralidad valorativa**[12]" contribuían a opacar la existencia real de relaciones de dominación a nivel internacional. Esta no era la primera vez que surgía una corriente cientificista que intentaba separar tajantemente ideología y ciencia en la historia del

---

① Según Amin, la adopción de una perspectiva eurocéntrica en el marxismo histórico impulsó la desestimación de la polarización creciente como rasgo central de la expansión capitalista. Inclusive recuerda que Bill Warren, por ejemplo, escribía en la revista New Left Review que el intercambio mundial no era especialmente desigual ni contribuía al retraso de las formaciones sociales periféricas: "era hora ya de reconocer que ellas eran atrasadas" (Amín, 2003: 42).

② En su más reciente trabajo, Horacio Cerutti Guldberg sostiene que los esfuerzos conceptuales de la llamada "teoría" de la dependencia no pudieron dar cuenta en su momento acabadamente de esas situaciones de dependencia que persisten. Pero ellas se han agudizado y es por eso estimulante retomar con nuevas perspectivas esos debates. Ver Cerutti Guldberg (2003).

campo intelectual latinoamericano①. Tampoco será hoy la primera vez que un cambio en las condiciones políticas e ideológicas vuelva a ponerlas en diálogo. Resulta urgente, entonces, desmontar esta especie de elefantiasis construida sobre las deficiencias del dependentismo, por cuanto no solo se inspira en el combate contra toda forma de articulación entre teoría y política, sino que obtura nuestro propio **acervo intelectual**[13] como latinoamericanos.

Entre 1960 y 1980, las ciencias sociales no tenían el mismo acceso a la comunicación que tuvieron después, por lo cual, mientras el mito de la teoría "simplista" fue ganando las conciencias, gran parte de las indagaciones acerca de las "situaciones de **dependencia**[14]" quedaron impresas en mimeógrafos, relegadas en polvorientos archivos de los centros de investigaciones. Una sincera reflexión y una honesta denuncia acerca de las connotaciones ideológicas de esta derrota académica fueron encabezadas por Agustín Cueva, uno de los intelectuales que más seriamente había discutido los pilares de las teorías de la dependencia. A pesar de haberles atribuido un conjunto de debilidades teóricas, especialmente en lo atinente al diagnóstico del **capitalismo**[15] latinoamericano, el ecuatoriano declaraba compartir con la mayoría de los **dependentistas**[16] una posición teórica crucial. Se refería a la postulación de que la debilidad inicial de nuestros países se encontraba en aquel plano estructural por el cual quedó concluido el proceso de **acumulación originaria**[17] y conformada una matriz económico-social, a partir de la cual tuvo que organizarse la vida de nuestras naciones (Cueva, 1990: 13-35).

Esta posición y su particular atención a los momentos de rearticulación de alianzas políticas a nivel continental le permitieron poner en perspectiva los airados debates de los setenta. En 1988 aclaró públicamente que su trabajo crítico del **dependentismo**[18] se había situado en una discusión en el interior de la izquierda, y que nada tenía que ver con los posteriores ataques al enfoque de la dependencia por parte de la "sociología conservadurizada (post-marxista, posmoderna, o como se la quiera denominar)". Frente a estos ataques, declaró enfáticamente que se sentía más cerca de los dependentistas a los que criticó en 1974 que de sus impugnadores. Y ello porque, con el correr del tiempo, se había puesto en evidencia que había muchos académicos empecinados en considerar una "obsoleta simplificación teórica" del **imperialismo**[19] y la dependencia. La discusión de los setenta, según Cueva, "nunca fue un intento de negar que la dependencia existiese, sino una disputa en torno a la manera de interpretar mejor dichos

---

① Con respecto a la distinción entre ciencia e ideología en las ciencias sociales latinoamericanas, puede verse González Casanova (1985: 25-34), Velasco Abad (1990), Sosa Elízaga (1994: 7-24) y Osorio (1994: 24-44).

fenómenos" (Cueva, 1989: 2)[①]. Paradójicamente, durante este último período —que el ecuatoriano describía como de domesticación por parte de las ciencias sociales—, las "situaciones de dependencia" eran más palpables que nunca.

Cuestionario:

ⓐ ¿Por qué se considera la década del ochenta del siglo XX como un período de transición?

ⓑ Según el autor, ¿en qué período eran más palpables que nunca las "situaciones de dependencia"?

Vocabulario

[1]	progresista	*adj. / m. f.*	进步的；进步分子
[2]	la Revolución Sandinista		桑地诺革命
[3]	empirista	*adj.*	经验论的；经验主义的
[4]	estabilidad monetaria		货币稳定
[5]	capital financiero		金融资本
[6]	deuda pública		公共债务
[7]	ajustes estructurales		结构调整
[8]	burbuja financiera		金融泡沫
[9]	la caída del Muro de Berlín		柏林墙的倒塌
[10]	Fondo Monetario Internacional		国际货币基金组织
[11]	tercermundista	*adj.*	第三世界的
[12]	neutralidad valorativa		价值中性
[13]	acervo intelectual		知识财富
[14]	dependencia	*f.*	依附
[15]	capitalismo	*m.*	资本主义
[16]	dependentista	*adj. / m. f.*	依附论的；依附论者
[17]	acumulación originaria		原始积累
[18]	dependentismo	*m.*	依附论
[19]	imperialismo	*m.*	帝国主义

---

① Permítasenos remitir a un análisis documentado del proceso de producción y circulación de las teorías de la dependencia: ver Beigel (2006).

评论 | 依附论

依附论是20世纪60年代诞生于拉丁美洲的发展理论，在20世纪60年代和20世纪70年代对广大发展中国家产生了较大影响。20世纪80年代后，随着拉美国家具有新自由主义性质的经济改革逐步开展以及国际共产主义运动逐渐走向低潮，依附论也逐渐走向衰落。

一、依附论产生的背景和发展历程

（一）依附论的产生

拉美各国知识分子始终在努力探索拉美大陆不发达的原因。20世纪四五十年代产生的拉美经委会结构主义理论较为系统、深刻、成熟地对不发达的原因做出了解释，并提出了具体而行之有效的解决实施方案，即进口替代工业化策略。经过各国十余年的努力，进口替代工业化取得了初步的显著成就，但也进入了"瓶颈期"：出口收入无法弥补大工业进口所需资金缺口，拉美对外资的依赖越来越严重。在批判对外资依赖这一新的"依附"关系并对拉美发展道路进行深思的基础上，拉美依附论于20世纪60年代逐渐形成，于20世纪70年代更加明确而成熟。

（二）依附论的发展

在讨论依附和落后问题时，拉美知识分子之间争论的焦点之一曾经是拉美的社会性质和社会变革方式的问题。安德烈·冈德·弗兰克（Andre Gunder Frank，1969）认为从16世纪殖民时期起拉美就已具备了资本主义性质，依附和不发达是与资本主义生产方式相应的两个结构问题，只有废除资本主义制度才能被打破。他主张"脱钩论"，即不发达国家应与世界市场脱钩才能摆脱不发达状态。阿古斯丁·奎瓦（Agustín Cueva，1990）认为拉美的资本主义在19世纪后期得到巩固。而另一些依附论者则认为拉美社会是"半封建"的，其落后正是源于这一性质。他们主张按照发达国家的历史模式进行资产阶级革命。还有一些人认为社会主义才是有能力消灭资本主义剥削的生产方式，但只有在资本主义社会关系和生产发展成熟后才能进行社会主义革命。

1959年古巴革命胜利后，"依附"获得了全新的内涵。克服依附的斗争不再仅限于从殖民或新殖民阶段发展到独立，自由也不仅被认为是民族资产阶级领导的殖民地人民的革命战略。很多依附论学者都认为摆脱依附的出路是走社会主义道路。依附论开始在批判社会学的框架下研究资本主义的发展是如何使有的国家发达而使有的国家不发达（Velasco Abad，1990），展开了关于社会主义、马克思主义和欧洲中心主义的论战和对"现存资本主义"的批判。依附论者寻求着拉美社会结构的变革。20世纪70年代初智利阿连德政府的成立进一步推动了依附论的繁荣发展。

（三）依附论的衰落

1974年，卡多佐提出了"依附性发展"的命题，并提出了使其与代议制民主并行的可能性。民主的敌人不再是国际资本及其统治政策，而是在新的依附层面上限制民主的本位主义和官僚主义。此外，有学者指出1979年的桑地诺主义革命在拉美知识界形成了一道"分水岭"：中美洲国家的知识界还在关注民族解放问题，而南美洲知识界所关注的是民主机制和结束军事独裁的问题。因此从整个拉美来看，关注点已从社会结构变革问题转到了民主秩序问题。更为重要的是，在20世纪80年代拉美债务危机后，很大一部分过去的民族主义者和民众主义者转而拥护美国的拉美政策以期获得其支持。随着拉美新自由主义性质改革的深入和20世纪80年代末至20世纪90年代初国际共产主义运动走向低潮，依附论在拉美掀起的热浪也逐渐平息。

二、依附论的理论源头

梅布尔·思韦茨·雷伊和何塞·卡斯蒂略（Mabel Thwaites Rey y José Castillo，2008）指出，"依附论是对20世纪60年代各种新马克思主义流派思想的吸收和融合，……是对进口替代和民众主义中出现的危机做出的反

应。"①阿德里安·索特洛·巴伦西亚（Adrián Sotelo Valencia，1993）认为其
理论源头有：马克思对于殖民地问题的分析，列宁与俄国民粹主义者的论
战，列宁等人的帝国主义理论，毛泽东思想和中国革命经验，保罗·巴伦
（Paul Baran）20世纪50年代关于不发达问题的著作。还有学者认为，依附论
有两大理论来源，"一是以美国学者保罗·巴伦为代表的新马克思主义对资
本主义世界及发达与不发达问题的分析；一是以普雷维什为代表的拉美经委
会结构主义的中心—外围说"②。

雷伊和卡斯蒂略（2008）指出，依附论吸纳了结构主义的中心—外围学
说。依附论认为，中心国家繁荣且自我充足，而外围国家贫弱且缺乏竞争
力，之间还相互孤立。在国际贸易中，中心国家受益更多。外围国家的不发
达是由中心国家的发展导致的，而由于民族资产阶级和依附资本主义无法实
现发展的目标，所以要打破依附关系就必须消灭资本主义制度。国家应通过
国有化和工业化来承担领导经济的任务，并展开民主化进程。由此看来，依
附论虽然在某种意义上是结构主义理论的"延伸"，但它更是对结构主义理
论的否定，因为结构主义所主张的资本主义生产方式与依附论所主张的社会
主义道路相左。也正是因为这个原因，依附论将结构主义（也被称作发展
主义）作为批评的对象，公开指责它为"资产阶级的官方社会科学"。奎瓦
（1981）指出，尽管发展主义（即结构主义）试图进行结构变革，但这一变
革是在资本主义体系中发展的，而不是朝着社会主义方向发展的。此外，发
展主义所进行的是一种"依附性生产方式"，与马克思主义所分析的资本主
义生产方式法则有很大不同。

三、"依附"概念的内涵，依附论的关注对象和研究方法

（一）"依附"概念的内涵

西奥多尼奥·多斯·桑托斯（Theotônio Dos Santos，1971）指出，依附

---

① Mabel Thwaites Rey y José Castillo. *Desarrollo, dependencia y Estado en el debate latinoamericano*, Universidad de Buenos Aires, Argentina, 2008, p.32.
② 高铦《第三世界发展理论探讨》，社会科学文献出版社，1992年，第38页。转引自：苏振兴主编《拉丁美洲的经济发展》，经济管理出版社，2000年，第112页。

就是这样一种状况：一些国家的经济被其所依附的其他国家的经济发展所限制，依附国家社会的发展仅仅是占统治地位国家经济扩张的反映。但是，就到底应关注民族间矛盾还是应关注民族内部阶级矛盾，或者说应按照民族观点还是按照阶级观点进行研究的问题，依附论者之间长期存在着争论。

在1967—1979年的论战、批判和反批判中，一些依附论者主张不应把依附问题只看作由外向内强加给拉美的一种现象，而应看作内部社会结构的不同形式之间的一种关系。贝拉斯科·阿瓦德（Velasco Abad，1990）指出，依附虽然是发达和不发达这两极之间的一种联系，但不应被看作一种限制依附国经济发展的单纯的外部因素。依附的模式是由依附国的阶级结构决定的。费尔南多·恩里克·卡多佐和恩索·法莱托（Fernando Henrique Cardoso y Enzo Faletto，1975）指出，应建立一种脱离"反映"关系的、与政治和权力而不是与经济联系更紧的依附概念。他们在1979年进一步指出，从表面上看，依附似乎表现为国家之间的斗争，但实际上依附具有双重含义，它还包含了国家内部社会集团和阶级之间的冲突。弗朗西斯科·威福特（Francisco Weffort，1970）也指出，不应总关注外围国家和中心国家所发生的变化之间的并行关系，因为这样会忽视从依附国内部出现变革的可能性。

佩雷斯·利亚纳（Pérez Llana，1973）指出，依附或其他统治方式只有在从依附中获得利益的国家部门的支持下才能发展，而在完全独立的国家（如社会主义国家）中这种外部统治则是不可行的。

（二）依附论的关注对象和研究方法

费尔南达·贝伊赫尔（Fernanda Beigel，2003）指出，依附论者最核心的关注点是"拉美国家所处的被过度剥削的境遇以及拉美国家在面对资本主义体系的霸权势力的情况下如何改变这一境遇"[1]。依附论者接受结构主义的中心—外围理论，他们认为，中心—外围的两极分化和财富集中是资本在世界范围内扩张的内在结果，因此他们主张建立一个更为公正和团结的社会体系。

鲁伊·毛罗·马里尼（Ruy Mauro Marini，1973）指出，依附论是通过考察拉美参与世界资本主义经济的方式来研究拉美的经济和社会构成特

---

[1] Fernanda Beigel. *Vida, muerte y resurrección de las "teorías de la dependencia"*, Universidad Nacional de Cuyo, 2003, p.287.

点，研究从殖民地时期到独立后拉美经济从出口经济过渡到依附性资本主义工业经济的过程。其再生产过程中出现的过度剥削实现了从依附国家到工业国家价值和剩余价值的转移。依附论使用的是马克思主义的劳动价值论分析方法，研究资本如何通过在世界范围内的循环到达依附国家的生产过程中。

四、知识界对依附论的一些总结和评价

（一）对依附论范围的界定

依附概念被很多理论提及，如功能主义、结构主义和马克思主义，但是依附概念在它们的理论体系中占有不同地位。拉美经委会结构主义理论认为依附条件可以随着政府的政治经济行为被打破，而依附论代表人物安德烈·冈德·弗兰克认为依附和不发达是与资本主义生产方式相对应的结构问题，只有废除资本主义制度才能打破依附条件。

加夫列尔·帕尔马（Gabriel Palma，1987）认为依附论者包括：1. 共同致力于建立一种"不发达理论"的安德烈·冈德·弗兰克和以西奥多尼奥·多斯·桑托斯、鲁伊·毛罗·马里尼等人为代表的智利大学社会经济研究中心（CESO）学派；2. 研究和批判民族发展障碍的拉美经委会的松克尔和塞尔索·富尔塔多；3. 所有研究依附关系具体形式和情况的学者。

海因茨·R. 桑塔格（Heinz R. Sonntag，1989）认为，保罗·巴伦、安德烈·冈德·弗兰克以及认同拉美经委会结构主义理论并持发展主义观点的卡多佐和法莱托都是依附论者。

而索特洛·巴伦西亚（1993）指出，只有符合下列标准的作家和著作才能被认为是具有依附论性质的：1. 明确否定外围资本主义发展的可能性，因为这一体系只能导致不发达；2. 研究外围资本主义发展所面临的障碍，一般会强调"结构停滞"的观点；3. 虽然接受资本主义发展的可能性，但强调外围对中心资本主义的依附。

（二）对依附论的一些评价

费尔南达·贝伊赫尔（2003）指出，"依附论可以被看作是帝国主义理

论的全新解释，但它更是对外围国家资本主义特殊性的审视。它对不发达现象的阐述揭示了中心和外围之间不平等的交换结构以及发达国家资产阶级对不发达国家的剥削，并使这种不发达得以持续和深化，从而以更大的规模——尽管方式在改变——来加重这种剥削和控制的过程。"[1]

伊格纳西奥·索特洛（Ignacio Sotelo，1980）指出，依附论的一个重要观点是承认霸权国家和依附国家之间的"要素统一性"：两者的资本主义在同一历史时期中得到发展，形成世界市场和国际分工。但相对于民族矛盾观点，索特罗更重视阶级分析观点。他认为依附论不过就是帝国主义理论的重复，而且它还由于过分关注外围国家而忽视了资本主义全局视野。他建议应该对"依附的具体形式"展开研究，以脱离过去抽象的理论模式以及原因一元论。

五、对依附论的简单总结

有人认为依附论是"机械的""简单的""无连贯性的"，甚至是"一盘散沙"。之所以称它"简单"和"机械"，是因为它具有一定的意识形态化特点。但是这种推崇"价值中性"的观点在对依附论进行批判时却忽略了在历史条件下实际存在的外围国家对中心国家的依附关系。还有人批判它只对拉美的问题进行了理论判断，只停留在知识界的理论研究和争论上，没有制定出具体的解决方案和政策。但是我们应当看到，在当时的历史条件下，依附论能够产生如此大的影响、引起如此激烈的争论，将关于依附状况的各种简单设想转化为系统的理论已实属不易。

依附论是在马克思主义尤其是列宁主义的影响下、在各种新马克思主义流派的基础上，吸收并融合了拉美结构主义等理论的部分观点之后形成的重要理论。这一理论虽然并非完全独创，但由于它立足于拉美历史和现状来审视自身不发达的深层次原因，所以它拥有鲜明的特色和伟大的历史意义：一方面，它对马克思主义的一些具体理论进行了思考；另一方面，它创造性地提出了依附的内涵不仅是依附国家对统治国家发展的一种反映关系，还应该是不发达国家的某种内部结构状态，因此应该对依附国家的社会结构、阶级

---

[1] Fernanda Beigel. *Vida, muerte y resurrección de las "teorías de la dependencia"*, Universidad Nacional de Cuyo, 2003, p.305.

结构以及其内部利益集团与统治国的联系进行研究。这些认识都具有很高的历史价值。

参考文献

1. 苏振兴. 拉丁美洲的经济发展[M]. 北京：经济管理出版社，2000.

2. BEIGEL F. Vida, muerte y resurrección de las "teorías de la dependencia" [M]. Mendoza, Arg.: Universidad Nacional de Cuyo, 2003.

3. CARDOSO F H, FALETTO E. Dependencia y desarrollo en América Latina [M]. Buenos Aires: Siglo XXI editores S.A., 1975.

4. FRANK A G. Capitalismo y subdesarrollo en América Latina [M]. Chile: Centro de Estudio Miguel Enríquez-Archivo, 1969.

5. MARINI R M. Dialéctica de la dependencia [M]. México D.F.: Ediciones Era, 1973.

6. QUIJANO A. Dependencia, cambio social y urbanización en Latinoamérica [J]. Revista Mexicana de Sociología, 1968, 30(3): 525-570.

7. SOTELO VALENCIA A. La crisis de los paradigmas y la Teoría de la Dependencia en América Latina [M]. México D.F.: Ediciones El Caballito, 1993.

8. THWAITES REY M, CASTILLO J. Desarrollo, dependencia y Estado en el debate latinoamericano [M]. Buenos Aires: Universidad de Buenos Aires, 2008.

第二篇
危机与改革

第三章

20 世纪 80 年代至 21 世纪初拉美国家经济调整与改革

导 读

　　1982年拉美爆发了严重的债务危机并在随后经历了"失去的十年"。债务危机的爆发也标志着拉美进口替代工业化道路走到了尽头。拉美各国在对国民经济进行调整的同时陆续开始了具有新自由主义性质的经济结构改革，经济逐步走上出口导向的发展道路，市场经济体制建立起来。本章文献《结构性改革和宏观经济政策：墨西哥案例1982—1999》（节选）系统地介绍了墨西哥第一代改革的主要内容，从中我们可以了解到墨西哥贸易自由化、金融自由化、资本账户开放、私有化、税制改革和放松管制等具体的改革措施。

文献 | Reformas estructurales y política macroeconómica: el caso de méxico 1982-1999

Fernando Clavijo, Susana Valdivieso[①]

Las reformas de primera generación

Las llamadas reformas de primera generación debían ser consistentes, por lo menos *ex-ante*, con los dos objetivos centrales de las reformas: saneamiento fiscal y **estabilización macroeconómica**[1]. La reforma tributaria y las privatizaciones se abocaron sin ambigüedades al logro del primero; en cambio, la liberalización del comercio exterior, la **desregulación**[2] y la **liberalización financiera**[3] interna y externa se contraponían desde el inicio con el objetivo de alcanzar rápidamente la estabilización macroeconómica.

Por ello, los resultados en términos de crecimiento económico y la enorme dificultad para alcanzar la estabilización no son tan sorprendentes. Sin duda, los ritmos de aplicación y la secuencia de las medidas influyeron igualmente en los resultados. En lo que sigue se resumen las principales reformas emprendidas a partir de los años ochenta y solo se apuntan algunos resultados inmediatos. El análisis de su interrelación con las políticas macro y entre las reformas mismas es objeto del cuarto apartado.

1. Liberalización del comercio

Hacia la década de los setenta, la política comercial se orientó a promover la sustitución de **bienes intermedios**[4] para la **industria manufacturera**[5], con el fin de integrar verticalmente el **sector industrial interno**[6]. Al mismo tiempo, se realizó un importante esfuerzo para incentivar la exportación de **productos semi-procesados**[7] mediante impuestos a la exportación de productos agrícolas y minerales no procesados. Al inicio de los ochenta la estructura de precios se encontraba claramente distorsionada ante el **proteccionismo comercial**[8]; en particular, el uso generalizado de **barreras no arancelarias**[9] (permisos de importación y precios oficiales) acentuó las distorsiones de las señales del mercado.

---

① Fernando Clavijo: director general de ESANE consultores, S.C.; Susana Valdivieso: investigadora económica.

Como resultado del deterioro de los términos de intercambio, en 1981-1982 las autoridades respondieron con un alza en las **tasas nominales de protección**[10], elevando el promedio hasta cerca de 100,00%. La política de **sustitución de importaciones**[11] redujo las **presiones competitivas**[12] en la economía y el alcance de los incrementos en la productividad mediante importaciones de bienes y servicios intensivos en tecnología. Así, la sustitución de importaciones redujo la competitividad de los exportadores y condujo a una disminución de la participación de las exportaciones al **PIB**[13] de largo plazo. La estructura de las exportaciones mexicanas al principio de esa década se caracterizaba por un importante componente de **productos primarios**[14], sobre todo petróleo, mientras que las exportaciones manufactureras y de **maquiladoras**[15] representaban un porcentaje relativamente pequeño del total (véase gráfico 1).

Gráfico 1
COMPOSICIÓN DE LAS EXPORTACIONES EN 1980

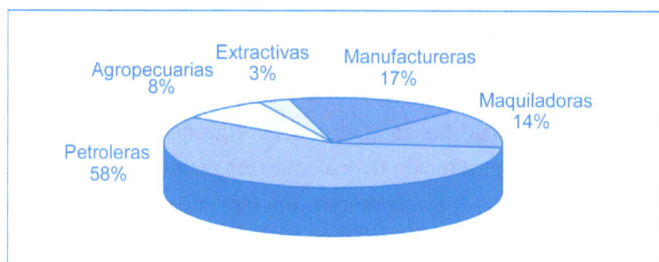

Fuente: INEGI.

Por su parte, las importaciones estaban constituidas en su mayoría por bienes intermedios (55,60%) y **bienes de capital**[16]. Los **bienes de consumo**[17] y las maquiladoras apenas representaban el 20,00% de las importaciones totales.

El proceso de apertura comercial

Uno de los puntos centrales del proceso de reformas iniciado en los años ochenta fue el desmantelamiento de las restricciones al comercio internacional; esto, con el fin de dar eficiencia y modernizar la economía nacional, pero también con el interés de reprimir los crecimientos en precios asociados con los elevados aranceles. Las primeras medidas en este sentido comenzaron a instrumentarse en 1983, con una reducción gradual del nivel y dispersión de los aranceles; no obstante, se mantuvieron los **permisos a la importación**[18]. En 1984 comenzaron a eliminarse estos permisos, de manera que las importaciones controladas se redujeron a 83,50% del total. Sin embargo, la percepción de que el gobierno había fracasado en alcanzar las metas inflacionarias para el periodo 1983-1985, debido a la lentitud de la **liberalización de importaciones**[19] ocurrida en 1984, condujo a una radicalización de las medidas de apertura en la segunda mitad de 1985. En ese año las importaciones controladas disminuyeron a 37,50% del total, y para 1986 estas solo representaban el 30,90% de las compras al exterior. Para compensar esta reducción, se incrementaron los aranceles promedio y **promedio ponderado**[20] (véase cuadro 1).

Cuadro 1
COBERTURA DE LAS RESTRICCIONES COMERCIALES

	Abril 1980	Junio 1985	Dic. 1985	Junio 1986	Dic. 1986	Junio 1987	Dic. 1987	Junio 1988	Dic. 1989	Junio 1990
Permisos de importación[1]	64,00	92,20	47,10	46,90	39,80	35,80	25,40	23,20	20,30	19,90
Precios de referencia[1]	13,40	18,70	25,40	19,60	18,70	13,40	0,60	0,00	0,00	0,00
Aranceles: máximo	n.d.	100,00	100,00	45,00	45,00	40,00	20,00	20,00	20,00	20,00
promedio[2]	22,80	23,50	28,50	24,00	24,50	22,70	11,80	11,00	12,80	12,50
Controles de exportación[1]	n.d.	n.d.	n.d.	n.d.	n.d.	n.d.	24,80	23,40	17,90	17,60

1. Cobertura porcentual de producción de comerciables: ponderaciones de 1986.

2. Ponderados por la producción de comerciables: ponderaciones de 1986.

Fuente: Banco de México.

Ese mismo año, México se incorporó al **Acuerdo General sobre Aranceles Aduaneros y Comercio (GATT)**[21], bajo las condiciones de eliminar los **precios oficiales de referencia**[22], continuar la sustitución de los controles directos por aranceles y reducir el arancel máximo a 50,00%. Sin embargo, los términos del Acuerdo permitían a México mantener temporalmente **licencias de importación**[23] sobre algunos productos agrícolas y sobre otros bienes sujetos a programas de promoción industrial.

La adopción de estructuras arancelarias más uniformes ofrecía diversas ventajas en términos administrativos y de **transparencia**[24], evitando en cierta medida el uso de la política arancelaria a favor de determinados sectores con elevada capacidad de presión. Precisamente la presión de estos grupos había conducido a elevados niveles de protección y estructuras arancelarias muy dispersas, con sus consiguientes costos en términos de bienestar e incertidumbre sobre las decisiones de inversión y producción. Además de la aceleración en el proceso de apertura comercial durante 1985, el gobierno estableció incentivos arancelarios para los exportadores. En este contexto se creó el Programa de Importación Temporal para Producir Artículos de Exportación (PITEX) bajo el cual las empresas podrían importar temporalmente y libres de aranceles **materias primas**[25] y **maquinaria y equipo**[26] para la producción de artículos de exportación.

Durante 1986 y 1987 la caída de los precios internacionales del petróleo y sus efectos en las finanzas públicas y en el tipo de cambio resultaron en una caída de la economía mexicana acompañada de crecientes tasas de inflación. En consecuencia, a finales del segundo año se puso en marcha el Pacto de Solidaridad Económica, cuyo objetivo era reducir rápidamente la inflación a través del congelamiento temporal de precios, salarios y tipo de cambio. Además, bajo este acuerdo se enfatizó la intención de las autoridades de abatir el crecimiento en precios apoyándose en la apertura comercial. Así, el proceso de apertura avanzó aún más al establecerse un arancel máximo de 20,00% y al eliminarse el permiso previo de importación de gran parte de las manufacturas de consumo lo que llevó la cobertura de permisos a sólo 20,00% del valor de las importaciones en 1988. Además, la dispersión de aranceles se redujo a un rango de 0 a 20,00%, con solo cinco tasas (0, 5,00, 10,00, 15,00 y 20,00%), mientras que la tarifa promedio cayó a 10,40% (promedio no ponderado) y a 6,10% (promedio ponderado por importación). De esta forma, la competencia de las importaciones se utilizó como instrumento clave para controlar las alzas de precios de los **productos comerciables**[27].

En 1987 el gobierno continuó con los incentivos fiscales y arancelarios para los exportadores a través del programa de Empresas Altamente Exportadoras (ALTEX). Mediante este programa, las empresas –que podían ser maquiladoras u operar bajo el programa PITEX obtenían ciertos beneficios administrativos por parte de varias agencias del gobierno debido a sus elevados **volúmenes de exportación**[28].

Para diciembre de 1988, la administración Salinas, (1988-1994) puso en marcha un nuevo programa de ajuste, el **Pacto para la Estabilidad y Crecimiento Económico (PECE)**[29], que incluyó una protección efectiva uniforme para evitar la discriminación entre sectores. Entre 1989 y 1993 se aceleró el proceso de apertura al reducirse los aranceles promedio y los permisos de importación. Asimismo, en 1993 se promulgó la Ley de Comercio Exterior con el fin de adecuar el **marco legal**[30] de las transacciones foráneas. Con todo, se mantuvieron ciertas restricciones comerciales en algunos sectores como la agricultura, la refinación de petróleo y la industria de equipo de transporte. En el primer caso, se temía que una liberalización rápida condujera a **desplazamientos masivos de la fuerza de trabajo**[31]; el caso del petróleo se debió a consideraciones de soberanía; y por último, las compañías automotrices habían tomado decisiones de inversión basadas en programas industriales que aseguraban protección a cambio de cumplir metas de desempeño en materia de **balanza comercial**[32], aunado a su capacidad de cabildeo.

Como complemento a esta reducción en las **barreras comerciales**[33], México llevó a cabo diversas negociaciones, tanto con sus principales **socios comerciales**[34] como con otras regiones y mercados. Entre estos convenios se encuentran el firmado en 1986 con la **Asociación Latinoamericana de Integración (ALADI)**[35]; en 1988, con la Cuenca del Pacífico; en 1989, el ingreso al esquema de **Cooperación Económica del Pacífico Asiático (APEC)**[36]; y en 1990, la creación del **Grupo de los Tres por México, Colombia y Venezuela**[37]. Adicionalmente, México ha suscrito tratados de libre comercio con Chile (1991), Estados Unidos y Canadá (1993), Costa Rica (1995), Colombia y Venezuela (1995), Bolivia (1995) y Nicaragua (1998). Destaca el Tratado de Libre Comercio de América del Norte (TLCAN), ya que más de dos terceras partes del comercio exterior de México se realiza con Estados Unidos y porque comprende una zona de libre comercio de más de 360 millones de personas.

Principales Efectos de la Reforma

Este proceso de liberalización se ha traducido en un elevado grado de apertura, reflejado en el coeficiente de intercambio comercial de bienes y servicios respecto del PIB (X+M), que se elevó de 20,00% en 1985 a 55,00% en 1997. Los beneficios derivados de la apertura comercial son diversos, destacando, entre otros: la rápida expansión del tamaño del sector externo; un ritmo de inversión más intenso en el **sector exportador**[38]; la creciente importancia de la **inversión extranjera directa**[39]; y, por último, el elevado y sostenido crecimiento de las transacciones no petroleras, particularmente de manufacturas. La participación de las exportaciones de este tipo de bienes en las ventas totales al exterior se incrementó sustancialmente, pasando de 30,00% en 1985 a 43,90% en 1998-1999 (véase gráfico 2). Por su parte, las importaciones de manufacturas han mantenido una tendencia más estable al pasar de 87,00% de las compras totales al exterior en 1985 a 93,30% en 1998-1999.

Gráfico 2
ESTRUCTURA DE LAS EXPORTACIONES EN 1998-1999

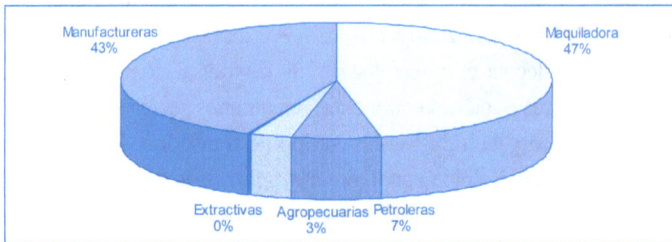

Fuente: INEGI.

A pesar de la mayor participación de la manufactura en el comercio internacional tras la apertura comercial, el **saldo comercial**[40] de la industria manufacturera con el exterior (sin maquila) ha sido consistentemente negativo. Más aun, dicho déficit creció de manera importante a partir de 1988, año en que se aceleraron las medidas de liberalización. Para 1994 este **saldo negativo**[41] superó los 29 millardos de dólares, contribuyendo de manera importante al déficit en la balanza comercial y, por lo tanto, en el de la **cuenta corriente**[42] (el cual represent 7,80% del PIB durante ese año). Este elevado déficit fue un factor determinante para el **colapso cambiario**[43] observado al cierre de 1994. La realineación del tipo de cambio, junto con la severa contracción del mercado interno, fueron muy efectivas para revertir el saldo comercial negativo. Más aún, durante 1995 y 1996 el **efecto neto**[44] del comercio exterior se constituyó como el principal motor de la economía mexicana. No obstante, conforme se ha reactivado la demanda nacional y el peso ha perdido la competitividad adquirida tras la adopción del régimen de **libre flotación**[45], el balance comercial ha vuelto a registrar un déficit (desde la segunda mitad de 1997). Aun cuando dicho saldo negativo es todavía menor al observado en 1994, es claro que existe un peligro potencial que merece un cuidadoso seguimiento de la **política cambiaria**[46].

2. Liberalización financiera doméstica

El proceso de liberalización financiera doméstica se llevó a cabo en dos etapas fácilmente diferenciables por la cobertura, ritmo, profundidad y objetivo de las reformas emprendidas. La primera se extiende de principios de los setenta hasta 1987, y se caracteriza porque tuvo como objetivo flexibilizar la estructura institucional del sistema financiero para adaptarlo a las nuevas condiciones internas (aceleración de la inflación y mayores necesidades financieras del **sector público**[47]) y externas (mayores tasas de interés y estanflación), pero sin modificar de manera sustancial el modo de operación (instrumentos y objetivos) de la **política monetaria**[48]. El objetivo central de las reformas de este periodo fue evitar la erosión de la demanda de los activos bancarios sujetos a encaje legal, con el fin de que el financiamiento del sector público pudiera seguir funcionando. Las reformas se centraron en dos campos específicos: la liberalización de las **tasas de interés**[49] y la racionalización del sistema de **encaje legal**[50]. El ritmo de aplicación fue progresivo en los dos campos, pero culminó con una flexibilización importante en el primero, mientras en el segundo los resultados fueron solo parciales y se dieron al final del periodo. A continuación se hace una descripción detallada de la calendarización y el contenido de las reformas en cada uno de estos campos:

Liberalización de las tasas de interés. En 1974 se tomaron las primeras medidas orientadas a flexibilizar la fijación de las tasas de interés; las tasas pasivas se ajustaron al alza y se creó un indicador del costo de fondeo del sistema bancario, el índice promedio de captación de fondos (CPP), que debía servir para la fijación de las tasas activas que fueron desreguladas gradualmente, con excepción de las aplicables a ciertas actividades prioritarias como la agricultura y la vivienda. Entre 1976 y 1980 se autorizó a los bancos comerciales a captar recursos mediante nuevos instrumentos y se crearon las **cuentas de depósito**[51] con fechas predeterminadas de retiro y con tasas de interés variables más elevadas que las de los instrumentos tradicionales, pero sujetas a una tasa de interés máxima fijada por el Banco Central. En 1980 se flexibilizaron las reglas de emisión de las aceptaciones bancarias, cuyos rendimientos nominales no eran determinados por las autoridades monetarias. En 1982 se liberalizaron las subastas de los Certificados de Tesorería de la Federación (CETES), 20 dejando que montos y rendimientos fueran fijados por el mercado, lo que hizo que estos últimos se convirtieran en la tasa de referencia más importante del mercado.

Sistema de encaje legal. El objetivo de las medidas tomadas en este campo fue racionalizar y simplificar el mecanismo de encaje, para lo cual en 1977 se estableció una tasa única para los instrumentos de la banca múltiple denominados en pesos. Hasta 1987 se procedió a implantar una reducción significativa de la **tasa marginal de reserva obligatoria**[52], la cual pasó de 92,20 a 51,00%. La segunda etapa en el proceso de liberación financiera se inició en 1988, teniendo como característica la amplia cobertura de las reformas emprendidas (tasas de interés, encaje legal, **crédito dirigido**[53], **privatización bancaria**[54], **regulación prudencial**[55] y supervisión y autonomía del Banco Central). La velocidad y profundidad con que se aplicaron las reformas varió según los campos. El desmantelamiento de los instrumentos de control directo (topes máximos a las tasas de interés, sistema de encaje legal) fue muy rápido y total, y la privatización de la banca comercial se llevó a cabo entre 1991 y 1992. En el ámbito de la regulación prudencial las reformas fueron menos completas y profundas y los avances en materia de supervisión fueron francamente insuficientes, por lo menos hasta 1995-1996. La autonomía del Banco de México entró en vigor a principios de 1994.

Liberalización de las tasas de interés. Dos medidas completaron el proceso de liberalización iniciado en la etapa anterior: La primera fue la eliminación, en 1988, de los límites a la emisión de las aceptaciones bancarias, hasta entonces únicos instrumentos cuyos rendimientos nominales no estaban sujetos a topes máximos. La segunda fue la cancelación, en 1989, del esquema de fijación de topes máximos a las tasas por parte del Banco Central. Finalmente, en 1991 las autoridades monetarias autorizaron el pago de intereses en las **cuentas de cheques**[56].

Sistema de encaje legal y canalización obligatoria de fondos. En 1988 se estableció que el pasivo derivado de las aceptaciones y los avales bancarios no quedara sujeto a las reglas de canalización de crédito obligatorias, sino que fuera cubierto en un 30,00% con valores gubernamentales (CETES o BONDES) o depósitos con interés en el Banco de México. Así se dio el primer paso en la sustitución del encaje legal (51,00%) por un coeficiente de **liquidez**[57] (30,00%). El proceso continuó a lo largo 1989, pues el Banco Central hizo extensiva la aplicación del coeficiente de liquidez a los recursos captados en instrumentos tradicionales y a las cuentas de cheques con y sin intereses. En septiembre de 1991 se dio un nuevo paso hacia la eliminación del sistema de regulación directa, cuando se reemplazó el coeficiente de liquidez por uno de reserva voluntaria. Sin embargo, en un intento por contener la fuerte afluencia de capitales **a corto plazo**[58] que se venía registrando, se impuso un coeficiente de liquidez de 50,00% a la intermediación en dólares de los bancos nacionales. Así, el sistema de control monetario por regulación directa dejó de existir a fines de 1991, para dar paso a una política de regulación monetaria indirecta a través de las operaciones de mercado abierto y el anuncio explícito de límites de crecimiento al crédito interno del **Banco Central**[59]. En 1995, después de la crisis de diciembre de 1994, las autoridades introdujeron —un poco tarde— un nuevo sistema de encaje: el encaje promedio cero, con el objetivo de afinar su capacidad de control sobre los agregados monetarios.

Programas de crédito dirigido. La sustitución del encaje legal por un coeficiente de liquidez llevada a cabo en 1988 trajo aparejado el desmantelamiento del sistema de canalización obligatoria de fondos a través de la banca comercial y de los **fideicomisos**[60] del Banco Central. Posteriormente, en 1993, se reestructuró la banca de desarrollo y se redefinieron sus objetivos y su modo de operación. Se eliminó su enfoque sectorial y se orientó a resolver algunas de las imperfecciones del **mercado crediticio**[61], como la desatención a las pequeñas y medianas empresas y el fomento a actividades generadoras de externalidades positivas, entre ellas la exportación y el desarrollo de infraestructura. Se le convirtió en banca de segundo piso con lo que la selección de proyectos quedó en manos de la banca comercial y debía basarse en criterios del mercado. Finalmente, se eliminaron los subsidios a las tasas de interés ya que estas se fijaron por encima del costo porcentual promedio de captación de fondos de la banca comercial (CPP).

Privatización de la banca comercial. En mayo de 1990 el Congreso de la Unión aprobó la iniciativa presidencial de reformas a los artículos 28 y 123 de la Constitución con objeto de permitir el restablecimiento del régimen mixto en la prestación del servicio de banca y crédito En septiembre de ese mismo año, un decreto presidencial estableció los principios y bases del proceso de enajenación de la participación accionaria del gobierno federal en las instituciones de banca múltiple y se creó el Comité de Desincorporación Bancaria, para conducir el proceso que debía llevarse a cabo en tres etapas: valuación contable y económica de las instituciones; registro y autorización de los posibles adquirientes; y enajenación de la participación accionaria del gobierno federal en dichas instituciones. Entre 1991 y 1992 se llevó a cabo la reprivatización de todos los bancos comerciales, en un lapso de 13 meses se vendieron 18 instituciones. En promedio, se obtuvo un precio de venta equivalente a 3,50 veces el valor en libros. El mecanismo utilizado para la venta de las instituciones fue la **subasta pública**[62], lo cual incentivó una amplia dispersión en la participación del capital de los bancos. El factor más importante para la selección del grupo adquiriente fue el precio ofrecido y solo en aquellos casos en que los que la diferencia en precio fue menor de 3,00% se consideraron otros factores, como planes de negocios, experiencia y plan de **capitalización**[63]. En todos los casos el ganador de la subasta fue el que ofreció el mayor precio.

Sistema de regulación prudencial y supervisión. Las autoridades monetarias empezaron a tomar medidas orientadas a corregir las deficiencias de información y el riesgo moral propio de la actividad bancaria cuando se había completado la fase de desmantelamiento de los instrumentos de control directo. La primera medida que se tomó fue obligar a los bancos a asegurar sus depósitos en una institución creada con ese fin en 1990: el Fondo Bancario de Protección al Ahorro (FOBAPROA); y solo al año siguiente se reforzó el marco regulatorio a través de las siguientes disposiciones: a) lineamientos de capitalización bancaria compatibles con los del BIS, cuya entrada en vigencia se pospuso a 1993; b) obligación de clasificar la cartera crediticia en cuatro categorías de riesgo, a fin de que los bancos pudieran crear reservas preventivas de 1,00%, 20,00%, 60,00% y 100,00% según la categoría de riesgo; c) límites máximos de financiamiento a individuos y entidades; y d) obligación de mantener equilibrada la posición de divisas. Después de la crisis de 1994 se dictaron nuevos requerimientos para la constitución de reservas preventivas (60,00% de la cartera vencida o 4,00% de la cartera total) y se creó el Programa de Capitalización Temporal (PROCAPTE). En el campo de la supervisión bancaria, apenas en 1992 se creó la Coordinación e Supervisores del Sistema Financiero, pero solo a partir de 1995-1996 se tomaron medidas significativas para fortalecer la supervisión: intensificación de las visitas de inspección, homogeneización de los criterios contables con los estándares internacionales, y ampliación de los mecanismos de información financiera y su divulgación oportuna. También se crearon las Sociedades de Información Crediticia sobre los sujetos potenciales de crédito y se fusionaron la Comisión Nacional Bancaria (CNB) y la Comisión Nacional de Valores (CNV) en un solo organismo, la Comisión Nacional Bancaria y de Valores (CNBV).

La independencia del Banco Central. En 1993 se reformaron los artículos 28, 13 y 123 de la Constitución para otorgar plena autonomía al Banco de México. En abril de 1994 entró en vigor la nueva Ley del Banco de México, la cual estableció que: a) el Banco Central es autónomo en sus funciones y administración; b) su objetivo básico es la estabilidad del **poder adquisitivo**[64] de la **moneda nacional**[65]; c) tiene facultad exclusiva para manejar su propio crédito; y d) tiene a su cargo, en cooperación con las autoridades competentes, la regulación del **tipo de cambio**[66] y de la intermediación y servicios financieros. Esta descripción calendarizada del proceso de liberalización del mercado financiero interno deja de manifiesto que la secuencia de implementación de las reformas no fue la óptima, pues el fortalecimiento de la supervisión y la regulación prudencial se llevó a cabo después de que se había procedido a la liberalización de las tasas de interés y al desmantelamiento del sistema de encaje legal.

En cuanto a los resultados inducidos por la reforma:

(a) En respuesta a la eliminación del sistema de encaje legal, los bancos comerciales expandieron de manera inmediata y acelerada su volumen de préstamos al sector privado (véase gráfico 3).

Gráfico 3

FINANCIAMIENTO DE LA BANCA COMERCIAL A LOS SECTORES PÚBLICO Y PRIVADO

(Millones de pesos de 1994)

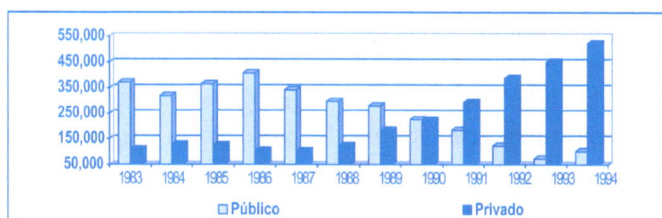

Fuente: Banco de México.

El crecimiento anual promedio del crédito real al sector privado fue entre 1988 y 1994 del orden del 30,00% anual. Esto, aunado a la política de desendeudamiento del sector público originada por el exitoso saneamiento fiscal, hizo que el financiamiento al sector privado representara en 1994 el 96,00% del financiamiento total de la **banca comercial**[67], contra un 51,00% en 1988, y que, como porcentaje del PIB, pasara de un 10,00% en 1988 a un 40,00% en 1994. Esta expansión de la actividad crediticia de los bancos privados tuvo como corolario que el proceso de creación monetaria dependiera de manera creciente de la actividad de los bancos privados: los multiplicadores de M1 y M2 pasaron de 1,40 a 3,10 y de 5,40 a 10,80, respectivamente, entre 1988 y 1996. Entre 1997 y 1999 el multiplicador se redujo nuevamente.

(b) La liberalización de las tasas de interés y el desmantelamiento del encaje legal lograron revertir entre 1989 y 1990 el proceso de **desmonetización**[68] en el que había entrado la economía mexicana a partir 1983, pero solo de forma muy marginal. La remonetización (medida por M1/PIB) se aceleró a partir de 1991, cuando la desinflación se consolidó a niveles moderados y la autorización de pago de intereses en las cuentas de cheques provocó una reestructuración de activos en favor de estas últimas. (Véase nuevamente cuadro 1)

(c) En el caso de México, la reforma financiera parece haber tenido un efecto favorable sobre la profundidad financiera del **sistema bancario**[69], pues los instrumentos bancarios distintos de las cuentas de cheques aumentaron su participación en el PIB de 16,30% en 1988 a 27,00% en 1996. Este incremento del ahorro financiero en el sistema bancario no implicó, sin embargo, un incremento del ahorro interno bruto, el cual pasó de 18,70% del PIB en 1991 a 14,70% en 1994. Esta evolución es inconsistente con la hipótesis de que el ahorro privado es elástico a la tasa de interés y confirma más bien la teoría de que en mercados financieramente reprimidos la liberalización financiera provoca un acelerado crecimiento del **crédito bancario**[70] al consumo que genera, al menos en el corto plazo, una reducción del ahorro privado total.

(d) Las altas tasas reales de interés observadas a raíz de la eliminación de los topes máximos a que estaban sujetas (véase cuadro 2) provocaron que, en un marco de regulación y supervisión deficientes y de expansión acelerada de las carteras de crédito, los bancos privilegiaran el rendimiento a la solvencia de las mismas (selección adversa), sentando así las bases para que los problemas macroeconómicos de 1994 provocaran una **crisis bancaria**[71] de grandes proporciones que obligó al gobierno a implementar un programa de rescate con un costo superior al 20,00% del producto.

Cuadro 2
TASAS DE INTERES NOMINALES Y REALES
(Porcentajes)

	CETES 28 Nom.	CETES 28 Real	CETES 91 Nom.	CETES 91 Real
1976				
1977				
1978			12,80	-4,60
1979			18,00	-6,60
1980			22,50	-4,30
1981			30,80	-17,70
1982	45,30	-28,00	45,70	-27,80
1983	56,60	-5,40	59,10	-3,80
1984	48,60	-5,80	49,30	-5,40
1985	60,20	-14,00	63,20	-12,40
1986	86,70	-19,50	88,10	-18,90
1987	96,00	-8,50	103,10	-5,20
1988	69,50	41,30	63,80	36,50
1989	45,00	14,50	44,80	14,30
1990	34,80	9,90	35,00	10,10
1991	19,30	-6,90	19,80	-6,50
1992	15,60	4,20	15,90	4,50
1993	15,00	8,70	15,50	9,10
1994	14,10	-15,50	14,60	-15,10
1995	48,40	15,30	48,20	15,20
1996	31,40	4,30	32,90	5,50
1997	19,80	5,30	21,30	0,60
1998	24,70	7,90	26,20	8,90
1999	22,40	5,00	21,60	4,30

Fuente: Cálculos propios en base a datos del Banco de México.

3. Apertura de la cuenta de capitales

El auge petrolero abrió de facto la **cuenta de capitales**[72]. El endeudamiento externo del sector privado durante la segunda mitad de los años setenta creció a tasas promedio del 15,00% en dólares. La inversión extranjera directa, muy acotada por la legislación vigente, no constituía una vía de acceso al capital externo. Con la Ley de Deuda Pública, a partir de 1977 el endeudamiento de los gobiernos locales y empresas públicas estaba controlado. El endeudamiento del gobierno federal, en principio autorizado y controlado por el Congreso, se excedía cuando las circunstancias lo requerían. La sanción de la cuenta pública dictaminada por el Congreso se hacía casi de manera automática y con retrasos mayores a un año. Así, al inicio de las reformas solo era necesario liberalizar la inversión extranjera directa (IED) y la inversión en **portafolio**[73] o la adquisición de **valores gubernamentales**[74] por inversionistas extranjeros.

3.1 *Desregulación de la inversión extranjera directa*

La Constitución de 1917 es el primer antecedente de la legislación de regulación de la inversión extranjera (IE) en el país. El artículo 27 establece que la nación tiene el derecho de imponer sobre la **propiedad privada**[75] las modalidades que dicte el interés público; además legisla el uso de los recursos naturales en todo momento y prohibe a los extranjeros la adquisición de tierras y aguas dentro de una franja de 100 kilómetros de las fronteras nacionales y una franja de tierra de 50 kilómetros de sus costas.

A principios de los años ochenta la legislación vigente se regía por la Ley de IED expedida en 1973, que clasificaba las actividades económicas en cuatro categorías:

a) las reservadas al Estado: petróleo, petroquímicos básicos, electricidad, ferrocarriles;

b) las reservadas exclusivamente a mexicanos: comunicaciones y transportes, explotación de recursos forestales, radio y televisión;

c) las sujetas a limitaciones específicas estipuladas explícitamente en dicha ley (como la petroquímica secundaria y la industria de autopartes, sujetas a un límite de 40,00% o estipuladas por otras leyes específicas);

d) todas las actividades restantes en las que la participación extranjera no podía ser superior al 49,00%.

El grado de rigor con el que se interpretó este marco legal varió a través de los años, pero a partir de 1984 se dio una clara tendencia a la flexibilización, a través de la promulgación de nuevos **lineamientos**[76] y decretos por parte de la Comisión Nacional para la Inversión Extranjera (CNIE), una agencia reguladora establecida por la Ley y autorizada, cuando consideraba que la inversión era beneficiosa para la economía, a modificar el límite de 49,00% impuesto a la participación extranjera en las actividades no reservadas o sujetas a limitaciones específicas.

Así, en 1984 la CNIE autorizó la instalación de empresas de capital mayoritario o totalmente extranjero en sectores exportadores, intensivos en capital o de alta tecnología, y la apertura de **filiales**[77] de empresas extranjeras. A partir de 1986 se procedió a reducir el número de productos clasificados como petroquímica básica para ampliar las oportunidades de inversión extranjera en ese sector. Finalmente, y con el objetivo explícito de estimular la entrada de inversión extranjera directa capaz de aportar tecnología, divisas y empleo, en 1989 se puso en vigor el Reglamento de Ley para Promover la Inversión Mexicana y Regular la Inversión Extranjera, que derogó todas las disposiciones y resoluciones administrativas existentes y dio una interpretación muy liberal de la Ley de 1973. En efecto, autorizó a los inversionistas extranjeros a poseer la totalidad del capital en empresas de sectores no restringidos, siempre y cuando estas cumpliesen con los siguientes requisitos:

a) tener **activos**[78] totales menores a 100 millones de dólares;

b) que los **fondos**[79] provinieran en su totalidad del exterior y que la empresa mantuviera una *balanza de divisas superavitaria*[80] *en los tres primeros años de operación;*

c) que las **plantas**[81] se localizaran fuera de las áreas urbanas más pobladas;

d) uso de tecnologías ambientalmente adecuadas;

y e) generación de empleos permanentes y establecimiento de **programas de capacitación de personal**[82].

Las actividades no clasificadas representaban el 73,00% del total de actividades económicas y productivas (547 de las 754 existentes); además, el decreto mencionaba otras 40 actividades que, a pesar de estar clasificadas y listadas, podían recibir hasta el 100% de participación extranjera mediante la autorización previa de la CNIE. Entre estas se encontraban industrias como vidrio, cemento, celulosa, hierro y acero.

El nuevo reglamento procedió también a simplificar los trámites administrativos. Así, las empresas que cumplían con los requisitos especificados por la ley quedaban exentas de realizar los trámites de autorización y se estipulaba que toda solicitud no respondida en un plazo de 45 días hábiles quedaba aprobada en forma automática.

Actualmente, la inversión extranjera está sujeta al marco regulatorio de la Ley de Inversiones Extranjeras promulgada en diciembre de 1993. Esta incorpora las adecuaciones hechas a lo largo de los años a la Ley de 1973 e integra las disposiciones del Tratado de Libre Comercio con Estados Unidos y Canadá en la materia.

La nueva Ley especifica que, en la evaluación de las solicitudes de inversión, la CNIE debe tomar en consideración solo los siguientes criterios: a) la creación de empleo y la capacitación de la mano de obra; b) el aporte tecnológico; c) el respeto a la normatividad en protección ambiental; y d) la contribución a la competitividad. Las actividades que requieren de la aprobación previa de la CNIE para que la inversión extranjera participe con más del 49,00% son: transportación marítima, ciertos servicios portuarios para operaciones de navegación interior, administración de terminales aéreas, telefonía celular, construcción de productos para la transportación de petróleo y derivados, perforación de pozos de petróleo y gas, servicios legales, educación privada, sociedades de información crediticia, instituciones de **calificación de valores financieros**[83], y agentes de seguros. También se requiere aprobación de la CNIE cuando los inversionistas extranjeros pretendan tener una participación mayoritaria en el capital social de compañías cuyos activos sean superiores a un monto predeterminado anualmente por la CNIE (25 millones de dólares en 1994).

En cuanto a las actividades sujetas a limitaciones, las nuevas disposiciones establecen tres categorías: las reservadas al Estado, las restringidas a mexicanos y las que están sujetas a un límite máximo de participación:

Sectores reservados al Estado	Sectores restringidos a mexicanos	Sectores con topes máximos
- Petróleo y petroquímica básica - Minerales radioactivos - Electricidad y energía nuclear - Telégrafos y correos - Comunicación vía satélite - Emisión de billetes - Acuñación de moneda - Supervisión y vigilancia de puertos y aeropuertos - Ferrocarriles	- Transporte terrestre de pasajeros, turismo y carga* (excluye la mensajería). - Distribución de gasolina y gas licuado. - Radio y televisión, excepto televisión por cable. - Uniones de crédito y banca de desarrollo - Prestación de servicios profesionales y técnicos	- Sociedades cooperativas (10%) - Transporte aéreo nacional (25%) - Sociedades controladoras de agrupaciones financieras (30%) - Instituciones financieras (49%) - Pesca y puertos (49%) - Explosivos y armas de fuego (49%) - Impresión y periódicos (49%)

* Se prevé que esta restricción se eliminará gradualmente.

Entre las áreas que la nueva Ley abrió a la inversión extranjera están las sociedades de producción cooperativa, televisión por cable, provisión de servicios marítimos, y transportación terrestre de pasajeros y de carga por autobuses y camiones. Se eliminaron las restricciones a la participación extranjera mayoritaria en la petroquímica secundaria, la industria de autopartes y la construcción de autobuses y camiones. La proporción de actividades abiertas a participación extranjera mayoritaria se elevó a 91,00%, y el sector manufacturero quedó totalmente abierto al capital extranjero, con excepción de la petroquímica básica y la producción de armamentos y explosivos.

La nueva Ley de Inversión Extranjera contribuyó a que, a raíz de la entrada en vigor del TLC, los flujos de inversión extranjera directa se incrementaran de manera sustancial: entre 1994 y 1997 estos fueron del orden de 10,000 millones de dólares anuales. (Véase cuadro 3).

3.2 *La apertura de los mercados financieros a la inversión de cartera*[84]

La apertura a la inversión extranjera de cartera se inició en 1989, cuando se emitió un decreto de liberalización del régimen de **inversión neutra**[85], introducido en 1986, y se creó el régimen de inversión temporal, que estableció la posibilidad de que la inversión extranjera participara en forma indirecta, a través de fideicomisos, en actividades anteriormente excluidas o sujetas a límites de participación. A fines de 1990 se eliminaron las restricciones a la compra de **valores**[86] de **renta fija**[87], en la práctica esencialmente valores gubernamentales.

Estas reformas, aunadas a otros factores positivos de orden interno, como la firma del acuerdo de reestructuración y alivio de la deuda externa (Plan Brady de febrero de 1990) y de orden externo, como la disminución de las **tasas de interés internacionales**[88] y las modificaciones al marco regulatorio de la inversión de cartera en Estados Unidos, contribuyeron a que México se convirtiera en un receptor privilegiado de inversiones de cartera. En efecto, estas pasaron de 3,40 mil millones de dólares en 1989 a 28,90 mil millones en 1993. (Véase cuadro 3). Sin embargo, a diferencia de la inversión extranjera directa, que presentó variaciones moderadas antes y después de la crisis de 1994, la inversión de cartera manifestó una gran volatilidad: se redujo a cerca de 8.2 millones de dólares en 1994; en 1995 registró un **flujo negativo**[89] cercano a 10,000 millones de dólares y en 1996 volvió a ser de 13,60 mil millones, para bajar de nuevo en 1997 a 4,90 mil millones de dólares. (Véase cuadro 3).

4. Privatizaciones

Hacia finales de los años ochenta la situación de las finanzas públicas no solo requirió de la racionalización del número de empresas públicas; además, su privatización podía generar recursos para el Estado y el sector público debía incrementar su participación en los procesos de asignación y explotación de recursos, iniciándose un programa de desincorporación de entidades públicas que ocupó un lugar preponderante en el proceso de ajuste y cambio estructural de la economía mexicana.

En 1983 el Estado administraba 1,155 empresas que participaban en 63 de las 73 ramas en que se clasificaba la actividad económica en México, y contribuía con cerca del 18,50% del PIB nacional y 10,00% del empleo total. Esta intervención pública se

Cuadro 3
PASIVOS DE LA CUENTA DE CAPITAL
(Millones de dólares)

	Pasivos totales	Préstamos y depósitos	Banca de desarrollo	Banca comercial	Banco de México	Sector público no bancario	Sector privado no bancario	Inversión extranjera	Directa	De cartera	Mercado accionario	Mercado de dinero total	Sector público	Sector privado
1980	12,621.5	10,473.4	618.2	3,160.3	-132.3	3,077.6	3,749.7	2,148.2	2,089.8	58.4	0.0	0.0	0.0	0.0
1981	30,856.8	26,783.9	7,495.1	5,647.3	0.0	9,790.2	3,851.2	4,072.9	3,075.8	997.1	0.0	0.0	0.0	0.0
1982	10,820.0	8,273.3	1,457.5	-2,269.4	1,437.6	5,424.8	2,222.6	2,546.6	1,900.3	646.3	0.0	0.0	0.0	0.0
1983	4,025.2	2,352.4	354.2	1,415.1	-158.3	3,050.6	-2,309.3	1,672.8	2,191.7	-518.9	0.0	0.0	0.0	0.0
1984	3,208.2	2,102.4	1,075.7	-415.5	1,229.4	1,972.9	-1,760.1	1,105.8	1,541.0	-435.2	0.0	0.0	0.0	0.0
1985	1,060.1	-327.7	1,064.9	-939.3	293.0	485.0	-1,231.3	1,387.7	1,983.5	-595.8	0.0	0.0	0.0	0.0
1986	2,549.1	666.8	1,579.8	-731.6	714.2	584.9	-1,480.5	1,882.2	2,400.7	-518.5	0.0	0.0	0.0	0.0
1987	3,608.9	1,978.2	768.3	46.5	428.1	3,266.6	-2,531.3	1,630.6	2,634.6	-1,004.0	0.0	0.0	0.0	0.0
1988	591.0	-3,288.7	-1,059.0	1,380.0	-94.3	-587.4	-2,928.0	3,879.9	2,880.1	999.8	0.0	0.0	0.0	0.0
1989	4,346.1	819.2	-299.3	980.0	-365.1	-381.1	-1,156.9	3,526.8	3,175.6	351.3	493.3	0.0	0.0	0.0
1990	16,996.7	10,993.0	4,809.9	4,384.0	1,676.6	1,767.2	397.1	6,003.7	2,633.3	3,370.5	1,994.5	0.0	0.0	0.0
1991	25,507.0	7,992.4	1,650.5	5,751.9	-220.0	-1,571.0	2,381.0	17,514.6	4,761.5	12,753.2	6,332.0	3,406.4	3,406.4	0.0
1992	20,866.9	-1,567.0	1,174.8	294.9	-460.0	-4,705.2	2,128.5	22,433.9	4,392.8	18,041.0	4,783.1	8,146.9	8,146.9	0.0
1993	36,084.8	2,776.7	193.6	3,328.0	-1,174.9	-2,402.1	2,832.1	33,308.1	4,388.8	28,919.3	10,716.6	7,405.7	7,012.7	393.0
1994	20,254.2	1,099.5	1,329.3	1,470.7	-1,203.2	-1,690.3	1,193.0	19,154.7	10,972.5	8,182.2	4,083.7	-2,225.3	-1,942.3	-283.0
1995	22,763.3	22,951.7	958.6	-4,982.0	13,332.9	10,493.2	3,149.0	-188.4	9,526.3	-9,714.7	519.2	-13,859.6	-13,790.6	-69.0
1996	10,401.4	-12,193.5	-1,246.2	-1,720.0	-3,523.8	-7,671.3	1,968.0	22,603.9	9,185.5	13,418.5	2,800.6	907.5	948.5	-41.0
1997	9,047.0	-8,819.6	-1,020.9	-1,978.4	-3,486.8	-5,035.6	2,702.0	17,866.6	12,829.5	5,037.0	3,215.3	584.7	858.2	94.7
1998	17,032.9	6,301.4	239.6	-142.8	-107.6	1,270.2	6,006.0	10,731.5	11,310.7	-579.2	-665.6	214.1	290.2	-76.1
1999	16,781.7	-5,576.6	-765.4	-1,368.5	-3,684.7	-4,027.4	4,269.4	22,358.3	11,568.2	10,790.1	3,769.2	131.5	106.5	25.0

Fuente: Banco de México e INEGI.

observaba en áreas como la industria siderúrgica, aerolíneas, teléfonos, hoteles, minas de cobre, sector financiero, ingenios azucareros, partes para automóviles, motores, camiones, textiles, producción de agua mineral, fábricas de bicicletas, cines, cabarets y hasta un equipo de fútbol. La cantidad y diversidad de empresas públicas reflejaba el papel preponderante que el sector público mantenía en la actividad económica durante este periodo.

4.1. *Objetivos y modalidades del programa de desincorporación*[90]

Entre los objetivos planteados al inicio del programa de desincorporación de entidades paraestatales destacan: fortalecer las finanzas públicas; mejorar la eficiencia del sector público disminuyendo su gasto estructural y eliminando gastos y subsidios no justificables; promover la productividad de la economía y combatir la ineficiencia y el rezago al interior de las empresas públicas.

Debido a que el Estado participaba en diversas áreas de actividad económica, y que los objetivos de las múltiples entidades no podían ser catalogados dentro de un grupo único, se establecieron distintas alternativas de desincorporación: liquidación, fusión, transferencia y venta. Esta última alternativa constituyó una parte fundamental del programa de desincorporación de **paraestatales**[91], y se aplicó cuando se trataba de una entidad no estratégica ni prioritaria pero con viabilidad económica, susceptible de ser adquirida por los sectores social o privado.

4.2. *Privatización de empresas públicas*

La reestructuración del papel del Estado mexicano en la economía comenzó a partir de 1982, aunque lo sustantivo se realizó entre 1989 y 1993. Durante este periodo de reformas se concretaron poco más de mil desincorporaciones, de las cuales una tercera parte se realizó mediante ventas al **sector privado**[92] o social. En este periodo se realizó la mayor parte de las operaciones de desincorporación en general y de privatización en particular, tanto en términos de volumen como de valor.

Con las acciones realizadas en estos años, el número de paraestatales pasó de 1,155 al inicio de 1983, a poco más de 200 en 1993-1994, y desde entonces se ha mantenido prácticamente en el mismo nivel (véase gráfico 4). De las empresas desincorporadas en el periodo referido, cerca del 50,00% corresponde a aquellas que fueron **liquidadas**[93] o extinguidas, mientras que una tercera parte fue privatizada. Así, se redujo de manera importante la intervención del Estado en el **ámbito económico**[94].

Gráfico 4
EVOLUCIÓN DEL NÚMERO DE EMPRESAS PARAESTATALES*

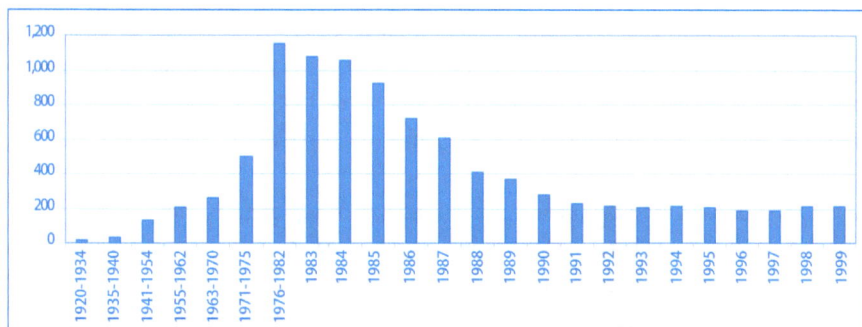

*Fin del periodo, excepto 1999 (a julio). No incluye entidades en proceso de desincorporación.
Fuente: Elaborado con información de la SEMIP, UDES, *Diario Oficial e Informes de Gobierno*.

El proceso de privatización de empresas paraestatales puede dividirse en cuatro etapas:

Primera etapa: 1983-1984

Al inicio del programa de desincorporación, el Estado mexicano participaba en 63 ramas de actividad a través de 1,155 empresas paraestatales, el mayor número de empresas que el sector público llegó a administrar en las últimas décadas. La mayor parte de las empresas en manos del gobierno enfrentaba serios problemas financieros, operativos y de control, **baja productividad**[95] y un fuerte **rezago tecnológico**[96], por lo que el arranque del programa no encontr resistencias undamentales, con excepción de algunos grupos laborales y sindicales.

Durante este periodo se observó la venta ocasional de pequeñas empresas no estratégicas y con escasa rentabilidad. Este proceso se acompañó de la liquidación de paraestatales que solo existían en papel, no eran útiles para los nuevos objetivos del Estado o duplicaban funciones. El número de operaciones realizadas fue bajo y al final del periodo aún existían 1,049 entidades paraestatales, por lo que la intervención del Estado en la economía siguió siendo importante. Para este momento, el proceso de desincorporación apenas iniciaba, los objetivos del programano estaban claramente definidos y el alcance de esta medida de política se encontraba lejos de su cabal dimensión.

Segunda etapa: 1985-1988

En este periodo se plante la privatización de empresas como un instrumento de política económica que incrementara la productividad y competitividad de la industria mexicana ante la creciente **globalización**[97] y mayor competencia. En este contexto, se intensificaron las operaciones de desincorporación del sector paraestatal, en particular de las empresas de participación mayoritaria, que pasaron de 703 al inicio de 1985, a 252 al cierre de 1988. Una buena proporción de las empresas desincorporadas en esta etapa se orientó a la alternativa de liquidación (en su mayoría empresas inoperantes), lo que contribuyó a reducir aceleradamente el número deparaestatales. Así, al final de 1988 el Estado administraba 412 empresas, esto es, menos de la mitad que en el inicio del periodo.

La mayoría de las empresas privatizadas en estos años representaba poco o nulo poder de mercado, como algunas pequeñas fábricas y centros de esparcimiento, y el monto de las operaciones fue relativamente bajo. Sin embargo, el importante número de desincorporaciones permiti que el Estado se retirara de la mayoría de las ramas de actividad agrupadas dentro de la **manufactura**[98], aunque siguió conservando su participación en actividades de gran importancia como metálicas básicas y **petroquímica**[99].

Tercera etapa: 1989-1993

En este periodo se intensificó el programa de privatizaciones, que incluyó a empresas con fuerte poder de mercado (incluso **monopolios**[100] y **oligopolios**[101]) y gran viabilidad económica. Los objetivos del programa de desincorporación rebasaron la mera eficiencia y se buscó además maximizar los ingresos por la venta de empresas y minimizar la **intervención del Estado**[102] en la economía (en 1989 el PIB del sector público representaba el 16,00% del producto nacional, mientras que en 1983 esta cifra fue 25,00%). Con esta finalidad, se fusionaron algunas empresas para incrementar su potencial y hacerlas atractivas para los **inversionistas privados**[103] que pagarían por ellas un mayor precio. Asimismo, se liberaron sectores estratégicos y de gran impacto sobre el manejo de la política económica, como la telefonía y las **instituciones financieras**[104].

Durante esta etapa, la de mayor importancia para la enajenación de paraestatales por los recursos generados, se privatizaron importantes empresas: Aeroméxico y Mexicana de Aviación, Grupo Dina, compañías mineras como Cananea, Telmex, siderúrgicas y complejos industriales, 18 bancos y diversas instituciones financieras (arrendadoras, aseguradoras, etc.). Con estas operaciones se redujo significativamente la participación del Estado en la generación del producto y el empleo nacionales. La venta de empresas gener recursos por cerca de 29 mil millones de dólares. Al final del periodo existían solo 210 empresas paraestatales.

Cuarta etapa: a partir de 1994

Al término de la agresiva etapa de privatizaciones de 1989-1993, las principales tareas de la agenda de privatizaciones se habían realizado. El número de empresas administradas por el Estado era ya muy reducido y los sectores en los que aún participaba eran pocos, aunque importantes. En este contexto, a partir de 1994 se observó una limitada venta de empresas, y los esfuerzos por involucrar al sector privado en las áreas anteriormente ocupadas por el Estado se concentraron principalmente en la concesión para la administración de activos públicos. En este periodo se concesionó la prestación de algunos servicios de transporte y carga como los ferrocarriles (proceso ya concluido en tres rutas), **administraciones portuarias**[105] y carreteras, la operación de canales de transmisión de ondas de radio vía satélite y el complejo aeroportuario del Sureste. Almacenes Nacionales (ANSA), en su primera etapa, se privatizaron en 1998 y pocos meses más tarde el gobierno volvió a adquirirlos. Asimismo, se ha avanzado de manera importante en materia de conducción de electricidad, y en su generación bajo ciertas condiciones (recientemente se presentó una iniciativa para abrir este sector a la inversión privada, pero el proceso est en su etapa inicial y en debate en el Congreso desde abril de 1999) En 1999 se avanzó en la privatización de aeropuertos y hasta el momento se ha licitado uno de los grupos (los aeropuertos susceptibles de privatización se agruparon en tres lotes, cada uno encabezado por aeropuertos importantes). El impacto potencial de estas acciones sobre la economía es importante debido a las ganancias de eficiencia sectorial y los efectos inducidos en otras actividades.

Sin embargo, aún se enfrentan problemas para iniciar los procesos de apertura correspondientes a los sectores de mayor interés. Este es el caso de la petroquímica secundaria y el sector eléctrico, cuyo proyecto de desincorporación se encuentra totalmente paralizado tras el surgimiento de importantes resistencias a su apertura, propuesta por las autoridades en 1996. Los ingresos obtenidos por concepto de enajenaciones en esta etapa son bajos en relación con los del periodo anterior.

En el cuadro 4 se presenta una cronología de las operaciones de desincorporacón efectuadas a lo largo del proceso.

Cuadro 4
DESINCORPORACIÓN Y CREACIÓN DE ENTIDADES PARAESTATALES 1983-1998

Año	Entidades al inicio del periodo	Desincorporaciones concluidas		Desincorporaciones en proceso	Creación de entidades	Entidades al final del periodo
		Total	Venta			
1983	1,155	75	n.d.	32	10	1,090
1984	1,090	64	n.d.	7	18	1,044
1985	1,044	96	n.d.	23	7	955
1986	955	155	n.d.	75	7	807
1987	807	161	n.d.	49	15	661
1988	661	45	204 *	204	2	618
1989	618	76	29	170	7	549
1990	549	139	61	138	8	418
1991	418	95	42	87	5	328
1992	328	66	23	53	8	270
1993	270	24	5	48	12	258
1994	258	21	1	37	15	252
1995	252	16	1	35	3	239
1996	239	21	1	44	11	229
1997	229	9	2	42	11	231
1998	231	3	2	39	5	233

* Número de empresas privatizadas entre 1982 y 1988.
Fuente: Informes de Gobierno, 1993 y 1999.

4.3. *Situación actual del programa de privatizaciones*

En los últimos 15 años México ha logrado un significativo avance en la agenda de privatizaciones. Actualmente la intervención del sector público se ha reducido a cerca de 30 ramas, habiéndose retirado principalmente de la minería y la manufactura. Además, en la mayoría de las actividades en las que el Estado aún tiene presencia, su **poder de mercado**[106] es muy limitado. Entre las actividades industriales de las cuales se ha retirado completamente, destacan la extracción y beneficio de hierro; explotación de canteras y extracción de arena, grava y arcilla; molienda de trigo y café; azúcar; refrescos y aguas gaseosas; tabaco; hilados y tejidos de fibras blandas y duras; resinas sintéticas y fibras artificiales; cemento; y automóviles, carrocerías, motores, partes y accesorios para automóviles. Por su parte, en el sector servicios resalta la venta de la banca comercial entre junio de 1991 y julio de 1992, por los ingresos generados y el impacto para el sistema económico. También se encuentran operaciones como la de Teléfonos de México (monopolio transferido al sector privado); aseguradoras y arrendadoras; líneas aéreas; restaurantes y hoteles. (véase cuadro 5)

Cuadro 5
AVANCE DEL PROCESO DE PRIVATIZACIÓN DE EMPRESAS PARAESTATALES

Clasificación	Periodo	Estado actual del proceso			Calificación de la profundidad CEPAL (promedio)
		Totalmente adoptada	En proceso de adopción	Dificultades de adopción	
1ª etapa	1983-1984	X		no	
2ª etapa	1985-1988	X		si	0.85 [1/]
3ª etapa	1989-1993	X		no	0.92
4ª etapa	1994-1999		X	si	0.93 [2/]

1/ Se refiere al periodo 1986-1988
2/ Se refiere al periodo 1994-1996

En cuanto a las tareas que restan por concretarse, destacan sin duda las referentes al **sector energético**[107]. Además de los ya mencionados avances en generación de energía eléctrica y la complejidad en materia de hidrocarburos, en el área de gas natural habrá de profundizarse el proceso sin que se prevean mayores problemas. En materia de transporte, está pendiente la posible reapertura del **sector carretero**[108] al capital privado tras los severos problemas financieros que ha enfrentado la primera generación de carreteras operadas por este sector. Asimismo, la mayoría de los aeropuertos aún no ha sido privatizada (destaca el de la ciudad de México); al inicio de 2000 faltaba vender el 5,00% de Ferrocarriles Nacionales (rutas cortas), algunas Administraciones Portuarias (Guaymas y Topolobampo en Sinaloa) y la terminal de contenedores del puerto Lázaro Cárdenas.

5. Reforma tributaria[109]

El abandono del modelo de sustitución de importaciones y la adopción de un modelo de desarrollo orientado al mercado se explicitó en el Plan Nacional de Desarrollo 1989-1994. Esto implicó la redefinición del papel del Estado y la introducción de una reforma fiscal basada en la reducción de las **tasas impositivas**[110], la eliminación de diversos **gravámenes**[111], la ampliación de la **base tributaria**[112] y la simplificación y modernización administrativa. El **sistema fiscal**[113] mexicano había descansado en un reducido número de **contribuyentes**[114], altas tasas impositivas y un elevado número de impuestos; prevalecían los **subsidios gubernamentales**[115], decretos promocionales y **tratamientos preferenciales**[116], y se aplicaba una elevada retención sobre las **transferencias de intereses**[117] y **regalías**[118] del exterior. Solo con la reforma de 1989 se introdujo una serie de medidas orientadas a adaptar el sistema fiscal existente a los lineamientos del modelo de mercado, a saber:

• Buscar la **neutralidad impositiva**[119] y la **equidad horizontal**[120]; armonizar el sistema fiscal con el de los principales **socios comerciales**[121] y reducir las distorsiones generadas por el **sistema tributario**[122] a través de la simplificación y racionalización del número y la estructura de los impuestos, la reducción en las **tasas impositivas marginales**[123] y la eliminación del tratamiento preferencial otorgado a algunos sectores y de gravámenes especiales. En conformidad con este objetivo, en 1989 se procedió a disminuir la tasa del ISR empresarial de 42 a 35,00%, y en 1993, a 34,00%, es decir por debajo de la tasa marginal más elevada de Estados Unidos, que es 39,60%. En cuanto al ISR de las **personas físicas**[124]**,** la tasa máxima se redujo de 50 a 35,00% en 1989 y finalmente a 34,00% en 1993. Así, se igualaron las tasas marginales del **Impuesto Sobre la Renta de Empresas (ISRE)**[125] y del **Impuesto Sobre la Renta de Personas (ISRP)**[126], y se redujo el incentivo al **arbitraje impositivo**[127]. También se redujo el número de tramos impositivos del ISRP de 12 a 8 y estos se indexaron a la inflación. En cuanto al **IVA**[128], las reformas no siempre se han conformado con los principios de neutralidad y tratamiento no preferencial; así, por ejemplo, si bien en 1991 la tasa general del IVA se unificó y bajó de 20,00% y 15,00% a 10,00%, también se introdujo la tasa cero para los **alimentos procesados**[129] y la de las medicinas se redujo a 6,00%. En 1995 predominó el objetivo recaudatorio; se incrementó la tasa general al 15,00% y se gravaron los intereses reales por **créditos al consumo**[130], aunque se acordaron **exenciones**[131]adicionales a los automóviles nuevos y a la importación de vehículos. En cuanto a los Impuestos Especiales a la Producción y al Consumo (IEPS), se derogó una serie de gravámenes (aguas envasadas, refrescos y concentrados, servicios telefónicos y **seguros individuales**[132]) y se redujeron otros (vinos, bebidas alcohólicas y cerveza):

• Fortalecer los **ingresos fiscales**[133] mediante la ampliación de la **base gravable**[134], y el control de la **evasión y elusión**[135]. Para evitar que la reducción de las tasas impositivas afectara la **recaudación**[136], en 1989 se introdujo el **Impuesto al Activo**[137] (IA), pago de un impuesto mínimo para aquellos contribuyentes que, a través del uso de **precios de transferencia**[138] o de la manipulación contable de la base gravable, presentaban utilidades nulas o incluso **pérdidas recurrentes**[139] en sus empresas. La base de este impuesto se conformaba con los activos de las empresas y los de cualquier individuo, nacional o extranjero. Inicialmente se cobró una tasa de 2,00%, que correspondía al impuesto que pagaría una empresa con un rendimiento real anual de 5,70% sobre sus activos totales. Este impuesto incrementó la recaudación del ISR en cerca de 13,00% en un solo año; a partir de 1995 se redujo la tasa a 1,80%, equivalente a aplicar la tasa de 34,00% del ISR a un rendimiento real de 5,30% sobre el total de los activos. Otras medidas orientadas a incrementar la recaudación, pero con efectos sobre la equidad horizontal del sistema tributario, fueron las reformas a los regímenes especiales de tributación. Hasta 1989 el ISRE otorgaba tratamientos preferenciales a ciertas actividades económicas (agricultura, ganadería y pesca, transporte de carga y pasajeros e industria editorial) y tratamientos especiales a contribuyentes medianos y pequeños sujetos al Régimen de Bases Especiales de Tributación (RBET) y al Régimen de Contribuyentes Menores (RCM). Estos regímenes especiales ocasionaban la ruptura de la cadena de **comprobación fiscal**[140], favoreciendo el incumplimiento por parte de otros contribuyentes, así que en 1990 se eliminó el RBET y se limitó significativamente la aplicación del RCM. Como contrapartida, se introdujo el Régimen Simplificado, aplicable a los contribuyentes con capacidad administrativa limitada. Finalmente, para reducir el incumplimiento de las obligaciones fiscales por parte de los contribuyentes, se reforzaron las medidas de control; se limitaron las deducciones empresariales que se prestaban a abusos, como los automóviles y los gastos de viaje; y se elevaron las penas por **delitos fiscales**[141]. Además se eliminaron los CEPROFIS, con excepción de los otorgados a la mediana y pequeña empresa, pero se mantuvo la reducción, devolución o **franquicia**[142] de los impuestos a la importación y se introdujo la **depreciación**[143] inmediata (a valor presente). Por otro lado, se tomaron medidas orientadas a lograr la incorporación del **sector informal**[144] al sistema tributario mediante un programa exhaustivo de revisión de campo para los comercios y las empresas, y la obligación de expedir facturas que cumplieran con condiciones específicas e impresas en establecimientos autorizados por la Secretaría de Hacienda. Para evitar la elusión fiscal se exigió a las empresas la conformación de una Cuenta de Utilidad Fiscal Neta (CUFIN) formada por las utilidades después de impuestos. Los **dividendos**[145] distribuidos fuera de esta y las ganancias de capital no contempladas en ella debían ser gravadas al 34,00%.

• La modernización y simplificación administrativa. En 1988 los contribuyentes debían realizar 19 trámites en las oficinas federales de Hacienda, en formularios diferentes y presentando cada uno por quintuplicado. En 1990 se eliminaron estas complicaciones con el diseño de un formulario único y con un tiempo de respuesta en confirmación de solo 10 días. Otra medida de simplificación fue la apertura del Buzón Fiscal, que redujo la discrecionalidad del personal en las oficinas de la Secretaría de Hacienda y permitió reducir el número de trámites hasta en una tercera parte. En lo relativo a declaraciones, se estableció la posibilidad de que todos los contribuyentes efectuaran el pago de sus **impuestos adeudados**[146] hasta el ejercicio anterior en plazos máximos de 36 meses, con aplicación de intereses, pero no de multas. Se estableció una consulta en línea por computadora, para conocer de manera inmediata la situación de los trámites presentados. Se realizaron acuerdos con diferentes países para evitar la doble tributación internacional. La Federación retomó la recaudación del IVA; para fortalecer el federalismo fiscal y fomentar el desarrollo regional equilibrado se reformó la Ley de Coordinación Fiscal; y en 1991 se integraron el Fondo General de Participaciones, mismo que determina la distribución de las participaciones a los estados y municipios en función de su grado de desarrollo y número de habitantes, y el Fondo de Fomento Municipal, que las determina en función del esfuerzo de recaudación de los impuestos locales. En diciembre de 1995 se creó el Servicio de Administración Tributaria (SAT), que entró en funciones en julio de 1997, creado para reemplazar a la Subsecretaría de Ingresos en las atribuciones de determinación y recaudación de impuestos. El SAT se desempeña como un organismo descentralizado de la Secretaría de Hacienda con autonomía administrativa y operativa, aunque en su organización seguirá dependiendo de la misma.

La introducción, a partir de 1989, de reformas tributarias orientadas a mejorar la neutralidad de los sistemas impositivos, simplificar y racionalizar el número y la estructura de los impuestos, enfatizar la dimensión horizontal de la equidad y fortalecer los ingresos a través de la expansión de la base gravable y el control de la evasión ha tenido los siguientes resultados en el régimen tributario mexicano:

• En los primeros años de la reforma (1989-1994) la **carga tributaria**[147] se mantuvo estable en alrededor del 11,00% (véase nuevamente cuadro 4), es decir, por debajo del promedio regional del 14,00%; a raíz de la crisis de 1994-1995 se observó una tendencia a establecerse por debajo del 10,00%.

• La participación de los ingresos no petroleros en los ingresos **presupuestales**[148] del gobierno federal se redujo a partir de la introducción de las reformas (excepto en 1993-1994), lo que significa que las reformas no ayudaron a resolver el problema de la dependencia petrolera de los ingresos fiscales. El aporte de los ingresos petroleros en 1995-1997 fue, en promedio, similar al de 1980-1982. (Véase nuevamente cuadro 3)

• La ampliación de la base gravable no fue suficiente para compensar la reducción de las tasas marginales del ISR; sobre todo a partir de 1995, los **impuestos directos**[149] se redujeron en cerca de dos puntos porcentuales del PIB en relación con 1989-1990.

• La derogación y reducción de algunos de los impuestos al consumo provocaron una reducción de cerca de 5 puntos porcentuales en la participación de estos impuestos en los ingresos del gobierno federal (alrededor de 1,00% del PIB).

• La recaudación por concepto del IVA en 1992-1997 ha sido inferior en promedio cerca de medio punto del PIB a la obtenida en 1983-1990.

Puede decirse, por lo tanto, que la prioridad acordada por las reformas emprendidas a partir de 1989 al logro de la neutralidad y a la armonización del sistema tributario ha afectado de manera significativa la capacidad recaudatoria del gobierno federal y dificultado la solución del problema de la **dependencia petrolera**[150]. Esto sin duda ha impedido que el Estado cumpla a cabalidad con sus obligaciones en materia de **gasto social**[151], educación, infraestructura y medio ambiente, y ha hecho que la **política fiscal**[152] tenga un comportamiento cíclico y no estabilizador ante los choques externos.

6. Desregulación

La menor participación del Estado mexicano en el ámbito económico durante los años de las reformas se acompañó de una importante transformación del marco regulatorio interno que permitiera mantener el papel del gobierno como supervisor de las relaciones entre los **agentes económicos**[153] a pesar de su retracción de las **actividades productivas**[154]. Esta reforma no solo se ha manifestado en la simplificación o eliminación de regulaciones económicas, sino que en algunos casos ha sido necesario fortalecer el marco reglamentario para canalizar la competencia, particularmente en los sectores involucrados en procesos de privatización, donde el Estado regulaba exclusivamente a través de la propiedad en monopolio. De hecho, la mayoría de las privatizaciones se complementó con una adecuación de la reglamentación a las nuevas condiciones del mercado.

Aunque de difícil clasificación rigurosa, a continuación se presenta una agrupación de las principales reformas realizadas en los últimos años a las medidas regulatorias, según sector de actividad. Dicha agrupación se realiza solo con fines de presentación, ya que en muchos casos existe una estrecha interdependencia y múltiples vertientes que confluyen en una misma reforma.

Transporte, carga y pasaje

• Autotransporte de carga

En julio de 1989 se publicó el Reglamento del Autotransporte Federal de Carga, que restableció la libertad de tránsito por todas las carreteras federales del país y el derecho a cargar y transportar con libertad mercancía de todo tipo. La liberalización del transporte se identifica hoy como el primer gran paso en un amplio proceso de modificaciones al marco regulatorio que alcanzaría, pocos años más tarde, a **sectores económicos**[155] de primera importancia.

Durante más de 50 años, el sistema de transporte carretero —principal medio de movilización de carga en México— estuvo bajo un rígido reglamento que le otorgaba un tratamiento similar al de un monopolio natural, lo que desalent la competitividad en el sector y gener fuertes incentivos para la prestación informal de este servicio. El nuevo reglamento liberalizó la expedición de permisos y **concesiones**[156]; eliminó la *tarifa fija* oficial en favor de una *tarifa máxima* negociable; suprimió el uso obligatorio de la centrales de carga; flexibilizó las disposiciones sobre el tipo de carga que los permisionarios podrían transportar; y brindó la oportunidad a los autotransportistas informales de obtener el permiso correspondiente durante un periodo de regularización. Mediante estas modificaciones terminó la distinción entre transporte de carga regular y de carga especializada en casi todas las categorías, y desapareció la reglamentación del autotransporte por rutas y productos.

Asimismo, con la publicación de nuevo Reglamento para el Transporte Multimodal Internacional, en julio de 1989, se eliminó la virtual exclusividad de una empresa para la prestación del servicio de transporte de carga contenerizada. Así, una misma empresa puede coordinar el transporte de contenedores de carga por diversos medios (camión, barco o ferrocarril), reduciendo costos de maniobra y de paralización de carga en los puntos de intercambio.

• Puertos y ferrocarriles

En junio de 1991 se publicó el Reglamento para el Servicio de Maniobras en Zonas Federales de los Puertos (RSMP), que estableció las condiciones para la obtención de permisos y la prestación de estos servicios. Un mes más tarde, se modificó la Ley de Navegación y Comercio Marítimo (LNCM) para autorizar la **construcción y explotación**[157] de terminales de servicio público a **particulares**[158], lo que permitió que los servicios de atraque y las instalaciones complementarias fueran concesionados a particulares. Las reformas al RSMP y a la LNCM buscaron dotar a las instalaciones portuarias con mayor flexibilidad mercadotécnica y promover la inversión en ellas. Sobre la administración portuaria, en julio de 1993 se publicó la Ley Federal de Puertos, que estableció las bases para que la administración integral de un puerto se realice por sociedades mercantiles (API´s). Así, el gobierno federal solo constituir o administrar puertos en el caso de que los particulares o gobiernos estatales no estén interesados en hacerlo.

Como parte del programa de desregulación de transporte de carga, también se modificaron las **tarifas**[159] del servicio ferroviario y se introdujeron esquemas para estimular la inversión en equipo e instalaciones, proceso que culminó con la concesión de las principales rutas al sector privado (sólo resta por desincorporar las llamadas rutas cortas). Las reformas introdujeron nuevos mecanismos de negociación tarifaria, descuentos a usuarios que utilicen su propio equipo, posibilidades de coordinar operaciones con equipo extranjero y tarifas promocionales para aprovechar el equipo que regresa sin carga. Asimismo, se ha promovido el desarrollo de terminales privadas de enlace, apoyado la participación de agentes de carga y facultado la participación de particulares en el financiamiento de grandes proyectos de infraestructura y equipo.

• Zonas federales

Hasta la década pasada, las maniobras de carga y descarga en zonas federales solo podían ser realizadas por agentes con permisos exclusivos de servicio público. Estas maniobras de acarreo fueron desreguladas a principios de 1990, mediante el Reglamento para el Servicio de Maniobras en Zonas Federales Terrestres, que buscó dar transparencia al otorgamiento de permisos en esta materia. El objetivo fue agilizar la prestación de los servicios en las zonas fronterizas al incrementar la competencia, especificar con claridad los requisitos para la expedición de permisos y extender la desregulación del transporte federal de carga, que se había visto limitada por la imposibilidad de que permisionarios y concesionarios realizaran maniobras en zonas federales.

El reglamento también estableció que los usuarios pueden elegir al prestador de servicios que deseen, y se abrió el otorgamiento de permisos a cualquier agente que cumpla con ciertos requisitos. Los nuevos permisos permiten efectuar todas las maniobras (carga, descarga, estiba, desestiba, alijo, acarreo y transbordo) y se aplican en toda la zona federal respectiva. Asimismo, el esquema de tarifas fijas fue sustituido por el de tarifas máximas, y se permitió que los usuarios que cuenten con instalaciones de uso privado (como espuelas de ferrocarril) puedan efectuar maniobras sin previa autorización.

Más tarde, se desreguló el uso de la zona marítimo-terrestre (franja de 20m de playa a lo largo de todo el litoral nacional). Por ley, esta zona no puede ser propiedad privada, pero s concesionarse a usuarios interesados como hoteles, restaurantes y otros prestadores de servicios turísticos (como las marinas); industrias que requieren agua de mar (como acuicultores); **industrias mineras**[160] (salineras o minas subacuáticas); o a particulares que viven muy cerca del mar. La carga regulatoria se redujo con las reformas al Reglamento para el Uso y Aprovechamiento del Mar Territorial, Vías Navegables, Playas, Zona Federal Marítimo Terrestre y Terrenos Ganados al

Mar, efectuadas en agosto de 1991, y con las reformas a la Ley General de Bienes Nacionales, de enero de 1992. Con estas modificaciones se previó, entre otras, la posibilidad de ampliar hasta por 25 años las concesiones a quienes realicen inversiones considerables, y se brindó certidumbre a los inversionistas cuyos activos se encuentren cerca de esta zona.

• Autotransporte federal de turismo y pasajeros

La estructura monopólica de organización del autotransporte federal de turismo, que fomentó un servicio deficiente, inflexible y de baja calidad, se modificó en marzo de 1990 mediante la publicación del Reglamento para el Autotransporte Federal Exclusivo de Turismo (RAFET). Este liberó el otorgamiento de permisos, flexibilizó el uso del equipo de transporte y autorizó a los prestadores del servicio a efectuar ascenso y descenso de turistas en puertos, aeropuertos, terminales de autobuses y ferrocarril, etc. Asimismo, estableció las condiciones para la promoción y comercialización de los servicios de turismo. Estas medidas fueron complementadas posteriormente con la publicación de la nueva Ley Federal de Turismo, la cual eliminó los controles directos sobre la industria turística sustituyéndolos por mecanismos de información, y suprimió los registros y controles de precios.

También a mediados de 1990 se expidió el nuevo Reglamento para el Autotransporte Federal de Pasajeros, el cual, además de liberalizar el otorgamiento de autorizaciones para la prestación del servicio, permitió que los proveedores diseñaran sus propias rutas de servicio. Lo anterior contribuyó a desconcentrar el mercado y facilitó que la gran demanda insatisfecha fuera gradualmente atendida, con mayores opciones y mejor calidad del servicio en casi todas las rutas.

• Líneas aéreas

En julio de 1991 se eliminaron los controles estatales impuestos a las rutas y tarifas de los vuelos nacionales. Con estas modificaciones se suprimió la exclusividad de rutas y se simplificaron los trámites para su otorgamiento, tanto a las empresas existentes como a las nuevas que ingresaran al mercado. En cuanto a las tarifas, las empresas determinarán el precio de los servicios en las rutas nacionales competidas, y solo en el caso de las rutas explotadas por una sola empresa la tarifa se fijar con criterios de la empresa y autorización de la Secretaría de Comunicaciones y Transportes. El objetivo de las modificaciones fue acabar con el esquema de rutas fijas para que las empresas lo sustituyeran con un sistema radial que atendiera a más destinos, con mayor frecuencia y a menor costo. La liberalización de los aeropuertos constituye una parte fundamental de la desregulación del mercado aéreo.

Telecomunicaciones

La desregulación de las telecomunicaciones inició con las modificaciones al Título de Concesión de Teléfonos de México (TCT) en agosto de 1990. Dos meses después se publicó el primer Reglamento de Telecomunicaciones en la historia del país, con la finalidad de detallar el marco regulatorio y estimular la competencia. Como parte de estas reformas, se adoptó una política más liberal en el área de radiocomunicación, autorizándose en un principio la operación de dos empresas de telefonía celular. El crecimiento de esta actividad ha sido significativo en los últimos años.

Asimismo, el TCT amplió los límites de las concesiones para permitir la transmisión de cualquier tipo de señal por cualquier medio (anteriormente solo se podían transmitir señales de"voz"). Esto ha derivado en la liberalización de los sistemas satelitales, cuya operación ha sido recientemente concesionada a empresas privadas. La privatización de Teléfonos de México incrementó notablemente la oferta de líneas y, en especial, la calidad del servicio, que durante la década de los ochenta dejaba mucho que desear. El efecto de la liberalización en términos de precio ha sido mucho menos notable, y por ahora la competencia únicamente se ha permitido en el servicio de larga distancia.

Gas, petróleo y petroquímica

En agosto de 1989 se publicó una resolución que clasificó los productos de la petroquímica básica y secundaria, lo que permitió la inversión privada relacionada con 14 productos anteriormente considerados básicos, y suprimió el requisito de permiso para la producción de 734 productos secundarios (de un total de 800). En enero de 1990 se publicó el decreto que reformó el artículo 11 de la Ley reglamentaria del artículo 27 constitucional en materia de **petroquímica**[161], para eliminar el permiso previo para elaboración de derivados básicos de la refinación. Con estas acciones, la proporción de capital privado que interviene en las actividades secundarias se ha incrementado hasta alcanzar más del 75,00% de la inversión total enpetroquímicos. En 1995 se reformó el artículo 27 constitucional para permitir la participación del sector privado en el transporte, almacenamiento y distribución de **gas natural**[162]. Sin embargo, las autoridades han reiterado que la extracción de petróleo permanecerá exclusivamente en manos del Estado.

Industria manufacturera

Un buen número de las operaciones de privatización de paraestatales involucró a empresas cuya actividad correspondía a la industria manufacturera. Entre las actividades más importantes destacan productos químicos, maquinaria y equipo, metálica básica, textiles y algunos alimentos. Sin embargo, no en todos los casos debió modificarse el marco regulatorio, o las modificaciones efectuadas han sido graduales y se han realizado sobre la marcha, por lo que no es posible señalar una fecha definitiva del cambio de reglamentación. Entre las adecuaciones reglamentarias realizadas en la manufactura destacan:

• En enero de 1990 se publicó el nuevo reglamento de la Ley sobre el Registro y Control de la Transferencia de Tecnología y el Uso de Patentes y Marcas (LTT), con lo que se eliminó la política de control de los esquemas de licenciamiento de patentes, marcas y secretos industriales. La propia Ley fue abrogada por decreto del Congreso en junio de 1991.

• En marzo de 1990 se publicó el decreto que eliminó el esquema de regulación que impedía la participación de nuevas empresas salineras en el mercado. Con la regulación anterior, la Secretaría de Comercio y Fomento Industrial fijaba y asignaba cuotas de producción de sal comestible e industrial.

• En marzo de 1990 se abrogó la Ley sobre el Cultivo, Explotación e Industrialización del Henequén, que establecía controles estatales directos sobre las actividades relacionadas con dicha fibra.

• En julio de 1990 se publicó el decreto que abrogó el reglamento de cerillos y fósforos, para permitir la inversión en la industria sin el requisito de aprobación de diversas secretarías de Estado y la cámara industrial del ramo.

• En enero de 1991 el Congreso abrogó los tres decretos que establecían un control directo sobre la inversión en plantas textiles, maquinaria y equipo, y producción de este sector.

Aduanas

Durante 1989 y 1990 el Congreso de la Unión reformó la Ley Aduanera para liberar las tarifas, simplificar la expedición de nuevas patentes y facilitar la movilidad de agentes aduanales. De acuerdo con la legislación anterior, el agente aduanal únicamente podía operar en una sola aduana lo que, aunado al limitado número de agentes en funciones, imponía rigideces y generaba incentivos para una organización del mercado tipo cártel.

Inversión extranjera (véase 3.1., Desregulación de la IED)

Ley Federal de Competencia Económica

El 24 de diciembre de 1992 se publicó la nueva Ley Federal de Competencia

Económica, la cual probablemente constituye la medida regulatoria de mayor impacto sobre el desarrollo de la economía en el largo plazo, pues representa un cambio radical en la postura del gobierno en materia de regulación económica. La nueva reglamentación sustituyó leyes elaboradas en la primera mitad del siglo, como la Ley Orgánica del artículo 28 constitucional en materia de monopolios (1934) y la Ley de Industrias de Transformación (1914). La entidad encargada de aplicar la nueva Ley de Competencia es la Comisión Federal de Competencia (CFC), que entró en funciones el 23 de junio de 1993, para supervisar a todos los agentes económicos, personas físicas o morales, salvo los monopolios propiedad del Estado. Entre las excepciones, señaladas en el artículo 28 de la Constitución, destacan: petróleo y petroquímica, electricidad y energía nuclear, correos, y emisión de billetes y monedas.

La Ley de Competencia tipifica las prácticas monopólicas; su evaluación y combate constituye la principal tarea de la CFC. La nueva política antimonopolios no es propiamente una regulación, puesto que no establece requisitos de autorización a las empresas para producir o distribuir sus productos. La autoridad solo actuaró cuando el comportamiento de las industrias y/o comercios se acerque al monopolio.

Principales resultados de la reforma regulatoria en México

La reforma regulatoria iniciada a finales de la década pasada se caracterizó por cierta discrecionalidad en el fomento de la competitividad en algunas actividades. Así, en pocos años se liberalizaron sectores como el financiero o el transporte, mientras que las telecomunicaciones y la petroquímica, por ejemplo, continuaron operando bajo un régimen monopólico. Esto, a pesar de que en algunos casos la propiedad había sido transferida al sector privado mediante privatizaciones (Telmex es un caso notable).

A casi diez años de haberse intensificado el proceso de desregulación, los resultados observados apuntan en direcciones encontradas. En algunos casos, como las telecomunicaciones y puertos, los efectos positivos parecen superar a los negativos; las inversiones realizadas en infraestructura para modernizar estos sectores han sido cuantiosas, y la reducción de costos y ganancias de eficiencia es relevante, aunque las ganancias para el consumidor final no son del todo claras. En otros casos, como la desregulación financiera, los resultados son poco satisfactorios, al no haberse acompañado de una adecuada supervisión, lo que condujo a la crisis del sistema bancario de 1995.

Además de los efectos directos y específicos derivados de la desregulación en los diversos sectores, importantes efectos inducidos fueron transmitidos al resto de la economía. El potencial productivo, especialmente en los sectores de bienes y servicios no comerciables (transporte, agua, electricidad, etc.), se ha visto favorecido con una mayor libertad, lo que ha contribuido a amortiguar, al menos en parte, el fuerte impacto de la liberalización comercial y la reforma estructural que ha experimentado la economía mexicana en los últimos años.

Cuestionario:

ⓐ ¿Cuáles son los principales efectos de la liberalización del comercio?

ⓑ ¿En qué campos se concentraron las reformas financieras en las décadas 70 y 80 del siglo XX?

ⓒ ¿Qué medidas tomó México ante la creciente globalización y mayor competencia entre 1985 y 1988?

ⓓ ¿Cuáles son los resultados de la reforma tributaria de 1989?

ⓔ ¿Cuáles son los principales resultados de la reforma regulatoria en México?

Vocabulario

[1]	estabilización macroeconómica		宏观经济稳定
[2]	desregulación	*f.*	放松管制
[3]	liberalización financiera		金融自由化
[4]	bienes intermedios		中间产品
[5]	industria manufacturera		制造业
[6]	sector industrial interno		国内工业部门
[7]	productos semi-procesados		半成品
[8]	proteccionismo comercial		贸易保护主义
[9]	barreras no arancelarias		非关税壁垒
[10]	tasas nominales de protección		名义保护关税率
[11]	sustitución de importaciones		进口替代
[12]	presiones competitivas		竞争压力
[13]	PIB		国内生产总值
[14]	productos primarios		初级产品
[15]	maquilador	*adj.*	客户工业的，出口加工业的
[16]	bienes de capital		资本货物
[17]	bienes de consumo		消费品
[18]	permisos a la importación		进口许可（证）
[19]	liberalización de importaciones		进口自由化

[20]	promedio ponderado		加权平均数
[21]	Acuerdo General sobre Aranceles Aduaneros y Comercio (GATT)		关税及贸易总协定
[22]	precios oficiales de referencia		官方参考价格
[23]	licencias de importación		进口许可证
[24]	transparencia	*f.*	透明度
[25]	materias primas		原材料
[26]	maquinaria y equipo		机械设备
[27]	productos comerciables		可贸易产品
[28]	volúmenes de exportación		出口量
[29]	Pacto para la Estabilidad y Crecimiento Económico (PECE)		经济稳定与增长契约
[30]	marco legal		法律框架
[31]	desplazamientos masivos de la fuerza de trabajo		劳动力的大规模流动
[32]	balanza comercial		贸易平衡
[33]	barreras comerciales		贸易壁垒
[34]	socios comerciales		贸易伙伴
[35]	Asociación Latinoamericana de Integración (ALADI)		拉丁美洲一体化协会
[36]	Cooperación Económica del Pacífico Asiático (APEC)		亚洲太平洋经济合作组织
[37]	Grupo de los Tres por México, Colombia y Venezuela		墨西哥、哥伦比亚、委内瑞拉三国组织（G-3 América）
[38]	sector exportador		出口部门
[39]	inversión extranjera directa		外国直接投资
[40]	saldo comercial		贸易差额
[41]	saldo negativo		逆差
[42]	cuenta corriente		经常账户
[43]	colapso cambiario		汇率崩溃
[44]	efecto neto		净效应
[45]	libre flotación		自由浮动
[46]	política cambiaria		汇率政策
[47]	sector público		公共部门
[48]	política monetaria		货币政策
[49]	tasa de interés		利率
[50]	encaje legal		法定存款准备金
[51]	cuenta de depósito		存款账户
[52]	tasa marginal de reserva obligatoria		边际法定准备金率
[53]	crédito dirigido		定向贷款

[54]	privatización bancaria		银行私有化
[55]	regulación prudencial		审慎监管
[56]	cuentas de cheques		支票账户
[57]	liquidez	*f.*	流动性
[58]	a corto plazo		短期
[59]	Banco Central		中央银行
[60]	fideicomiso	*m.*	信托
[61]	mercado crediticio		信贷市场
[62]	subasta pública		公开拍卖
[63]	capitalización	*f.*	资本化
[64]	poder adquisitivo		购买力
[65]	moneda nacional		国家货币
[66]	tipo de cambio		汇率
[67]	banca comercial		商业银行
[68]	desmonetización	*f.*	非货币化，贬值
[69]	sistema bancario		银行系统
[70]	crédito bancario		银行信贷
[71]	crisis bancaria		银行危机
[72]	cuenta de capitales		资本账户
[73]	portafolio	*m.*	投资组合
[74]	valores gubernamentales		政府债券
[75]	propiedad privada		私人财产
[76]	lineamiento	*m.*	方针
[77]	filial	*f.*	分公司
[78]	activo	*m.*	资产，财产
[79]	fondo	*m.*	基金
[80]	balanza de divisas superavitaria		外汇顺差
[81]	planta	*f.*	厂房
[82]	programas de capacitación de personal		人才培养计划
[83]	calificación de valores financieros		金融债券评级
[84]	inversión de cartera		证券投资，组合投资
[85]	inversión neutra		中性投资
[86]	valor	*m.*	债券
[87]	renta fija		固定收益
[88]	tasas de interés internacionales		国际利率
[89]	flujo negativo		反向流动
[90]	desincorporación	*f.*	分开，脱离；非参与化
[91]	paraestatal	*adj.*	半官方的；与政府合作的（机构）
[92]	sector privado		私营部门
[93]	liquidar	*tr.*	清算

[94]	ámbito económico		经济领域
[95]	baja productividad		低生产率
[96]	rezago tecnológico		技术落后
[97]	globalización	*f.*	全球化
[98]	manufactura	*f.*	制造业
[99]	petroquímico	*adj.*	石油化工的
[100]	monopolio	*m.*	垄断
[101]	oligopolio	*m.*	寡头垄断
[102]	intervención del Estado		国家干预
[103]	inversionista privado		私人投资者
[104]	institución financiera		金融机构
[105]	administración portuaria		港口运营管理
[106]	poder de mercado		市场力量
[107]	sector energético		能源部门
[108]	sector carretero		公路部门
[109]	reforma tributaria		税制改革
[110]	tasa impositiva		税率
[111]	gravamen	*m.*	赋税
[112]	base tributaria		税基
[113]	sistema fiscal		财税体系
[114]	contribuyente	*m.*	纳税人
[115]	subsidio gubernamental		政府补贴
[116]	tratamientos preferenciales		优惠待遇
[117]	transferencias de intereses		利益转移
[118]	regalía	*f.*	补贴
[119]	neutralidad impositiva		税收中性
[120]	equidad horizontal		横向公平
[121]	socio comercial		贸易伙伴
[122]	sistema tributario		税收体系
[123]	tasas impositivas marginales		边际税率
[124]	personas físicas		自然人
[125]	Impuesto Sobre la Renta de Empresas (ISRE)		企业所得税
[126]	Impuesto Sobre la Renta de Personas (ISRP)		个人所得税
[127]	arbitraje impositivo		税收套利
[128]	Impuesto sobre el Valor Añadido (IVA)		增值税
[129]	alimentos procesados		加工食品
[130]	créditos al consumo		消费信贷
[131]	exención	*f.*	豁免
[132]	seguros individuales		个人保险
[133]	ingreso fiscal		财政收入；税收收入

[134]	base gravable		税基
[135]	evasión y elusión		偷税漏税
[136]	recaudación	*f.*	征税
[137]	Impuesto al Activo (IA)		财产税
[138]	precios de transferencia		转让价格
[139]	pérdidas recurrentes		经常性损失
[140]	comprobación fiscal		税务核查
[141]	delitos fiscales		税收违法行为
[142]	franquicia	*f.*	豁免
[143]	depreciación	*f.*	贬值
[144]	sector informal		非正规部门
[145]	dividendo	*m.*	股息，股利
[146]	impuestos adeudados		拖欠税款
[147]	carga tributaria		税负
[148]	presupuestal	*adj.*	预算的
[149]	impuestos directos		直接税
[150]	dependencia petrolera		石油依赖
[151]	gasto social		社会支出
[152]	política fiscal		财政政策
[153]	agentes económicos		经济主体
[154]	actividades productivas		生产活动
[155]	sectores económicos		经济部门
[156]	concesión	*f.*	特许经营权
[157]	construcción y explotación		建设和开发
[158]	particular	*m.*	个人
[159]	tarifa	*f.*	费率
[160]	industrias mineras		采矿业
[161]	petroquímica	*f.*	石油化工
[162]	gas natural		天然气

评论 | 20世纪80年代至21世纪初拉美国家经济调整 与改革：墨西哥与巴西

1982年，拉丁美洲陷入债务危机的漩涡，各国经济不同程度地出现停滞和衰退，导致整个地区在20世纪80年代经历了"失去的十年"。在欧美国家和各个国际组织的协调和帮助下，拉美各国进行了债务重组，对混乱的经济局面进行了整顿，并在此基础上陆续开始了经济结构改革，重新确立发展模式和道路。进入20世纪90年代，虽面临数次金融和经济危机，但拉美各国的市场经济改革步伐已势不可挡，全球化的大方向也日益明显。进入21世纪以来，大部分拉美国家基本延续了既定的改革路线，在有利的国际环境下取得了经济发展，同时还开始着力解决社会问题。在这20多年的进程中，墨西哥和巴西这两个拉美大国的经济调整和改革对于整个拉美地区的改革起着举足轻重的作用，同时也有着一定的典型性和示范性。下面就对这两个国家在这一时期的某些经济调整和改革做一概述。

一、债务危机后针对通货膨胀进行的经济调整

债务危机发生后，拉美多国不但出现了支付危机，而且资本大量外逃，导致各国货币大幅贬值，通胀加剧，宏观经济亟待整顿。墨西哥在正统稳定化策略未能奏效的情况下采取了非正统策略，同时辅以改革措施，较快地实现了控制通胀和稳定宏观经济的目标；巴西在这一方面虽起步较晚，且屡屡受挫，但最终也找到了适合自己的良方。

（一）墨西哥：实用主义和非传统做法的结合

为实现宏观经济稳定，墨西哥于1983年开始对经济进行调整。第一阶段的调整是按照国际货币基金组织的传统主张进行的，具有明显的货币学派特点，主要措施为紧缩财政，提高公共收费，提高税收；紧缩货币，提高利率，促进出口，限制进口，目的是实现初级财政平衡和贸易盈余，以满足偿

还外债的需要。但这些措施不仅使通胀未降反升，还造成了衰退。

费尔南多·克拉维霍和苏珊娜·巴尔迪维索（Fernando Clavijo y Susana Valdivieso，2000）指出，在正统稳定化理论受到质疑后，新的理论认为，价格构成并不仅仅是市场条件作用（供需关系）的结果，还受到结构和制度等深层次因素的影响（例如，在具有垄断性质的不完善的市场，厂商可以操控价格，维持高价）。在这样的认识下，新的调整方案"逐渐摆脱了单纯以货币主义为主的做法，而是采取了实用主义和非传统做法相结合的特点"。[1]政府首先于1987年12月与工会、农会和企业界达成一项"经济团结契约"，"即在继续推进经济改革的前提下，政府采取必要的政策措施保障工、农群众和企业界的某些利益，工、农群众和企业界也承诺在改革过程中做出必要的牺牲"。[2] 在明确了三方的责任后，政府临时冻结了物价、工资和汇率，价格和通胀得以控制，还为经济改革营造了良好的社会政治环境。此外，国家还开始实施贸易自由化，通过降低关税来增加进口，以压低国内垄断市场价格。这些措施虽然造成了一定的贸易失衡和实际工资水平、就业率的下降，但降低通胀的目标基本实现（到稳定化末期的1991年，通胀率已降到约22.00%）。

1994年墨西哥金融危机导致通货膨胀再次升高后，墨西哥政府采取从紧的财政、货币政策，严格财政纪律，控制财政开支，减少货币扩张，使通胀重新回落，经济得到稳定。

（二）巴西：循序渐进的雷亚尔计划

为实现宏观经济稳定，控制通胀，巴西1986年推出克鲁扎多计划，主要策略为冻结物价和工资，并对其进行指数调整，但最终宣告失败。之后又陆续推出以冻结物价并具有衰退性质的若干项计划，均未解决高通胀问题。

雷纳托·鲍曼和卡洛斯·穆西（Renato Baumann y Carlos Mussi，1999）指出，1994年是巴西与通货膨胀作斗争的转折之年：1993年巴西的价格年上涨率为2000.00%，而1998年仅不足2.00%；自20世纪70年代至20世纪末的

---

[1] 吴国平主编《21世纪拉丁美洲经济发展大趋势》，世界知识出版社，2002年，第40页。
[2] 苏振兴主编《拉丁美洲的经济发展》，经济管理出版社，2000年，第137页。

三十年中，只有1994—1999年出现了通胀率的稳步回落。[①] 这一成就应归功于雷亚尔计划的成功。该计划分三步：第一步开始于1994年2月，国会同意建立紧急社会基金，以整顿公共财政，实现该年预算平衡。第二步开始于当年3月，按照美元平价建立实际价值单位（URV），该指数可以使价格和工资变动同步，影响通胀预期，还能对相对价格进行逐步而有序的调整，避免了过去因冻结价格而造成的负面影响。在作为价格参考单位的URV机制形成后，1994年7月1日开始采用新货币雷亚尔（REAL），按URV计算的价格自动由雷亚尔计算，且政府承诺发行的新货币全部由国际储备作为支撑。自此，通胀率迅速回落。巴西社会各界对国内价格的稳定性重拾信心，也为下一步的结构性改革提供了良好的条件。

二、20世纪80年代至20世纪90年代结构性改革的主要措施

墨西哥和巴西在20世纪80年代至20世纪90年代进行了广泛的经济结构改革，涉及国际贸易和经贸合作、国企改革、外国直接投资、资本市场、金融体系改革、财政、社保等多个领域。这里只选取两国各自特色较明显的几个方面进行比较。

（一）贸易自由化

墨西哥的贸易自由化早于巴西，且力度更大。此外，两国为促进国际贸易而进行的地区经济一体化有所区别：墨西哥依靠北美自由贸易区，而巴西将落脚点主要放在南方共同市场。

1. 墨西哥

墨西哥在进口方面自1983年开始逐步降低关税率并缩小关税范围，1986年加入关贸总协定（GATT）后力度进一步加大，到1998年末，最高关税率降到20.00%，平均关税率则降到9.00%。1984年开始逐步取消进口许可证等非关税壁垒，到1989年，98.00%的商品已实现自由进口。在出口方面，通过一系列政策积极改变以石油等初级产品为主的出口结构，积极鼓励制造业产

---

① Renato Baumann y Carlos Mussi. *Algunas características de la economía brasileña desde la adopción del Plan Real*, CEPAL, Serie temas de coyuntura, Santiago de Chile, sep.de 1999, p.5.

品出口，使制造业出口份额由1980年的17.00%增加到1998年的43.90%。此外，得益于客户工业的飞速发展，20世纪90年代墨西哥的出口增幅（13.40%）远大于进口增幅（9.40%），与拉美其他主要国家在20世纪90年代的趋势相反。

墨西哥通过加强区域经济合作来推动国民经济外向化。1994年北美自由贸易区（NAFTA）的成立使得墨、美经贸关系进一步加强。此外，墨西哥还积极与其他拉美国家以及欧盟国家等签订双边和多边自由贸易协定，以推动贸易自由化。

2. 巴西

巴西于1987年首次改变了存在了30年的名义关税结构，开始逐步降低关税率。1988—1998年，简单（非加权）关税率由33.40%降到了13.90%。1990年开始逐步取消各种非关税壁垒。进口的增加一方面可以打破国内垄断，创造竞争环境，另一方面还可以稳定国内价格，控制通胀。巴西还与南方共同市场其他成员国基本实现贸易自由化，对外实行共同关税。这些举措都有效地促进了巴西的进出口国际贸易。但是雷纳托·鲍曼（2001）指出，由于各种因素的综合作用，20世纪90年代巴西的国际贸易余额呈现出一种复杂局面：1992—1994年出现130亿美元的贸易顺差，而1995—1998年则出现60亿美元的逆差。这些因素有：由于巨大的国内市场封闭时间过久，进口增加的过程较长；1994年后由于价格稳定，国内购买力和需求提升，导致进口增加；南共市的有利条件虽然促进了出口，但持续到1999年的币值高估问题和工资上升又影响了出口。[1]

（二）国有企业私有化

墨西哥私有化步伐较大，而巴西比较谨慎；墨西哥私有化涉及包括金融在内的众多部门，同时保留了石油等关键部门，而巴西则选择了包括石化、铁路在内的工业部门作为该国私有化的切入点。[2]

1. 墨西哥

在墨西哥，私有化被包含在一个更为宽泛的概念中："非参与化"

---

[1] Renato Baumann. "Brasil en los años noventa: una economía en transición"，*Revista de la CEPAL* 73, abr.de 2001, p.155.

[2] 吴国平主编《21世纪拉丁美洲经济发展大趋势》，世界知识出版社，2002年，第49-51页。

（desincorporación）。"国有企业'非参与化'计划在墨西哥经济结构调整和
改革进程中占有重要的主导作用。"[①] "非参与化"有多种实施形式：清偿、
合并、转让、出售。其中出售为主要形式，即为私有化。"非参与化"改革
的高潮阶段为1989—1993年，到1994年，国有企业数量从1983年的1,155家
减少到近200家。"非参与化"涉及的部门广泛：钢铁、航空、电信、铜矿、
汽车制造、金融等。值得注意的是，1991—1992年，18家在1982年被国有化
的商业银行通过公开拍卖的方式被重新私有化。而到1993年，石油、核能、
电力、铁路等关键部门依然保留在国家手中。随着私有化向海外开放，大量
外国直接投资流入墨西哥，投入到制造业、商业、金融和基础设施部门。

2. 巴西

巴西的私有化始于20世纪80年代初，但直到20世纪90年代中期才开始见
成效，范围扩大到关键部门和大型企业。1991—1994年，许多重要的工业部
门如钢铁、石化、电力、铁路、矿业、电信等部门开始私有化。20世纪90年
代私有化过程共为国家带来910亿美元的收入，其中资产出售得730亿美元，
债务转移得180亿美元。值得注意的是，巴西私有化初期外资参与的程度较
低，如1995年，外国投资只占该年私有化全部收入的1.00%。私有化不仅为
公共账户增加了收入，而且通过减少政府干预提高了企业的生产效率。国家
不再担当生产者身份，退出了工业部门。

（三）金融改革

墨西哥和巴西在20世纪90年代都曾实行固定汇率制，导致币值高估；都
曾出现外资大量涌入，加速货币升值，并导致对外资的依赖。墨西哥金融改
革幅度较大，不仅利率自由化，取消准备金，而且还迅速而彻底地开放了资
本市场。巴西较为谨慎，保持着央行对金融领域的干预，此外，墨西哥金融
危机的教训让巴西未雨绸缪，及时地进行了金融机构调整，避免了在1999年
货币危机爆发的同时出现银行危机。

1. 墨西哥

墨西哥主要金融改革措施及其实际影响如下：（1）1989年实行利率自由

[①] Fernando Clavijo y Susana Valdivieso. *Reformas Estructurales y Política Macroeconómica: El Caso de México 1982-1999*, CEPAL, Serie Reformas Económicas, 2000, p.28.

化，使得银行消费信贷迅速增加，而私人储蓄在短期内减少。同时实际利率升高，政府债券发行加速膨胀，各银行主要看重其自身收益，而未考虑这些债券的清偿能力，于是为1994年金融危机带来了隐患。（2）1988年始，法定准备金标准逐步被取消。商业银行迅速增加了向私人部门的贷款投放力度，银行坏账的比重不断上升。（3）1991—1992年，18家在1982年被国有化的商业银行通过公开拍卖的方式被重新私有化。（4）中央银行被赋予了完全的自主权，加强了其对金融的调控能力。（5）实行可调节的固定汇率制，有效地控制了通胀，但由于比索长期盯住美元，币值高估，影响了出口的增长，外贸赤字日益扩大。1994年金融危机后开始实行浮动汇率制，以应对国际金融市场的动荡和变化。（6）迅速开放资本市场，允许外国短期资本跨境流动，以弥补经常项目赤字，但墨西哥资本市场缺乏严格的监管机制，而且开放过快，投机性资本大量涌入，给金融市场带来巨大隐患。1994年墨西哥投资气候恶化后，这种资本大量抽逃，加上其他不利因素，最终酿成了严重的金融危机。危机后，墨西哥通过加强央行地位和完善法律法规等措施加强对金融体系的监管，并实行自由浮动汇率制，增加国内储蓄，减轻对外资的依赖，以增强抵御金融风险的能力。

2. 巴西

在实施雷亚尔计划后，为保持价格的稳定，巴西中央银行通过发行债券和调控利率来干预货币市场，尽量控制国内流动性，同时通过国际储备来干预汇市。1994年通胀率迅速下降后，国内货币需求增加，导致该年货币基础增加135.00%，而发放给私人部门的贷款也在连年激增。为了控制这一局面，巴西央行开始针对各项银行业务强制实行准备金制度，到1995年第二季度初见成效。

巴西在20世纪50年代至20世纪70年代曾是拉美利用外资最多的国家之一。20世纪90年代初，为了利用金融全球化带来的机遇，巴西创造各种条件吸引外资，证券投资由1992年的8亿美元增加到1993年的70亿美元，同时，随着私有化的深入，外国直接投资逐渐超过证券投资，由1993年的9亿美元增加到1999年的300亿美元。

巴西央行在雷亚尔计划框架下另一项政策是对金融机构进行重组。受墨西哥金融危机冲击后，巴西吸取其深刻教训，开始对金融机构进行大规模调整。由于通胀率回落和利率提高，银行原来因高通胀而获得的收入锐减，导致其难以经营。政府于1995年底开始对出现清偿问题或经营不善的私人和国有银行进行合并和出售，使银行数量由271家减少到100余家。此外还允许外资收购或参股巴西银行。这些举措都使巴西金融体系比较成功地抵御了1997—1998年的外部冲击。

三、20世纪90年代末至21世纪初的改革调整

世纪之交，墨西哥和巴西在政权更迭上都出现了令人瞩目的变化：墨西哥结束了革命制度党70年的执政历程，而巴西迎来了左派政党的执政。两国的新一届政府都基本延续了之前的改革路线，在控制通胀、稳定宏观经济的基础上，深化改革，促进经济增长。进入21世纪以来，墨西哥继续依靠北美市场，而巴西依然主导南共市，并注重国内市场的开发。巴西卢拉政府的收入分配调节措施力度较大，得到中下层民众的广泛支持。在2008—2009年全球经济危机中，和其他拉美国家一样，墨西哥和巴西经济都遭受了严重损失，而墨西哥因为受到美国衰退的直接影响，损失更为严重，2009年经济增长率为-6.50%。面对危机，两国都积极地实行了反周期财政、货币政策，较快地恢复了经济。

（一）墨西哥

在经历了1995年的衰退后，墨西哥经济在1996年迅速复苏，该年GDP增长率超过5.00%。外资重新流入，1996—2007年外资年流入量占GDP比重平均为3.40%，同时出口继续增长，外债结构得到调整，使得国际收支和公共财政状况均出现好转，国际储备大幅增加。在金融体系得到调整和通胀得到控制后，宏观经济走向稳定。在这样的背景下，墨西哥于1995年开始的第二代经济改革继续减弱国家对经济的干预，对石化、电力、铁路等关键部门开始实施私有化，并着手解决社会问题。

1996—2007年墨西哥GDP年增长率仅为3.60%，这一方面是受1997—1999年国际上一系列金融危机导致对原油等原材料需求降低和2001—2002年美国经济衰退的影响，另一方面是由于长年实行的反通胀政策导致货币实际升值

对生产收益率和投资造成了负面影响。[①] 2000年福克斯政府上台以来，其发展策略依然是在控制通胀的基础上深化改革以促进增长。具体措施有：加强财政纪律，控制公共开支，控制通胀；进一步开放贸易，借助客户工业，利用NAFTA和其他自贸协定发展贸易和引进外资，同时大力开发美国以外的市场；进一步简化政府管理手续，减少干预；加大私有化力度；实施反贫困战略。

（二）巴西

巴西在1999年出现货币危机，后又受到2001年阿根廷金融危机的冲击，导致外资抽离，货币贬值，通胀加剧，经济增长下滑，1999年GDP增长率为0.80%，2001年为1.30%。2002年卢拉政府上台后大力整顿经济，发展出口，实行浮动汇率制，削减公共开支，实现初级财政盈余，实行通货膨胀目标制，有效控制通胀。这些措施使外资重新回流，国际收支改善，外汇储备增加，GDP增长率于2004年恢复到4.90%。

卢拉虽然被认为是左派领导人，但他与查韦斯等激进左派不同，并没有推翻自由主义的改革方案，而是基本延续了之前的改革道路。第一，卢拉政府立足南共市，继续大力推动自由贸易，但抵制美国倡导的美洲自由贸易区的发展；积极发展同欧洲、亚洲国家，特别是同中国的经贸合作。第二，卢拉政府虽然强调国家调控对经济的重要作用，但并没有重新实行国有化政策。第三，作为代表中下层人群的劳工党领导人，卢拉尤其重视调整收入分配和缩小贫富差距。他实行"零饥饿计划"，提高最低工资，向低收入家庭提供补贴，创造就业机会，重点发展落后地区。这些措施不仅缓解了贫富分化的矛盾，得到中下层民众的支持，从而帮助卢拉于2006年获得连任，而且随着家庭平均收入的增加，巴西国内市场不断扩大，从而减少了经济对出口市场的依赖。

四、对墨西哥和巴西经济改革特点的简单总结

1982年债务危机后，墨西哥和巴西都按照国际金融机构的要求进行了经

---

① Carlos Ibarra: "La paradoja del crecimiento lento de México", *Revista de la CEPAL* 95, ago.de 2008, p.86.

济调整，并进行了具有新自由主义性质的结构性改革：实行贸易自由化和地区经济一体化，改革国有企业，减少国家干预，吸收外国投资，开放资本市场，实行财政、税收、金融改革，调节收入分配等。到20世纪90年代末，基本实现了由进口替代的内向发展模式到出口导向的外向发展模式的转变，建立了市场经济体制。两国在20世纪90年代都遭受了经济危机的冲击，但两国都坚定不移地继续深化改革，使经济得以较快恢复。21世纪以来，新的领导人延续了既定的改革路线，着力解决社会问题，在有利的国际环境下取得了新的发展。两国改革各自的特点有：

墨西哥政局稳定，改革政策更具有连续性。而巴西在20世纪80年代中期经历了军人政府到文人政府的更替，影响了改革的进度，1999年中央和地方的政治矛盾加剧了货币危机。

墨西哥的稳定化经济调整和改革同步进行，互为补充，相得益彰。而且墨西哥较早实现了宏观经济稳定，为进一步深化改革创造了条件。而巴西的宏观经济调整经历了较长的探索期，直到20世纪90年代初通胀依然居高不下。"20世纪90年代初，国际资本流动加速，技术进步迅猛，而巴西国内宏观经济环境依然不稳定，难以有效地融入上述有利的国际环境。"[1] 反过来，一系列稳定化调整措施之所以失败，也是因为结构性改革措施没有及时跟上。某些改革试验虽然较早已经开始，但见效较晚。此外，墨西哥在私有化、金融改革等方面力度都较大，速度较快，而巴西较为谨慎。

墨西哥主要依托北美自由贸易区，大力发展客户工业和制造业出口，对美国的出口依赖和受其周期性影响都很明显；巴西主导南方共同市场，立足拉美市场，同时大力开发地区外市场和国内市场，市场较为多元且外贸依存度较墨西哥低，因此抵御风险的能力相对较强。

---

[1] Renato Baumann. "Brasil en los años noventa: una economía en transición", *Revista de la CEPAL* 73, abr.de 2001, p.150.

参考文献

1. 苏振兴. 拉丁美洲的经济发展[M]. 北京：经济管理出版社，2000.

2. 吴国平. 21世纪拉丁美洲经济发展大趋势[M]. 北京：世界知识出版社，2002.

3. AYLLÓN B. La victoria de Lula: dilemas y desafíos de Brasil [J]. Revista CIDOB d'Afers Internacionals, 2003(60): 103-117.

4. BAUMANN R. Brasil en los años noventa: una economía en transición [J]. Revista de la CEPAL, 2001(73): 149-172.

5. BAUMANN R, MUSSI C. Algunas características de la economía brasileña desde la adopción del Plan Real [M]. Santiago de Chile: CEPAL, Serie Temas de Coyuntura, 1999.

6. CLAVIJO F, VALDIVIESO S. Reformas Estructurales y Política Macroeconómica: El Caso de México 1982-1999 [M]. Santiago de Chile: CEPAL, Serie Reformas Económicas, 2000.

7. IBARRA C. La paradoja del crecimiento lento de México [J]. Revista de la CEPAL, 2008(95): 83-102.

8. MORENO-BRID J C, ROS J. México: las Reformas del Mercado desde una Perspectiva Histórica [J]. Revista de la CEPAL, 2004(84): 35-57.

9. NERI M, CAMARGO J M. Structural reforms, macroeconomic fluctuations and income distribution in Brazil [M]. Santiago de Chile: CEPAL, Serie Reformas Económicas, 1999.

第四章

开放的地区主义：
北美自由贸易协定对
墨西哥经济的影响

导 读

　　20世纪80年代墨西哥开始经济结构改革之后，在贸易领域实行自由化和开放的地区主义，特别是寻求与美国开展更为密切的贸易合作，增加贸易往来。1994年北美自由贸易协定正式生效后，墨西哥贸易自由化程度进一步提高，进出口迅猛增加，制造业尤其是客户工业得到发展。然而，墨西哥经济越来越依赖美国，受其经济波动的影响也越来越大。此外，北美自由贸易协定对墨西哥经济增长和劳动生产率提高的促进作用比较有限。本章文献《墨西哥走向开放的地区主义：墨西哥与北美和欧洲的自由贸易协定》（节选）就为我们概述了北美自由贸易协定的谈判过程以及该协定对墨西哥经济的影响。

文献 | El camino mexicano hacia el regionalismo abierto: los acuerdos de libre comercio de México con América del Norte y Europa

Alicia Puyana[①]

El Tratado de Libre Comercio de América del Norte (TLCAN)

1. Introducción

Tras un prolongado e intenso proceso de **liberalización unilateral**[1] de la economía, México se dedicó a firmar **acuerdos de libre comercio**[2] con diversos países. Esto se hizo en el marco de las **reformas estructurales**[3] iniciadas a principios de los años ochenta y tuvo por objeto asegurarse cierta reciprocidad a cambio de continuar con el proceso de liberalización. Determinadas motivaciones políticas indujeron a los encargados mexicanos de la formulación de política a entablar relaciones más estrechas con los Estados Unidos. En cuanto a los acuerdos de libre comercio con Europa, la meta más importante era atenuar la dependencia de la economía estadounidense y reducir los aranceles externos extranjeros y la mayor **preferencia**[4] que gozan las exportaciones de los Estados Unidos en el mercado interno mexicano, asegurándose, al mismo tiempo, un **trato preferencial**[5] de parte de sus nuevos socios. Hoy día, México es una de las economías más abiertas del mundo y ha firmado acuerdos de libre comercio con no menos de 32 países, entre los que se incluyen todos los países industrializados del Occidente. Japón es el único país desarrollado que no ha firmado un tratado de libre comercio con México.

México integra una red de acuerdos de libre comercio que son un ejemplo de lo que puede ser el **regionalismo abierto**[6]: otorgar preferencias comerciales discriminadas con un criterio geográfico, y a la vez reducir las barreras sobre una base **multilateral**[7].

---

① Investigadora superior de la Facultad Latinoamericana de Ciencias Sociales (FLACSO) y consultora de la División de Comercio Internacional e Integración de la Comisión Económica para América Latina y el Caribe (CEPAL).

Los aranceles mexicanos en relación con los de todo el mundo son bajos y el **flujo de bienes, servicios y capitales**[8] es prácticamente libre. Empero, las reservas y excepciones incluidas en todos los acuerdos sugieren que la liberalización no es universal y que las cuestiones políticas son un obstáculo importante.

Todos los acuerdos constituyen **zonas de libre comercio**[9]. No existe la voluntad política necesaria para avanzar hacia la creación de **uniones aduaneras**[10] o de **mercados comunes**[11]. La estructura actual de los acuerdos se mantendrá durante cierto tiempo. Los países evitarán las reformas que puedan suponer la reapertura de las negociaciones por miedo a enfrentar conflictos potencialmente insuperables. Se pueden producir cambios unilaterales, siempre y cuando los compromisos adoptados en los acuerdos no se modifiquen y se respeten las cláusulas de nación más favorecida y las normas de la **Organización Mundial del Comercio (OMC)**[12].

En ciertos aspectos, el **Tratado de Libre Comercio de América del Norte (TLCAN)**[13] es menos que un tratado de libre comercio mientras que en otros es más que eso, pues incluye aspectos no incorporados a ciertos acuerdos de integración menos profundos y que fueron característicos de los mercados comunes y de las uniones económicas. Al incluir reglas sobre las inversiones, los **derechos de propiedad**[14] y los acuerdos paralelos sobre políticas laborales y ambientales, el TLCAN abre una nueva perspectiva que ha sido continuada por otros acuerdos y por la OMC. El **Tratado de Libre Comercio entre México y la Unión Europea (TLCUE)**[15] sigue los pasos del TLCAN y la Zona de Libre Comercio entre México y la **Asociación Europea de Libre Comercio (AELC)**[16] es reflejo de este último.

Hay varios motivos para que esta primera parte constituya una proporción significativa del presente trabajo, dándole un aspecto desequilibrado. El 85,00% de todo el comercio exterior mexicano se realiza con los Estados Unidos y el 80,00% de los flujos de **inversiones extranjeras directas**[17] que recibe México provienen de aquel país. Para poder firmar el TLCAN, México reformó la economía y muchas de sus instituciones, por lo que no fue necesario que México realizara nuevas reformas importantes para asegurarse los acuerdos con los países de Europa. Además, tanto la Unión Europea como la AELC procuraban lograr condiciones de **paridad**[18] con el TLCAN.

2. Efectos del TLCAN sobre la economía mexicana

Habida cuenta de que han transcurrido pocos años desde la puesta en marcha del TLCAN, no es fácil cuantificar cuáles han sido sus efectos sobre la economía mexicana. En este período, tanto la economía mexicana como las de Canadá y los Estados Unidos han experimentado episodios de expansión y de recesión cuyas causas no pueden vincularse exclusivamente con los mecanismos del Tratado.

En muchos ámbitos se ha reconocido que, por diversos motivos que se mencionan a continuación, los efectos estáticos probables del proceso de liberalización acordado en el TLCAN no serían muy significativos:

a. El proceso de "integración silenciosa" de la economía mexicana a la de los Estados Unidos llevó varias décadas y, en lo que se refiere al comercio, las inversiones y las migraciones, ya eran intensos al entrar en vigencia el TLCAN.

b. Los niveles de **protección arancelaria**[19], sobre cuya base se otorgaron las preferencias, eran bastante bajos. En el momento de firmarse el acuerdo, el arancel promedio de México era de 10,00% y el de los Estados Unidos cerca de 2,10%. Cerca de la mitad de las exportaciones de México ingresaron en el marco del **Sistema Generalizado de Preferencias (SGP)**[20], cuyo principal beneficiario era precisamente ese país. Otra fracción importante se orientó hacia la **maquila**[21]. El resto fue objeto de un arancel de 4,00%. Con la entrada en vigor del TLCAN, los aranceles de México cayeron a 2,90% mientras que los de Estados Unidos se redujeron a solamente el 0,61% (Clinton, 1997). Además, como los Estados Unidos ya se habían comprometido a reducir los aranceles en las negociaciones de la Ronda Uruguay, la reducción arancelaria de este país en el marco del proceso del TLCAN fue más bien intrascendente.

c. Una proporción significativa de las exportaciones mexicanas a los Estados Unidos se incluyó en el SGP. Otras, como los textiles y las prendas de vestir estaban sujetas a un tratamiento especial en el marco de determinados **acuerdos multilaterales**[22] (por ejemplo, el Multifibras) o de programas sectoriales bilaterales, como el del sector automotor. Con respecto a la agricultura, se mantuvieron las cuotas y las restricciones al comercio y se acordaron períodos de liberalización más prolongados.

d. En cuanto a las inversiones, es posible que los efectos comenzaran a hacerse sentir antes de la entrada en vigor del Tratado.

Un país decide firmar **acuerdos de integración regional**[23] con el objeto de avanzar en el logro de los objetivos nacionales en materia de bienestar y no en busca de un aumento global de la eficiencia. En consecuencia, la evaluación debería tomar como punto de partida, o tener en cuenta, el punto de vista del país sobre los posibles resultados de la integración regional. En el caso de México, los objetivos eran muy variados y no se limitaban solo a los efectos de la expansión del comercio:

lograr un acceso más seguro al mercado de los Estados Unidos;

utilizar los acuerdos comerciales para sustentar las reformas políticas internas;

atraer las inversiones extranjeras;

asegurar un crecimiento económico más acelerado y sostenido;

acceder a un procedimiento de solución de controversias acordado por consenso;

reducir la emigración a los Estados Unidos.

Las evaluaciones a priori del impacto del TLCAN sugerían que los efectos sobre la creación y desviación de corrientes comerciales serían mínimos mientras que, para México, las mejoras en materia de bienestar serían mucho mayores (Brusilla y Brour, 1992; Ros, 1994). En estos estudios se suponía que la liberalización sería completa y no se tomaba en cuenta la magnitud de las restricciones al libre comercio en los sectores agrícola, textil y automotor (Whalley, J., 1993; Krugmann, 1994; William y Welch, 1994). Pese a la importancia de sus objetivos políticos, el TLCAN no prevé **mecanismos compensatorios**[24] o transferencias para acelerar el crecimiento de sus miembros menos desarrollados. Ya en 1990, en la reunión celebrada en Houston, se acordó que "en las negociaciones México no se consideraría como país en desarrollo, lo que significaba que no recibiría un trato preferencial en cuestiones como los períodos de transición para la eliminación de aranceles" (Maxwell, C. y Brian, T., 2000). Por este motivo, Smith (1993) sugiere que "… La participación de México en el TLCAN es otro paso importante en el profundo proceso de liberalización de la economía mexicana iniciado a mediados de los años ochenta". El crecimiento adicional del PIB de México será de 1,00% anual, durante un período de 10 años. Este efecto beneficiará principalmente a las grandes industrias, con grandes economías de escala y tecnologías de **gran densidad de capital**[25]. Los sectores con **ventajas comparativas**[26] **ricardianas**[27] quedarían relegados. Los efectos sobre el crecimiento podrían ser más importantes si se consideran las transferencias de capital, especialmente las inversiones extranjeras directas (Székely, 1994; Ros, 1994). Se analizarán algunos rasgos de la economía mexicana sin sugerir que existen relaciones causales directas y exclusivas con el TLCAN. Estas características son importantes y deben tenerse en cuenta en las negociaciones de nuevos acuerdos comerciales.

Hasta mediados de los años ochenta México era una economía cerrada, donde se aplicaba cabalmente el modelo **aislacionista**[28] de industrialización mediante la sustitución de importaciones. Actualmente se ha convertido en una economía abierta, con uno de los coeficientes externos del PIB más elevados del **hemisferio occidental**[29], como se indica en el cuadro 1. El proceso se inició en la década de 1980

—en el marco de **reformas macroeconómicas**[30]— y se aceleró después de 1994. La diferencia en el valor de los coeficientes registrados por México y los Estados Unidos es notable. Un coeficiente externo elevado sugiere mejoras en la productividad y la competitividad de la producción mexicana, ya que tanto las exportaciones como las importaciones compiten con la producción extranjera. Por otra parte, la economía mexicana se ha vuelto más dependiente de los **insumos importados**[31]. El aumento de la elasticidad de las importaciones sobre el PIB hace difícil —cuando no imposible— lograr simultáneamente que las tasas de crecimiento del producto sean positivas y el comercio y la cuenta corriente equilibrados.

Cuadro 1

RELACIÓN ENTRE EL COMERCIO TOTAL Y EL PIB

	1960	1970	1980	1985	1990	1995	1999	2002
Mundo	18,60	20,90	24,90	21,10	29,40	34,80	37,30	38,00
Estados Unidos	7,20	13,60	21,50	24,10	16,50	17,90	19,00	18,20
América Latina	27,90	21,70	26,90	23,10	21,70	28,30	30,80	33,90
Argentina	19,30	14,60	12,00	18,60	17,60	15,50	17,20	14,50
Brasil	18,60	13,10	18,80	17,50	12,90	14,00	13,10	20,30
Chile	27,90	29,30	35,50	41,00	56,00	49,60	44,20	51,00
México	15,60	10,80	18,80	20,40	23,00	49,30	57,50	51,70

Fuente: Autora, sobre la base de la publicación: Estadísticas Financieras Internacionales del Fondo Monetario Internacional (FMI), varios años.

En realidad, las exportaciones de México a los Estados Unidos comenzaron a crecer antes de la firma del TLCAN, consolidando la posición de **supremacía**[32] de los Estados Unidos como mercado único, tanto para las importaciones como para las exportaciones mexicanas. Durante los primeros cinco años de vigencia del Tratado (1994-1998), las exportaciones totales de México crecieron a razón de 16,50% por año mientras que las importaciones aumentaron 11,50%. El comercio con los Estados Unidos se expandió con mayor rapidez y permitió acumular un **superávit comercial**[33] importante. En 2000, el comercio exterior mexicano con los Estados Unidos representaba el 85,00% del total. Asimismo, el comercio exterior de México con los **países industrializados**[34] de ingresos elevados representa prácticamente el 92,00% del total. El comercio con los países en desarrollo es mínimo. Considerado en su conjunto, el comercio exterior mexicano tiene un carácter más bien intersectorial (62,00% en 1998) que intrasectorial (38,00%); en 1998, el índice de comercio intrasectorial con los Estados Unidos llegó a 39,00% (Puyana, 2002). En una larga lista de bienes exportados por México a los Estados Unidos, el índice intersectorial es bastante mayor que 50,00%, lo que indica que estos bienes han alcanzado un nivel competitivo y pueden competir en los mercados externos (Puyana, 2002)[①].

---

① Se est realizando un análisis del comercio intrasectorial a nivel de ocho dígitos del Sistema Armonizado. En él se incluye el comercio intrasectorial marginal así como el comercio intrasectorial horizontal y vertical. Este último se divide en bienes diferenciados verticalmente de buena y mala calidad. Para mayor información, comuníquese con la autora.

Los cambios en la composición de las exportaciones de México se iniciaron con las reformas estructurales y el desmantelamiento del modelo de industrialización mediante la sustitución de importaciones. En 2000, las exportaciones de manufacturas representaron aproximadamente 87,00% del total de las ventas al exterior, en contraposición con 23,00% en 1980. Las ventas de petróleo se redujeron de 64,00% en ese mismo año a 9,00% del total de las exportaciones en 2000 (Romero, 2003). En el **sector manufacturero**[35], el segmento de la maquila fue el que registró la mayor expansión y en 2000 represent cerca de 45,00% del total de las exportaciones industriales. Las actividades de la maquila constituyen prácticamente el único segmento de las exportaciones de manufacturas que exhiben un superávit comercial. Las exportaciones mexicanas se concentran en un número relativamente reducido de bienes. Según un análisis realizado con un nivel de desagregación de seis dígitos del Sistema Armonizado, 82,00% del total de las exportaciones se concentraron en solo 5,00% de los rubros, agrupados por ramas, como la **maquinaria eléctrica**[36], la **industria automotriz**[37], las calderas y los reactores, los **combustibles fósiles**[38] y las prendas de vestir. En estos mismos sectores, México tiene una participación mayoritaria en las importaciones totales de los Estados Unidos. En consecuencia, cabe suponer que México se está especializando en sectores en los que el país ha logrado una ventaja comparativa en el mercado estadounidense y, en consecuencia, ha adquirido el potencial necesario para competir en otros mercados con la misma competitividad con que lo hace en el de América del Norte (Puyana, 2002; Dussel, 2000). No obstante, en esos sectores solo las etapas finales del proceso productivo se realizan en México pues son exportaciones en las que predomina la maquila.

Uno de los argumentos explícitos en favor del TLCAN, difundido con frecuencia a la opinión pública de ambos lados de la frontera, es que la liberalización del comercio y las inversiones permitiría a México lograr un crecimiento económico más acelerado. Esto induciría a una **convergencia**[39] de ambos países en el plano económico, cuyo resultado, en última instancia, sería reducir la emigración a los Estados Unidos. La relación entre el PIB *per cápita* de este último país y el de México ha aumentado de 3,94 en 1983 a 5,95 en 2000. La emigración neta asciende a 300.000 trabajadores, o sea 0,70% de la fuerza de trabajo. No se observan indicios de que la emigración se esté reduciendo. Es demasiado pronto para observar signos rotundos de convergencia, pero al menos cabría esperar cambios en la tendencia a la **divergencia**[40]. Lo evidente es que está ocurriendo todo lo contrario (Romero, 2003).

Uno de los objetivos de México al firmar el TLCAN era asegurarse tasas mayores y más estables de crecimiento económico. Sin embargo, este ha sido moderado e inestable y el PIB per cápita de 2001, expresado en pesos de 1999, es solo 5,00% mayor que el PIB per cápita de 1980.

Además, no hay signos de que exista una relación entre la expansión de las exportaciones y la tasa de crecimiento del PIB. En el gráfico 1 se muestra el diagrama de dispersión de los datos trimestrales de crecimiento de las exportaciones y del PIB durante el período 1983-2000. Como puede verse, la relación es negativa aunque no significativa, lo que permite inferir que aparentemente no ha existido relación alguna entre el crecimiento de las exportaciones[①] y el crecimiento del nivel general de la actividad económica.

Una de las principales preocupaciones de los analistas es determinar si el TLCAN habría de convertirse en la "Fortaleza de América del Norte", que adopta **políticas discriminatorias**[41] contra otros países. Pese a que no se incrementaron los aranceles para los países no miembros, la supremacía cada vez mayor del mercado estadounidense en el comercio exterior de México es evidente. En efecto, cuando se tienen en cuenta los índices de intensidad de las exportaciones y de propensión a exportar[②] a la región resulta evidente que México se está integrando con los Estados Unidos mientras que sus vínculos comerciales con otros mercados se están debilitando. Los datos del cuadro 3 reflejan esta tendencia. Desde 1970 hasta 1998, el valor del índice correspondiente a México exhibe un marcado sesgo hacia los Estados Unidos y una reducción de los vínculos comerciales con Japón y la Unión Europea. La reducción del índice es notable incluso en el comercio de México con sus vecinos latinoamericanos. Es muy posible que la evolución de este índice esté poniendo en evidencia una reducción de los costos de **transacción**[42] inducida por el TLCAN (Zahniser y Gehlnar, 2001).

El índice de propensión a exportar (IPX) a la región indica hasta qué punto la relación entre el comercio total y el PIB permite explicar estos cambios en la distribución regional del comercio de los países. El índice refleja los efectos de las **políticas macroeconómicas**[43] sobre la apertura de la economía y los patrones geográficos de las exportaciones. Permite determinar si los acuerdos comerciales pueden generar un crecimiento global del comercio, elevando la apertura del PIB. Los datos para México confirman que el país se está desprendiendo progresivamente de los mercados de terceros países. Pueden ensayarse varias explicaciones, como la proximidad, la historia de los vínculos comerciales y económicos y la enorme proporción de mexicanos que

---

① El índice de intensidad intrarregional se calcula como la participación de un país que comercia con un socio país (o región) dividida por la participación de ese socio (o región) en el comercio mundial, deducidas las exportaciones del país o región. El índice sería igual a la unidad si no hubiera un sesgo regional. Índice: $IIX_{ij} = (X_{ij}/X_i)/(X_j/Xmundo-X_i)$.

② El índice se calcula como la relación entre el total de las exportaciones y el PIB del país i multiplicado por el índice de densidad de las exportaciones al país j. Índice de propensión a exportar a la región: $IPX_{ij} = (X_i/PIB_i)/(IIX_{ij})$.

Cuadro 2
MÉXICO: DISTRIBUCIÓN DEL COMERCIO EXTERIOR: 1994, 1998 y 2001
(En porcentajes)

Países / Regiones	Exportaciones			Importaciones		
	1994	1998	2001	1994	1998	2001
Mundo	60 817	117 442	158 547	79 345	125 242	168 276
TLCAN	87,40	88,90	90,50	71,20	76,20	70,10
Estados Unidos	84,90	87,60	88,50	69,10	74,30	67,50
Canadá	2,40	1,30	1,90	2,00	1,80	2,50
Unión Europea (15)	4,60	3,30	3,40	11,40	9,40	9,60
Alemania	0,60	1,00	0,90	3,90	3,60	3,60
España	1,40	0,60	0,80	1,70	1,00	1,10
Reino Unido	0,40	0,50	0,40	0,90	0,80	0,80
TLC AELC	0,70	0,40	0,50	1,10	0,80	0,90
Países Asiáticos	2,10	1,20	1,00	10,40	8,80	12,90
Japón	1,60	0,70	0,40	6,00	3,60	4,80
América Latina y El Caribe	3,50	3,60	2,70	3,40	2,20	3,00
Países de ALADI	2,60	2,50	1,80	3,30	2,00	2,80
MCCA	0,90	1,10	0,90	0,20	0,20	0,20

Fuente: Autora sobre la base de información del Banco de México. Bancomext (2002)
World Trade Atlas 1993-2000, versión en CD.

Gráfico 1
RELACIÓN ENTRE LAS TASAS DE CRECIMIENTO DE LAS EXPORTACIONES Y DEL PIB
(Datos trimestrales, 1983-2000)

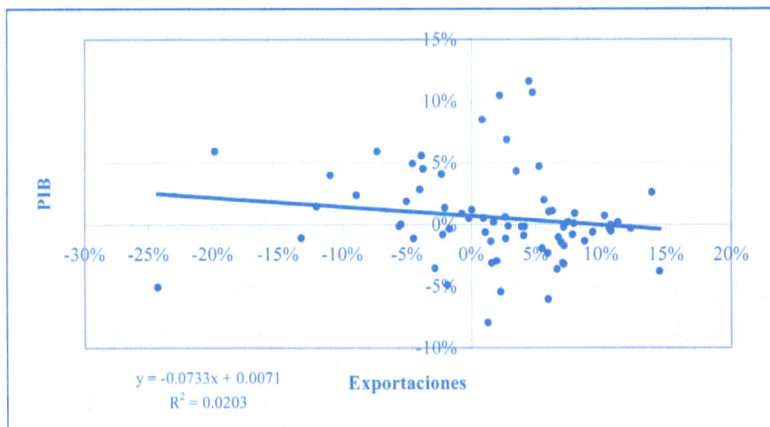

$y = -0.0733x + 0.0071$
$R^2 = 0.0203$

Fuente: Romero y Puyana, (2002).

viven temporal o permanentemente en los Estados Unidos, tejiendo una apretada red de relaciones culturales y económicas. Desde un punto de vista político, México desea invertir o reducir esta tendencia firmando acuerdos comerciales con varios países. En ellos, se reducirían los aspectos discriminatorios y los aranceles externos. Al hacerlo, disminuirían las preferencias otorgadas a los países miembros del TLCAN en el mercado mexicano. Lo mismo ocurriría con los efectos potenciales de la desviación de las corrientes de intercambio[1] (**Organización de Cooperación y Desarrollo Económicos (OCDE)**[44], 2000).

Cuadro 3
AMÉRICA LATINA (PAÍSES SELECCIONADOS): ÍNDICE DE INTENSIDAD DE LAS EXPORTACIONES (IIX) E ÍNDICE DE PROPENSIÓN A EXPORTAR (IPX);
(1970, 1980, 1990 y 1999)

Países		Estados Unidos		TLCAN		Unión Europea		Japón		América Latina	
		IIX	IPX	IIX	IPX	IIX	IPX	IIX	IPX	IIX	IPX
Argentina	1970	0,60	0,05	0,20	0,02	8,50	0,63	1,40	0,10	0,50	0,03
	1980	0,70	0,05	0,30	0,02	4,40	0,30	0,50	0,04	5,10	0,35
	1990	1,20	0,17	0,40	0,06	3,60	0,54	1,20	0,17	10,00	1,49
	1999	0,60	0,06	0,50	0,05	0,60	0,06	0,40	0,04	7,90	0,77
Brasil	1970	1,80	0,15	0,70	0,06	6,40	0,55	1,20	0,10	2,60	0,22
	1980	1,40	0,12	0,60	0,05	4,40	0,37	1,30	0,10	3,80	0,31
	1990	2,00	0,26	0,70	0,09	3,50	0,45	3,10	0,39	4,40	0,57
	1999	1,30	0,14	1,00	0,11	0,90	0,10	0,80	0,09	4,20	0,44
Chile	1970	1,00	0,12	0,40	0,04	9,90	1,12	2,60	0,30	2,70	0,30
	1980	1,00	0,19	0,40	0,07	5,90	1,09	2,40	0,44	5,30	0,99
	1990	1,50	0,42	0,50	0,13	4,10	1,16	4,60	1,29	3,60	1,00
	1999	1,10	0,32	0,90	0,25	0,60	0,18	2,60	0,76	3,80	1,10
México	1970	4,30	0,27	1,60	0,10	1,10	0,07	1,10	0,07	2,00	0,13
	1980	4,70	0,42	1,90	0,16	2,30	0,20	0,90	0,08	1,60	0,15
	1990	5,30	1,04	1,80	0,35	1,40	0,28	1,70	0,33	2,10	0,41
	1999	4,30	1,31	3,30	1,00	0,10	0,03	0,10	0,03	0,70	0,20
MERCOSUR	1970	1,30	0,10	0,50	0,04	7,20	0,59	1,20	0,10	1,90	0,15
	1980	1,20	0,10	0,50	0,04	4,40	0,35	1,00	0,08	4,30	0,34
	1990	1,70	0,23	0,60	0,08	3,50	0,47	2,40	0,33	6,50	0,90
	1999	1,10	0,16	0,80	0,13	0,80	0,12	0,70	0,10	5,60	0,85

Fuente: Autora, sobre la base de información del Fondo Monetario Internacional (FMI), Anuarios Estadísticas Financieras Internacionales; y *Direction of Trade Statistics, varios años.*

3. La negociación del TLCAN: un proceso conflictivo

En las negociaciones internacionales participan varios actores, ubicados según sus intereses, que van desde los personales, pasando por los intereses de grupo, hasta los nacionales. En el caso del TLCAN, el proceso de negociación fue muy asimétrico. Esta asimetría surge de los elementos siguientes: a) las diferencias de desarrollo económico de los países; b) el peso de cada uno en el mercado regional; c) las

---

[1] En la Unión Europea existe preocupación de que el TLCAN está induciendo efectos de desviación de las corrientes de intercambio ya que "uno o varios socios aplican derechos relativamente elevados a las importaciones de la Unión mientras que los derechos al comercio dentro de la zona de libre comercio son nulos (OCDE, 2000). Yeats y otros (1997) llegan a la misma conclusión en relación con América Latina y el Mercosur.

diferencias entre los **modelos económicos**[45] vigentes en cada país y la brecha con el modelo implícito en el acuerdo; d) el apoyo político —o la oposición— del público en general y de los actores económicos en cada país; e) la **utilidad subjetiva**[46] asignada por cada país a la alternativa de no concretar el acuerdo; y f) las diferencias en el proceso de creación de instituciones y en las tradiciones a ese respecto (el **presidencialismo**[47] mexicano, el **régimen parlamentario**[48] canadiense y la "vía rápida" de los Estados Unidos) que incidieron en las negociaciones. A continuación se analizarán brevemente algunos de estos aspectos para ilustrar los obstáculos que tuvieron que superar los negociadores mexicanos si deseaban lograr un acuerdo definitivo.

Cabe señalar varios hechos que servían de telón de fondo al resurgimiento del **regionalismo**[49] a fines de los años ochenta y principios de los noventa. En primer lugar, las prolongadas negociaciones de la Ronda Uruguay y la percepción de que el regionalismo era la política más eficiente para lograr los objetivos nacionales de las economías más pequeñas. La consolidación de un mercado único europeo y la **desintegración**[50] del bloque socialista, que despejó el camino a una integración más profunda de los países de Europa oriental con la Unión Europea, reforzó la idea de que el mercado mundial se estaba integrando en bloques regionales.

Se ha dicho que tras un viaje infructuoso a Europa, en el cual trató de "encontrar alternativas a la fuerte dependencia" con el mercado estadounidense, el Presidente Salinas decidió proponer al Gobierno de los Estados Unidos la apertura de negociaciones de un acuerdo de libre comercio. La fría respuesta europea había impulsado la decisión de México de iniciar unas negociaciones que había rechazado enérgicamente en el pasado (Silva Herzog, 1994; Puyana, 1982).

El profundo cambio registrado en la voluntad de los líderes políticos mexicanos hubiera podido explicarse mejor mediante un razonamiento con más fundamento. En primer lugar, tras la crisis de la deuda, México inició reformas macroeconómicas muy profundas, liberalizó la economía e ingresó al Acuerdo General sobre Aranceles Aduaneros y Comercio (GATT). Con el Presidente Salinas, el proceso adquirió un tinte político de **modernización**[51], tanto de la economía como de la sociedad mexicana. Para ello, se transformaron algunas de las principales instituciones de la Revolución Mexicana (como el ejido), se establecieron relaciones políticas con el Vaticano y se adoptó una política de cooperación más estrecha con los Estados Unidos. En el marco de estos objetivos, la élite política y tecnocrática consider que la firma de un acuerdo de libre comercio con su vecino del Norte era el instrumento adecuado para asegurar la **irreversibilidad**[52] del proceso de modernización, evitando que en el próximo período de gobierno se adoptaran medidas radicales de signo contrario. Si se daba a las reformas un carácter definitivo, se podría aumentar la estabilidad y la confianza de los inversionistas, asegurando el ingreso de los capitales necesarios para mantener el crecimiento de la economía mexicana (Ros, 1994). El Gobierno quería firmar un acuerdo de libre comercio con los Estados Unidos y quería hacerlo rápido, antes que se celebraran las elecciones en ambos países[①].

Si la expectativa era que los efectos comerciales estáticos serían mínimos, ¿qué interés podrían tener los Estados Unidos en comprometerse con un acuerdo de este tipo y cuáles eran sus objetivos? El país más grande (en 1994 la economía de los Estados Unidos era 17 veces mayor que la de México) consideraba que el grueso de los efectos comerciales fluirían hacia el país más pequeño. Los precios no se modificarían significativamente y tampoco se obtendrían beneficios derivados de la especialización resultante de una variación insignificante de los **aranceles**[53]. En consecuencia, el interés de los Estados Unidos era obtener de México todas las concesiones que estuviera dispuesto a otorgarle y México estaba dispuesto a lograr el acuerdo a cualquier precio. Los beneficios potenciales para Estados Unidos también incluían ciertos incentivos no comerciales e incluso no económicos que podían impulsarlo a firmar un acuerdo de libre comercio con México (Ros, 1992; Helleiner, 1991). Como la economía mexicana estaba más protegida y regulada, México tenía que hacer mayores ajustes y estos serían el "precio adicional" que tendría que pagar en concepto de derechos de ingreso a los "nuevos temas" que a la postre se incluirían en el acuerdo, a saber, el comercio de servicios, las inversiones extranjeras, las regulaciones y la protección de los derechos de **propiedad intelectual**[54].

Un indicador fundamental de la asimetría de las negociaciones fue la inclusión de dos nuevas temas: las normas ambientales y laborales. Estos se incluyeron en respuesta a la oposición al TLCAN de las organizaciones ambientales y laborales de los Estados Unidos, preocupadas por los costos de ajuste generados por el Tratado. Estas organizaciones estaban molestas porque el acuerdo solo beneficiaría al capital. El hecho de que se incluyeran estos temas también ponía en evidencia la "brecha en materia de economía política" representada por las diferencias en la forma en que México y los Estados Unidos abordaban la distribución de costos y beneficios. En México, la falta de oposición debilitaba los márgenes de negociación del país, ya que los negociadores no podían alegar que la oposición interna estaba poniendo en peligro la aprobación del acuerdo. Para México, cualquier otra alternativa tenía muy poco valor

---

① Baghawati (1994, pág. 24) expresa una opinión mucho más cáustica sobre los motivos y la urgencia de los negociadores mexicanos por lograr el acuerdo: la visión de los arquitectos mexicanos del TLC hacía que miraran los problemas con el mismo prisma que al Norte del río Bravo. Estaban muy impresionados por los Estados Unidos y querían emularlos. Decían: "A los Estados Unidos les ha ido bien. Si nos unimos a América del Norte se acabarán nuestros problemas".

y los negociadores estadounidenses eran perfectamente conscientes de esta situación. En consecuencia, México debía hacer concesiones más amplias pues para ese país la utilidad subjetiva de la alternativa del "no acuerdo" era mucho menor (Wonnacott, 1994).

Otra fuente de asimetría fue la presencia de Canadá, más desarrollada que México, pero cuyas relaciones con este el país eran mínimas. Canadá se incorporó a las negociaciones del TLCAN para defender intereses concretos. Quería lograr el libre acceso a los bienes mexicanos y a los mercados de capital "en un pie de igualdad con los Estados Unidos" (Wonnacott, 1994). Le interesaba abrir selectivamente su propio mercado a las exportaciones más baratas de México.

Pero, por sobre todas las cosas, la meta de Canadá era asegurarse que no se alteraran los beneficios derivados del **CUSFTA**[55]. Otro elemento era garantizar que Canadá continuara siendo un destino atractivo para las inversiones estadounidenses, orientadas a la exportación a toda América del Norte, lo que bloquearían la expansión de la maquila en la frontera septentrional de México. Por último, pero no por ello menos importante, Canadá quería resolver algunos problemas surgidos durante los primeros años de aplicación del CUSFTA. "En términos generales, Canadá logró esos objetivos" (Wonnacott, 1994). Según un negociador estadounidense, "fortuitamente [Canadá] logró negociar con genialidad desde una posición defensiva" (Cameron, 2000).

El resultado de este juego fue un acuerdo de libre comercio en el que se insertaba CUSFTA al TLCAN y, en algunos aspectos, consistía en **acuerdos bilaterales**[56] entre Canadá y los Estados Unidos, México y los Estados Unidos, y Canadá y México. El CUSFTA sirvió de molde para el TLCAN y, debido a la divergencia de las posiciones nacionales, el Tratado dio cabida al libre comercio en América del Norte pero no lo liberalizó, porque se preservaron los diversos intereses proteccionistas de los tres países y al mismo tiempo se inició el camino hacia la **integración**[57] (Whally, 1992). El principal logro fue la profunda liberalización de la economía mexicana, mientras que en Canadá y los Estados Unidos la apertura fue mínima.

México, que era la economía más pequeña y el Estado más débil, tomó la iniciativa para iniciar las negociaciones; era el solicitante que buscaba un refugio seguro para sus exportaciones y estaba dispuesto a realizar concesiones abriendo aún más su economía tras de una liberalización **unilateral**[58] iniciada en los años 80.

Las esferas más difíciles de la negociación eran la agricultura, los automóviles, los textiles y la energía. También se plantearon conflictos en nuevos temas como las inversiones, la propiedad intelectual y las **adquisiciones del Estado**[59].

Cuestionario:

ⓐ ¿Por qué no son muy significativos los efectos estáticos probables del proceso de liberalización acordado en el TLCAN?

ⓑ ¿Cómo está el comercio entre México y los Estados Unidos después de la firma del TLCAN?

ⓒ Según el autor, ¿cuáles eran los objetivos de los Estados Unidos de firmar el TLCAN con México?

Vocabulario

[1]	liberalización unilateral		单边自由化
[2]	acuerdo de libre comercio		自由贸易协定
[3]	reforma estructural		结构性改革
[4]	preferencia	*f.*	优惠
[5]	trato preferencial		优惠待遇
[6]	regionalismo abierto		开放的地区主义
[7]	multilateral	*adj.*	多边的
[8]	flujo de bienes, servicios y capitales		商品、服务、资本流动
[9]	zona de libre comercio		自由贸易区
[10]	unión aduanera		关税同盟
[11]	mercado común		共同市场
[12]	Organización Mundial del Comercio (OMC)		世界贸易组织
[13]	Tratado de Libre Comercio de América del Norte (TLCAN)		北美自由贸易协定
[14]	derechos de propiedad		产权
[15]	Tratado de Libre Comercio entre México y la Unión Europea (TLCUE)		墨西哥—欧盟自由贸易协定
[16]	Asociación Europea de Libre Comercio (AELC)		欧洲自由贸易联盟
[17]	inversiones extranjeras directas		外国直接投资
[18]	paridad	*f.*	相同，一致

[19]	protección arancelaria		关税保护
[20]	Sistema Generalizado de Preferencias (SGP)		普遍优惠制
[21]	maquila	*f.*	客户工业；出口加工业
[22]	acuerdos multilaterales		多边协定
[23]	acuerdo de integración regional		区域一体化协定
[24]	mecanismo compensatorio		补偿机制
[25]	gran densidad de capital		资本密集
[26]	ventaja comparativa		比较优势
[27]	ricardiano	*adj.*	李嘉图的
[28]	aislacionista	*adj.*	孤立的；孤立主义的
[29]	hemisferio occidental		西半球
[30]	reforma macroeconómica		宏观经济改革
[31]	insumo importado		进口投入
[32]	supremacía	*f.*	绝对权力，霸权
[33]	superávit comercial		贸易顺差
[34]	país industrializado		工业化国家
[35]	sector manufacturero		制造业部门
[36]	maquinaria eléctrica		电机
[37]	industria automotriz		汽车工业
[38]	combustibles fósiles		化石燃料
[39]	convergencia	*f.*	趋同，一致
[40]	divergencia	*f.*	差异
[41]	políticas discriminatorias		歧视政策
[42]	transacción	*f.*	交易
[43]	política macroeconómica		宏观经济政策
[44]	Organización de Cooperación y Desarrollo Económicos (OCDE)		经济合作与发展组织
[45]	modelo económico		经济模式
[46]	utilidad subjetiva		主观效用
[47]	presidencialismo	*m.*	总统制
[48]	regimen parlamentario		议会制
[49]	regionalismo	*m.*	地区主义，区域主义
[50]	desintegración	*f.*	解体
[51]	modernización	*f.*	现代化
[52]	irreversibilidad	*f.*	不可逆性
[53]	arancel	*m.*	关税
[54]	propiedad intelectual		知识产权
[55]	CUSFTA: Canada-United State Free Trade Agreement		加拿大—美国自由贸易协定

[56]	acuerdo bilateral		双边协定
[57]	integración	*f.*	一体化
[58]	unilateral	*adj.*	单边的
[59]	adquisiciones del Estado		政府采购

评论 ｜ 北美自由贸易协定对墨西哥经济的影响

北美自由贸易协定（英语缩写为NAFTA，西班牙语缩写为TLCAN）由美国、加拿大、墨西哥三国于1992年12月签署。1994年1月1日，该协定正式生效，同日，北美自由贸易区（英语缩写亦为NAFTA）成立。三国之间互相实行国民待遇、最惠国待遇、程序上的透明化以及关税减免。协定的签署和自贸区的成立促进了三国之间贸易的发展和经济的增长，2020年"美国—墨西哥—加拿大协定"（英文缩写为USMCA）签署，将替代北美自由贸易协定，本文主要分析20世纪90年代后期到21世纪初北美自由贸易协定对墨西哥的影响。

一、TLCAN对墨西哥经济的重要性

艾丽西亚·布亚纳（Alicia Puyana，2003）指出，20世纪80年代初所开始的经济结构改革开创了墨西哥的经济自由化进程。在这一改革的框架内，墨西哥开始致力于与各国签订自由贸易协定，其目的是"使其与自由化进程产生相互促进的作用"。① 墨西哥可以说是"开放的地区主义"的范本：它与北美和欧洲几乎所有西方工业国都签订了自由贸易协定，关税低于大部分国家水平，货物、服务和资本流动自由。相对于其他自贸协定，北美自由贸易协定无疑对墨西哥经济产生了最为重要的影响，因为墨西哥85.00%的对外贸易是与美国进行的，80.00%的外国直接投资来自美国（2000年）。此外，这一协定具有较高的示范性和基础作用。这一协定中的许多内容是其他一般性一体化协议中没有的，具有了共同市场和经济联盟的特点，如关于投资、产权、劳工、环境等方面的规定。随后的墨欧自贸协定（西班牙语缩写为TLCUE）以及墨西哥与欧洲自贸协会（西班牙语缩写为AELC）间建立的自贸区都沿用了这些规定。为签订TLCAN，墨西哥先期已进行了大规模经济

① Alicia Puyana. *El camino mexicano hacia el regionalismo abierto: los acuerdos de libre comercio de México con América del Norte y Europa*，CEPAL, Serie comercio internacional, Santiago de Chile, 2003, p.7.

制度改革，这为之后的TLCUE奠定了基础，无须再进行大的改革。欧盟和AELC甚至都寻求获得与TLCAN一致的贸易条件。

布亚纳（2003）指出，墨美经贸往来基础深厚。因为之前墨美间"无声的一体化"已进行数十年，所以在TLCAN生效前，两国贸易、投资和移民活动已相当密集；墨美两国之前的平均关税率已相当低（10.00%和2.10%，TLCAN生效后分别降为2.90%和0.61%）。由此可见墨西哥积极建立北美自贸区的目的绝不仅是在此基础上继续扩张贸易，而是有更多增进本国"福利"的目的：（1）更加稳步地占有美国市场；（2）通过自贸协定巩固国内经济改革成果；（3）吸引外国投资；（4）保证经济更快更稳定地增长；（5）通过协议建立争端解决机制；（6）减少向美国的移民数量。

二、TLCAN对墨西哥进出口的影响

TLCAN对墨西哥进出口贸易的影响非常巨大。在TLCAN生效的第一个五年中（1994—1998年），墨西哥进出口增幅都很明显，出口总量年均增长16.50%，进口总量年均增长11.50%。与美国的贸易增长更快，并在1998年出现97亿美元顺差。表1显示，1960—2002年间，尤其是1994年前后对比，墨西哥进出口总额占GDP比重提高的速度不仅明显快于其他拉美主要大国和美国，而且快于拉美和世界的平均速度，经济开放程度名列前茅。到20世纪末21世纪初，墨西哥成为西半球国家中对外贸易系数（外贸占GDP比重）最高的国家，这意味着墨西哥生产率和竞争力的提高。墨西哥外贸中产业间（intersectorial）贸易占62.00%，而产业内（intrasectorial）贸易占38.00%，这说明了墨西哥商品在海外市场竞争力的增强。

表1：部分国家和地区进出口总额占GDP比重（%）

	1960	1970	1980	1985	1990	1995	1999	2002
世界	18.60	20.90	24.90	21.10	29.40	34.80	37.30	38.00
美国	7.20	13.60	21.50	24.10	16.50	17.90	19.00	18.20
拉丁美洲	27.90	21.70	26.90	23.10	21.70	28.30	30.80	33.90

续表

	1960	1970	1980	1985	1990	1995	1999	2002
阿根廷	19.30	14.60	12.00	18.60	17.60	15.50	17.20	14.50
巴西	18.60	13.10	18.80	17.50	12.30	14.00	13.10	20.30
智利	27.90	29.30	35.50	41.00	56.00	49.60	44.20	51.00
墨西哥	15.60	10.80	18.80	20.40	23.00	49.30	57.50	51.70

资料来源：转引自：Alicia Puyana. *El camino mexicano hacia el regionalismo abierto: los acuerdos de libre comercio de México con América del Norte y Europa*，CEPAL, Serie comercio internacional, Santiago de Chile, 2003, p.10.

　　TLCAN促进了墨西哥出口的增长。在TLCAN生效之前，墨西哥从20世纪80年代下半期开始实行一系列积极政策鼓励制成品出口。虽然存在币值高估所带来的不利因素，但墨西哥出口占世界出口的比重从20世纪90年代初开始上升。1994年北美自由贸易区成立后，这一比重更是显著上升，墨西哥出口在世界市场上的重要性日益提高，2001—2004年这一比重受美国经济衰退影响有所下降（图1）。

图1：1972—2006年墨西哥出口占世界出口的比重（%）

资料来源：SPP（1979,1981,1982），INEGI（1992,2000,2006），CEPAL（2009b）。转引自：José Romero. *Medición del impacto de los acuerdos de libre comercio en América Latina: el caso de México*, CEPAL, Serie estudios y perspectivas, México D.F., 2009, p.12.

　　TLCAN也促进了墨西哥进口的增长。图2（见下页）显示，1994年后，墨西哥进出口占GDP比重均显著上升。除1995—1997年因比索贬值导致其出口比重高于进口外，1997年之后进口比重始终高于出口，墨西哥对进口产品的需求尤其是对制造业原料的需求越来越明显。

图2：1970—2006年墨西哥进出口占国内生产总值（GDP）比重（%）

资料来源：SPP（1979,1981,1982），INEGI（1992,2000,2006）。转引自：José Romero. *Medición del impacto de los acuerdos de libre comercio en América Latina: el caso de México*, CEPAL, Serie estudios y perspectivas, México D.F., 2009, p.11.

TLCAN生效后，虽然整体而言墨西哥对外贸易在大部分年份里处于逆差状态，但不同部门的情况却有所差异。制造业尤其是客户工业对原料进口依赖严重，因此从1996年开始制造业对外贸易逆差不断增加。而农业在1994年后虽然受美国和加拿大进口农产品冲击严重，出口份额也有所降低，但是逆差并不明显。墨西哥石油自给率较高，虽然出口份额大幅缩减，但依然保持较高顺差（图3）。

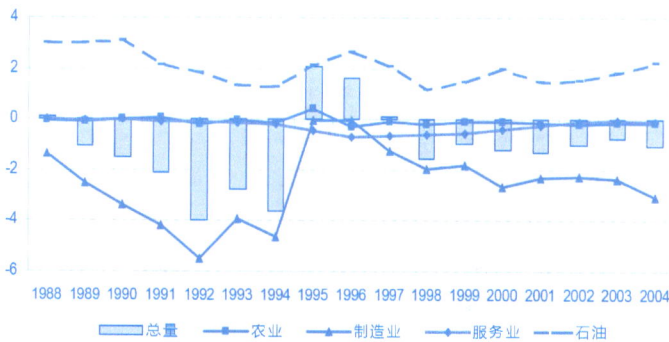

图3：墨西哥各对外部门贸易收支占GDP比重（%）

资料来源：根据INEGI（2005）和墨西哥银行（2005）数据测算。转引自：Juan Carlos Moreno-Brid, Juan Carlos Rivas Valdivia and Jesús Santamaría. *Mexico: Economic growth exports and industrial performance after NAFTA*, CEPAL, Serie estudios y perspectivas, México, D. F., 2005, p.19.

TLCAN生效后，墨西哥与世界不同地区之间贸易额的变化有所不同。下页表2显示，首先，1994—2001年，墨西哥对欧盟国家和亚洲国家（地区）

贸易逆差呈逐年上升趋势，2001年对亚洲7个国家和地区逆差达到201亿美元；而对北美自由贸易区尤其是对美国的贸易收支却由逆差迅速转为顺差，2001年对美国顺差甚至达到267亿美元，这使得墨西哥对全球贸易收支虽然保持逆差，但呈现逐步下降的趋势。可见，墨西哥外贸对GDP的贡献主要由对北美自贸区完成。其次，2001年，墨西哥向美加两国的出口占其总出口的90.50%，从这两国的进口占其总进口的70.10%。此外，1994—2001年，墨西哥向北美自贸区的美国和加拿大出口的增长速度明显高于向欧洲、亚洲、拉美出口增长的速度；墨西哥从美国和加拿大进口的增长速度也高于从欧洲和拉美进口的增长速度；墨西哥与美国和加拿大之间贸易的增长速度甚至基本代表了与世界各地区总体贸易增长的速度。虽然墨西哥从亚洲和中美洲共同市场进口增长率更高，以及向德国、荷兰、韩国、中国、马来西亚等具体国家出口增幅也更大，说明墨西哥外贸正在走向多元化，但是到2001年墨西哥与这些国家之间的贸易额在墨西哥对外贸易整体中所占份额依然非常小。从以上分析可以看出，墨西哥与北美自贸区的贸易拉动了其整个对外贸易，是经济发展的主要引擎。同时，墨西哥外贸也越来越依赖美国，尤其是出口越来越依赖美国市场。

表2：墨西哥与世界各地区之间的贸易额及其增幅（百万美元和百分比）

国家/地区	出口				进口				贸易收支		
	1994	1998	2001	1994—2001	1994	1998	2001	1994—2001	1994	1998	2001
世界	60 817	117 442	158 547	14.70	79 345	125 242	168 276	11.30	−18 528	−7 800	−9 729
TLCAN	53 128	104 393	143 444	15.20	56 458	95 387	117 881	11.10	−3 330	9 006	25 563
美国	51 645	102 872	140 373	15.40	54 837	93 095	113 646	11.00	−3 192	9 777	26 727
加拿大	1 483	1 521	3 071	11.00	1 621	2 292	4 235	14.70	−138	−771	−1 164
欧盟（15国）	2 806	3 909	5 344	9.60	9 058	11 714	16 165	8.60	−6 252	−7 805	−10 821
德国	395	1 152	1 505	21.10	3 101	4 558	6 080	10.10	−2 706	−3 406	−4 575
西班牙	858	715	1 258	5.60	1 338	1 257	1 827	4.60	−480	−542	−569
英国	267	640	673	14.10	707	1 056	1 344	9.60	−440	−416	−671
欧盟7国 荷兰	174	351	510	16.60	240	156	471	10.10	−66	195	39
法国	518	403	373	−4.60	1 527	1 430	1 577	0.50	−1 009	−1 027	−1 204
比利时	271	231	318	2.30	337	355	630	9.30	−66	−124	−312
意大利	86	182	241	15.90	1 021	1 581	2 100	10.90	−935	−1 399	−1 859

续表

国家/地区	出口				进口				贸易收支		
	1994	1998	2001	1994—2001	1994	1998	2001	1994—2001	1994	1998	2001
TLC AELC	441	509	777	8.40	867	1 009	1 548	8.60	−426	−500	−771
亚洲（7个国家和地区）	1 299	1 414	1 620	3.20	8 218	10 985	21 723	14.90	−6 919	−9 571	−20 103
日本	997	856	623	−6.50	4 780	4 553	8 086	7.80	−3 783	−3 697	−7 463
韩国	38	68	293	33.90	938	1 823	3 532	20.90	−900	−1755	−3 239
中国大陆（内地）	42	106	282	31.30	500	1 617	4 027	34.70	−458	−1 511	−3 745
中国台湾地区	23	50	172	33.30	1 029	1 527	3 015	16.60	−1 006	−1 477	−2 843
中国香港地区	174	217	120	−5.20	287	215	442	6.40	−113	1	−322
马来西亚	7	31	61	38.10	448	843	2 006	23.90	−441	−812	−1 939
泰国	18	86	63	19.60	236	406	615	14.70	−218	−320	−552
拉丁美洲和加勒比	2 132	4 276	4 296	10.50	2 732	2 781	5 076	9.30	−600	1 495	−780
拉美一体化协会国家	1 599	2 993	2 852	8.60	2 587	2 561	4 718	9.00	−988	432	−1 866
中美洲共同市场	533	1283	1 444	15.30	145	220	358	13.50	388	1 063	1 086

资料来源：转引自：Alicia Puyana. *El camino mexicano hacia el regionalismo abierto: los acuerdos de libre comercio de México con América del Norte y Europa*，CEPAL, Serie comercio internacional, Santiago de Chile, 2003, p.12.

注：1. TLC AELC 为墨西哥与欧洲自贸协会之间的自由贸易协定。

　　2. 表中增幅是 7 年中每一年增幅数值的平均值，表中省略了部分年份的贸易额数据。

三、TLCAN对墨西哥出口结构的影响

墨西哥进口替代发展模式的结束和结构性改革的开展使其出口结构发生了变化，而TLCAN的签订进一步加剧了这一变化。1980—1995年，墨西哥制造业出口占总出口的比重由30.80%陡增为82.70%，1998年进一步增加到89.80%。而1980—1995年石油出口占总出口的比重由57.90%降为10.90%，1998年进一步降到6.20%。在制造业内部，客户工业发展迅速，1980—1995年客户工业出口占总出口的比重由14.00%增加到39.10%，到1998年增加到

45.20%，超过制造业中非客户工业的比重（44.60%），而且是制造业中唯一保持贸易顺差的部门。

从表3和图4（见下页）可以看出，在20世纪80年代后半期墨西哥实行了一系列鼓励制造业出口的政策，因此制造业出口份额大幅增加，而石油出口份额相应减少。TLCAN签署后，两者的差距进一步拉大。这主要是因为制造业中客户工业出口增长较快，1998年其出口份额超过非客户工业制造业出口份额，拉动了整个制造业出口的增长。但是2001年后制造业和其中的客户工业出口份额均出现下降，这是因为受到主要出口目的国美国经济衰退影响。农业出口整体呈下降趋势，但并不明显。

表3：墨西哥部分年份出口结构：部分产业出口占全部出口的比例（%）

年份	石油	非石油			
		农业	提炼工业	制造业	
				客户工业	非客户工业
1980	57.90	8.50	2.80	14.00	16.80
1985	55.20	5.30	1.90	19.00	18.60
1990	24.80	5.30	1.50	34.10	34.30
1995	10.90	5.80	0.60	39.10	43.60
1996	12.30	4.30	0.40	38.50	44.50
1997	10.40	4.00	0.40	40.90	44.30
1998	6.20	3.70	0.40	45.20	44.60
1999	7.30	3.30	0.30	46.80	42.30
2000	9.70	2.90	0.30	47.80	39.30
2001	8.30	2.80	0.20	48.40	40.20
2002	9.20	2.60	0.20	48.50	39.50
2003	11.30	3.10	0.20	47.00	38.30
2004	12.60	3.00	0.50	46.30	37.70
2005	14.90	2.80	0.50	45.50	36.30
2006	15.60	2.70	0.50	44.70	36.40

资料来源：INEGI。转引自：José Romero. *Medición del impacto de los acuerdos de libre comercio en América Latina: el caso de México*, CEPAL, Serie estudios y perspectivas, México D.F., 2009, p.13.

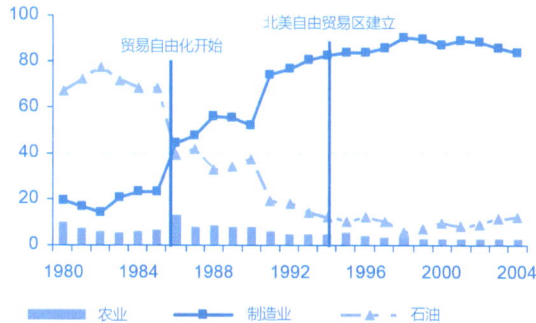

图4：墨西哥出口结构（%）

资料来源：根据世界银行：世界发展指标（2004）测算。转引自：Juan Carlos Moreno-Brid, Juan Carlos Rivas Valdivia and Jesús Santamaría. *Mexico: Economic growth exports and industrial performance after NAFTA*, CEPAL, Serie estudios y perspectivas, México D. F., 2005, p.17.

　　墨西哥出口商品种类集中程度较高。2000年，82.00%的出口集中在五个部门：电机、汽车、锅炉和反应器、化石燃料、服装。这些商品的主要出口对象国是美国，这说明墨西哥的这些商品在美国市场上已取得一定的比较优势，也在一定程度上具备了在其他市场进行竞争的潜力。然而值得注意的是，在上述出口部门中只有生产的最后阶段是在墨西哥完成的，因此主要是客户工业主导着这些商品的出口。

　　何塞·罗梅罗（José Romero，2009）使用了"等价指数"（índice del número equivalente）NE^t 来说明墨西哥出口产品范围分散程度，该指数越高，出口产品多样化程度越高。

$$NE^t = \frac{1}{\sum\limits_{k=1}^{K}\left(\dfrac{X_k^t}{X^t}\right)^2}$$

注：其中 X_k^t 指的是在 t 年中一国 k 产品的出口。X^t 指的是 t 年中一国的总出口。二者之比指的是 t 年中 k 产品出口占总出口的比重。

　　何塞·罗梅罗（2009）对1972—2006年墨西哥26种出口产品的情况进行统计后发现，在1978—1986年墨西哥石油业兴盛时期，出口产品多样化程度下降。之后恢复，但没有恢复到20世纪70年代初期的水平。1994年北美自由贸易区建立后，该指数再次降低（下页图5）。

图5: 1972—2006年墨西哥出口产品多样化程度：等价指数

资料来源：SPP（1979,1981,1982），INEGI（1992,2000,2006）。转引自：José Romero. *Medición del impacto de los acuerdos de libre comercio en América Latina: el caso de México*, CEPAL, Serie estudios y perspectivas, México D.F., 2009, p.15.

四、TLCAN对墨西哥经济增长和就业的影响

布亚纳（2003）指出，墨西哥签订TLCAN的主要目的之一是保证经济更快更稳定增长。但在该协定生效后墨西哥经济增长并不明显，而且并不稳定。2001年人均GDP只比1980年增加了5.00%。在贸易增长和GDP增长之间不存在明显的正向关系。下页图6显示，贸易自由化和宏观经济改革并没有给墨西哥带来强劲的出口导向性增长，整体而言，贸易和经济增长的关系在恶化（Juan Carlos Moreno-Brid *et al.*，2005）。1970—1981年虽然存在较高贸易赤字，但经济保持着高于6.00%的增长率。加入TLCAN之后的头五年墨西哥GDP出现了5.00%的高增长，但这一繁荣是短暂的。比索重新升值，出口受挫，而后又受到巴西、阿根廷金融危机的影响，2001后主要贸易伙伴美国经济衰退，一系列因素导致墨西哥2001—2004年经济平均增长率仅为2.00%。2004年GDP增长率提高到4.40%，但仍低于20世纪80年代前的水平（墨西哥在2004年前后与在20世纪80年代之前一样有着外部资源的有力支撑，但增长率仅为1950—1980年平均水平的1/3）。

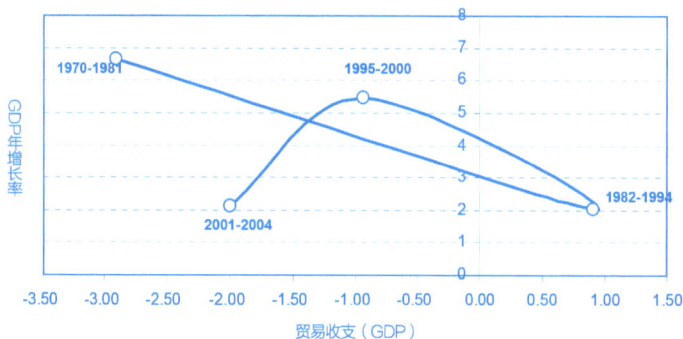

图6：1970—2004年墨西哥贸易收支占GDP的比重与实际GDP增长率（%）

资料来源：INEGI and Santamaría（2004）。转引自：Juan Carlos Moreno-Brid, Juan Carlos Rivas Valdivia and Jesús Santamaría. *Mexico: Economic growth exports and industrial performance after NAFTA*, CEPAL, Serie estudios y perspectivas, México D. F., 2005, p.24.

　　罗梅罗（2009）指出，虽然在TLCAN签订后墨西哥出口总量迅速增加，但这并不能真正反映其对经济增长的贡献。"在客户工业和其他临时进口计划的出口中这一点尤其明显。例如，2006年客户工业总出口额占GDP比重高达13.90%，但是减去所需原料进口额后，该年客户工业净出口占GDP比重减为2.80%，这说明客户工业为国内生产增加值的贡献率还不足3.00%。……此外，在非客户工业制造业中进口率也相当高，因此整个制造业净出口对GDP的贡献率也远小于其总出口的贡献率。"[①]

　　胡安·卡洛斯·莫雷诺–布里德等人（Juan Carlos Moreno-Brid *et al.*，2005）指出，经济持续长期地高增长应当是一国的首要任务。假设墨西哥劳动力年均增长2.50%，那么其经济年均增长率必须至少为5.00%—6.00%，才能创造足够的就业机会，并改善1300万赤贫人口的生活水平。然而，墨西哥加入TLCAN后的就业状况却与预期不符：出口部门就业大幅增加，但整体就业依然没有什么变化。TLCAN对农村部门就业的影响更小，这一方面是因为该部门吸收劳动力的能力弱，另外一方面是因为制造业附加值增加有限。2004年墨西哥公开失业率超过历史纪录，非正规部门膨胀，收入差距拉大，向美国移民增加。

　　由于经济增长乏力，墨西哥的人均收入与美国的差距不但没有缩小，反

---

① José Romero. *Medición del impacto de los acuerdos de libre comercio en América Latina: el caso de México*, CEPAL, Serie estudios y perspectivas, México D.F., 2009, p.12.

而越拉越大，1994年金融危机后更是显著下降（图7），人民生活水平也没有改善。这与加入TLCAN时的愿望是相悖的。

图7：1980—2003年拉美四国实际人均GDP变化（相对于美国）
（美国人均GDP=100，按1995年美元不变价格计算）

资料来源：根据世界银行：世界发展指标（2004）测算。转引自：Juan Carlos Moreno-Brid, Juan Carlos Rivas Valdivia and Jesús Santamaría. *Mexico: Economic growth exports and industrial performance after NAFTA*, CEPAL, Serie estudios y perspectivas, México D. F., 2005, p.26.

五、TLCAN对墨西哥和美国经济关系的影响

墨西哥与美国之间历来就有着密切的经济联系和往来。20世纪80年代实行贸易自由化改革并推行出口导向发展战略后，墨西哥对美国市场的依赖日益加深，而TLCAN的签署则更加强化了这一依赖性。"各分析者最关心的一个问题是，北美自由贸易区是否由于对其他国家实行歧视性贸易政策而变成了一个'北美洲的堡垒'。尽管对非成员国的关税并未提高，但美国市场对于墨西哥对外贸易的绝对地位日益明显。事实上，如果考虑到出口强度和出口倾向，那么很明显，墨西哥与美国的关系越来越密切，而与其他市场，如日本、欧盟甚至其他拉美国家的贸易联系越来越弱。这很有可能是由TLCAN所带来的交易成本降低造成的。"[1]

与分析出口产品多样化程度的方法相似，罗梅罗（2009）再次使用了

---

[1] Alicia Puyana. *El camino mexicano hacia el regionalismo abierto: los acuerdos de libre comercio de México con América del Norte y Europa*，CEPAL, Serie comercio internacional, Santiago de Chile, 2003, p.11.

"等价指数" NE^t 来说明出口地区集中程度。该指数越高，出口目的地的多样性越高。

$$NE^t = \cfrac{1}{\displaystyle\sum_{k=1}^{K}\left(\cfrac{X_k^t}{X^t}\right)^2}$$

注：其中 X_k^t 指的是在 t 年中一国向 k 国的出口。X^t 指的是 t 年中一国的总出口。二者之比指的是 t 年中向 k 国出口占总出口的比重。

罗梅罗（2009）研究发现，从1982年开始，墨西哥出口目的地日益集中（主要集中在美国市场）。1994年北美自由贸易区建立后，这一集中程度得以巩固。尽管墨西哥此后与日本和欧盟等国签订了一系列重要的贸易协定，但这种集中的特点并未改变，只是程度不再进一步深化（图8）。

图8：1972—2006年墨西哥出口目的地多样化程度：等价指数

资料来源：SPP（1979,1981,1982），INEGI（1992,2000,2006）。转引自：José Romero. *Medición del impacto de los acuerdos de libre comercio en América Latina: el caso de México*, CEPAL, Serie estudios y perspectivas, México D.F., 2009, p.18.

从下页图9可以看出，除1995年外（墨西哥遭受金融危机），墨西哥与美国经济走势有很强的相关性。TLCAN签署后，两国之间的经济联系更为紧密（1994—2006年，墨西哥从美国进口和向其出口占墨进出口总额的年平均比例分别为67.00%和87.00%），墨西哥的经济状况更是几乎完全取决于美国（2008—2009年全球经济危机中，美国需求下降使墨西哥遭受巨大损失）。相对而言，巴西和阿根廷与美国经济走势的相关性较低。

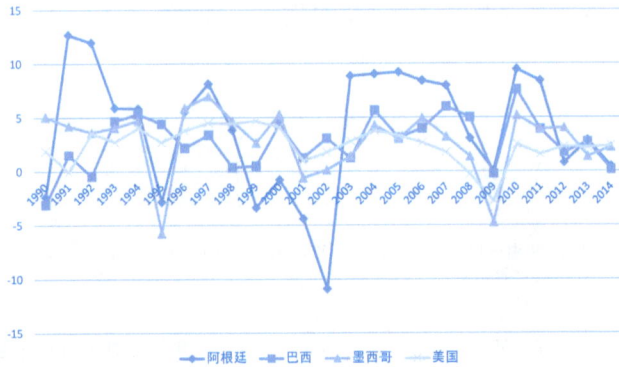

图9：1990—2014年四国GDP年均增长率变化（％）

资料来源：联合国数据库（http://data.un.org/Data.aspx?q=GDP&d=WDI&f=Indicator_Code%3aNY.
GDP.MKTP.KD.ZG）。

六、TLCAN对墨西哥劳动生产率的影响

罗梅罗（2009）指出，从20世纪80年代初期开始，墨西哥的劳动生产率就几乎处于停滞状态，20世纪80年代处于下降趋势，20世纪90年代开始提高，但其平均增长率低于1940—1982年期间的水平（图10）。1982—2003年间墨西哥劳动生产率的平均增长率仅为0.50%。

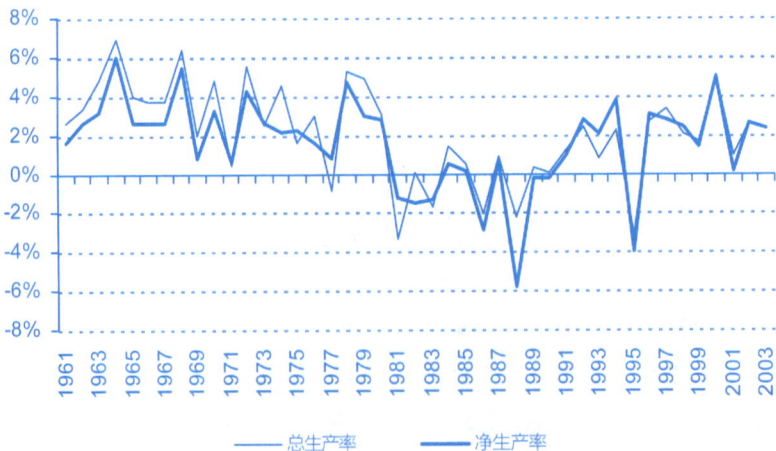

图10：1961—2003年墨西哥总生产率和净生产率的增长率（％）

资料来源：根据 INEGI 和墨西哥国家统计系统数据测算。转引自：José Romero. *Medición del impacto de los acuerdos de libre comercio en América Latina: el caso de México*, CEPAL, Serie estudios y perspectivas, México D.F., 2009, p.31.

罗梅罗认为，尽管20世纪80年代后某些制造业部门的地位并未下降，但一些其他因素抵消了其生产率提高的成果：经济改革后，进口替代模式下建立起来的资本密集型企业大量缩减或消失，同时劳动密集型的出口导向型企业迅速扩张；此外，制造业部门就业减少，服务业部门就业增加（集中了大部分的非正规和不充分就业），这些都导致劳动力从高生产率部门向低生产率部门转移，高生产率部门的萎缩导致整个经济的生产率提高速度减缓。

1971—2003年间对墨西哥劳动生产率提高贡献最大的15个部门中有7个是制造业部门：汽车、钢铁基础工业、啤酒、电子设备、冷饮和汽水、洗涤用品和化妆品、造纸。但是2003年这7个部门对劳动生产率提高的贡献率仅为13.00%，而做出80.00%贡献的却是通信、金融服务和商业这三个非外贸的服务部门。可见，TLCAN所带来的贸易扩张对墨西哥劳动生产率的促进作用并不明显。20世纪90年代初墨西哥生产率的提高主要是由于非外贸品因币值高估而导致相对价格上升，而制造业出口量上升带来生产率提高并非主要因素。反过来，墨西哥对外贸易的扩张并不是主要源于生产率提高所导致的竞争力加强，而是由于贸易自由化政策带来了贸易开放，从而可以利用其廉价劳动力优势参与到全球化生产分工中。

莫雷诺–布瑞德等人（2005）指出，众多分析者认为，墨西哥贸易和宏观经济改革并没有对制造业劳动生产率的长期发展提供有效推动力。然而，对于某些制造业部门的生产率而言，贸易自由化则起到了一定的积极作用：重工业资本货物和中间产品部门可以走向外贸专业化并提高生产率，而轻工业部门，如食品加工和纺织业在贸易自由化过程中会淘汰低效生产者，走向现代化并提高生产率。但这一淘汰过程会在短期带来负面的社会影响。如果被淘汰的过剩劳动力能被转移到有活力的部门，那么这种短期负面影响就会在中长期消失。然而，与美国不同的是，墨西哥还没有这种促进转移或安置被淘汰劳动力的机制。

七、简单总结

20世纪80年代墨西哥实施经济改革后，逐步融入全球经济体系，与世界各国的贸易往来和经济联系不断加强，1994年北美自由贸易协定（TLCAN）

的生效对这一进程起到了有力的推动作用。TLCAN使墨西哥进出口迅猛增长，制造业得到发展，减少了对石油业的依赖。然而TLCAN使得墨西哥的进出口市场主要集中于美国，出口商品种类的集中程度也比较高，墨西哥经济对美国的依赖越来越明显。同时，墨西哥进出口的增加并未明显促进经济增长，而且由于出口主要集中在客户工业等劳动密集型产业，出口的增加并未有效提高整体经济的劳动生产率。

　　未来墨西哥应在继续保持同美国的贸易往来的同时，开拓新的国际市场，加强同欧洲、亚洲等地区国家的贸易关系，完善与其签订的自贸协定，促进进出口市场和出口商品的多元化，从而减少对美国经济的依赖。同时，墨西哥应积极调整产业结构，促进制造业转型升级，依靠科技和创新提高劳动生产率，促进经济的可持续增长。

参考文献

1. 苏振兴.拉丁美洲的经济发展[M].北京：经济管理出版社，2000.

2. 吴国平.21世纪拉丁美洲经济发展大趋势[M].北京：世界知识出版社，2002.

3. BUSTILLO I, OCAMPO J A. Asimetrías y cooperación en el área de Libre Comercio de las Américas [M]. Santiago de Chile: CEPAL, Serie informes y estudios especiales, 2003.

4. CLAVIJO F, VALDIVIESO S. Reformas Estructurales y Política Macroeconómica: El Caso de México 1982-1999 [M]. Santiago de Chile: CEPAL, Serie Reformas Económicas, 2000.

5. MORENO-BRID J C. Reformas Mocroeconómicas e Inversión Manufacturera en México [M]. Santiago de Chile: CEPAL, Serie Reformas Económicas, 1999.

6. MORENO-BRID J C, RIVAS VALDIVIA J C, SANTAMARÍA J. Mexico: Economic growth exports and industrial performance after NAFTA [M]. México D. F.: CEPAL, Serie estudios y perspectivas, 2005.

7. PUYANA A. El camino mexicano hacia el regionalismo abierto: los acuerdos de libre comercio de México con América del Norte y Europa [M]. Santiago de Chile: CEPAL, Serie comercio internacional, 2003.

8. ROMERO J. Medición del impacto de los acuerdos de libre comercio en América Latina: el caso de México [M]. México D.F.: CEPAL, Serie estudios y perspectivas, 2009.

9. ROSENZWEIG A. El debate sobre el sector agropecuario mexicano en el Tratado de Libre Comercio de América del Norte [M]. Santiago de Chile: CEPAL, Serie Estudios y Perspectivas, 2005.

第五章

拉美经济改革过程中的金融危机

导 读

在20世纪90年代到21世纪初的经济改革过程中，墨西哥、巴西和阿根廷相继发生金融危机。这三次危机不仅与国际资本的快速流动以及外部危机的冲击有关，也与这三个国家改革步伐过快和改革中出现失误有关。本章文献《全球化与拉美的金融危机》（节选）从宏观的角度分析了拉美金融危机的全球化背景，深入剖析了危机发生的内在机理，有助于我们思考这三次危机发生的深层次原因。

文献 | Globalización y crisis financieras en América Latina

Roberto Frenkel[①]

I. Tres décadas de América Latina en la globalización financiera

El proceso moderno de **globalización financiera**[1] cumple tres décadas. Sus inicios pueden fecharse entre 1971 y 1973, en el período en que Estados Unidos liberó la atadura del dólar al oro y se adoptó la **flotación**[2] de las monedas de los principales países desarrollados. El abandono del sistema de **tipos de cambio fijos**[3] que regía desde los acuerdos de Bretton Woods traspas el **riesgo cambiario**[4] al sector privado y estimuló el desarrollo de los **mercados de cambio**[5] y sus derivados (Eatwell, 1997).

Otro hito inicial fue el aumento del precio del petróleo decidido por la **Organización de Países Exportadores de Petróleo (OPEP)**[6] en 1973. La primera conmoción petrolera generó fuertes desequilibrios comerciales, que debieron ser financiados. El mercado de "eurodólares tuvo entonces un fuerte aumento de demanda, al mismo tiempo que el **superávit**[7] de los países exportadores de petróleo le proveía abundante liquidez.

La globalización financiera es un proceso histórico en dos dimensiones. En una, la globalización está representada por el creciente volumen de transacciones financieras a través de las fronteras. En la otra, por la secuencia de reformas institucionales y legales que se fueron realizando para liberalizar y desregular los **movimientos internacionales de capital**[8] y los sistemas financieros nacionales.

Los avances cuantitativos y los cambios institucionales y legales se estimularon mutuamente. La competencia en los **mercados de capitales**[9] desempeñó un importante papel impulsor. El menor costo de los intermediarios internacionales desregulados puso presión para que se redujeran los costos y hubiera menos regulaciones en los ámbitos nacionales. Las nuevas oportunidades que se abrieron

---

① Investigador titular del Centro de Estudios de Estado y Sociedad (CEDES), profesor de la Universidad de Buenos Aires, director del Banco de la Provincia de Buenos Aires.

en algunos países impulsaron la desregulación de las transacciones entre países (D'Arista, 2002).

La creciente **integración financiera**[10] involucró e involucra principalmente a los países desarrollados. Sin embargo, es destacable que las mayores economías de América Latina formaran parte del proceso de globalización desde sus etapas iniciales. Brasil primero y más adelante México, Venezuela, Argentina y Chile fueron importantes receptores de capital en el decenio de 1970. Estos dos últimos países, junto con Uruguay, se convirtieron entonces en pioneros de drásticas reformas liberalizantes que anticiparon las que se generalizarían en la década de 1990.

La participación de América Latina en la globalización financiera tuvo una interrupción con la crisis de la deuda en la década de 1980. La crisis impuso un hiato de unos ocho años, en los cuales desapareció el financiamiento voluntario. Luego, en el decenio de 1990, la región se reincorporó vigorosamente al proceso, llevando a cabo drásticas reformas y constituyéndose en receptora de crecientes **flujos** (y reflujos) **de capital**[11]. Así como se dice que la moratoria mexicana de 1982 marcó el inicio del período de crisis de la deuda, puede citarse la firma del primer acuerdo en virtud del Plan Brady por parte de México como un hito del comienzo de la etapa más reciente[①].

1. La inserción financiera en la "década perdida"

El primer período de auge de los flujos de capital hacia las economías en desarrollo tuvo un abrupto final con profundas crisis financieras internas y externas en los años 1981 y 1982. Las crisis fueron seguidas por la **nacionalización**[12] de gran parte de las deudas privadas externas —a través de diferentes mecanismos nacionales— y por el establecimiento de un arreglo institucional bajo el cual la financiación externa de cada país debía ser intermediada por la negociación con los bancos **acreedores**[13] y el Fondo Monetario Internacional (FMI). Durante este lapso la región operó bajo un régimen que se caracteriz por dos hechos estilizados: i) el **financiamiento externo**[14] estaba racionado y ii) las negociaciones con los acreedores y los organismos financieros multilaterales impusieron generalmente transferencias netas al exterior de magnitud macroeconómica importante. En consecuencia, no cabría decir que en la década de 1980 la región se "desvinculó" del proceso de globalización. Lo que sucedió fue que la región estaba prácticamente imposibilitada de obtener nuevo financiamiento voluntario, pero siguió fuertemente ligada al sistema internacional a través del servicio negociado de las deudas contraídas en el período previo.

---

① La reincorporación de América Latina y la incorporación de países lasiáticos y ex-socialistas como nuevos mercados emergentes representaron un fuerte aumento en la escala de operaciones del sistema financiero global.

Más adelante, a consecuencia de su temprana inserción en la globalización financiera y del desastre económico a que eso condujo, varias economías de la región, particularmente las de mayor tamaño, entraron al nuevo período de auge financiero de los años noventa con la herencia de una importante deuda externa.

2. Hechos e ideas en la década de 1990

Luego de su reinserción a principios del decenio de 1990, la región experimentó un período de auge de los flujos de capital que finalizó abruptamente con la crisis mexicana. Al período de retracción, que fue corto, siguió un nuevo auge, esta vez con un mayor peso de la inversión extranjera directa (IED). Este comportamiento cíclico parece haberse extinguido con la crisis asiática, como se ver más adelante.

En el primero de esos auges predominaba la idea de que se estaba en los momentos iniciales de un largo período de crecimiento de la afluencia de capital hacia los **mercados emergentes**[15], manifestación de una continua profundización financiera en el plano internacional. Tal era el diagnóstico básico en los organismos multilaterales y en los gobiernos de la región. Esta visión era compartida en general por los inversores y los intermediarios internacionales. Se pensaba que el proceso tendería sin interrupciones a la integración completa de los mercados emergentes en un mercado global. La posibilidad de crisis era simplemente descartada. Menos consideración aún merecía la posibilidad de movimientos de manada como los que se verificaron posteriormente.

La extensión y magnitud del primer auge de la década de 1990 estuvo relacionada con esa subestimación de los riesgos por parte de los inversores, que contribuyó a alimentar la intensidad de los flujos de capital a manera de profecía autocumplida. La crisis mexicana y sus repercusiones revelaron los riesgos y mostraron la **volatilidad**[16]. Pero también señalaron la posibilidad y eficacia de una intervención internacional de magnitud inédita, que posibilitó una rápida recuperación de la confianza de los mercados financieros y el cumplimiento de todos los compromisos financieros de México y otros países afectados por el contagio, principalmente Argentina. Esto definió el clima para un nuevo auge, que se extendió hasta el momento de la crisis asiática.

3. Después de las crisis de Asia, Rusia y Brasil

Superadas las crisis asiática, rusa y brasileña, tendió a establecerse la idea de que el proceso de integración financiera internacional transcurre en forma cíclica (Calvo, Leiderman y Reinhart, 1996; FMI, 1997), de modo que debía esperarse una nueva fase de auge. Tal era la convicción, por ejemplo, de las autoridades económicas que asumieron en Argentina a fines de 1999. Esta perspectiva optimista se veía estimulada por el carácter relativamente benigno que había tenido la crisis de Brasil y por la eficacia de la intervención de los organismos internacionales para evitar la moratoria de pagos en la mayoría de los casos.

Sin embargo, otros hechos señalaban que el proceso había tomado un curso novedoso. Por un lado, las entradas netas de capital no se incrementaron respecto de los mínimos alcanzados en 1998. Por otro lado, la **prima de riesgo**[17] de algunos países con suficiente peso como para afectar significativamente el riesgo medio de las economías emergentes —y también la de algunos países con menor volumen de deuda— se mantuvo sistemáticamente alta, por arriba de un piso que duplicaba los valores de las primas de los períodos de auge. También mostró aspectos novedosos la dinámica de los precios de los activos de los países. Las primas de riesgo y los movimientos privados de capital oscilaron al ritmo de nuevas formas de contagio, que se agregaron a los contagios provenientes de crisis nacionales. Pueden mencionarse, por ejemplo, los efectos del aumento del precio del petróleo y los efectos del derrumbe del NASDAQ, en los años 2000 y 2001.

La retracción de los flujos desde 1998 y las novedades en su dinámica se presentaron asociados con otros cambios importantes en el contexto vigente en el decenio de 1990. Los cambios coincidieron con el fin del largo período de expansión de la economía de los Estados Unidos y, por lo tanto, con el fin de las expectativas de un proceso de crecimiento continuo, sin episodios recesivos. Esas expectativas habían sido racionalizadas como resultado de las innovaciones que, se suponía, habría introducido la "nueva economía" en la dinámica macroeconómica de los Estados Unidos.

Cabe señalar también la coincidencia con el estallido de la burbuja de los precios de las acciones tecnológicas en los Estados Unidos y su importante efecto riqueza negativo. La burbuja se desarrolló en paralelo con el auge de los mercados emergentes, constituyendo ambos tipos de activos, en su momento, el conjunto de nuevas oportunidades de inversión de alta rentabilidad. A los efectos negativos sobre la demanda de activos de los mercados emergentes que resultaron de la revisión de las expectativas de ingreso y de las pérdidas ocasionadas por la caída de las acciones de la "nueva economía", se agregaron los efectos de una mayor incertidumbre.

Por el lado de la oferta de activos, los papeles de los mercados emergentes regionales tampoco lucían a fines de la década de 1990 como al principio de ella. El sector externo de los países, y con ello la capacidad de pago de las obligaciones externas, fue cambiando a lo largo de la década, en buena medida como efecto del propio proceso de globalización. La inserción internacional de las economías se fue modificando.

La contrapartida de los flujos netos de capital fue el crecimiento de la proporción de capital extranjero y el crecimiento de las deudas internacionales pública y privada. Esto se refleja en la **cuenta corriente**[18] del **balance de pagos**[19] como un continuo crecimiento de las rentas de los factores externos. En algunos casos significativos, el crecimiento de las rentas del capital no se ha visto contrapesado con el crecimiento de las exportaciones netas, dando lugar a **déficit**[20] estructurales de la cuenta corriente. Una parte importante de los problemas que enfrentan esos países resulta precisamente de tal discordancia entre las inserciones financiera y comercial.

A fines del decenio de 1990, los países altamente endeudados planteaban necesidades de recursos para refinanciar sus deudas y cubrir déficit en cuenta corriente, determinados principalmente por los servicios del capital (intereses y utilidades). El déficit de balance comercial perdió importancia relativa frente al creciente déficit en las cuentas de servicios financieros y factoriales. Aunque esta situación no era uniforme en la región, en 2001 estaban involucrados en ella países como Argentina y Brasil, que representan una alta proporción de la deuda de los países emergentes y de América Latina. A fines de 2002, Argentina se encontraba en situación de incumplimiento de obligaciones de pago *(default)* y Brasil tenía cerrado el mercado para nuevas colocaciones[①].

II. Las crisis externas

1. Las crisis de la etapa reciente

En la etapa que se inició en el decenio de 1990 varios países latinoamericanos han experimentado crisis financieras internas y externas con dramáticos efectos reales. Las crisis acarrean generalmente altos costos económicos y sociales y retrocesos en el crecimiento. El **contagio regional**[21] es otro efecto destacable. La crisis en un país tiene **repercusiones adversas**[22] sobre el precio del financiamiento y los flujos de capital de otros países. Este fenómeno tuvo su primera manifestación ostensible con la crisis mexicana de 1994-1995. El "**efecto tequila**[23]" impactó en la región y en otros mercados emergentes y fue un **detonador**[24] de la crisis argentina de 1995. Los efectos de contagio se hicieron más amplios a partir de 1997. La crisis asiática de 1997-1998 y la crisis rusa de 1998 tuvieron repercusiones universales y el contagio no solo afectó a Brasil y Argentina, sino que también a países latinoamericanos en situaciones relativamente más robustas (Ffrench-Davis, 2001).

---

① En abril de 2003, el mercado de bonos brasileños volvió a abrirse. El gobierno emiti nueva deuda por mil millones de dólares a una tasa de 10,70%.

Las crisis de México (1994-1995), Argentina (1995), Brasil (1998-1999) y nuevamente Argentina (2001-2002) estallaron en los países que habían recibido los mayores flujos de capital en las fases de auge previas. Estos países son a la vez las economías latinoamericanas de mayor tamaño y los mayores "mercados emergentes" constituidos en la región.

Basta un examen somero de los casos mencionados para destacar ciertos rasgos comunes de los **contextos institucionales**[25] y de **política económica**[26] en que se presentaron las crisis: i) el tipo de **cambio nominal**[27] era fijo o cuasi fijo; ii) el tipo de cambio real estaba apreciado; iii) prácticamente no existían barreras al libre movimiento del capital; iv) las entradas de capital del período de auge previo eran de gran magnitud como proporción de los mercados nacionales de dinero y capitales preexistentes; v) la regulación de los **sistemas financieros nacionales**[28] en la etapa de auge era débil y permisiva[①].

Análisis más pormenorizados de las experiencias mencionadas muestran en todas ellas, además de las características mencionadas, una dinámica macroeconómica de ciclo, con una fase inicial expansiva, seguida de un período de **estancamiento**[29] o recesión, una creciente **fragilidad**[30] financiera interna y externa y, finalmente, la crisis financiera y cambiaria. La economía argentina experimentó el ciclo dos veces en la década, porque el **régimen de convertibilidad**[31] sobrevivió a la crisis del efecto tequila en 1995. Después de ese año la economía argentina experimentó otra breve fase expansiva, respaldada por un nuevo incremento del ingreso de capitales que se extendió hasta la crisis asiática. El punto de inflexión de este segundo ciclo se alcanzó en 1998.

Los contextos institucionales y de política macroeconómica cuyas características enumeramos arriba se configuraron por la aplicación de programas que combinaron reformas tales como la apertura comercial y la apertura y liberalización de la **cuenta de capital**[32] —junto con privatizaciones, **reformas fiscales**[33] y medidas **desregulatorias**[34] en otros mercados— con políticas macroeconómicas **antiinflacionarias**[35] en las que el tipo de cambio fijo o cuasi fijo desempeñaba un papel crucial. México puso en práctica un programa de este tipo en 1988, Argentina en 1991 y Brasil en 1994.

---

① La regulación del sistema se reformó y fortaleció en Argentina después de la crisis de 1995, de modo que la regulación fue más robusta en la fase de auge de ingresos de capitales de 1996-1997. Sin embargo, en Argentina existía un riesgo cambiario sistémico por la dolarización parcial del sistema financiero interno. Mientras los bancos tenían calzados sus activos y pasivos locales en dólares y no aparentaban enfrentar riesgo cambiario individualmente, buena parte del crédito en dólares era adeudado por agentes con ingresos en pesos provenientes de actividades no transables.

2. Los experimentos del Cono Sur[36]

Fue mencionado arriba que algunas de las tempranas experiencias regionales de **inserción financiera internacional**[37] de la década de 1970 —las de Argentina y Chile— anticiparon los modelos que se generalizarían en el decenio de 1990. Los llamados "experimentos de liberalización del Cono Sur combinaron drásticas reformas financieras y comerciales con esquemas macroeconómicos de tipo de cambio prefijado y **política monetaria pasiva**[38]. Las reformas involucraron la apertura y desregulación de los flujos de capital, la liberalización del mercado financiero local y la apertura comercial. La prefijación del tipo de cambio ("las tablitas") estaba orientada a reducir la inflación. Estas experiencias de política resultaron en procesos de apertura y desregulación financiera y comercial que se desarrollaron en situaciones de oferta abundante de fondos externos y condiciones de tipo de cambio fijo y apreciado (Fanelli y Frenkel, 1993; Frenkel, 2002).

En esas experiencias de la década de 1970 se encuentra la misma conjunción de condiciones locales y auge de los flujos de capital que se observa en los casos críticos del decenio de 1990. Además, los procesos a que dieron lugar los experimentos del Cono Sur son similares a los que posteriormente condujeron a las crisis de México, Brasil y Argentina en la etapa reciente. Aunque la duración de las experiencias de la década de 1970 fue menor que la de los casos recientes, la dinámica macroeconómica muestra el mismo ciclo de auge, retracción y crisis.

Chile primero, y poco después Argentina iniciaron sus nuevos programas cambiarios en 1978. Hacia fines de 1979, cuando la política monetaria de Estados Unidos elevó la tasa de interés, Argentina y Chile ya mostraban grandes deudas externas e importantes déficit de cuenta corriente. De ese momento en adelante las incrementadas tasas internacionales de interés contribuyeron adicionalmente a la **fragilidad externa**[39]. Las crisis estallaron poco tiempo después. El régimen cambiario colapsó en Argentina a principios de 1981 y en Chile en 1982. Los mercados financieros externos se cerraron para ambas economías en este último año y en ambos casos fueron instrumentados rescates masivos de los sistemas financieros locales con alto costo fiscal. Ambas economías entraron en profundas recesiones.

El aumento de la tasa de interés internacional a fines de 1979 desempeñó un papel acelerador. Sin embargo, las experiencias evidencian un ciclo endógeno, con un punto de inflexión y una posterior fase de contracción que emergen independientemente de la evolución de la tasa de interés internacional. Este ciclo, como en los casos más recientes, involucra el sistema inanciero interno, la evolución de las cuentas externas y las reservas y el crecimiento de la deuda.

Hay varias razones que justifican traer a discusión las experiencias del Cono Sur. Ni el déficit fiscal ni la existencia de garantías públicas sobre los **depósitos bancarios**[40] —elemento potencialmente generador de **riesgo moral**[41] (*moral hazard*)— tuvieron roles significativos en las crisis. Ambos rasgos estaban presentes en Argentina, pero Chile tenía **superávit fiscal**[42] y la garantía de los depósitos había sido eliminada con el explícito propósito de hacer más eficiente y menos riesgoso el sistema financiero.

El FMI dio fuerte apoyo a esas experiencias de política. En 1980 y 1981, cuando las cuentas externas de Chile exhibían grandes déficit de cuenta corriente, el FMI sostuvo que esa situación no debía preocupar mientras no tuviera el déficit fiscal como contraparte—como no lo tenía en Chile entonces[①]. El mismo diagnóstico sostuvo más adelante el FMI con respecto a la situación de México en 1994[②]. En ambas oportunidades el fundamento del diagnóstico fue que la conducta racional del sector privado garantizaba la asignación eficiente de los ecursos tomados en préstamo del exterior y también su pago.

La crisis de los experimentos del Cono Sur causó un impacto intelectual de importancia. El caso de Chile fue particularmente impactante porque contaba con todos los ingredientes que debían garantizar su éxito y estabilidad, de acuerdo con la teoría en boga que fundamentaba las políticas. Los experimentos estaban fundados en una versión del moderno "enfoque monetario del balance de pagos, la visión nacida en la Universidad de Chicago al calor del reciente restablecimiento de un mercado mundial de capitales.

Los trabajos y debates alrededor de las experiencias del Cono Sur dieron lugar a un cuerpo de literatura económica: la llamada *sequencing literature* (Fanelli y Frenkel, 1993). La conclusión principal de esta literatura es que las crisis resultaron de una inadecuada secuencia de las reformas. Básicamente, que las crisis fueron causadas por la prematura adopción de la **apertura financiera**[43]. Su consecuente recomendación de política es que los mercados de capitales deben abrirse solamente después que la economía se encuentre estabilizada, abierta al comercio internacional y con un sistema financiero robusto, es decir, tras aplicar una secuencia de políticas —las que más tarde configurarían el núcleo del Consenso de Washington— y solamente después que se hagan sentir plenamente los efectos esperados de las primeras reformas.

Estas observaciones ponen en evidencia que en la primera mitad de la década de 1990, cuando se experimentaba un nuevo auge de los flujos de capital, no faltaba

---

① Véase, por ejemplo, Robichek (1981), citado en Díaz Alejandro (1985).

② Michael Camdessus sostuvo una posición semejante con relación a México, en una visita a ese país en 1994.

experiencia histórica, ni trabajo analítico, ni recomendaciones de política que sirvieran de antecedentes para examinar los procesos que se estaban desarrollando entonces en México y Argentina. Los experimentos del Cono Sur habían tenido lugar apenas una década atrás y habían sido profusamente analizados. Sin embargo, la memoria de estos casos y las lecciones extraídas de ellos no apareció en el FMI, ni en el trabajo de los analistas de los mercados, ni en gran parte de la producción académica. Es aún más llamativo que olvidaran las experiencias del Cono Sur y la *sequencing literature* algunos de quienes participaron activamente en ese debate y contribuyeron a la literatura, para más tarde ocupar posiciones relevantes en la nueva etapa, como Anne Krueger, actual Director Gerente del FMI (Krueger, 1986), y Sebastián Edwards, ex Economista Jefe para América Latina del Banco Mundial (Edwards, 1986).[①] Tal fue la pérdida de memoria respecto de las crisis que, según la interpretación convencional que se asentó después de la crisis de México, esta habría sido tan sorprendente como un relámpago en un día soleado.

3. La dinámica cíclica que conduce a la crisis[②]

El punto de partida del ciclo que caracteriza los casos de la década de 1970 y 1990 es la conjunción de los programas locales con un momento de auge de los flujos de capital hacia los mercados emergentes. Es precisamente la abundancia de **financiamiento internacional**[44] a bajo precio lo que hace viables *ex ante* los paquetes de políticas. El lanzamiento de los programas es seguido de masivos ingresos de capital, una primera fase de acumulación de reservas y elevadas tasas de crecimiento de la moneda y el crédito. Hay una fuerte expansión de la **demanda interna**[45] y burbujas de aumentos de precios de **activos reales y financieros**[46], como tierra, inmuebles y acciones. Los efectos sobre los precios de los activos y sobre las cantidades de moneda y crédito son muy importantes, porque los flujos de capital son grandes en relación con los mercados locales. Los sistemas financieros y los **mercados de capital locales**[47] son relativamente pequeños y poco diversificados. La gama de activos es limitada y el grado de bancarización reducido. El sistema financiero local, que antes administraba pocos recursos, no está preparado para asignar eficientemente una masa de crédito que se multiplica. Por la misma razón, es reducida la **capacidad de supervisión**[48] de

---

① Llamamos la atención sobre el "olvido del tema de la secuencia de las reformas en los escritos que reflejan la corriente económica predominante. Quizá menos llamativo (porque es un hecho más frecuente) es la total ignorancia de los trabajos publicados en los países del Cono Sur y por analistas menos convencionales, como Frenkel (1980, 1983a y 1983b) y Damill y Frenkel (1987) en Argentina, y Arellano (1983), Ffrench-Davis y Arellano (1983) y Díaz Alejandro (1985) en Chile.

② Esta narración se funda en un modelo inspirado en las experiencias de Argentina y Chile que se encuentra en Frenkel (1983a). El modelo fue sintetizado y presentado en inglés en Williamson (1983) y Taylor (1991). Fue aplicado también a la explicación de las crisis del decenio de 1990 en Taylor (1998), Eatwell y Taylor (2000) y Frenkel (2002).

las autoridades en un sistema que se expande rápidamente, tanto en volumen como en número de **intermediarios**[49]. Con un tipo de cambio nominal fijo o cuasi fijo que goza inicialmente de gran credibilidad, la inversión en **activos locales**[50] tiene alta rentabilidad en dólares. Hay fuertes incentivos a la adopción de posiciones en activos locales financiadas con endeudamiento en moneda internacional.

El tipo de cambio real está ya apreciado o tiende a apreciarse en la fase expansiva porque la inflación resulta mayor que la suma de las **tasas de devaluación**[51] prefijadas (cero en los casos de tipo de cambio fijo) más la **inflación internacional**[52]. La presión de la rápida expansión de la demanda sobre los sectores no transables contribuye a la apreciación.

Como consecuencia de la **apreciación cambiaria**[53], la apertura comercial y la expansión de la demanda interna, las importaciones aumentan con rapidez y se amplía el déficit comercial. Asimismo, el déficit de cuenta corriente tiende a aumentar, más lentamente al principio y más rápidamente en adelante, a medida que se va acumulando deuda externa y aumenta el acervo de capital extranjero invertido en la economía. Los precios relativos sesgan la inversión real hacia los sectores no transables. En consecuencia, en el balance en cuenta corriente las crecientes rentabilidades en moneda internacional de la IED no tienen contrapartida de aumento de exportaciones.

La evolución de las **cuentas externas**[54] y las reservas definen un aspecto del ciclo. Hay un continuo aumento del déficit en cuenta corriente, mientras que los flujos de capital pueden sufrir cambios abruptos. En cierto momento el déficit de cuenta corriente es mayor que los ingresos de capital. Las reservas alcanzan entonces un máximo y luego se contraen, induciendo la contracción del dinero y el crédito. Sin embargo, el ciclo no está determinado exclusivamente por este elemento mecánico: la magnitud de los flujos de capital no es un dato exógeno. Las decisiones de cartera de los agentes locales y externos con relación a la proporción de activos locales —la porción de la cartera del agente expuesta al riesgo del país o al **riesgo cambiario**[55]— son afectadas por la evolución del balance de pagos y las **finanzas**[56].

La **tasa de interés interna**[57] refleja los aspectos financieros del ciclo. Tiende a reducirse en la primera fase y aumenta en la segunda. Como la **política cambiaria**[58] goza inicialmente de gran credibilidad, el **arbitraje**[59] entre activos financieros y créditos locales y externos induce la reducción de la tasa en la primera fase. Tasas de interés bajas contribuyen a la expansión real y financiera. En este contexto se incrementa significativamente la fragilidad financiera[①]. En la segunda fase aumenta la tasa de interés y emergen episodios de **iliquidez**[60] e **insolvencia**[61], primero como casos aislados y luego como crisis sistémica. ¿Cómo se explica el aumento de las tasas nominales y reales de interés?

Puesto que el mercado financiero está abierto en ambas direcciones hay arbitraje entre activos locales y externos, como se mencionó. La tasa de interés en moneda local puede expresarse como la suma de la tasa internacional en dólares que confronta el país más la tasa de devaluación pautada por la regla cambiaria (cero en los casos de tipo de cambio fijo), más un residuo que responde por el riesgo cambiario y el **riesgo financiero local**[62]. A su vez, la tasa internacional que confronta el país puede descomponerse en dos términos: la tasa de interés que paga el gobierno de los Estados Unidos —esta es la tasa base del mercado financiero internacional— más un residuo que compensa el riesgo de la deuda local emitida en dólares. Salvo para algunos instrumentos de deuda excepcionales, el piso de esta compensación es la prima que pagan los bonos de deuda en dólares del gobierno local, la llamada prima de riesgo país.

La suma de la **prima de riesgo cambiario**[63] más la prima de riesgo país —el precio agregado del riesgo de devaluación y el riesgo de incumplimiento de obligaciones de pago— es la principal variable de cuyo aumento resulta la tendencia ascendente de la tasa de interés local. El persistente aumento del déficit en cuenta corriente —y a partir de cierto punto la tendencia contractiva de las reservas— reduce la credibilidad de la regla cambiaria, por un lado, mientras que, por el otro, se incrementa la probabilidad de que la deuda emitida no sea pagada en tiempo y forma. El sostenimiento de la regla cambiaria y el servicio regular de las obligaciones externas requieren crecientes entradas de capital. Por lo tanto, los precios de los riesgos tienden a aumentar. Se precisan altas primas de riesgo, y consecuentemente altas tasas de interés, para equilibrar las carteras y atraer capital del exterior. La actividad económica se contrae y episodios de iliquidez e insolvencia contribuyen adicionalmente a reducir la credibilidad de la regla cambiaria. Esta dinámica probó ser explosiva en los casos examinados. Al final del proceso no hay tasas de interés suficientemente altas como para sostener la demanda de activos financieros locales. Hay corridas contra las reservas del Banco Central, que conducen finalmente al colapso del régimen cambiario. En los casos del decenio de 1990, el mercado se cierra generalmente para nuevas colocaciones cuando la prima de riesgo país alcanza cierto nivel.

---

① En el sentido que le da Minsky (1975).

Los pesos relativos de la prima de riesgo cambiario y de la prima de riesgo país han sido distintos en las experiencias de las décadas de 1970 y de 1990. La diferencia está asociada con las distintas formas que asume el financiamiento externo en uno y otro momento. En la década de 1970 el financiamiento provenía principalmente de créditos de bancos internacionales. La prima de riesgo país era entonces la **sobretasa**[64] por encima de la tasa de primera línea internacional cargada por bancos en sus créditos al país. El **mercado secundario**[65] de deudas era insignificante. En ese contexto, en los casos de Argentina y Chile en esos años la prima de riesgo cambiario fue el principal determinante del aumento de la tasa de interés en la segunda fase del ciclo, mientras que la sobretasa de los bancos acreedores desempeñó un papel poco significativo. Esto puede explicarse por la conducta de los bancos. Cada banco que tiene ya colocada una porción de su cartera en activos del país, tiene interés en preservar la calidad de esa cartera y la capacidad de pago del deudor. La consideración de la cartera hundida influye en las decisiones acerca de los montos y el precio de los nuevos créditos.

En cambio, en el decenio de 1990 la forma principal de financiamiento es la **colocación de bonos**[66] y otros instrumentos de deuda en un mercado primario constituido por muchos y diversos actores. Los papeles de deuda emitidos se transan cotidianamente en un activo mercado secundario. La prima de riesgo país resulta de la cotización continua de los papeles en ese mercado. En los casos de esos años, el aumento de la prima de riesgo país —resultante de la caída del precio de los papeles de deuda del país en el mercado secundario global— es el principal motor del aumento de las tasas de interés en la fase contractiva del ciclo. El mercado de deudas de la etapa reciente de la globalización es más volátil que el **mercado de créditos**[67] de la década de 1970. Está más sujeto a contagios y movimientos de manada.

4. El déficit fiscal y la deuda pública

El análisis de la evolución de las economías presentado arriba destaca ciertos hechos estilizados presentes en todos los procesos que condujeron a las crisis examinadas. La descripción de los hechos estilizados se enfoca en la articulación entre las finanzas y la economía real del país con el sistema financiero internacional. Hay retroalimentación positiva en la fase de auge y negativa en la fase de contracción. Puede observarse que en la descripción de la economía local no se analizan por separado el sector privado y el sector público. El déficit fiscal financiado con capitales externos está tácitamente embutido entre los destinos locales de los ingresos de capitales y consolidado con el déficit privado. La deuda externa del sector público es una parte de la deuda externa total del país y su evolución no se analiza por separado. La explicación de esta perspectiva es simple: la sostenibilidad fiscal no desempeñó un papel destacable en la generación de las crisis de Chile (1982), México (1994-1995), Argentina (1995) y Brasil (1998-1999), as como tampoco en las crisis asiáticas de 1997-1998①. Ahora bien, una deuda pública en rápido crecimiento que acabe siendo considerada insostenible por el mercado que la ha venido financiando, puede, obviamente, ser el antecedente y el detonador de una crisis. Por otro lado, hubo déficit fiscal y deuda pública significativos en las crisis de Argentina de 1981-1982 y de 2001-2002 y se ha argumentado con frecuencia que ellas se explican por estas circunstancias.

El origen de la crisis argentina de 1981-1982 no se encuentra en las **cuentas fiscales**[68]. En este caso solo la mitad de la deuda externa era pública antes de la crisis y el régimen militar no parecía enfrentar mayores dificultades para ajustar las finanzas públicas. El déficit fiscal y su financiación externa resultaron de decisiones gubernamentales que no plantearon problemas particulares. La política fue ampliamente avalada por los asesores enrolados en el "enfoque monetario del balance pagos", que sostenían entonces que la política monetaria —y solamente la política monetaria— era el instrumento determinante del resultado del balance de pagos y el nivel de reservas. Mientras se mantuviera disciplina y control sobre el crédito interno —se decía— el financiamiento del déficit público no generaría problemas. Además, no fue la conducta de los bancos acreedores del sector público la que indujo la crisis, por haber restringido su oferta de financiamiento o elevado su precio. Los bancos internacionales continuaron proveyendo financiamiento al sector público, con baja sobretasa, hasta los últimos momentos de vigencia del régimen cambiario. Tanto en el caso argentino como en el paralelo caso de Chile, la crisis financiera interna comenzó a manifestarse al menos un año antes del colapso del régimen cambiario. El caso de la crisis argentina de 2001-2002 es diferente. En esta ocasión la deuda pública fue el principal componente de la deuda externa del país. El análisis del caso encuentra la dinámica macroeconómica de ciclo que se ha descrito arriba, pero ésta se superpone con un déficit fiscal y un continuo crecimiento de la **deuda pública**[69], financiada en buena parte con recursos externos. Esto no ocurrió en el primer ciclo —el de 1991-1995—, sino en el segundo ciclo, el que se inicia en 1996, después de la crisis detonada por el efecto tequila. La emergencia del déficit fiscal se originó en el sistema de **seguridad social**[70]. Por un lado, con la reforma instrumentada a fines de 1994, que trasladó al sector financiero privado② buena parte de los ingresos del sistema, mientras se mantenía el gasto público en pagos

---

① Si el sector público tiene algún déficit que financiar y alguna deuda emitida, el aumento de la tasa de interés de la fase contractiva tiende a incrementar los déficit y a acelerar el aumento de las deudas, tanto del sector público como del sector privado. En los momentos cercanos a las crisis la administración de la deuda pública generó dificultades en México y Brasil. Pero éste no es el punto. Lo que importa es el mecanismo determinante del aumento de los riesgos y la tasa de interés. Esto es, si la fuente de incertidumbre original se encuentra en la dinámica de las cuentas y necesidades de financiamiento públicas o se encuentra en la dinámica de las cuentas y necesidades de financiamiento externas. En Brasil y México no fueron los problemas.

② A las Administradoras de Fondos de Jubilaciones y Pensiones (AFJP).

de **jubilaciones**[71] y **pensiones**[72]. Por otro lado, el gobierno dispuso la reducción de las **contribuciones patronales**[73], en un intento de mejorar la competitividad debilitada por la apreciación cambiaria. De todas maneras, en la segunda mitad de la década de 1990 el principal componente incremental del gasto corriente público fueron los propios intereses de la deuda pública. El aumento de la tasa de interés característico de la fase contractiva del ciclo incidió directamente sobre el crecimiento de la deuda pública, contribuyendo a una dinámica perversa de mayor deuda y mayor riesgo (Damill y Frenkel, 2003).

El análisis de sostenibilidad de un inversor detecta en este caso múltiples fuentes de incertidumbre. Por un lado, se verifica la dinámica macroeconómica común a los procesos que desembocan en crisis: el déficit de cuenta corriente y la deuda externa aumentan, hay creciente necesidad de entrada de capitales y se incrementa la fragilidad financiera externa de la economía como un todo. Por otro lado, en paralelo con ese proceso, se verifica el aumento de la deuda pública y las crecientes necesidades de financiamiento del sector público.

La tendencia al aumento de la prima de riesgo país y de la tasa de interés puede asociarse con la situación de las cuentas externas del país o con la evolución de las finanzas públicas. O con ambas, como de hecho lo hicieron los informes de los analistas de los fondos de inversión y las agencias calificadoras de riesgo.

Sin embargo, aun cuando las dudas asociadas a la sostenibilidad de la deuda pública hayan pesado significativamente en las evaluaciones de riesgo de los inversores, esto no debería ocultar las fuentes originales del déficit y la deuda del sector público. La principal causa no fue una política fiscal dispendiosa, sino el efecto combinado de la fragilidad externa y el contagio de las crisis de Asia, Rusia y Brasil. El segundo ciclo del régimen de convertibilidad y la crisis argentina reciente no constituyen un caso excepcional. En su explicación, el principio de la navaja de Occam acerca de la economía de los supuestos sugiere privilegiar los hechos estilizados que comparte con las otras crisis consideradas.

El FMI y algunos analistas —en forma destacada Michael Mussa, ex Economista Jefe del FMI[①] son enfáticos en atribuir la crisis al déficit fiscal y a la dinámica de la deuda pública, sin prestar atención a sus orígenes. Hay una sugerencia implícita de que la experiencia hubiera sido sostenible y la crisis no hubiera ocurrido si la política fiscal hubiese sido diferente.

---

① Véase Mussa (2002).

Reconocer que el crecimiento de la deuda pública es un resultado en buena medida endógeno del propio aumento de la prima de riesgo país colocaría al FMI en una posición incómoda y lo obligaría a una autocrítica. En la primera mitad del decenio de 1990, la institución apoyó intelectualmente y con recursos las políticas de tipo de cambio fijo y apreciado, incluyendo el régimen de convertibilidad adoptado por Argentina en 1991. Más tarde, cuando la crisis de México hizo ostensibles las falencias de esas políticas cambiarias, el FMI cambió su diagnóstico. La nueva orientación reconoció lavolatilidad de los flujos de capital y pasó a recomendar **políticas de cambio flotante**[74]. Pero reservó una calificación favorable para las políticas de tipo de cambio fijo de gran rigidez institucional y legal —como los sistemas de **junta monetaria**[75] (*currency board*) o la **dolarización**[76]. Esta categoría pasó a ser una de las "soluciones de esquina aceptadas por la nueva ortodoxia (Fischer, 2001). El paraguas de la nueva ortodoxia alcanzaba para cubrir el régimen de convertibilidad argentino.

El compromiso del FMI con el régimen de convertibilidad tuvo su máxima expresión en el financiamiento de emergencia acordado a Argentina a fines de 2000. Las condiciones no incluían cambio significativo alguno del esquema de política. El apoyo estaba claramente dirigido a extender la supervivencia del régimen, cuando había claras indicaciones de que este era insostenible. Los recursos multilaterales terminaron financiando el pago de los servicios de la deuda y la fuga de capitales. El FMI acordó un desembolso en agosto de 2001, cuando las autoridades argentinas prácticamente en soledad parecían creer que todavía era posible sostener el régimen.

Es comprensible que el FMI prefiera no recordar esa historia. El diagnóstico que atribuye los problemas y la crisis de Argentina exclusivamente a las variables fiscales es conveniente, porque descarga al FMI de toda responsabilidad en los acontecimientos y sus desastrosas consecuencias —incluyendo entre estas no solamente las que cayeron sobre la población, sino también las pérdidas de capital de los **inversores externos**[77]. Menos comprensible es que posteriormente el FMI haya rehusado por largo tiempo dar un apoyo mínimo —la refinanciación de los vencimientos del capital adeudado al organismo— a políticas que intentan administrar las consecuencias de la crisis a la que condujeron las políticas que la institución apoyó antes. Paradójicamente, funcionarios del FMI justificaban esa reticencia con oscuras referencias a "los errores que hemos cometido con Argentina en el pasado".

Cuestionario:

ⓐ ¿Por qué se inició entre 1971 y 1973 el proceso de globalización financiera de América Latina?

ⓑ ¿Cuáles son los rasgos comunes de los contextos institucionales y de política económica en que se presentaron las crisis?

ⓒ ¿Qué impactos se produjeron sobre Argentina y Chile cuando la política monetaria de Estados Unidos elevó la tasa de interés a fines de 1979?

Vocabulario

[1]	globalización financiera		金融全球化
[2]	flotación	*f.*	浮动
[3]	tipo de cambio fijo		固定汇率
[4]	riesgo cambiario		汇率风险
[5]	mercados de cambio		外汇市场
[6]	Organización de Países Exportadores de Petróleo (OPEP)		石油输出国组织
[7]	superávit	*m.*	盈余，顺差
[8]	movimientos internacionales de capital		资本的国际流动
[9]	mercados de capitales		资本市场
[10]	integración financiera		金融一体化
[11]	flujos de capital		资本流动
[12]	nacionalización	*f.*	国有化
[13]	acreedor	*m.*	债权人
[14]	financiamiento externo		外部融资
[15]	mercados emergentes		新兴市场
[16]	volatilidad	*f.*	脆弱性；不稳定性
[17]	prima de riesgo		风险溢价
[18]	cuenta corriente		经常账户
[19]	balance de pagos		国际收支；国际收支差额
[20]	déficit	*m.*	赤字；逆差
[21]	contagio regional		地区性传染效应
[22]	repercusión adversa		不利影响
[23]	efecto tequila		龙舌兰效应
[24]	detonador	*m.*	导火索；起爆剂
[25]	contextos institucionales	*adj.*	制度环境
[26]	política económica		经济政策

[27]	cambio nominal		名义汇率
[28]	sistemas financieros nacionales		国家金融体系
[29]	estancamiento	*m.*	停滞
[30]	fragilidad	*f.*	脆弱性
[31]	régimen de convertibilidad		兑换制度
[32]	cuenta de capital		资本账户
[33]	reforma fiscal		财税改革
[34]	desregulatorio	*adj.*	放松管制的
[35]	antiinflacionario	*adj.*	反通胀的
[36]	Cono Sur		南锥体
[37]	inserción financiera internacional		国际金融参与
[38]	política monetaria pasiva		被动的货币政策
[39]	fragilidad externa		外部脆弱性
[40]	depósito bancario		银行存款
[41]	riesgo moral		道德风险
[42]	superávit fiscal		财政盈余
[43]	apertura financiera		金融开放
[44]	financiamiento internacional		国际融资
[45]	demanda interna		国内需求
[46]	activo real y financiero		实物资产及金融资产
[47]	mercados de capital locales		地方资本市场
[48]	capacidad de supervisión		监管能力
[49]	intermediario	*m.*	中间人，中间商
[50]	activo local		本地资产
[51]	tasas de devaluación		贬值率
[52]	inflación internacional		国际通胀
[53]	apreciación cambiaria		货币升值
[54]	cuenta externa		国外账户
[55]	riesgo cambiario		汇兑风险，外汇风险
[56]	finanzas	*f.pl.*	财政，金融
[57]	tasa de interés interna		国内利率
[58]	política cambiaria		汇率政策
[59]	arbitraje	*m.*	套利
[60]	iliquidez	*f.*	流动性不足
[61]	insolvencia	*f.*	破产
[62]	riesgo financiero local		地方金融风险
[63]	prima de riesgo cambiario		汇率风险溢价
[64]	sobretasa	*f.*	附加税，附加费
[65]	mercado secundario		二级市场
[66]	colocación de bonos		债券配售

[67]	mercado de créditos		信贷市场
[68]	cuentas fiscales		财政账户
[69]	deuda pública		公共债务
[70]	seguridad social		社会保险
[71]	jubilación	*f.*	退休，退休金
[72]	pensión	*f.*	养老金，退休金
[73]	contribuciones patronales		用人单位缴纳
[74]	políticas de cambio flotante		浮动汇率政策
[75]	junta monetaria		货币局
[76]	dolarización	*f.*	美元化
[77]	inversores externos		外部投资者

评论 | 墨西哥（1994—1995年）、巴西（1999年）、阿根廷（2001年）金融危机成因比较

20世纪80年代后期拉美各国陆续开始经济结构改革。改革给各国经济带来了新的生机和活力，但同时也给经济发展带来了许多不确定因素。在新的形势下，新的矛盾开始积聚。20世纪90年代至21世纪初，墨西哥、巴西、阿根廷相继发生金融危机，不仅给本国也给整个拉美地区造成了非常严重的负面影响。这三次危机有着共同的大背景和相似的成因，也有其不同的特点和形成机理。其教训值得深刻总结。

一、三次金融危机的共同背景和共性

（一）金融全球化的历程与拉美金融危机

罗伯托·弗兰克尔（Roberto Frenkel，2003）指出，拉美自20世纪80年代以来的数次金融危机都源于金融全球化的大背景，都与大量吸收外资有关。20世纪70年代布雷顿森林体系的瓦解和各国放弃固定汇率制促进了外汇市场的发展，同时开始孕育国际兑换风险。第一次石油危机产生的廉价石油美元使拉美国家在金融全球化伊始便卷入到这一进程当中，成为国际资金流动的重要目标。拉美各国也从制度和法律上放松了对资本流动和交易的管制。

20世纪80年代拉美债务危机中断了这一进程，而20世纪90年代拉美又重新回到了这一进程中，接受的资金规模比以前更为庞大。1994年墨西哥危机再次中断了这一进程，而经过短暂的收缩后，外资流入又迎来了新一轮高潮。"于是人们开始认为，资金会长期不断、越来越多地流入新兴市场国家，这是国际金融不断深化的表现。新兴市场会融入到全球市场中。这不仅是拉美各国政府和多边机构的判断，也是国际投资者和金融中介机构的共识。再次发生危机的可能性被人们轻易地忽视了。"[1] 即便在1997—1999年，亚洲、

---

[1] Roberto Frenkel. "Globalización y crisis financieras en América Latina", *Revista de la CEPAL* 80, ago.de 2003, p.43.

俄罗斯和巴西金融危机发生后，阿根廷依然按照历史经验乐观地认为此时应该是周期循环中新的一轮资金流动高潮的开始。由于看到巴西危机并不十分严重，且国际机构干预非常高效，阿根廷继续无所顾忌地扩张债务。

然而此时的资金流动进程不仅仅受拉美内部因素影响，还受到国际多方面因素支配（如油价上涨，美国长期经济膨胀期的结束以及由此带来的对世界经济持续增长预期的结束），随着"新经济"信息产业资产泡沫的破裂，与之同为高收益投资对象的新兴市场的不确定性也日益增加。因此自1998年起资金流动开始收缩，2001年阿根廷和巴西均出现债务危机。

（二）导致三次危机的政策共性

弗兰克尔（2003）指出，危机发生前三国在制度和金融政策上存在一定共性：（1）为控制通胀并稳定经济而实行固定或半固定的名义汇率（墨西哥1988年，阿根廷1991年，巴西1994年）；（2）实际汇率高估；（3）对资本自由流动基本不设置障碍；（4）外资流入量在国内资本市场中比例很大；（5）国内金融体系的管理是薄弱而放任的。这些金融政策与各国实行的改革（如贸易开放、私有化、财政改革、放松管制、资本账户开放）是同步的。完全放开对资本市场的管制、固定汇率制造成的汇率高估以及由此带来的货币政策处于被动地位共同导致了外债激增。阿根廷在整个20世纪90年代、墨西哥在1995年之前、巴西在1994年之后都处于这样的脆弱性当中。危机后，三国都放弃了固定汇率制，转而采用浮动汇率制。

（三）膨胀—衰退—危机的宏观周期变化

各国都曾经历了膨胀到衰退的宏观周期变化：在金融自由化政策和大量外资流入的共同作用下，外汇储备增加，国内需求膨胀，不动产和金融资产价格上涨，货币量和信贷量增长加速。而金融体系还未具备有效而合理地分配这些倍增的贷款并进行监管的能力。此时由于通胀率高于预定贬值率，币值已经高估，从而影响了出口竞争力，加上贸易开放和国内需求膨胀导致的进口快速增长，导致贸易赤字和经常项目赤字扩大以及外债的进一步增加。赤字扩大影响证券投资者信心，外资流入减少。在赤字超过外资流入量后，外汇储备开始减少，货币量和信贷量也开始收缩，从而导致生产活动收缩，流动性减弱，清偿能力下降。本国金融资产对外资的吸引力下降，外资开始撤出，固定汇率制度无法维系，货币贬值在所难免。而在这种周期变化中，国家对外资的依赖性越来越强烈，内外部金融脆弱性越来越明显，最终导致金融和兑换危机。

二、墨西哥1994—1995年金融危机成因的特点

1994—1995年，墨西哥同时爆发了货币危机和银行危机。导致其货币危机发生的两个主要因素如下：

第一，"爬行盯住"汇率制度导致币值高估，经常项目赤字增加，金融风险加剧。为控制通货膨胀，萨利纳斯（Salinas）政府（1988—1994年）执政期间实行了可调节的固定汇率制，即"爬行盯住"汇率制度，通过央行的非中性干预来稳定货币。这一制度确实有效地控制了通胀，但由于比索长期盯住美元，币值高估，削弱了本国产品的竞争力，影响了出口的增长；同时，伴随固定汇率制的是银行信贷的增加，而这又促进了消费支出的扩大。通胀得到控制进一步刺激了消费，扩大了对进口商品的需求。1991—1994年，外贸赤字日益扩大。而当时墨西哥国内普遍认为这一赤字的扩大不会带来严重问题，因为可以用流入的外资来弥补。这不但加大了对外资的依赖，而且加剧了金融风险。

第二，资本市场的过快开放以及投机资本的大量涌入为金融体系带来巨大的不确定性。按照国际货币基金组织和世界银行等国际机构的要求，萨利纳斯政府于1989年修改外资法和证券市场条例，迅速地开放了资本市场，允许外国短期资本跨境流动。这一举措的目的是利用较易得到的短期资本来弥补经常项目赤字，但墨西哥资本市场缺乏严格的监管机制，而且开放过快，资本大量涌入，难以有效控制；此外，由于这种被称为"飞燕式资本"（capitales golondrina）的短期资本投机性极强，在流入的外资中占有相当大的比重，给金融市场带来巨大隐患。1994年墨西哥投资气候恶化后这种资本大量抽逃，加上其他不利因素，导致外汇储备减少，比索大幅贬值，最终酿成了严重的货币危机。

除了货币危机以外，金融自由化速度过快还导致了银行危机的发生。导

致银行危机发生的具体因素为：

第一，外资大量流入导致国内需求增加。吉列尔莫·奥尔蒂斯（Guillermo Ortiz，2009）指出，墨西哥在1994—1995年金融危机前的几年中出现了外资大量流入的现象。"这一方面是在墨西哥多年实现宏观经济稳定化和经济结构性改革所带来的有利条件下所出现的必然结果，另一方面，1988年开始的金融自由化进程和这一时期有利的国际环境也是其出现的重要原因。此时，各工业国普遍实行低利率，使得资本流入墨西哥。1991—1993年，每年流入墨西哥的资本占GDP的比例平均为8.00%。"[1] 外资的流入导致公共金融的扩张和私人部门对贷款需求的增加。于是，金融体系的规模和货币发行量都迅速膨胀：1988—1994年，M4（最广义货币量）占GDP的比重增加了20.00%，而银行向私人部门的贷款量占GDP的比重增加了三倍。

第二，取消准备金使信贷规模不断扩大。1988年开始，墨西哥法定准备金标准逐步被流动性系数取代，1991年，过去通过直接调控来运行的货币控制体系转变为通过公开市场操作来运行的间接货币调控体系。这一政策使商业银行迅速扩张了向私人部门的贷款，促进了投资，但银行坏账的比重也不断上升。

第三，利率自由化加大了清偿风险。1989年利率上限取消后导致实际利率升高，在金融监控体系存在缺陷、政府债券发行加速膨胀的情况下，各银行主要看重其自身收益，而未考虑这些债券的清偿能力，于是为1994年金融危机带来了隐患。

第四，商业银行在私有化的同时缺乏有效的监督和管理机制，使得银行系统的脆弱性增加。1982年，墨西哥部分银行被国有化，20世纪80年代这些银行的融资业务都由联邦政府管理。因此1991—1992年这些银行被重新私有化后，各银行都没有向私人部门贷款的经验。各银行资金充足，为扩大市场份额而展开激烈竞争，无视潜在的风险，将贷款不加控制地发放给私人部门。

1994年2月起，国际利率上升，而此时墨西哥国内政治局势不稳，导致投资者缺乏信心，于是资金大量外流，外汇储备减少，货币实际贬值。在货币危机爆发后，企业陷入困境，银行陷入清偿危机。

---

[1] Guillermo Ortiz. "La crisis mexicana de 1994-1995 y la actual crisis financiera", *Este país*, 215, feb. de 2009, p.16.

三、巴西1999年金融危机成因的特点

受墨西哥金融危机冲击后，巴西吸取其深刻教训，开始对包括银行在内的金融机构进行大规模调整和重组。1994年实行雷亚尔计划之后，由于通胀率回落和利率提高，巴西各银行原来因高通胀而获得的收入锐减，导致其难以经营。为此，政府于1995年底开始对出现清偿问题或经营不善的私人和国有银行进行合并和出售，使银行数量由271家减少到100余家。此外，政府还允许外资收购或参股巴西的银行。这些举措都使巴西的银行比较成功地抵御了1997—1998年由亚洲金融危机和俄罗斯金融危机带来的外部冲击，从而避免了银行危机的出现。然而，一系列内外部因素还是促成了1999年巴西货币危机的爆发。

第一，币值高估和经常项目赤字带来金融风险。巴西在20世纪90年代的金融改革较墨西哥更为谨慎，保持着央行对金融领域的干预。在实施雷亚尔计划后，为保持价格的稳定，巴西中央银行通过发行债券和调控利率来干预货币市场，并针对各项银行业务强制实行准备金制度，尽量控制国内流动性，同时通过国际储备来干预汇市。但是由于货币币值长期高估，经常项目赤字巨大，对外资依赖程度较高，20世纪90年代后期流入巴西的外资量巨大（其中多为投机性短期资本），几乎占到流入拉美外资总量的一半。这给金融体系带来了极大风险。

第二，财政赤字增加，公共债务庞大，投资环境恶化。佩德罗·赛恩斯和阿尔弗雷多·卡尔卡尼奥（Pedro Sáinz y Alfredo Calcagno，1999）指出，1994年雷亚尔计划实施后，通胀得到控制，宏观经济逐步稳定。此时财政收入有所增加，然而财政支出增加幅度更大。这是因为，在之前的高通胀情况下，公共支出的任何一次耽搁都能使政府减少实际支出。而雷亚尔计划使通胀下降，政府所实际支出的公务员工资以及医疗、农业改革计划和银行体系重组费用大幅增加。财政赤字增加使公共债务日趋庞大。同时由于国内利率过高，加大了政府内外部债务的偿还负担，这方面的支出在1998年成为政府支出中增长最快的一部分。公共债务的过快增加给投资者信心和投资环境带来负面影响。

第三，政治因素促成了货币危机的爆发。在连续遭到1997年亚洲金融危机和1998年俄罗斯金融危机冲击后，巴西的资本外逃现象严重。政府实行了

严厉的财政和货币紧缩政策，大幅压缩财政开支，提高利率和部分税率，并动用外汇储备稳定汇率，同时得到国际货币基金组织等机构的紧急贷款。但是巴西中央和地方政治矛盾导致部分州政府拒绝偿还所欠联邦政府债务，引起了金融市场恐慌，资金加速外流。于是巴西政府不得不宣布货币贬值，并实行浮动汇率制，贬值幅度超过60.00%。这最终促成了1999年巴西的货币危机。

四、阿根廷2001年金融危机成因的特点

三次金融危机中，2001年阿根廷金融危机造成的后果最为严重。面对墨西哥和巴西金融危机的教训，阿根廷并未清醒地认识到其自身存在的问题，也并未针对这些问题进行必要的调整和改革，从而使矛盾不断积聚，最终酿成严重的金融危机，并引发一系列社会危机。导致阿根廷金融危机的因素主要有：

第一，固定汇率制度导致币值长期高估，经常项目赤字增加，金融风险加剧。为了控制通胀，阿根廷从1991年开始实施货币局制度。但其不同于墨西哥和巴西的"爬行钉住"汇率制之处在于，阿根廷的货币局制度不仅仅是一种汇率制度，而且是一种关于货币发行和兑换的制度安排，它以法律形式规定央行所发行的比索要有100%的外汇储备作为支撑，比索与美元按1：1自由兑换。吉列尔莫·埃斯库德（Guillermo Escudé，2002）指出，这种银行系统的"外国化"限制了资本流动，使政府的政策回旋余地缩小，货币政策的作用受到限制。

第二，金融监管过于简单化、行政化。阿根廷在20世纪90年代全面实行金融自由化和银行私有化，银行为外资控制，10大私有银行中7家为外资独资，2家为外资控股，外资控制了商业银行总资产的近70.00%。此外，阿根廷资本自由流动性较高。在危机发生之前，一些引致危机的因素已经发生了量变，大量的外资抽逃，但政府缺乏金融风险预警体系，金融监管不力，因此没有做好应有的防范。金融危机发生后，政府仓促行动，采取了一些过于简单化、行政化的措施，如限制居民提取存款，控制资本流动，暂时停止支付到期外债，大幅度削弱工资和养老金等。这不仅无助于问题的解决，反而

激化了社会矛盾，加剧了危机。

第三，长期居高不下的财政赤字和公共债务引发债务危机。2001年阿根廷金融危机爆发之前，公共债务构成了该国外债的主要部分。这一现象并未出现在拉美第一轮金融全球化周期（1991—1995年）中，而是出现在1994—1995年墨西哥金融危机产生的"龙舌兰效应"之后，即1996年开始的拉美第二轮金融全球化周期中。1994年开始，阿根廷将大量政府资金用于养老金和退休金等社保支出，同时实行减税以提高因货币高估而受影响的生产竞争力，财政赤字增加。中央政府弥补财政赤字的主要手段是举借外债。同时，阿根廷地方政府的国内外债务也相当惊人。1998年开始，阿根廷经济开始衰退，利率升高，导致外债利息增加，风险加剧。弗兰克尔（2003）指出，当市场投资者认为公共债务由于迅速增加而变得不可持续时，那么公共债务也可以成为金融危机的导火索。随着阿根廷公共债务的不断增加，投资者开始缺乏信心，这导致外资流入受到影响。此外，在1997—1999年亚洲、俄罗斯、巴西金融危机的冲击下，借新债还旧债的链条断裂，最终导致债务危机的爆发。

第四，外部冲击和负面的市场预期促成了危机的爆发。首先，不利的国际环境和外部冲击对阿根廷经济造成不良影响。1997—1999年亚洲、俄罗斯、巴西相继发生金融危机。受其影响，阿根廷自1998年开始经历了三年的连续衰退。期间，虽然政府实施了一系列稳定化措施，但均告失败。这为2001年阿根廷金融危机的爆发埋下了伏笔。其次，负面的市场预期促成了危机的爆发。何塞·玛丽亚·法内利（José María Fanelli，2002）指出，阿根廷的各市场经济主体也为危机的发生起到了推波助澜的作用。在经济连续衰退的背景下，市场和投资者"越来越意识到阿根廷已经处于经济衰退的黑暗统治之下，而他们接下来所做出的决定是破坏性的，……他们犯了非常严重的错误，即开始对长期收入进行重新预测并重新制定合同"。[1]大量企业和金融机构都抱有这样的负面预期并改变其生产活动，缩短合同期限，因此无法履行本来的合同义务，因此加重了经济的"不平衡"。

谈到阿根廷金融危机的成因，有些学者更强调外部原因的重要性。弗兰

---

① José María Fanelli. "Crecimiento, inestabilidad y crisis de la convertibilidad en Argentina", *Revista de la CEPAL* 77, ago.de 2002, pp.26, 28.

克尔（2003）认为，阿根廷财政赤字和公共债务最终导致了债务危机，其原因不仅在于该国实施扩张性的财政政策从而导致赤字增加，更在于外部脆弱性的增加和亚洲、俄罗斯、巴西金融危机的冲击。他认为国际货币基金组织（IMF）在对此总结时忽视外部因素，仅把危机归结于财政赤字和公共债务，甚至提出如果阿根廷采取了不同的财政政策就不会发生危机，这种观点是错误的。爱德华多·费尔南德斯–阿里亚斯（Eduardo Fernández-Arias，2002）也主要分析了阿根廷危机的外部原因。他认为，一方面，相对于20世纪90年代初而言，20世纪90年代末国际金融市场极度不稳定，尤其是在1998年俄罗斯金融危机后，外部冲击使外资流出，造成清偿危机。另一方面，旨在解决国际金融市场不稳定问题并预防清偿危机的国际机制并不适当。IMF拿出资金来稳定新兴市场，但并不奏效。

事实上，我们通过分析可以看出，阿根廷金融危机是在内部和外部因素的共同作用下发生的。就内部而言，在墨西哥和巴西金融危机发生后，阿根廷政府错误地判断金融全球化的发展趋势，继续采取膨胀性的财政政策，通过外资流入和举借外债来弥补财政赤字。此外，在经历拉美两次金融危机冲击后，阿根廷政府依然保留货币局制度，导致货币币值长期高估。这些都成为导致金融危机的重要原因。就外部而言，外部冲击导致阿根廷经济长期衰退，市场对其失去信心，增加了发生金融危机的风险。而IMF的干预救助政策反复不定，也是引发危机的重要因素。

参考文献

1. 苏振兴. 拉丁美洲的经济发展[M]. 北京：经济管理出版社，2000.

2. 吴国平. 21世纪拉丁美洲经济发展大趋势[M]. 北京：世界知识出版社，2002.

3. CETRÁNGOLO O, GRUSHKA C. Sistema previsional argentino: crisis, reforma y crisis de la reforma [M]. Santiago de Chile: CEPAL, Serie Financiamiento del desarrollo, 2004.

4. ESCUDÉ G. Lecciones de la crisis argentina [J]. Revista de Economía-Segunda Epoca, Banco Central del Uruguay, 2002,9 (2): 15-26.

5. FANELLI J M. Crecimiento, inestabilidad y crisis de la convertibilidad en Argentina [J]. Revista de la CEPAL, 2002(77): 25-45.

6. FERNÁNDEZ-ARIAS E. Lecciones de la crisis argentina [J]. Revista de Economía-Segunda Epoca, Banco Central del Uruguay, 2002,9 (2): 5-14.

7. FRENKEL R. Globalización y crisis financieras en América Latina [J]. Revista de la CEPAL, 2003(80): 41-54.

8. KREGEL J. The Brazilian Crisis: From Inertial Inflation to Fiscal Fragility [M]. New York: Levy Institute, 2000.

9. ORTIZ G. La crisis mexicana de 1994-95 y la actual crisis financiera [J]. Este país, 2009(215)：16-23.

10. SÁINZ P, CALCAGNO A. La economía brasileña ante el Plan Real y su crisis [M]. Santiago de Chile: CEPAL, Serie Temas de coyuntura, 1999.

第三篇

21 世纪以来拉美
对发展模式的探索

第六章

拉美经济改革深化
与宏观经济政策调整

（2001—2010 年）

导 读

　　2001年阿根廷发生金融危机，给整个拉美地区造成
严重影响，也使拉美各国在经济改革过程中一些隐藏的
风险和问题暴露了出来。面对前车之鉴，各国普遍对财
政政策、货币政策、汇率政策进行了调整，使得宏观经济
逐渐改善，风险减少。这一有利局面使拉美各国在
2008—2009年全球金融危机爆发时能够有条件实施逆周
期宏观经济政策，不仅减小了危机对经济和社会的负面
影响，也促进了经济的迅速恢复。本章文献《2009年拉
丁美洲和加勒比经济初步总结》（节选）是拉美经委会的
年度报告，较为全面地总结了全球金融危机发生后拉美
国家所实施的宏观经济政策。

文献 | Balance preliminar de las economías de América Latina y el Caribe 2009

Capítulo II La política económica

CEPAL[①]

I. La política fiscal

Como se ha mencionado en publicaciones anteriores de la CEPAL, en el período comprendido entre 2003 y 2008 la particular combinación de la coyuntura externa, el entorno y la política macroeconómica se tradujo en un aumento del **espacio fiscal**[1] en la mayoría de los países de la región[②]. En este período, un escenario internacional favorable para la mayoría de ellos y las mejoras en el diseño y el manejo de la política macroeconómica permitieron reducir la **vulnerabilidad externa**[2] y disminuir los niveles de **endeudamiento público**[3].

En 2009 el escenario fiscal de América Latina y el Caribe estuvo determinado por diversos factores. En primer lugar, la caída del nivel de actividad, que tiene una significativa influencia en la evolución de los **ingresos fiscales**[4]. En segundo lugar, el comportamiento de los precios de los recursos naturales, que descendieron desde los valores alcanzados a mediados de 2008 hasta niveles cercanos a los registrados en el bienio 2004-2005, lo que repercutió principalmente en los ingresos fiscales de las economías exportadoras de este tipo de bienes. En tercer lugar, y como respuesta a los efectos de la crisis, la implementación de medidas que significaron un aumento del **gasto público**[5], con el objetivo de sostener la demanda agregada y compensar

---

① El Balance preliminar de las economías de América Latina y el Caribe es un documento anual de la División de Desarrollo Económico de la Comisión Económica para América Latina y el Caribe (CEPAL). La elaboración de esta edición 2009 estuvo encabezada por Osvaldo Kacef, Director de la División, mientras que la coordinación general estuvo a cargo de Jürgen Weller.

② El espacio de política con el que cuenta el gobierno para llevar adelante sus objetivos es una función de tres factores: la cuantía de los recursos fiscales disponibles, el número de instrumentos independientes para cumplir con los objetivos propuestos y el grado de competencia de las políticas que rivalizan en cuanto al uso de recursos e instrumentos. Los choques macroeconómicos modifican el espacio fiscal no solo porque influyen sobre los recursos, sino también porque determinan el grado e intensidad con que las políticas compiten entre sí. Véanse más detalles sobre la definición y evolución del espacio fiscal en CEPAL (2008) y Fanelli y Jiménez (2009).

el impacto de la crisis en los sectores más vulnerables. Estos efectos combinados propiciaron que los balances de las cuentas públicas de los países de la región empeoraran (con excepción de algunos de los países del Caribe como Barbados, Dominica, Granada, Guyana, la República Dominicana, Saint Kitts y Nevis y Santa Lucía). Asimismo, como una forma de compensar la caída de los ingresos de manera de financiar las medidas anticrisis, los países que cuentan con reglas fiscales que limitan sus **balances estructurales**[6] (Chile) o el gasto y la variación de la deuda (la Argentina, el Brasil y el Perú) han relajado durante este año las metas que se han de alcanzar mediante estas reglas. A nivel de los gobiernos centrales, el desempeña fiscal de América Latina alcanzó, al cierre de 2009, un déficit primario del 1,00% del PIB como promedio simple, en comparación con un superávit del 1,40% del PIB en 2008, mientras que, tomando en cuenta el resultado global (es decir, incluyendo el pago de los intereses de la deuda pública), el déficit aumenta del 0,30% al 2,80% del PIB. Este deterioro del resultado fiscal medio de la región refleja una situación generalizada de las **cuentas fiscales**[7] de los países de la región. En 2009, de los 19 países de América Latina analizados en el cuadro II.1, solo 6 registraron un superávit primario (31,00% del total), lo que contrasta significativamente con lo observado el año anterior, cuando 13 países (68,00% del total) tuvieron un superávit primario.

Con respecto al Caribe, la conjunción de la caída de los recursos y el aumento de los gastos tuvo como correlato el empeoramiento del déficit fiscal de la subregión, que se incrementó levemente del 2,00% del PIB en el año fiscal 2007-2008 (promedio simple) a un estimado del 2,30% en 2008-2009, como se muestra en el cuadro II.1. El déficit fiscal estimado del 11,00% del PIB registrado en Jamaica significó un récord en América Latina y el Caribe, comparable con el resultado negativo registrado en los Estados Unidos, equivalente al 13,00% del PIB. Asimismo, el ajuste fiscal en Trinidad y Tabago fue de un nivel superlativo, superior a 13 puntos porcentuales del producto, al pasar de un superávit del 7,80% del PIB en el año fiscal 2007-2008 a un déficit del 5,30% en el año fiscal 2008-2009. El aumento de más de 10 puntos porcentuales del PIB en el superávit fiscal observado en Saint Kitts y Nevis se debió a un incremento del 120,00% en las donaciones recibidas durante el segundo trimestre de 2009, en comparación con el mismo período del año anterior.

El empeoramiento generalizado de las cuentas públicas es el resultado de comportamientos diferenciados en los países de la región, como se observa en el gráfico II.1, en que se distingue en los dos ejes la evolución de los ingresos y los gastos fiscales del período 2008-2009 en porcentajes del PIB. La mayoría de los países de la región han sufrido una caída en sus ingresos y han aumentado sus gastos (cuadrante superior izquierdo); solo cuatro países han aumentado sus ingresos y sus gastos (la Argentina, Colombia, el Paraguay y el Uruguay) y solo cuatro han registrado una caída en sus ingresos y en sus gastos (el Ecuador, el Estado Plurinacional de Bolivia, la República Bolivariana de Venezuela y la República Dominicana). Coincidentemente, los ingresos fiscales de tres de estos últimos países dependen en gran medida de los recursos naturales. Como era de esperar, el cuadrante vacío del gráfico corresponde al aumento de los ingresos y la reducción de los gastos.

Gráfico II.1

AMÉRICA LATINA: VARIACIÓN DE LOS INGRESOS Y GASTOS FISCALES, 2008-2009

(En porcentajes del PIB)

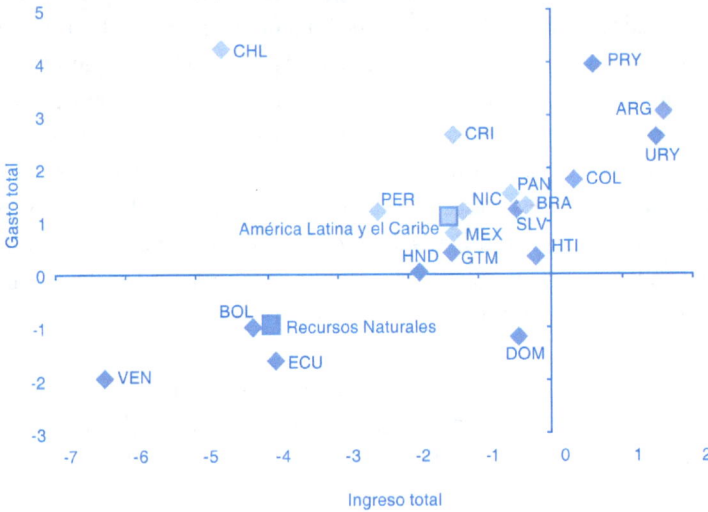

Fuente: Comisión Económica para América Latina y el Caribe (CEPAL), sobre la base de cifras oficiales.

La característica principal de las cuentas públicas en 2009 ha sido la reducción de los ingresos fiscales, que se espera disminuyan 1,40 puntos porcentuales del PIB, la primera caída respecto del PIB desde 1998, que los ubica en niveles similares a los de 2005.

En casi la totalidad de los países de la región (15 de 19) hubo una marcada disminución de los ingresos fiscales, en algún caso de más de seis puntos porcentuales del PIB, que se relaciona con diversos factores entre los que se encuentran la caída del volumen y los precios de los productos básicos, la disminución de la actividad económica y, en algunos países, las medidas contracíclicas en materia de impuestos.

El marcado descenso de los recursos fiscales pone en evidencia el alto grado de exposición de los ingresos públicos a la crisis. Debe recordarse que el aumento de los recursos públicos en el período comprendido entre 2002 y 2008 se encuentra estrechamente relacionado con la explotación de los recursos naturales. En países como

Gráfico II.2

AMÉRICA LATINA Y EL CARIBE: INGRESOS DEL GOBIERNO CENTRAL, 1990-2009

(En porcentajes del PIB)

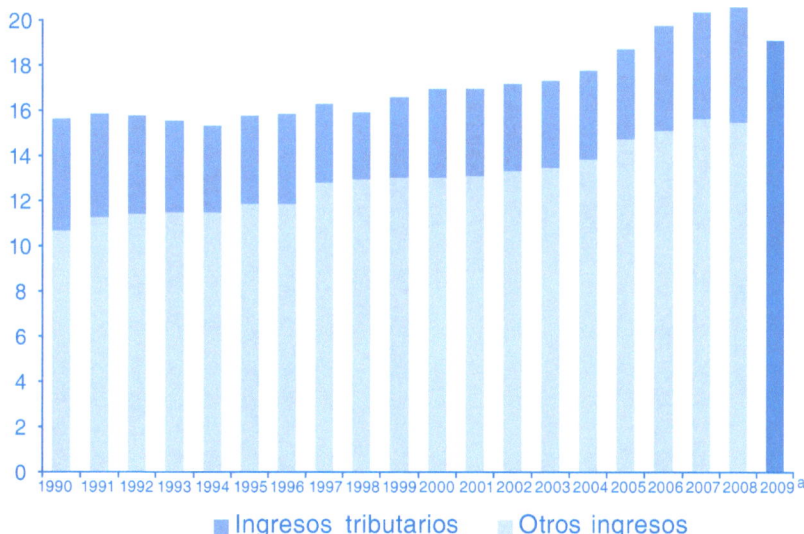

■ Ingresos tributarios　　Otros ingresos

Fuente: Comisión Económica para América Latina y el Caribe (CEPAL), sobre la base de cifras oficiales.
[a] Estimación

el Ecuador, el Estado Plurinacional de Bolivia, México y la República Bolivariana de Venezuela estos ingresos representan más del 30,00% de los recursos fiscales, siendo importantes también en la Argentina, Chile, Colombia y el Perú, donde su participación media se ubica entre el 14,00% y el 18,00%. Por este motivo, una parte importante de la caída de los ingresos en 2009 se debe a la elevada participación de los recursos naturales —cuyo precio disminuyó considerablemente— como fuente de financiamiento en un alto porcentaje de países de la región[1]. En este sentido, el principal criterio diferenciador con respecto a la exposición de los sistemas fiscales a la crisis es el tipo de recursos sobre los que cada país basa sus ingresos públicos. De este modo, puede distinguirse entre países cuyos ingresos públicos dependen de los recursos provenientes de los bienes primarios y los que carecen de esa dotación de recursos naturales, cuyos **ingresos tributarios**[8] dependen fundamentalmente del nivel de actividad económica interna. En el primer grupo es posible hacer una diferencia entre los países más expuestos, como el Ecuador, el Estado Plurinacional de Bolivia, México y la República Bolivariana de Venezuela, que pueden considerarse altamente especializados en recursos naturales y que en conjunto presentaron una variación negativa en los ingresos de 3,90

---

[1] Véase un análisis detallado del impacto diferencial de la crisis en los ingresos fiscales en Gómez Sabaini y Jiménez (2009).

Cuadro II.1

AMÉRICA LATINA Y EL CARIBE: INDICADORES FISCALES DEL GOBIERNO CENTRAL [a]

(En porcentajes del PIB, a precios corrientes)

	Resultado primario					Resultado global					Deuda pública[b] — Gobierno central					Deuda pública[b] — Sector público no financiero				
	2005	2006	2007	2008	2009[c]	2005	2006	2007	2008	2009[d]	2005	2006	2007	2008	2009	2005	2006	2007	2008	2009
América Latina y el Caribe	**2.2**	**1.8**	**2.1**	**1.5**	**-0.1**	**-1.1**	**-1.3**	**-0.6**	**-1.2**	**-2.6**	**60.2**	**53.6**	**47.2**	**45.7**	**48.0**	**47.6**	**40.4**	**33.4**	**31.4**	**31.7**
América Latina[c]	**1.5**	**2.5**	**2.5**	**1.4**	**-1.0**	**-1.0**	**0.3**	**0.5**	**-0.3**	**-2.8**	**42.7**	**35.7**	**29.9**	**27.9**	**28.3**	...	...	...	...	...
El Caribe[c]	**3.7**	**1.2**	**1.8**	**2.3**	**1.3**	**-1.0**	**-3.5**	**-2.1**	**-2.0**	**-2.3**	**85.8**	**79.7**	**72.6**	**71.8**	**79.3**	...	...	...	...	...
Argentina	2.3	2.7	2.7	2.8	1.4	0.4	1.0	0.6	0.7	-0.8	72.8	63.6	55.7	48.3	52.1	87.6	76.3	66.7	56.9	60.8
Bolivia (Estado Plurinacional de)[e]	0.4	5.3	3.5	0.8	-1.4	-2.3	3.5	2.3	0.0	-3.2	75.6	49.8	37.1	33.8	34.7	78.3	52.6	40.0	36.7	34.3
Brasil	2.5	2.1	2.3	2.5	0.9	-3.6	-2.9	-1.9	-1.3	-2.9	30.9	31.0	31.4	25.2	29.6	38.5	47.0	46.2	39.9	44.0
Chile	5.4	8.4	9.4	5.8	-3.1	4.6	7.7	8.8	5.3	-3.6	7.3	5.3	4.1	5.2	4.0	13.0	10.6	9.1	12.1	9.4
Colombia	-1.2	0.1	1.0	0.9	-0.6	-4.1	-3.5	-2.3	-2.3	-3.7	39.6	37.6	32.9	33.5	35.0	50.8	47.5	43.7	42.9	43.1
Costa Rica	2.0	2.7	3.7	2.4	-1.5	-2.1	-1.1	0.6	0.2	-3.8	37.5	33.3	27.6	24.9	24.8	42.9	38.4	31.9	29.9	29.8
Ecuador[f]	2.9	5.4	4.0	-0.2	-3.1	0.7	3.3	2.1	-0.6	-3.8	35.9	29.4	27.5	23.7	21.2	38.6	32.0	30.0	25.8	23.2
El Salvador	1.1	2.0	2.2	1.7	0.8	-1.0	-0.4	-0.2	-0.6	-3.4	37.6	37.5	34.5	33.4	33.8	39.7	39.7	36.6	35.7	36.2
Guatemala	-0.3	-0.6	0.0	-0.3	-1.9	-1.7	-1.9	-1.4	-1.6	-3.4	20.8	21.7	21.4	20.2	20.8	21.5	21.9	21.6	20.5	21.1
Haití	0.5	0.8	-1.2	-0.9	-1.4	-0.5	0.0	-1.6	-1.2	-4.2	44.1	35.6	32.2	37.6	36.5	47.5	38.1	34.5	39.6	38.4
Honduras	-1.1	-0.1	-2.3	-1.7	-3.6	-2.2	-1.1	-2.9	-2.3	-4.2	44.7	28.7	17.3	16.6	16.8	44.8	30.0	18.2	18.3	18.3
México	1.9	2.1	1.9	1.6	0.1	-0.1	0.1	0.0	-0.1	-2.1	20.3	20.7	21.2	24.7	27.1	23.0	22.7	23.0	27.2	27.1
Nicaragua[g]	0.1	1.8	1.9	0.0	-2.1	-1.8	0.0	0.4	-1.2	-3.5	92.6	68.7	42.4	38.2	34.6	92.8	69.1	43.3	39.3	35.6
Panamá	0.5	4.4	4.7	3.4	1.3	-3.9	0.2	1.2	2.6	-1.8	65.1	60.3	53.2	44.6	43.0	66.2	61.0	53.7	45.2	44.3
Paraguay	2.0	1.5	1.8	3.3	0.0	0.8	0.5	1.0	2.6	-0.7	31.4	23.8	16.9	15.3	16.0	32.8	24.8	19.9	18.3	18.6
Perú	1.1	3.2	3.5	3.6	-0.1	-0.7	1.5	1.8	2.2	-1.4	36.9	30.1	26.2	24.4	22.3	38.2	31.3	27.2	24.8	22.6
República Dominicana	0.7	0.3	1.4	-1.6	-1.4	-0.6	-1.1	0.1	-3.2	-3.0	22.0	20.4	18.4	20.0	23.4	...	...	19.0	20.8	24.1
Uruguay	2.7	3.2	2.1	1.7	0.6	-1.6	-1.0	-1.6	-1.0	-2.1	64.2	57.2	48.2	46.2	48.3	67.4	60.4	51.4	49.4	51.6
Venezuela (República Bolivariana de)	4.6	2.1	4.5	0.1	-4.1	1.6	0.0	3.0	-1.2	-5.5	32.7	23.9	19.3	14.0	13.3	32.7	23.9	19.3	14.0	13.3
El Caribe[h]																				
Antigua y Barbuda	21.8	-4.3	-3.1	-3.6	-4.5	18.0	-7.8	-6.4	-6.7	-7.1		94.6	82.0	82.6	90.2	...	...	...	...	...
Bahamas	0.2	0.9	0.2	0.6	-2.7	-2.6	-1.5	-2.4	-2.0	-3.0	32.9	32.8	35.1	36.6		41.8	42.6	44.7	47.9	...
Barbados[f]	0.6	3.1	2.8	-0.5	0.1	-4.3	-2.0	-1.8	-5.9	-3.2	82.0	79.0	84.0	88.0	101.7	99.0	95.0	101.0	103.0	116.0
Belice	3.5	2.8	4.3	4.1	1.6	-3.4	1.4	1.0	0.8	1.2	95.9	75.1	71.4	82.7	86.8	82.1	76.8	72.9	84.0	88.0
Dominica	5.8	5.4	4.0	4.2	4.2	2.6	-6.4	-6.6	6.1	2.2	...	92.6	82.0	74.1	72.3	...	...	...	...	...
Granada	5.6	-4.5	-4.6	-5.1	-3.6	3.7	-13.1	-7.5	-7.9	-5.8	...	112.4	107.5	100.0	95.8	...	...	...	...	...
Guyana	-9.1	-9.3	-4.6	-5.1	-4.0	-13.5	-5.3	-4.7	-7.4	-6.5	...	155.3	98.8	103.7	115.2	...	...	...	...	...
Jamaica	11.1	8.8	8.1	5.6	3.0	-3.5	-2.4	-2.4	0.4	-11.0	...	117.8	110.9	109.9	118.5	...	...	...	...	...
Saint Kitts y Nevis	4.0	6.0	6.0	8.9	19.7	-4.1	-3.9	-3.6	-1.3	-3.0	...	112.0	109.4	100.7	105.2	...	...	...	...	...
San Vicente y las Granadinas	-1.3	-0.7	-0.6	2.1	0.7	-4.2	-6.1	-2.1	-0.2	-1.3	70.6	66.3	56.1	54.1	57.8	...	...	...	...	...
Santa Lucía	-3.5	-3.0	0.9	2.9	5.5	-6.5	-0.6	7.1	2.3	-1.0	55.8	56.8	61.7	60.7	63.2	...	...	...	...	...
Suriname	1.7	1.7	5.7	5.8	0.8	-0.8	6.3	1.8	7.8	-5.3	38.9	24.9	28.5	25.2	25.7	...	...	...	...	...
Trinidad y Tabago	7.5	8.3	3.7	9.7	-3.3	5.0					20.1	16.8	16.8	14.5	19.0	...	...	...	...	...

Fuente: Comisión Económica para América Latina y el Caribe (CEPAL), sobre la base de cifras oficiales.

[a] Incluye la seguridad social.
[b] Al 31 de diciembre de cada año, aplicando el promedio del tipo de cambio para la deuda externa. Las cifras de 2009 corresponden a saldos a junio de ese año.
[c] Promedio simple.
[d] Metas oficiales previstas en los presupuestos de 2010.
[e] Gobierno general.
[f] Sector público no financiero.
[g] Sector público.
[h] Años fiscales.

puntos porcentuales del PIB[1]. Otro grupo lo conforman los países medianamente especializados en recursos naturales (la Argentina, Chile, Colombia y el Perú), que tuvieron una variación media negativa de 1,30 puntos porcentuales del PIB.

Además, deben considerarse los países no especializados en recursos naturales, que tienen una variación media negativa de 0,50 puntos porcentuales del PIB. En este caso, debe tenerse en cuenta que los ingresos fiscales son muy sensibles a los cambios del producto, lo que puede verificarse cuando se observan las elasticidades de estos agregados fiscales en términos del PIB, cuyos valores habitualmente son superiores a uno. Esto se debe, fundamentalmente, a que en las fases expansivas del producto el aumento de la recaudación es más que proporcional, debido a que se produce un aumento de la economía formal y se genera un incremento más que proporcional de las importaciones y de los impuestos asociados. Por el contrario, en las fases recesivas, la recaudación cae de manera más que proporcional debido a la inversión de los mecanismos anteriores y el significativo aumento de la evasión fiscal.

Cuadro II.2
AMÉRICA LATINA Y EL CARIBE: VARIACIÓN DE LOS INGRESOS FISCALES, 2008-2009
(En porcentajes del PIB)

	Variación 2008-2009	Participación en la variación media
Países altamente especializados en productos básicos	-3,90	-0,80
Países medianamente especializados en productos básicos	-1,30	-0,30
Países no especializados en productos básicos	-0,50	-0,30
Total	-1,40	-1,40

Fuente: Comisión Económica para América Latina y el Caribe (CEPAL), sobre la base de cifras oficiales.

Como se detalla en el recuadro II.1, los países de la región han adoptado una serie de medidas para enfrentar la crisis. Si bien generalmente estas medidas se basaron en el aumento del gasto público, en algunos países como el Brasil y Chile incluyeron algún tipo de **incentivo tributario**[9] con efecto sobre la recaudación. En el caso del Brasil, entre las diversas medidas de reducción de tributos adoptadas desde 2008 y que tienen un costo fiscal estimado del 0,80% del PIB, pueden mencionarse: el aplazamiento

---

[1] En el Ecuador, pese a que los ingresos no petroleros aumentaron por efecto de la recaudación del impuesto a la renta, el IVA y otros impuestos, los ingresos petroleros se contrajeron poco más del 40,00% por efecto de la disminución del precio del petróleo, lo que implicó una reducción de los ingresos totales del gobierno central superior al 10,00%.

del pago de impuestos, las rebajas impositivas para la compra de automóviles, la aceleración de la devolución de los **créditos fiscales**[10], la reducción del impuesto a las operaciones financieras y la creación de **alícuotas inferiores**[11] para el impuesto sobre la renta de las **personas físicas**[12]. En el caso de Chile, las medidas en materia de impuestos suponen un costo fiscal anual de alrededor del 0,80% del PIB e incluyen la eliminación del impuesto a los timbres y estampillas para las operaciones de crédito en 2009, la reducción transitoria de los pagos provisionales mensuales del impuesto de primera categoría, la aceleración de la devolución de los impuestos a las empresas, los estímulos tributarios y los subsidios para incentivar la retención y la capacitación de la mano de obra.

Recuadro II.1

LA REACCIÓN DE LA POLÍTICA FISCAL FRENTE A LA CRISIS INTERNACIONAL

La reacción de los países frente a la crisis generó un amplio espectro de medidas cuyos objetivos principales pueden sintetizarse en el fortalecimiento de la demanda agregada y la compensación a los sectores más vulnerables por los efectos sociales regresivos tanto de la crisis como de las eventuales medidas de ajuste.

Las medidas fiscales anunciadas son muy heterogéneas dados los diferentes escenarios que enfrentan los países en cuanto a sus capacidades de gestión, ejecución y disponibilidad de recursos. De acuerdo con el instrumento utilizado, estos anuncios pueden clasificarse en dos grupos: i) medidas aplicables a los sistemas tributarios y ii) medidas aplicables a los gastos fiscales ª.

En el siguiente cuadro se presenta de manera esquemática la amplia gama de anuncios oficiales que, en el caso de los ingresos, abarcan desde modificaciones en los impuestos sobre la renta, ya sea por cambios en la base imponible (deducciones, exenciones o sistemas de depreciación acelerada) o en las tasas nominales, hasta reformas en los impuestos sobre bienes y servicios (en el IVA, en los impuestos específicos o en los aranceles). En cuanto al gasto público, los anuncios se centraron principalmente en incrementos de la inversión en infraestructura, planes de vivienda, programas de apoyo a las pymes y a los pequeños productores agrícolas, y diversos programas sociales.

AMÉRICA LATINA (19 PAÍSES): PRINCIPALES MEDIDAS FISCALES ANUNCIADAS PARA ENFRENTAR LA CRISIS ª

	Argentina	Bolivia (Estado Plurinacional de)	Brasil	Chile	Colombia	Costa Rica	Ecuador	El Salvador	Guatemala	Haití	Honduras	México	Nicaragua	Panamá	Paraguay	Perú	Rep. Dominicana	Uruguay	Venezuela (República Bolivariana de)
Sistema tributario																			
Impuesto a la renta de las empresas (reducción/depreciación)			X	T	X	T	X		X			T	X			X	X	T	
Impuesto a la renta de las personas (rebajas)	X		X	T	X		X		X		X	T	X	X		X			
Impuestos al comercio exterior	X	X					X					X	T	T		X	X		
Impuestos sobre bienes y servicios			T			X	X					X						X	X
Contribuciones sociales	X											T							
Otros			X	T	X			T				X				T	X	X	
Gasto público																			
Inversión en infraestructura	X	X	X	X	X	X	X		X		X	X	X		X	X	X	X	
Vivienda	X	X	X	T	X	X	X	X	X		X	X	X		X	X	X		
Apoyo a pymes y productores agrícolas		X	X	X	X	X	X	X	X	X	X	X		X	X	X	X	X	X
Apoyo a sectores estratégicos	T	X	X	X	X				X		X	X			X		X		
Transferencias directas a familias	T	X		T		X		X			X	X		X					
Otros programas sociales	X		X	X	X		X	X	X	X	X	X	X	X	X	X			
Otros gastos			X		X					X				X					

Fuente: Comisión Económica para América Latina y el Caribe (CEPAL), *La reacción de los gobiernos de las Américas frente a la crisis internacional: una presentación sintética de las medidas de política anunciadas hasta el 30 de septiembre de 2009* (LC/L.3025/Rev.5), Santiago de Chile, 30 de octubre de 2009.
ª T= Medidas de carácter transitorio.

No obstante, diferentes factores como la caída de los ingresos fiscales, las restricciones en el financiamiento y los problemas en la capacidad de ejecución de los proyectos de inversión en algunos países han retrasado la implementación de gran parte de estas medidas. A continuación se hará especial referencia a algunas medidas que fueron o están siendo aplicadas.

Medidas aplicables a los sistemas tributarios:

Si bien los países han sido menos activos en la implementación de disminuciones de impuestos o ampliaciones de beneficios tributarios en comparación con las medidas tomadas en materia de gastos, cabe destacar algunos casos puntuales. En el Brasil se disminuyó temporalmente el impuesto sobre los productos industrializados (IPI) aplicable a los vehículos, electrodomésticos y materiales para la construcción, se redujeron las tasas del impuesto sobre las operaciones financieras y se crearon alícuotas inferiores (7,5% y 22,5%) para el impuesto sobre la renta de las personas físicas, que favorecen a quienes ganan hasta 875 dólares mensuales.

En Chile, como parte del Plan de estímulo fiscal, se redujeron transitoriamente los pagos provisionales mensuales del impuesto sobre la renta, se eliminó durante 2009 el impuesto a los timbres y estampillas para las operaciones de crédito y se ampliaron los estímulos tributarios en determinados sectores.

En el Uruguay se aplicó una bonificación en la exoneración del impuesto a las rentas de las actividades económicas (IRAE) del 120% respecto de las inversiones realizadas durante 2009, en el marco de la Ley de inversiones, y que privilegia los proyectos que generen más empleo.

Además, en varios países se implementaron mecanismos de devolución anticipada de los tributos y se aceleraron las devoluciones de impuestos a las empresas y a los exportadores, como en Chile y el Perú.

Medidas aplicables a los gastos fiscales:

Las medidas de este tipo tienen como principal objetivo la estabilización de la demanda agregada y la mitigación

Recuadro II.1 (conclusión)

de los efectos de la crisis en los sectores más afectados. Sin embargo, para que las políticas anunciadas tengan un efecto concreto resulta clave ejecutarlas oportunamente.

En este sentido, el gobierno argentino buscó sostener la inversión pública mediante un incremento de la inversión real directa del sector público nacional de un 82,4% anual durante el primer semestre del año, destacándose un marcado aumento de la inversión en infraestructura y energía.

En el caso de Chile también se adoptaron una serie de medidas contracíclicas en materia de gasto, entre las que destacan el Plan de estímulo fiscal (PEF), en que se previó un incremento de 700 millones de dólares para fortalecer la inversión pública en vialidad urbana y rural, vivienda, salud pública, establecimientos educacionales y obras de riego, el plan procrédito, el plan proempleo y capacitación, y otras medidas para fortalecer la protección social. El avance en la ejecución de los recursos asignados a inversiones en el PEF ascendía al 58,7% en junio de 2009.

En México se destaca el Acuerdo nacional en favor de la economía familiar y el empleo (ANFEFE), suscrito en enero de 2009, que, junto con las medidas contracíclicas incluidas en el Programa para impulsar el crecimiento y el empleo (PICE), se orientó a superar con mayor rapidez los efectos de la situación económica adversa. Además, para dar respuesta a la emergencia epidemiológica, se destinaron 6.000 millones de pesos al Fideicomiso del sistema de protección social en salud y se dio apoyo financiero, por un total de 27.000 millones de pesos, a los sectores más perjudicados (el sector porcícola, la hotelería, la aviación, los restaurantes y el esparcimiento).

En el Perú se implementó el plan de estímulo económico, que asciende a aproximadamente el 3,6% del PIB para el bienio 2009-2010, que da especial énfasis a las obras de infraestructura y que contempla medidas de impulso a la actividad económica y de protección social.

A su vez, gran parte de los países buscaron fortalecer los programas sociales e incluso implementar ayudas económicas dirigidas a los más necesitados; tal es el caso del Estado Plurinacional de Bolivia, donde se otorgó el bono Juancito Pinto para escolares, el bono Juana Azurduy para mujeres gestantes y la "Renta Dignidad", dirigida a personas mayores de 60 años. En Chile se entregaron dos bonos extraordinarios a las familias de menores ingresos, por cada carga familiar, de aproximadamente 70 dólares cada uno, que beneficiaron a cerca de un millón y medio de personas. En Costa Rica se amplió el plazo de la cobertura del seguro social para los desempleados, se otorgaron subsidios para el transporte y la compra de alimentos y se incrementaron un 15% las pensiones del régimen no contributivo.

Otras medidas fiscales:

En varios países, como el Brasil, Chile, Colombia, Panamá y el Perú, se establecieron reducciones en las metas de superávit primario. Por ejemplo, en la ley de directrices presupuestarias (LDP) de 2007 del Brasil se establecía para 2009 una meta de superávit primario para el sector público consolidado del 4,25% del PIB, pero en la LDP de 2008 se indicaba una meta del 3,8% para 2009 y posteriormente, como respuesta a la crisis, se redujo al 2,5% del PIB.

En Colombia se ha ajustado también la meta del déficit para el sector público consolidado, de un 1,5% del PIB a comienzos del año a un 2,6% del PIB en la última revisión.

De manera similar, la regla de balance estructural en Chile inicialmente establecía un objetivo de superávit del 1% del PIB, que se redujo al 0,5% a principios de año y luego se fijó en un 0%, cifra que se mantiene para 2010. En el caso del Perú, se modificó la Ley de responsabilidad y transparencia fiscal para permitir un mayor aumento del gasto público; en Panamá, la Ley de responsabilidad social fiscal que entró en vigor en enero limitó el déficit fiscal al 1% del PIB y luego se amplió a un 2,5% en junio.

Como una manera de compensar las caídas de las transferencias intergubernamentales (por la disminución de la recaudación de impuestos en los niveles centrales), en algunos países, como el Perú, se implementaron mecanismos de compensación en las transferencias, mientras que en otros se relajaron las restricciones establecidas para los niveles subnacionales, como en la Argentina, donde la Ley de responsabilidad fiscal, que imponía topes de gasto y endeudamiento a las provincias, se reformó de manera de dejar sin efecto sus principales restricciones durante los ejercicios fiscales 2009 y 2010[b]. En el Brasil se aliviaron parcialmente las finanzas de los niveles subnacionales, permitiéndose la renegociación de las deudas de las alcaldías con la seguridad social.

Por último, con el fin de apoyar el financiamiento de la inversión por medio de la concesión de mayores créditos, se capitalizó el Banco Nacional de Desarrollo Económico y Social (BNDES) en el Brasil con una suma equivalente a alrededor de tres puntos porcentuales del PIB en un período de dos años. De modo similar, en Chile se inyectó capital a entidades estatales como la Corporación de Fomento de la Producción (CORFO) y el Banco Estado con el objeto de apoyar el otorgamiento de créditos a pymes y microempresas, y también se procedió a la capitalización de la Corporación Nacional del Cobre de Chile (CODELCO).

Fuente: Comisión Económica para América Latina y el Caribe (CEPAL).

[a] La diferenciación resulta importante porque la utilización de estos diferentes instrumentos de la política fiscal no provocan los mismos efectos. Véase un análisis de los potenciales efectos del uso de los distintos instrumentos de la política fiscal en Gómez Sabaini y Jiménez (2009).

[b] De esta forma, se permite que la tasa de crecimiento del gasto primario de las provincias sea mayor a la tasa de crecimiento del PIB, que los gobiernos alcancen resultados deficitarios, que las provincias financien los gastos corrientes con recursos provenientes de la venta de activos fijos y que reasignen partidas, como las de gastos de capital, hacia los gastos corrientes.

Al examinar la evolución de los recursos tributarios de algunos países de la región en 2009, se observa que el período de menor recaudación fue el segundo trimestre, mientras que en el tercer trimestre las caídas fueron menores. En ambos períodos, entre los países respecto de los que se tiene información, el que más se destaca es Chile, que tuvo una variación real negativa de alrededor del 30,00%. Si bien en el tercer trimestre también se presentan variaciones negativas en la recaudación tributaria, son significativamente menores que las del trimestre anterior, un indicio de mejoramiento de la recaudación tributaria.

Gráfico II.3
AMÉRICA LATINA (6 PAÍSES): EVOLUCIÓN DE LA RECAUDACIÓN TRIBUTARIA DEL GOBIERNO CENTRAL EN TÉRMINOS REALES, SIN SEGURIDAD SOCIAL
(En porcentajes de variación, t/t-4)

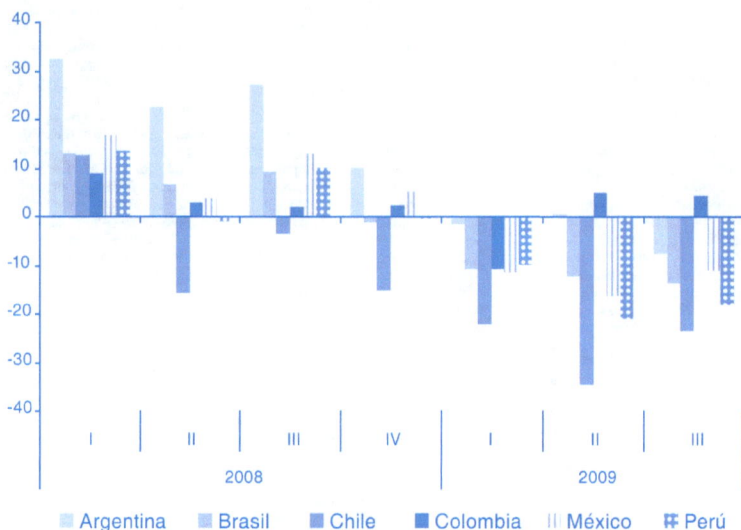

■ Argentina　■ Brasil　■ Chile　■ Colombia　▥ México　▦ Perú

Fuente: Comisión Económica para América Latina y el Caribe (CEPAL), sobre la base de cifras oficiales.

En el caso de la Argentina, la leve reducción de la recaudación real obedece al aumento de los ingresos provenientes de los regímenes de facilidades de pago que compensan en parte el retroceso observado en la recaudación proveniente del impuesto a las ganancias (el 5,00% real hasta septiembre). Ese retroceso se relaciona con las modificaciones en las leyes sobre este impuesto y en los aportes al **sistema de seguridad social**[13], que afectaron la recaudación de este impuesto sobre las personas físicas y redujeron los ingresos por concepto de retenciones y anticipos de los contribuyentes (asalariados y autónomos). En el mismo sentido actuaron la opción de reducción de anticipos realizada por algunas empresas, la disminución de los montos que ingresaron por concepto de saldos de las declaraciones juradas y la caída de las importaciones, que repercutió en las percepciones de la aduana. Asimismo, los recursos provenientes de los derechos de exportación cayeron un 21,00% en términos reales debido al descenso de las exportaciones en dólares y a la baja de las alícuotas aplicadas a algunos productos. En el caso del Brasil, el menor nivel de actividad, especialmente industrial, combinado con la reducción de impuestos antes mencionada generaron una reducción de la recaudación federal nominal. Las principales mermas se dan en el impuesto a la renta de las personas jurídicas (IRPJ), el impuesto sobre los productos industriales (IPI) y la Contribución para el financiamiento de la seguridad social (COFINS) (Programa de integración social - PIS/PASEP). Más del 93,00% de la caída interanual de la recaudación total corresponde a estos tres rubros. En Chile, la menor recaudación se debe principalmente al descenso del 42,00% en los ingresos por el impuesto sobre la renta, dado que se registró una reducción real del 83,00% en la tributación de la minería privada (por el menor precio del cobre) y una declinación del 18,00% en la tributación a la renta del resto de los contribuyentes (como consecuencia de la reducción transitoria de los pagos provisionales mensuales contemplados en el Plan de estímulo fiscal y de la menor actividad económica). La recaudación del IVA acumula a septiembre una caída real del 15,80%, principalmente por una reducción en el consumo y un incremento en las devoluciones. En México, la recaudación tributaria no petrolera se redujo un 12,80% real en el período comprendido entre enero y septiembre, a causa de decrecimientos en los cobros del impuesto al valor agregado (-19,50%), del **impuesto a la renta**[14] (-12,00%) y del **impuesto empresarial**[15] a tasa única (IETU) (-7,50%). Colombia es el único país que registra un aumento en sus ingresos en el segundo y tercer trimestre de 2009, impulsado por el buen desempeño del impuesto a la renta, cuyo incremento se debe fundamentalmente a los ingresos por cuotas de renta, entre los que se destacan los mayores pagos proyectados del **sector minero**[16], sobre todo de ECOPETROL.

El deterioro de los ingresos fiscales del gobierno central repercute directamente en las finanzas de los niveles inferiores de gobierno en los países más descentralizados dado que la estructura de ingresos de los gobiernos subnacionales de la región se basa fundamentalmente en las transferencias provenientes de los gobiernos centrales. En la Argentina, el Estado Plurinacional de Bolivia y México las transferencias superan el 7,00% del PIB y en Colombia y el Ecuador se ubican en torno al 5,00% del PIB. En el Ecuador y México, las transferencias que reciben estos niveles de gobierno representan el 80,00% de sus ingresos totales. Debido a la gran relevancia que tienen las transferencias para el financiamiento de las responsabilidades de los gobiernos subnacionales y en un contexto de crisis como el actual, resulta importante monitorear su evolución, ya que suelen ser muy sensibles a la recaudación de los impuestos nacionales. Como se observa en el gráfico II.4, en la Argentina, el Brasil, el Estado Plurinacional de Bolivia y el Perú, las transferencias registraron una importante desaceleración a partir del primer trimestre de 2009 y tuvieron una marcada caída en el tercero. Para compensarla, en el Perú se realizó una transferencia como apoyo extraordinario a los gobiernos locales en julio de 2009. Gracias a esta medida, las transferencias aumentaron un 12,00% en términos reales; de lo contrario, habrían caído un 17,00%.

Gráfico II.4
AMÉRICA LATINA (4 PAÍSES): EVOLUCIÓN DE LAS TRANSFERENCIAS INTERGUBERNAMENTALES EN TÉRMINOS REALES
(En porcentajes de variación, t/t-4)

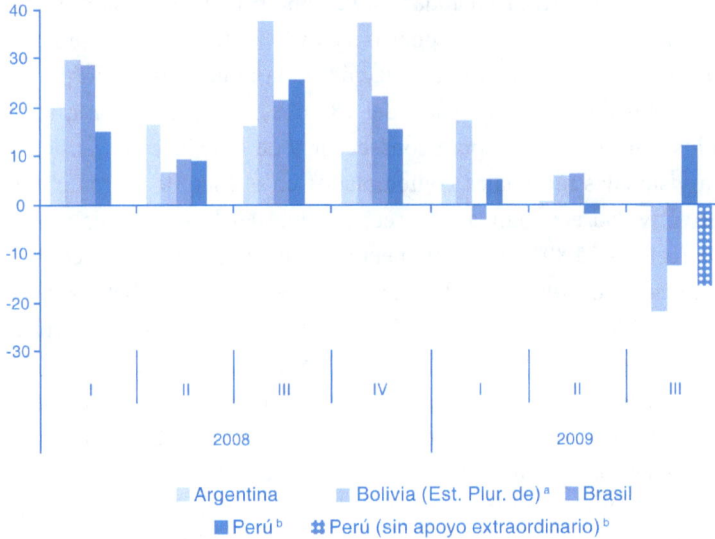

■ Argentina   ■ Bolivia (Est. Plur. de)ᵃ   ■ Brasil
■ Perúᵇ   ▓ Perú (sin apoyo extraordinario)ᵇ

Fuente: Comisión Económica para América Latina y el Caribe (CEPAL), sobre la base de cifras oficiales.

ᵃ Incluye la renta dignidad.

ᵇ No incluye canon ni regalías, ni los recursos ordinarios por transferencias de partidas que comenzaron en 2009.

En cuanto al gasto, desde fines de 2008, de acuerdo con el creciente consenso sobre el papel contracíclico de la política fiscal en una coyuntura como la actual, los países han realizado un significativo conjunto de anuncios basados fundamentalmente en el aumento del gasto (ya sea corriente o de capital)[1]. Sin embargo, no todos estos anuncios han podido implementarse en 2009. Diversos factores se conjugan para explicar este comportamiento: por una parte, la caída de los ingresos fiscales, sumada a la importante restricción financiera observada en los primeros meses del año, ha significado una disminución del espacio fiscal que permitiría llevar a cabo el anunciado aumento de los gastos, como en el caso del Programa nacional de emergencia y recuperación económica de Guatemala, anunciado en enero de 2009 y cuyos resultados fueron muy acotados por falta de financiamiento. Por otra parte, deben tenerse en cuenta los problemas de ejecución del gasto de los países de la región, que en varios de ellos representan un obstáculo para concretar muchos de los programas de inversión pública anunciados.

---

① Véase un listado detallado de las medidas fiscales anunciadas para enfrentar la crisis en el recuadro II.1.

Con respecto a la evolución del gasto durante el año, que se relaciona con la capacidad de los gobiernos para llevar adelante **políticas contracíclicas**[17], los países se pueden clasificar en tres grupos: los que han aumentado sus gastos, los que los han mantenido relativamente constantes y los que los han disminuido.

Gráfico II.5
AMÉRICA LATINA Y EL CARIBE: GASTOS DEL GOBIERNO CENTRAL, 1990-2009
(En porcentajes del PIB)

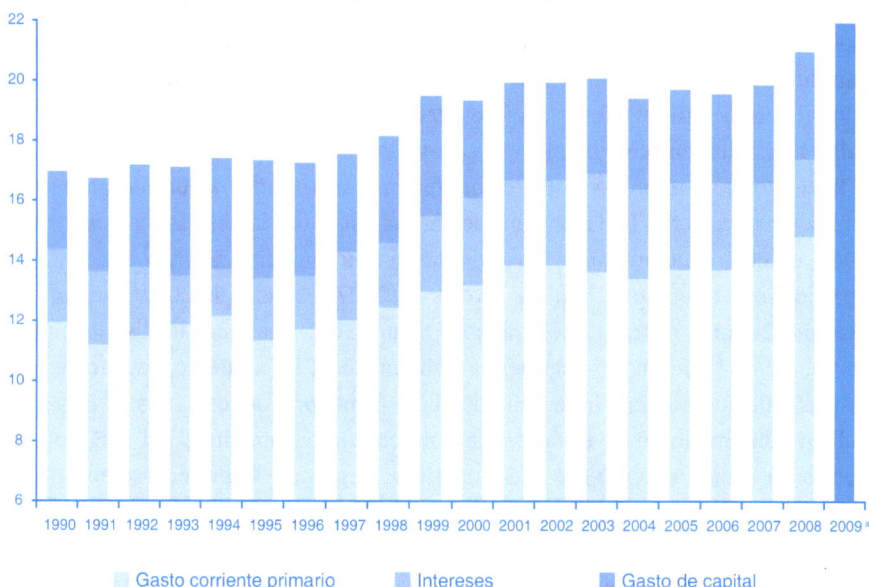

Gasto corriente primario　Intereses　Gasto de capital

Fuente: Comisión Económica para América Latina y el Caribe (CEPAL), sobre la base de cifras oficiales.

[a] Estimación.

En el primer grupo sobresale Chile, donde la estrategia contracíclica consistió en un plan de estímulo fiscal equivalente al 2,80% del PIB, cuyas principales medidas fueron la **inversión pública**[18], los subsidios para la adquisición de viviendas, la concesión de créditos a **pymes y microempresas**[19] y los bonos orientados a las familias de menores ingresos. En este grupo también se destaca Costa Rica, donde el aumento del gasto se da principalmente a través de las **erogaciones corrientes**[20], como resultado de políticas entre las que se distingue la ampliación de la cobertura del **seguro social**[21] a desempleados, los subsidios para la compra de alimentos y para el transporte, y el incremento de las pensiones. En el caso de la Argentina, el aumento de los gastos se explica por el incremento de la cobertura y las prestaciones de la **seguridad social**[22], las transferencias para el financiamiento de las cajas previsionales provinciales, los aumentos de los salarios públicos y la implementación de programas de infraestructura habitacional, vivienda y energía. En el segundo grupo se incluyen los países del Istmo

Centroamericano, que en muchos casos anunciaron importantes medidas (Guatemala, El Salvador), cuya implementación se vio postergada dada la pérdida de recursos y la falta de financiamiento. En estos países, las autoridades esperan que el efecto de estas medidas pueda observarse en 2010.

El tercer grupo comprende a los países altamente especializados en recursos naturales y la República Dominicana, que presentan un comportamiento **contractivo**[23] con disminuciones del gasto público. En el caso de la República Bolivariana de Venezuela, la reducción del gasto se dio sobre todo en el **gasto de capital**[24], lo que reflejó la merma de las **transferencias de capital**[25] y la menor adquisición de **activos fijos**[26]. Con respecto al **gasto corriente**[27], hubo aumentos salariales a los empleados públicos, cuyo porcentaje fue menor a la **tasa de inflación**[28], lo que provocó una caída del gasto en remuneraciones en términos reales. En el caso del Ecuador, se observa una baja notoria del gasto de capital en 2009, en comparación con el nivel extraordinario que este alcanzó en 2008. En cambio, si se lo compara con los niveles de 2007, el gasto de 2009 se mantiene elevado. Como se observa en el gráfico II.6, luego de varios años de disminuciones sucesivas, la relación entre la deuda pública y el PIB aumentó levemente con respecto al año anterior. Hasta junio de 2009, la mayoría de los países de la región habían aumentado su nivel de deuda pública como porcentaje del PIB, lo que derivó en un incremento del endeudamiento regional. Debe tenerse en cuenta que varios de los factores que entre 2002 y 2008 jugaron a favor de una caída en la relación entre la deuda y el PIB tuvieron durante este año un comportamiento contrario a su evolución anterior. La reducción de los saldos primarios y las caídas en el nivel de actividad se reflejan en la evolución del acervo de deuda pública. Como se observa en detalle en el cuadro II.1, la evolución media esconde realidades muy diversas, como en el caso de Chile, donde la relación entre la deuda y el PIB es del 4,00% para el gobierno central, o el de Guyana y Jamaica, donde esa relación supera el 115,00%. En este sentido, se observan niveles de endeudamiento muy diferentes en el promedio de los países de América Latina (28,00% del PIB) comparados con los del Caribe (79,00% del PIB).

Tal como se señaló en CEPAL (2009a), la deuda pública en la mayoría de los países del Caribe de habla inglesa ha alcanzado niveles muy superiores a los de cualquier definición de sostenibilidad, situación que se agravó durante 2009 (véase el recuadro II.2). En el cuadro II.1 se observa que, con excepción de las Bahamas, Suriname y Trinidad y Tabago, al cierre de 2009 esta subregión mostraba elevados niveles de endeudamiento público, que iban de cerca del 60,00% del PIB en Santa Lucía y San Vicente y las Granadinas a casi el 120,00% en Jamaica.

Gráfico II.6

AMÉRICA LATINA Y EL CARIBE (18 PAÍSES): DINÁMICA DE LA DEUDA PÚBLICA DEL GOBIERNO CENTRAL, 1991-2009

(En porcentajes del PIB)

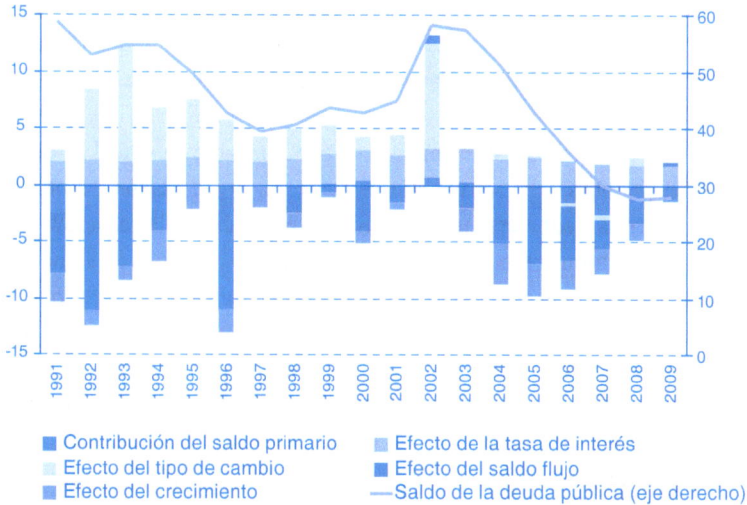

- ■ Contribución del saldo primario
- ■ Efecto de la tasa de interés
- ■ Efecto del tipo de cambio
- ■ Efecto del saldo flujo
- ■ Efecto del crecimiento
- —Saldo de la deuda pública (eje derecho)

Fuente: Comisión Económica para América Latina y el Caribe (CEPAL), sobre la base de cifras oficiales.

Recuadro II.2

SOSTENIBILIDAD DE LA DEUDA PÚBLICA EN EL CARIBE DE HABLA INGLESA

El alto nivel de la deuda pública de la mayoría de los países del Caribe de habla inglesa genera dudas sobre su sostenibilidad futura. En Machado (2008) se realiza un cálculo del balance primario necesario para estabilizar la relación entre la deuda pública y el PIB. Este resultado primario depende positivamente de la tasa de interés real sobre ambos tipos de deuda (externa e interna) y la tasa de depreciación, mientras que presenta una relación negativa con la tasa de crecimiento del PIB.

En el siguiente cuadro se muestran las cifras utilizadas para calcular el resultado primario necesario en el año fiscal 2009-2010 para estabilizar la relación entre la deuda pública y el PIB en cuatro países caribeños de habla inglesa. Se muestran las tasas de interés implícitas sobre las deudas interna y externa observadas en 2006, los acervos de cada tipo de deuda al cierre del último año fiscal, las tasas de inflación de 2007, así como la tasa de crecimiento medio anual del PIB real en el período comprendido entre 2002 y 2007. En Guyana y Jamaica se consideran las tasas de depreciación nominal registradas en 2007 (1,2% y 6,2%, respectivamente).

EL CARIBE (4 PAÍSES): CIFRAS UTILIZADAS PARA EL ANÁLISIS DE SOSTENIBILIDAD DE LA DEUDA PÚBLICA

(En porcentajes)

	Relación entre la deuda externa y el PIB, 2009	Relación entre la deuda interna y el PIB, 2009	Tasa de interés sobre la deuda externa [a]	Tasa de interés sobre la deuda interna [a]	Tasa de inflación de 2007 (fin del período)	Tasa de crecimiento medio anual del PIB, 2002-2007 [b]
Barbados	29,10	72,60	6,90	5,00	4,00	3,00
Belice	74,60	12,20	6,60	9,30	4,10	4,60
Guyana	78,00	37,20	1,80	3,80	4,20[c]	1,70
Jamaica	51,60	66,90	7,20	5,70	5,80[c]	1,80

Fuente: Comisión Económica para América Latina y el Caribe (CEPAL) sobre la base de cifras oficiales.

[a] Pago de intereses en el año fiscal 2006-2007 sobre el acervo de la deuda al cierre del año fiscal previo.

[b] En dólares constantes de 2000.

[c] Corresponde a 2006.

En definitiva, si bien la región está enfrentando la crisis en mejores condiciones fiscales que en experiencias anteriores, las mayores demandas de intervención pública coinciden con un ensanchamiento de la brecha entre los recursos fiscales y las crecientes demandas de gasto público. En consecuencia, quedan por delante grandes desafíos si se quiere aumentar la capacidad de los sectores públicos, tanto para afrontar episodios críticos como para atender las múltiples demandas existentes.

La situación de los países del Caribe merece un párrafo aparte: la virtual **insolvencia**[29] de sus sectores públicos debe ser materia de particular preocupación, ya que el pago de intereses sobre la deuda consume significativos recursos del **erario**[30] público, que alcanzaron un monto récord estimado del 14,00% del PIB en Jamaica en el año fiscal 2008-2009. Más aún, el peso de la deuda pública alimentada por déficits fiscales crónicos limita significativamente el diseño y la implementación de la política fiscal y, en muchos casos, pone en riesgo la sostenibilidad de los **regímenes macroeconómicos**[31] de la subregión. Por último, debe resaltarse que la posibilidad que tiene cada país de aplicar una medida pública contracíclica está relacionada no tanto con la necesidad de llevar adelante políticas contracíclicas sino con la capacidad de financiarlas, lo que requiere una evaluación de los espacios fiscales alcanzados.

Estas diferentes capacidades parecen tener dos caras: por una parte, en los países especializados en recursos naturales están relacionadas con el modo en que se ha enfrentado el auge en los ingresos públicos, que en muchos casos trajo consigo el alza en los precios de las exportaciones. Por otra parte, en particular en los países que han enfrentado caídas en sus términos de intercambio y exhiben una alta **incidencia de la pobreza**[32], el debate ha resurgido, por cuanto las consecuencias de la crisis y la necesidad de enfrentarla por medio de políticas contracíclicas han hecho evidente una insuficiencia de los sectores públicos para hacerse cargo de las necesidades de la población, no solo por las carencias institucionales (la baja capacidad de ejecución es una clara señal de eso) sino también por las muy bajas **cargas tributarias**[33].

II. La política cambiaria

Como se observa en el gráfico II.7, el tipo de cambio real efectivo extrarregional de América Latina y el Caribe, que excluye el comercio con los otros países de la región, registró en 2009 una leve **apreciación**[34] respecto de 2008. Si bien el promedio regional casi no se modificó en 2009, se observaron algunas diferencias importantes entre los países de la región. Entre diciembre de 2008 y octubre de 2009, los países de América del Sur en general registraron apreciaciones reales (con algunas excepciones), mientras que México, Centroamérica y el Caribe mostraron depreciaciones efectivas.

Gráfico II.7
TIPO DE CAMBIO REAL EFECTIVO EXTRARREGIONAL
(Base enero 1990-diciembre 1999=100)

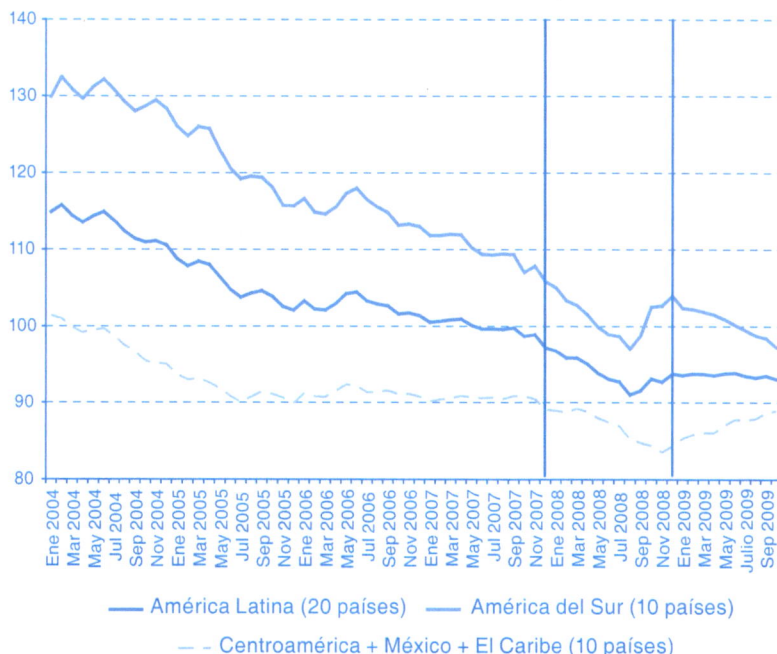

── América Latina (20 países)　── América del Sur (10 países)

── ── Centroamérica + México + El Caribe (10 países)

Fuente: Comisión Económica para América Latina y el Caribe (CEPAL), sobre la base de cifras oficiales.

La crisis financiera internacional que hizo eclosión durante el tercer trimestre de 2008 provocó una rápida depreciación nominal respecto del dólar estadounidense de las monedas de los países de la región que contaban con una mayor flexibilidad cambiaria, esquemas de política monetaria con metas explícitas de inflación y un mayor acceso a los mercados internacionales de capitales, como el Brasil, Chile, Colombia y México. También se depreciaron las monedas de otros países de América del Sur que dependen marcadamente del precio de los productos básicos o que tienen una estrecha relación con el Brasil, como el Paraguay y el Uruguay (véase el gráfico II.8). Durante este período, el dólar se fortaleció respecto de otras monedas debido a la preferencia de los inversionistas internacionales por **activos líquidos**[35], que perciben como de bajo riesgo, como los bonos del Tesoro de los Estados Unidos. En Centroamérica y el Caribe, con excepción de la intensa depreciación cambiaria de Jamaica, y en un marco de crisis económica, solo cabe destacar la depreciación del quetzal guatemalteco a consecuencia de la reducción del valor de las exportaciones y de la considerable caída de las **remesas de emigrantes**[36].

Gráfico II.8
**AMÉRICA LATINA (PAÍSES SELECCIONADOS): TIPOS DE CAMBIO
NOMINALES RESPECTO DEL DÓLAR**
(Índice base julio 2008=100)

— México   — Brasil   -- Chile   — Uruguay   — Colombia

Fuente: Comisión Económica para América Latina y el Caribe (CEPAL), sobre la base de cifras oficiales.

La depreciación cambiaria nominal continuó hasta marzo de 2009. A partir de entonces, una serie de factores condujeron a la apreciación cambiaria durante el resto de 2009 de las monedas que más se habían depreciado. Las bajas tasas de interés y el elevado déficit fiscal de los Estados Unidos, así como el alto y creciente nivel de deuda pública asociado, y la mejora de las expectativas de los **mercados internacionales de capitales**[37] ante ciertos indicios de que lo peor de la crisis ya había pasado en varios países (incluidos muchos **países emergentes**[38]) resultaron en una disminución de la demanda de activos denominados en dólares. Esto fue acompañado de un mayor apetito de riesgo de los inversionistas, lo que benefició la demanda de activos denominados en las monedas de varios países de la región. Asimismo, se registraron mejoras de los precios de los productos básicos, como el petróleo, algunos metales, como el cobre, y de los productos exportados por los países de América del Sur, respecto de los límites alcanzados como consecuencia de la crisis internacional. Todo esto aumentó el interés de los inversionistas por los activos de países emergentes, como el Brasil, lo que contribuyó a la apreciación nominal de sus monedas durante el período. En particular, entre marzo y noviembre de 2009, el real brasileño se apreció un 25,40% respecto del dólar, el peso colombiano un 20,00%, el peso uruguayo un 13,50% y el peso chileno un 11,90%. De esta forma, estas monedas retomaron la tendencia observada en 2007 y 2008, hasta la ocurrencia de la crisis.

Por otra parte, si bien el peso mexicano se apreció nominalmente un 9,30% durante el período, ello refleja la apreciación registrada entre marzo y abril, como se indica en el gráfico II.8. A partir de entonces y hasta noviembre, esa moneda osciló en un nivel un 30,00% superior al alcanzado antes de la crisis internacional debido, entre otras cosas, a las expectativas de los inversionistas sobre la evolución de la economía en el corto plazo.

Entre marzo y noviembre de 2009, los tipos de cambio nominales en Centroamérica y el Caribe registraron pequeños depreciaciones o pocas modificaciones: -2,70% en Guatemala, -1,50% en Costa Rica y -1,10% en la República Dominicana. En este último grupo de países, a diferencia de lo que ocurrió en los de América del Sur, se continuaron registrando menores entradas de divisas a raíz de la reducción de las exportaciones y la caída de los flujos de remesas de emigrantes.

En paralelo con la evolución del marco externo, que resultó primero en la depreciación y posteriormente en la apreciación de las monedas de varios países de América del Sur y México, los bancos centrales de esos países desacumularon reservas (o no las acumularon significativamente) entre junio de 2008 y marzo de 2009, tras lo cual volvieron a acumularlas entre marzo y septiembre de 2009. Esto puede observarse en el gráfico II.9, donde se muestra la intervención cambiaria del Brasil, Colombia y el Uruguay, tres de los cuatro países que registraron la mayor apreciación nominal de sus monedas a partir de marzo de 2009. Se destaca especialmente el caso del Brasil, que adquirió 31.276 millones de dólares entre abril y octubre de 2009. Este patrón también se repite en otros países, como la Argentina, México, el Paraguay y el Perú. En América del Sur hubo algunas excepciones a este comportamiento: el Estado Plurinacional de Bolivia acumuló reservas en ambos períodos tras haber fijado su tipo de cambio y la República Bolivariana de Venezuela registró una importante reducción de los niveles de **reservas internacionales**[39] debido, entre otras cosas, al traspaso de reservas del banco central al Fondo de Desarrollo Nacional (FONDEN) para utilizarlas en diversos proyectos a cargo de este último.

Gráfico II.9
AMÉRICA LATINA (PAÍSES SELECCIONADOS): INTERVENCIÓN CAMBIARIA
(En millones de dólares)

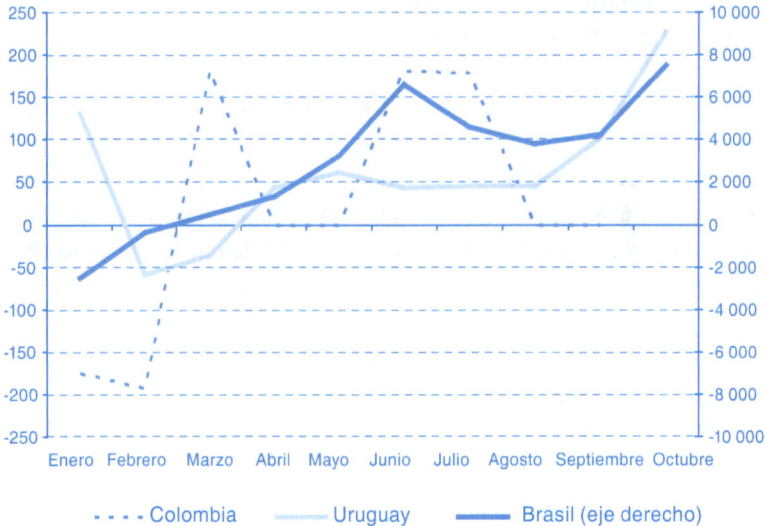

· · · · Colombia   Uruguay   Brasil (eje derecho)

Fuente: Comisión Económica para América Latina y el Caribe (CEPAL), sobre la base de cifras oficiales.

Como se señaló en el Estudio económico de América Latina y el Caribe 2008-2009, a partir de la eclosión de la crisis internacional en el tercer trimestre de 2008, los países de la región con cierto margen de libertad en la conducción de la política monetaria optaron por tratar de reducir el impacto de la crisis en el producto, en un contexto de inflación decreciente. En particular, esta política supuso reducciones significativas de las tasas de interés de política, así como un aumento en varios casos de los **agregados monetarios**[40] y, en otros casos, como el del Brasil, la adopción de ciertas medidas adicionales para proveer de liquidez en moneda nacional y en divisas al sector privado. Esta instancia de política monetaria se mantuvo durante todo 2009[①].

A pesar de la marcada reducción de las tasas de interés de política y de la intervención compradora en el mercado cambiario por parte del Banco Central del Brasil, como ya se indicó, el real se apreció un 25,40% respecto del dólar entre marzo y noviembre de 2009. Por ello, el 20 de octubre de 2009 las autoridades brasileños decidieron establecer un impuesto sobre los flujos de capital de cartera (lo que exime de pago a la inversión extranjera directa). Posteriormente, el 19 de noviembre de 2009 se decidió establecer un impuesto del 1,50% para los **títulos de depósito en el mercado estadounidense** [41]

---

① Véanse más detalles en la sección correspondiente a la política monetaria de este documento.

(American Depositary Receipts, ADR) de las empresas brasileños que cotizan en la **bolsa**[42] de Nueva York, a fin de aumentar el efecto del impuesto sobre la cotización del real (véase el recuadroII.3).

Recuadro II.3
AMÉRICA LATINA: MEDIDAS ADOPTADAS PARA MODERAR LOS INGRESOS DE CAPITALES

A partir de marzo de 2009 las monedas de varios países de la región comenzaron un proceso de apreciación cambiaria respecto del dólar, continuando con la tendencia registrada hasta el comienzo de la crisis internacional. En particular, los flujos de capitales hacia esos países, entre los que se destacan el Brasil, Chile y Colombia, constituyeron un elemento importante detrás de la apreciación cambiaria de las monedas. En un contexto de alta liquidez internacional, las bajas tasas de interés de los países industrializados, como los Estados Unidos (y la perspectiva de que permanezcan bajas en el futuro cercano), el limitado dinamismo de estas economías y la percepción de los inversionistas de una mayor solidez en las variables fundamentales de los países emergentes han derivado en la trayectoria observada de los flujos financieros hacia estos últimos mercados desde fines del primer trimestre de 2009.

Al igual que ocurre en el resto del mundo, a fin de evitar la excesiva volatilidad de la cotización de sus monedas o frente a movimientos significativos del tipo de cambio impulsados por expectativas que no necesariamente responden a modificaciones en los parámetros fundamentales de esas economías, las autoridades de los países de América Latina que han registrado procesos de apreciación cambiaria sostenidos en el tiempo han recurrido, principalmente, a la acumulación de reservas internacionales como instrumento de política[a]. Como se indica en las secciones sobre tipo de cambio y flujos de capitales de este documento, esta práctica ha permitido a los países de la región acumular volúmenes importantes de reservas.

Sin embargo, en distintas oportunidades, la intervención cambiaria no ha sido el único instrumento utilizado por los países de la región para dichos fines. En distintos momentos se han adoptado herramientas como los encajes, los impuestos a las entradas de capital y las restricciones a la venta a extranjeros de ciertos activos denominados en moneda nacional para afectar los flujos de capitales y su impacto en la cotización de las monedas nacionales.

A este respecto, resulta interesante destacar algunos ejemplos recientes o actualmente vigentes:

Chile aplicó encajes a los capitales provenientes del exterior durante los años noventa, cuando a partir del aumento de los influjos de capital a principios de esa década se impusieron controles a la entrada de estos (Cowan y De Gergorio, 2005). En junio de 1991 se introdujo un requisito de encaje no remunerado sobre los flujos de capitales, inicialmente del 20%, por un período de tiempo que dependía del tipo de inversión. Como indican Cowan y De Gregorio (2005), en 1992 y 1995 se incluyeron en el encaje los depósitos en moneda extranjera y lo obtenido por la emisión de títulos de depósito en el mercado estadounidense (ADR), mientras que el encaje se aumentó al 30% del flujo de capital y su plazo se fijó en 12 meses, independientemente del vencimiento o la naturaleza del instrumento. Tras la crisis de 1998, el encaje se rebajó en junio de ese año al 10%, en septiembre al 0% (Forbes, 2002) y en abril de 2001 el Banco Central de Chile lo eliminó (véase [en línea] http://www.bcentral.cl/prensa/comunicados-consejo/pdf/16042001.pdf). Cabe recordar que el Tratado de Libre Comercio entre Chile y los Estados Unidos permite a Chile introducir restricciones al ingreso y la salida de capitales por lapsos no superiores a un año, sin que estas restricciones estén sujetas a controversia (DIRECON, 2009).

En la Argentina, desde junio de 2005 se exige, en el caso de ingresos en moneda extranjera, la constitución de un depósito en dólares por un monto equivalente al 30% en la misma moneda del total de la operación. A noviembre de 2009, este depósito obligatorio se aplica, con algunas excepciones, a distintos tipos de flujos de capital: deudas financieras del sector financiero y privado no financiero; emisiones primarias de acciones de empresas residentes que no cuentan con oferta pública y cotización en mercados autorregulados (si no son fondos de inversión directa); inversiones de cartera de no residentes destinadas a tenencias de moneda local y activos y pasivos financieros de los sectores financiero y privado no financiero, así como a la adquisición de derechos en mercados secundarios sobre valores emitidos por el sector público y la suscripción primaria de títulos emitidos por el banco central; ingresos de divisas en el mercado local de cambio por ventas de activos externos de residentes del sector privado por montos mayores a dos millones de dólares por mes calendario, e ingresos de fondos en el mercado local de cambio destinados a suscribir la emisión primaria de títulos, bonos o certificados de participación emitidos por el fiduciario de un fideicomiso[b]. También existe un plazo mínimo de 365 días para los endeudamientos y las renovaciones de deudas de residentes con el exterior, que no pueden cancelarse antes del vencimiento de dicho plazo.

Desde mayo de 2007 hasta octubre de 2008 Colombia exigía a los inversionistas internacionales la colocación de un depósito no remunerado para la inversión de cartera del exterior en acciones y una permanencia mínima de dos años para la inversión extranjera directa. Originalmente, el depósito requerido era del 40% del total a invertir y a partir del 30 de mayo de 2008 ese porcentaje se incrementó al 50% (véase el Boletín Nº 19 del Banco de la República de Colombia). Estos requisitos se eliminaron como medida de política frente a la crisis internacional, específicamente en el caso de nuevas inversiones del exterior en acciones o en bonos obligatoriamente convertibles en acciones (BOCEAS) y de la adquisición de partes en carteras colectivas compuestas solo por acciones o BOCEAS. Sin embargo, el requisito de depósito se mantuvo para otras inversiones de cartera provenientes del extranjero, sobre todo en activos de renta fija.

En el Perú, además de la intervención directa en el mercado cambiario, el banco central utiliza la modificación de los encajes en dólares como herramienta para manejar la liquidez interna en moneda extranjera (Rossini, Quispe y Gondo, 2008). A principios de 2008, ante las abundantes entradas de capitales, además de la fuerte intervención en el mercado cambiario y el aumento de los encajes en nuevos soles y en dólares (a fin de reducir la necesidad de esterilización), el Banco Central de Reserva del Perú (BCRP) adoptó otras medidas para limitar la entrada de capitales[c]. Específicamente, dejó de emitir por un tiempo certificados de depósito (CDBCRP) y los reemplazó primero por subastas de depósitos no transferibles y después por certificados de depósito de negociación restringida (CDBCRP-NR). Estos solo podían ser adquiridos por entidades financieras nacionales, a fin de restringir su papel al de instrumentos de control de liquidez y de que no se convirtieran en activos de inversión atractivos para inversores internacionales. Estos instrumentos podían negociarse entre los participantes en las subastas de colocación. Según el informe de inflación del BCRP de enero de 2008, al 5 de febrero de 2008 los no residentes eran dueños del 30% de los CDBCRP. Otra medida adoptada en ese momento fue el establecimiento de una comisión a la transferencia de propiedad de los certificados del BCRP para no residentes. Cabe destacar que, a partir de la firma del Tratado de Libre Comercio con los Estados

Recuadro II.3 (conclusión)

Unidos, el Perú enfrenta restricciones para imponer medidas discriminatorias en contra de los inversionistas estadounidenses.

El ejemplo más reciente es el del Brasil, que el 20 de octubre de 2009 puso en vigor un impuesto del 2% a los flujos de capital destinados a la adquisición tanto de acciones como de bonos, excluida la inversión extranjera directa. Un mes después, y a fin de hacer más efectivo el impacto del impuesto sobre los flujos de capitales, el Brasil decidió gravar con un impuesto del 1,5% los títulos de depósito en el mercado estadounidense de las empresas brasileñas que cotizan en la bolsa de Nueva York. Durante el anterior período de significativa apreciación nominal del real, el Brasil había establecido un impuesto del 1,5% a las inversiones extranjeras en activos de renta fija, que fue eliminado en octubre de 2008 tras la eclosión de la crisis financiera internacional.

El interés en los círculos de política de los mercados emergentes por instrumentos como los mencionados a fin de (potencialmente) modificar las entradas de capitales no se limita a América Latina, como indica la reciente decisión de la provincia china de Taiwán de prohibir los depósitos a plazo de no residentes.

Fuente: Comisión Económica para América Latina y el Caribe (CEPAL), sobre la base de K. Cowan y J. De Gregorio, "International borrowing, capital controls and the exchange rate: lessons from Chile", Documento de trabajo, N° 322, Santiago de Chile, Banco Central de Chile, mayo de 2005; K.J. Forbes, "One cost of the Chilean capital controls: increased financial constraints for smaller traded firms", MIT Sloan Working Paper, N° 4273-02, diciembre de 2002; Dirección General de Relaciones Económicas Internacionales de Chile (DIRECON), Chile: 20 años de negociaciones comerciales, Santiago de Chile, Ministerio de Relaciones Exteriores, noviembre de 2009; Banco Central de la República Argentina, Comunicado, N° 49561, 19 de noviembre de 2009; R. Rossini, Z. Quispe y R. Gondo, "Macroeconomic implications of capital inflows: Peru 1991–2007", Financial Globalisation and Emerging Market Capital Flows, BIS Papers, N° 44, diciembre de 2008.

[a] Especialmente, si dichos movimientos conducen a que el tipo de cambio alcance niveles en los que comienzan a surgir inquietudes acerca de la posibilidad de desalineación cambiaria.

[b] Entre las excepciones se destacan los préstamos en moneda extranjera otorgados por las entidades financieras locales, la inversión extranjera directa, las inversiones de no residentes para la compra de inmuebles y los endeudamientos financieros con el exterior del sector privado no financiero si tienen una vida media no menor a dos años y están destinados a la inversión en activos no financieros (véase Banco Central de la República Argentina, Comunicado N° 49561).

[c] En 2008, los encajes marginales para los depósitos de no residentes llegaron al 120%.

En Centroamérica, México y Jamaica las remesas de emigrantes comenzaron a caer en el cuarto trimestre de 2008 y esa disminución se aceleró durante los dos primeros trimestres de 2009, como se indica en la sección correspondiente al sector externo en este documento. Dada la importancia de las remesas en el sector externo de los países de la región (sobre todo de los más pequeños), su descenso contribuyó a la depreciación registrada en las monedas de la región. En lo que respecta al tipo de cambio efectivo total, entre diciembre de 2008 y octubre de 2009 solo cinco países de la región registraron apreciaciones efectivas: Brasil (26,20%), República Bolivariana de Venezuela (13,30%), Colombia (10,20%), Uruguay (9,10%) y Chile (8,50%). Como se menciona en la sección correspondiente a la evolución de la inflación de este documento, la tasa de inflación en general se desaceleró rápidamente en la región a partir de la crisis financiera internacional. Cabe recordar que en la República Bolivariana de Venezuela se mantiene un tipo de cambio fijo sin modificaciones desde marzo de 2005 en un marco de elevada inflación, lo que ha provocado una fuerte **apreciación cambiaria real efectiva**[43] que, sin embargo, ha sido menor que la apreciación real respecto del dólar debido a la apreciación real de las monedas de los socios comerciales de la región. Además de los países de Centroamérica, también el Ecuador, el Estado Plurinacional de Bolivia y el Paraguay registraron depreciaciones de su **tipo de cambio efectivo**[44] durante el período. En el caso del Estado Plurinacional de Bolivia y el Paraguay esto se debe, principalmente, a la fuerte apreciación de las monedas de sus socios comerciales a partir de marzo de 2009 (sobre todo el Brasil), lo que mejoró la competitividad cambiaria relativa de esos países. En cuanto al Ecuador, la debilidad de su **moneda de curso legal**[45] (el dólar) a partir del segundo trimestre de 2009 (sobre todo frente a socios comerciales como Colombia) condujo a su depreciación efectiva. Como resultado de la depreciación cambiaria de 2008, que fue seguida por el mencionado proceso de apreciación que registraron varios países de América del Sur, los niveles de los tipos de cambio reales efectivos de la región se encontraban en octubre de 2009 como se muestra en el gráfico II.10 respecto del promedio histórico registrado en los últimos 20 años[1]. Cabe destacar dos puntos interesantes: en primer lugar, el tipo de cambio real efectivo de la República Bolivariana de Venezuela se encontraba en octubre de 2009 un 50,70% por debajo (apreciación) del nivel medio registrado en los últimos 20 años y mostraba el nivel más bajo de los últimos 30 años; en segundo término, se observa cómo el proceso de apreciación cambiaria nominal de las monedas del Brasil, Chile, Colombia y el Uruguay resultó, en poco tiempo, en la reducción significativa del nivel del tipo de cambio efectivo de dichos países. Sin embargo, en los dos últimos casos, los niveles no se encontraban alejados de su promedio histórico.

Gráfico II.10

AMÉRICA LATINA Y EL CARIBE (PAÍSES SELECCIONADOS): TIPOS DE CAMBIO REALES EFECTIVOS TOTALES

(Niveles de diciembre de 2008 y octubre de 2009 respecto del promedio 1990-2009)

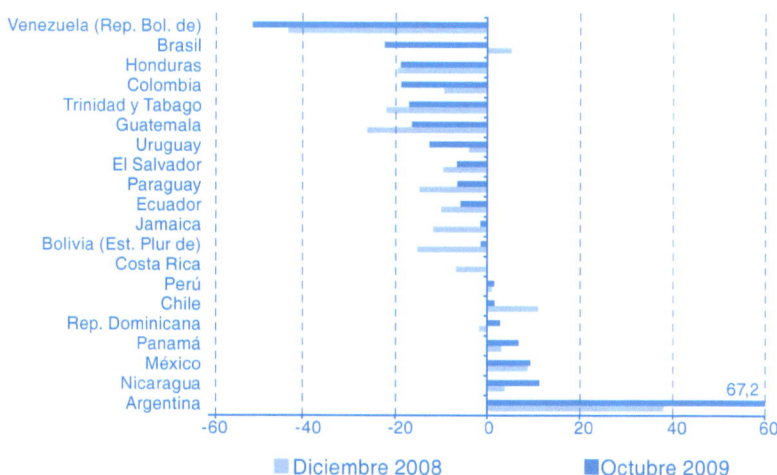

Fuente: Comisión Económica para América Latina y el Caribe (CEPAL), sobre la base de cifras oficiales.

---

[1]　Más específicamente, durante el período 1990-2009.

III. La política monetaria

Desde 2009, los países de la región que mantienen un régimen de metas de inflación, es decir el Brasil, Chile, Colombia, el Paraguay y el Perú, con excepción de México, registraron una inflación menor o que se ubica dentro del rango meta establecido por los bancos centrales. Cabe señalar que este resultado contrasta con el comportamiento de la inflación en 2008 (véase el gráfico II.11), aunque se diferencia del registrado en los tres años previos a 2008, ya que en un grupo importante de países la inflación se encuentra por debajo del rango meta. En 2009, los bancos centrales de estos países no corrigieron al alza su rango de crecimiento de precios debido a que se interpretó que el brote inflacionario estuvo asociado a la perturbación externa que sacudió a los mercados internacionales de productos agrícolas y de **hidrocarburos**[46], y que produjo cuantiosos incrementos en la cotización de esos bienes, sobre todo entre el tercer trimestre de 2007 y el segundo trimestre de 2008.

Gráfico II.11

AMÉRICA LATINA (PAÍSES SELECCIONADOS): INFLACIÓN EFECTIVA, SUBYACENTE Y RANGO META

(En porcentajes)

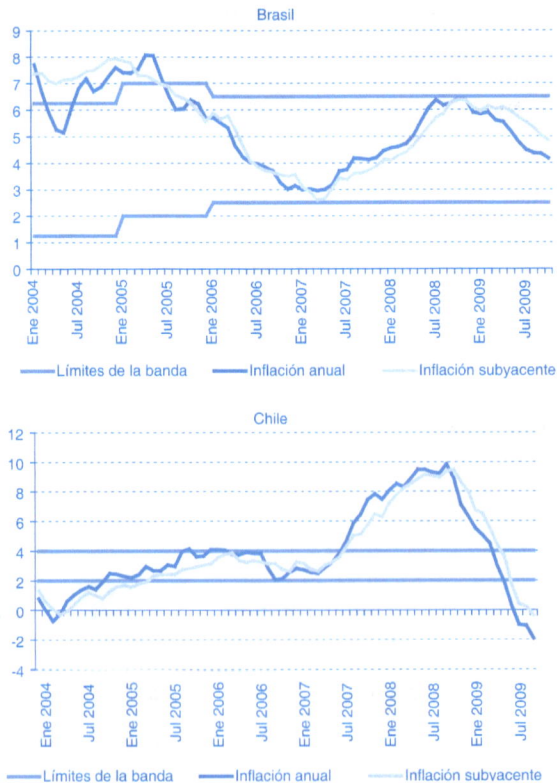

La **flexibilización**[47] de la política monetaria comenzó en septiembre de 2008, cuando los bancos centrales, ante las **perturbaciones financieras**[48] que estaban teniendo lugar en el contexto internacional, tomaron distintas medidas, como la apertura de líneas especiales de crédito, para proveer de liquidez tanto en moneda nacional como en dólares a los sistemas financieros nacionales (véase el recuadro II.4). Como reflejo de la incertidumbre y la falta de liquidez la **tasa interbancaria**[49] creció en el cuarto trimestre de 2008, sobre todo en el Uruguay (véase el gráfico II.12a y b). Estas inyecciones de liquidez fueron seguidas en 2009 por bajas de la **tasa de referencia**[50] de política monetaria de los bancos centrales, que se trasladaron en mayor o menor medida a la estructura de los tipos de interés de las economías; la tasa interbancaria no fue una excepción, ya que, como cabe esperar en condiciones en que se ha normalizado la liquidez del sector financiero, las tasas guardan una estrecha relación entre sí. Además, otro indicador de que en 2009 los problemas de liquidez parecen resueltos en algunos países de la región es que a partir del segundo trimestre algunos bancos centrales comenzaron a acumular reservas internacionales, a diferencia de lo que había ocurrido en el cuarto trimestre de 2008 y el primero de 2009[1].

Recuadro II.4

MEDIDAS DE POLÍTICA MONETARIA TOMADAS EN LA REGIÓN ANTE LA CRISIS FINANCIERA INTERNACIONAL

La flexibilización de la política monetaria comenzó en septiembre de 2008 cuando los bancos centrales, ante las perturbaciones financieras que estaban teniendo lugar en el contexto internacional, tomaron medidas para proveer de liquidez a los sistemas financieros nacionales, tanto en moneda nacional como en dólares (véase el cuadro)[a].

Las decisiones de los institutos emisores, además de los cambios en la tasa de referencia de la política monetaria, consistieron en modificaciones del encaje bancario, medidas todas orientadas a proveer de liquidez al sistema financiero y garantizar su estabilidad. Con respecto a las primeras, las autoridades monetarias de 12 países de América y el Caribe bajaron sus tasas de encaje efectivo tanto en moneda nacional como en moneda extranjera con el objeto de ampliar el potencial de expansión secundaria de oferta de dinero. Esta medida también se puso en práctica para los depósitos en moneda extranjera, cuyo encaje, en el caso del Banco Central de Bolivia, se rebajó menos que el de los depósitos en bolivianos para incentivar las posiciones en esta moneda.

Por su parte, en 27 países de la región implementaron diversas medidas cuyo objeto fue dar liquidez al sistema financiero. Entre ellas se cuentan programas de recompra adelantada de títulos emitidos por el banco central o la redención neta de títulos (que en la práctica supuso una reducción de los saldos de títulos emitidos por la autoridad monetaria), el aumento de líneas de crédito con el sistema financiero o préstamos con garantía sobre la cartera de crédito de las instituciones, la ampliación de las ventanillas de reporto y la inyección de liquidez mediante operaciones de reporto. Algunas de las medidas tomadas son una muestra de innovación en operaciones de suministro de liquidez al sistema financiero. Por ejemplo, el Banco Central del Uruguay ofreció a los bancos la posibilidad de canjear los certificados de devolución de impuestos por efectivo y el Banco de la República de Colombia sustituyó las operaciones de contracción por un instrumento más líquido: los depósitos remunerados.

Por último, ejemplos de otras medidas son las tomadas en la Argentina, donde se aplicó una mayor regulación a las transferencias con el exterior, prohibiéndose las operaciones con países que no faciliten información para intentar evitar las colocaciones en bancos extraterritoriales[b]; las del Brasil, donde se ampliaron los poderes del banco central para intervenir instituciones financieras con problemas. En el Salvador, Barbados, Guyana y Trinidad y Tabago se plantearon iniciativas para lograr una mejor regulación y supervisión del sistema financiero.

AMÉRICA LATINA Y EL CARIBE: MEDIDAS DE POLÍTICA MONETARIA

	AR	BO	BR	CL	CO	CR	CU	EC	SV	GT	HT	HN	MX	NI	PA	PY	PE	DO	UY	VE	BS	BB	BZ	GY	JM	SR	TT	AI	AG	DM	GD	MS	KN	LC	VC	CA	US
Política monetaria y financiera																																					
Modificación del encaje bancario	X	X	X	X	X				X	X			X		X	X	X								X												
Provisión de liquidez en moneda nacional	X	X	X	X	X	X			X		X	X	X	X	X	X	X	X		X					X	X	X	X	X				X	X	X	X	X
Cambios en la tasa de política monetaria		X	X	X	X			X				X	X			X	X	X	X		X				X		X									X	X
Otras medidas	X		X		X					X	X		X			X	X	X	X		X	X			X												X

[a] Las medidas tomadas en cada país se encuentran detalladas en CEPAL (2009).
[b] Esta medida fue tomada en conjunto por la Administración Federal de Ingresos Públicos (AFIP), el Banco Central de la República Argentina (BCRA) y la Comisión Nacional de Valores (CNV).

---

[1] Véanse más detalles en la sección de política cambiaria de este documento.

Gráfico II.12
AMÉRICA LATINA Y EL CARIBE (PAÍSES SELECCIONADOS): TASA INTERBANCARIA
(En porcentajes)

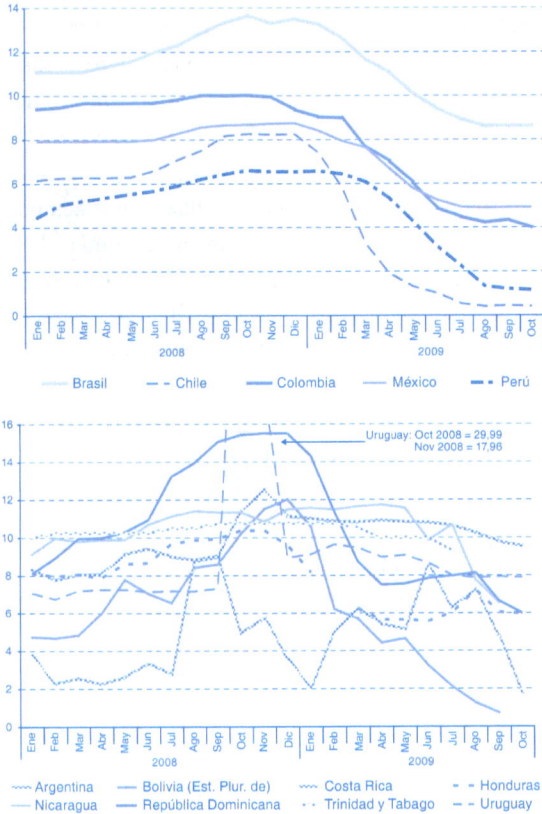

— Brasil   – – Chile   — Colombia   — México   – ▪ – Perú

Uruguay: Oct 2008 = 29,99
Nov 2008 = 17,96

⁓ Argentina   — Bolivia (Est. Plur. de)   ⁓ Costa Rica   – ▪ – Honduras
— Nicaragua   — República Dominicana   ·· Trinidad y Tabago   – – Uruguay

Fuente: Comisión Económica para América Latina y el Caribe (CEPAL), sobre la base de las cifras oficiales.

En 2009 la principal medida de los institutos emisores fue la continuación de su orientación expansiva mediante la reducción de las tasas de referencia de política monetaria luego de observarse claras señales de alivio de las presiones inflacionarias internas. Los bancos centrales de los países que siguen un **régimen de metas de inflación**[51] fueron los primeros que redujeron las tasas de referencia de política monetaria (véase el gráfico II.13a). El Banco de México, comenzó a bajar esta tasa en enero, el mismo mes en que empezó a menguar el crecimiento de los precios en ese país. En el Brasil, Chile y Colombia, países en los que la inflación interanual comenzó a reducirse a partir de noviembre de 2008[①], las autoridades monetarias resolvieron

---

① Los bancos centrales de Honduras y el Paraguay fueron los únicos que interrumpieron sus rachas de caída de esta tasa: en el primero se redujo entre septiembre de 2008 y julio de 2009 y en el segundo entre octubre de 2008 y abril de 2009.

reducir las tasa de referencia de política monetaria luego de conocer el crecimiento de los precios correspondiente a diciembre. Por su parte, el Banco Central de Reserva del Perú redujo esta tasa en febrero, después de registrar tres meses consecutivos de caída de la inflación. El Banco Central del Uruguay también redujo la tasa de interés en abril, mientras que en Trinidad y Tabago el instituto emisor bajó su tasa de referencia de política monetaria luego de que la inflación cediera por cuarto mes consecutivo. Por su parte, el Banco Central de Jamaica bajó esta tasa por primera vez en julio, tras registrarse una declinación de la inflación interanual durante siete meses consecutivos.

Gráfico II.13

AMÉRICA LATINA Y EL CARIBE (PAÍSES SELECCIONADOS): TASA DE REFERENCIA DE POLÍTICA MONETARIA NOMINAL

(En porcentajes)

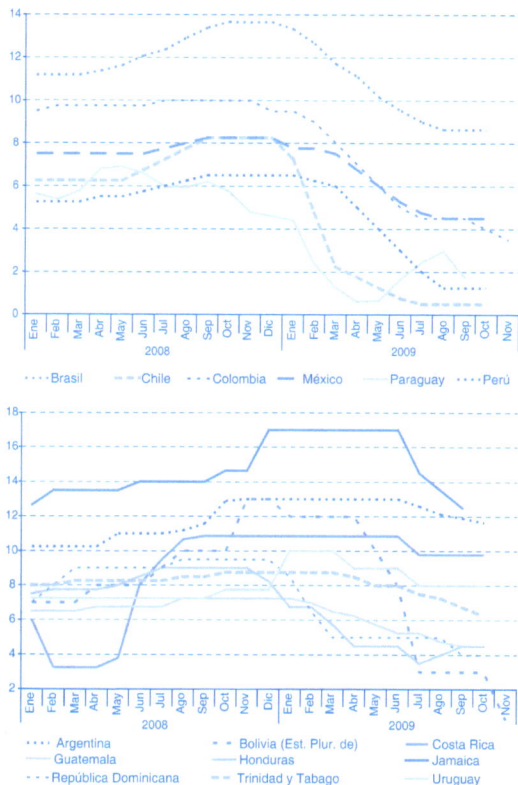

Fuente: Comisión Económica para América Latina y el Caribe (CEPAL), sobre la base de cifras oficiales.

En la mayor parte de los casos considerados, las modificaciones a la tasa de referencia de política monetaria ocurrieron en varias oportunidades durante el año, cuando se incrementaron las expectativas de corrección de precios a la baja en un contexto de ciclo económico débil, ampliándose el margen de maniobra de la autoridad monetaria para contribuir a las políticas de estímulo de la demanda. En tal sentido, el Banco de la República de Colombia bajó esta tasa en nueve oportunidades, mientras que los institutos emisores de Chile, Guatemala, México y el Perú lo hicieron en siete ocasiones, el de Trinidad y Tabago seis, el de Honduras cinco, los de la República Dominicana y Jamaica cuatro, y los de Costa Rica y el Uruguay dos y una ocasión, respectivamente. De todos modos, la magnitud de las modificaciones fue similar en los diferentes países; las mayores en términos absolutos tuvieron lugar en el Estado Plurinacional de Bolivia (1.000 puntos básicos), Chile (775 puntos básicos), la República Dominicana (550 puntos básicos), Colombia (550 puntos básicos), el Perú (525 puntos básicos) y el Brasil (501 puntos básicos), mientras que los países que tuvieron la menor variación absoluta fueron el Uruguay (25 puntos básicos), la Argentina y Costa Rica (109 puntos básicos cada uno). En términos relativos, medido como la razón entre la tasa de referencia de política monetaria máxima de los últimos meses y su nivel mínimo, estos tres últimos países también anotaron las variaciones mínimas (80,00%, 92,00% y 90,00%, respectivamente). Por su parte, los que registraron la máxima variación fueron Chile, donde la tasa mínima representó el 6% de su valor máximo, el Perú (19,00%), el Estado Plurinacional de Bolivia (23,00%), Colombia (35,00%) y la República Dominicana (42,00%)[①]. Cabe destacar que en el Brasil, Chile, Colombia y el Perú los niveles nominales de la tasa a fines de noviembre fueron los menores desde que se sigue un régimen de inflación y en México es la menor desde agosto de 2003. A pesar de los esfuerzos descritos, debido a la marcada caída de la inflación algunos bancos centrales presentaron tasas de referencia de política monetaria reales ascendentes (véase el gráfico II.14).

En cuanto al efecto de la reducción de esta tasa sobre las **tasas activas**[52] medias de los bancos, el resultado difiere de un país a otro. En Colombia, México, la República Dominicana y el Uruguay la disminución de la tasa se tradujo en una reducción absoluta mayor de las tasas activas, mientras que en el Estado Plurinacional de Bolivia, Chile, Costa Rica, Honduras, el Perú y Trinidad y Tabago esta fue menor. En el Brasil fue muy similar la evolución de ambas tasas. Sin embargo, cabe aclarar que, proporcionalmente, la disminución de las tasas activas fue menor a la de la tasa de referencia de política monetaria (en la región las tasas activas continúan siendo altas comparadas con esta última). En octubre de 2009 la razón entre la tasa activa promedio y la tasa de referencia de política monetaria va de 1,90 en el Uruguay a 23,30 en Chile. En el caso del Perú fue de 12,40; sin embargo, la razón entre la **tasa activa preferencial**[53] media y la tasa de referencia de política monetaria fue de 1,20. El diferencial (spread) de las tasas de interés bancarias activas y pasivas cayeron recién en

---

① Por su parte, la autoridad monetaria de Jamaica redujo la tasa de referencia de política monetaria 450 puntos básicos, siendo la tasa mínima el 74,00% de la tasa máxima; el Banco de México la rebajó 3,75 puntos porcentuales, siendo el mencionado cociente del 55,00%.

el tercer trimestre por debajo de las cifras del cuarto trimestre de 2009, sin embargo en el Estado Plurinacional de Bolivia, Chile, Costa Rica y Honduras ese no fue el caso.

Cabe señalar que en algunos países la liquidez provista por la **redención neta**[54] de **títulos**[55] por parte de los institutos emisores no necesariamente se canaliza hacia el sector privado sino que también ha suministrado espacio para el financiamiento del sector público. Tal es el caso del Estado Plurinacional de Bolivia, donde el Tesoro General de la Nación incrementó su emisión de títulos en moneda nacional un 39,30% entre octubre de 2008 y octubre de 2009. El crecimiento en la colocación de estos títulos es equivalente al 49,30% de la caída de las operaciones de mercado abierto del Banco Central de Bolivia. En el Paraguay la caída interanual a septiembre del saldo de los instrumentos de regulación monetaria fue del 39,00% y ha sido parcialmente compensada con la emisión de **bonos del tesoro general**[56].

Gráfico II.14
AMÉRICA LATINA Y EL CARIBE (PAÍSES SELECCIONADOS): TASA DE REFERENCIA DE POLÍTICA MONETARIA REAL
(En porcentajes)

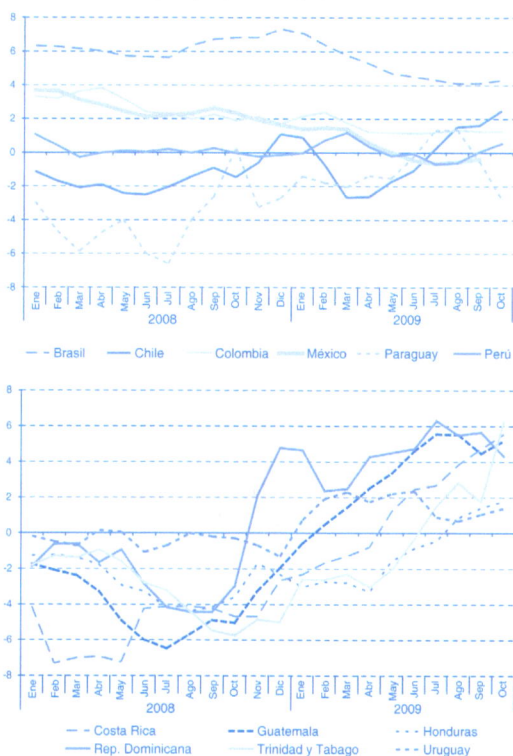

— - Brasil　—— Chile　　Colombia　··· México　··· Paraguay　—— Perú

— - Costa Rica　——— Guatemala　··· Honduras　—— Rep. Dominicana　—— Trinidad y Tabago　--- Uruguay

Fuente: Comisión Económica para América Latina y el Caribe (CEPAL), sobre la base de cifras oficiales.

Crédito bancario y depósitos

En 2009 la tasa de crecimiento del **crédito privado**[57], como cabe esperar tras la caída la tasa de crecimiento de la actividad económica, se desaceleró en todos los países (incluidos Chile, Colombia, Honduras, México y el Uruguay) con respecto a la evolución de los cuatro años anteriores (véase el cuadro II.3). Los **créditos al consumo**[58] y comercial fueron los que experimentaron el mayor deterioro. En el cuadro II.4 se presenta la evolución del crédito de los bancos públicos, que muestra considerables incrementos excepto en el Uruguay, lo que revela que algunos gobiernos de la región han intentado utilizar a los bancos públicos para compensar la lenta dinámica del crédito privado. Asimismo, un signo del deterioro del crédito bancario en la región ha sido el crecimiento de la **cartera vencida**[59] como porcentaje de los créditos totales. En términos interanuales, a septiembre de 2009 en Argentina este indicador pasó del 2,80% al 3,70%, en el Brasil del 2,80% al 4,40%, en Chile del 0,90% al 1,30%, en Colombia del 4,10% al 4,50%, en México del 2,80% al 3,50%, en el Perú del 1,20% al 1,60% y en la República Bolivariana de Venezuela del 2,00% al 2,60%. En cambio, en el Estado Plurinacional de Bolivia se produjo una disminución de esta cartera del 5,00% al 4,20%. No obstante, los sistemas bancarios de esos países cuentan con suficientes **provisiones**[60].

Cuadro II.3

AMÉRICA LATINA (PAÍSES SELECCIONADOS): EVOLUCIÓN DEL CRÉDITO DE LOS BANCOS PRIVADOS

(Porcentajes de variación anual)

País	Período	Industrial		Comercial		Hipotecario		Consumo		Rural		Total	
		2008	2009	2008	2009	2008	2009	2008	2009	2008	2009	2008	2009
Brasil	Septiembre a septiembre	33,80	-4,17	29,29	-4,37	34,01	25,55	21,32	6,38	18,06	-4,90	26,84	1,11
Chile	Septiembre a septiembre	...	...	-2,68	-3,86	22,49	18,28	3,33	-0,91	...	...	1,20	-1,10
Colombia	Septiembre a septiembre	...	...	11,23	0,25	3,69	0,22	7,27	-3,25	...	...	8,88	-1,12
Costa Rica	Septiembre a septiembre	23,10	4,76	1,58	-6,03	22,49	18,28	32,51	-4,03	5,49	10,86	17,63	7,79
Honduras	Septiembre a septiembre	-3,40	0,01	3,91	-34,44	...	...	13,66	-10,97	-0,89	11,93	20,83	-0,36
México	Junio a junio	...	...	16,74	2,20	12,08	3,81	10,82	-19,02	...	...	14,32	-3,26
Paraguay	Septiembre a septiembre	...	...	50,85	17,44	...	...	74,16	17,68	41,84	14,06	40,21	32,51
Perú	Septiembre a septiembre	13,32	-2,20	28,34	0,77	12,88	22,43	35,68	-3,14	4,84	5,91	24,21	6,24
Uruguay	Septiembre a septiembre	14,05	-20,98	37,28	-8,92	...	...	49,87	13,97	25,08	-23,82	26,23	-11,37

Fuente: Comisión Económica para América Latina y el Caribe (CEPAL), sobre la base de cifras oficiales.

Cuadro II.4

AMÉRICA LATINA (PAÍSES SELECCIONADOS): EVOLUCIÓN DEL CRÉDITO DE LOS BANCOS PÚBLICOS

(Porcentajes de variación anual)

País	Período	Industrial		Comercial		Hipotecario		Consumo		Rural		Total	
		2008	2009	2008	2009	2008	2009	2008	2009	2008	2009	2008	2009
Brasil	Septiembre a septiembre	30,56	22,23	25,74	20,10	25,90	40,76	26,18	37,58	12,59	7,71	26,00	33,00
Chile	Septiembre a septiembre	...	...	-3,60	33,62	12,72	9,33	5,31	10,38	...	...	3,81	20,67
Colombia	Septiembre a septiembre	...	...	30,21	32,40	-0,17	-2,16	9,78	30,19	...	...	19,97	36,19
Costa Rica	Septiembre a septiembre	-10,60	8,53	21,79	11,27	17,57	7,72	16,08	3,20	15,08	11,23	15,40	5,82
Honduras	Septiembre a septiembre	...	...	...	...	...	...	...	...	...	...	...	...
México	Junio a junio	...	...	-14,27	11,11	71,60	59,67	16,11	15,67	...	...	-13,28	27,56
Paraguay	Septiembre a septiembre	13,32	-2,20	-19,16	77,30	...	...	28,34	9,34	-11,74	21,93	-2,14	35,18
Perú	Septiembre a septiembre	...	...	-3,29	7,60	-17,78	3,15	...	-9,01	...	...	10,65	10,19
Uruguay	Septiembre a septiembre	50,11	-28,13	4,78	56,54	...	...	85,67	-22,96	35,04	39,00	63,82	-2,18

Fuente: Comisión Económica para América Latina y el Caribe (CEPAL), sobre la base de cifras oficiales.

Un aspecto que cabe destacar de América Latina es que en esta fase débil del **ciclo económico**[61] que tuvo su origen en una **turbulencia financiera internacional**[62] no se han producido quiebras de bancos importantes. La única excepción es la intervención de cuatro bancos en noviembre por parte de la Superintendencia de Bancos e Instituciones Financieras de la República Bolivariana de Venezuela, que representaban un 7,10% de los depósitos totales de los bancos privados. En el Caribe, por el contrario, el sistema financiero sintió los impactos de la crisis internacional. En enero 2009 se intervino el Banco de Inversión CLICO y dos aseguradoras relacionadas en Trinidad y Tabago. Este banco tenía el 11,00% de los activos del sistema financiero de ese país y las aseguradoras un 50,00% del total de las pólizas de seguros. Entre febrero y abril este banco también se intervino en otros países como las Bahamas, Barbados, Belice, Guyana, Suriname y en la Unión Monetaria Caribe Oriental (UMCO). Igualmente, en febrero de 2009, se intervino el Stanford Bank en Antigua y Barbuda. Como consecuencia de estos hechos, los servicios financieros en los países del Caribe registraron una caída en 2009. Cabe esperar que en el corto plazo no se produzcan modificaciones de importancia en el escenario monetario, a menos que ocurran perturbaciones externas que repercutan en el escenario macroeconómico y que existan nuevas modificaciones de la tasa de referencia de política monetaria, como la decisión de finales de noviembre del Banco de la República de Colombia de reducir su tasa del 4,00% al 3,50% con el fin de compensar la **contracción del comercio**[63] con la República Bolivariana de Venezuela.

Cuestionario:

(a) ¿Cuáles son los factores que determinan el escenario fiscal de América Latina y el Caribe en 2009?

(b) ¿Cuáles son los factores que condujeron a la apreciación cambiaria después de la depreciación derivada de la crisis de 2008?

(c) Según la CEPAL, ¿cuáles son las principales políticas monetarias adoptadas en los países latinoamericanos en 2009?

Vocabulario

[1]	espacio fiscal	财政空间
[2]	vulnerabilidad externa	外部脆弱性
[3]	endeudamiento público	公共债务

[4]	ingresos fiscales		财政收入
[5]	gasto público		公共开支
[6]	balances estructurales		结构平衡
[7]	cuentas fiscales		财政账户
[8]	ingresos tributarios		税收收入
[9]	incentivo tributario		税收激励
[10]	créditos fiscales		财政贷款，政府信用，税收抵免
[11]	alícuotas inferiores		低税率
[12]	persona física		自然人
[13]	sistema de seguridad social		社会保险体系
[14]	impuesto a la renta		所得税
[15]	impuesto empresarial		企业所得税
[16]	sector minero		矿业部门
[17]	políticas contracíclicas		逆周期政策
[18]	inversión pública		公共投资
[19]	pymes y microempresas		中小企业和微型企业
[20]	erogaciones corrientes		经常性支出
[21]	seguro social		社会保险
[22]	seguridad social		社会保险
[23]	contractivo	*adj.*	紧缩的，收缩的
[24]	gasto de capital		资本支出
[25]	transferencias de capital		资本转移
[26]	activos fijos		固定资产
[27]	gasto corriente		经常性支出
[28]	tasa de inflación		通胀率
[29]	insolvencia	*f.*	无力偿债
[30]	erario	*m.*	国库
[31]	regímenes macroeconómicos		宏观经济制度
[32]	incidencia de la pobreza		贫困率
[33]	cargas tributarias		税负
[34]	apreciación	*f.*	升值
[35]	activos líquidos		流动资产
[36]	remesas de emigrantes		侨汇
[37]	mercados internacionales de capitales		国际资本市场
[38]	países emergentes		新兴国家
[39]	reservas internacionales		国际储备
[40]	agregados monetarios		货币总量
[41]	títulos de depósito en el mercado estadounidense		美国存托凭证
[42]	bolsa	*f.*	证券交易所

[43]	apreciación cambiaria real efectiva		实际有效汇率下降（即货币升值）
[44]	tipo de cambio efectivo		有效汇率
[45]	moneda de curso legal		法定货币，流通货币
[46]	hidrocarburo	*m.*	碳氢化合物
[47]	flexibilización	*f.*	灵活化
[48]	perturbaciones financieras		金融动荡
[49]	tasa interbancaria		银行同业拆借利率
[50]	tasa de referencia		参考利率
[51]	régimen de metas de inflación		通货膨胀目标制
[52]	tasa activa		贷款利率
[53]	tasa activa preferencial		优惠贷款利率
[54]	redención neta		净赎回
[55]	títulos	*m.pl.*	证券
[56]	bonos del tesoro general		普通国债券
[57]	crédito privado		私人信贷
[58]	créditos al consumo		消费信贷
[59]	cartera vencida		到期有价证券；逾期贷款
[60]	provisión	*f.*	储备
[61]	ciclo económico		经济周期
[62]	turbulencia financiera internacional		国际金融动荡
[63]	contracción del comercio		贸易收缩

评论 | 拉美经济改革深化与宏观经济政策调整（2001—2010年）：基于2001年阿根廷金融危机的教训

20世纪八九十年代，拉美各国进行了大规模的经济结构性改革，曾延续三十余年的进口替代工业化发展模式被出口导向发展模式代替，市场经济体系逐步建立起来。各国改革成就斐然，但一系列矛盾和问题也逐步暴露出来，不仅阻碍了经济的快速发展，更酿成了1994年墨西哥金融危机和1999年巴西金融动荡。然而未发生危机的国家并未因此而提高警惕，2001年底，阿根廷爆发了自1982年债务危机以来最严重的一次金融危机，并迅速演变为经济、政治和社会的全面危机。这场危机所产生的"探戈效应"席卷了几乎整个拉美地区，使拉美在2002年陷入衰退（2001年GDP增长率为0.40%，2002年为-0.40%），2003年才开始缓慢恢复。这次危机彻底暴露了拉美各国在宏观经济政策方面所存在的具有普遍性的问题或潜在矛盾，其沉痛教训使各国对改革的失误有了清醒的认识，并在21世纪的第一个十年中形成共识，开始对宏观经济政策进行调整。

一、阿根廷金融危机的影响和成因以及拉美各国的认识

相对于1994年墨西哥金融危机和1999年巴西金融动荡所带来的超低增长，2001年阿根廷危机造成的影响更大，它使整个拉美经济在2002年出现了负增长；20世纪90年代由于墨西哥、巴西、阿根廷等主要拉美国家的努力，拉美通胀率逐年降低，而2002年又出现反弹；金融资本在巴西金融动荡时已出现外逃现象，2002年更是大量流出；同时净FDI急剧减少（见下页表1）。

2001年阿根廷金融危机的成因概括起来有以下几点：

第一，为避免通胀压力，阿根廷于1991年实行货币局制度，即固定汇率制。十年来这一制度虽然稳定了宏观经济，但导致币值高估，影响出口竞争力，经常项目赤字扩大，外债增加，对外资依赖程度提高。危机后开始实施

浮动汇率制。从表2中可以看出，阿根廷的币值高估程度较其他拉美主要国家更为严重。

表1：1994—2003年拉美主要经济指标（%，十亿美元）

年份	1994	1995	1996	1997	1998	1999	2000	2001	2002	2003
GDP 增长率	5.20	1.10	3.80	5.10	2.20	0.50	3.70	0.40	−0.40	1.90
人均GDP 增长率	3.40	−0.60	2.10	3.40	0.60	−1.10	2.10	−1.10	−1.90	0.40
CPI	324.30	25.40	18.20	10.50	9.80	9.40	8.70	6.00	12.10	8.50
城市公开 失业率	7.70	8.50	9.20	8.80	9.90	10.50	10.00	9.80	10.60	10.70
总外债/ GDP	42.40	43.60	41.50	39.60	44.80	51.10	43.90	44.20	46.50	48.80
净FDI	24.40	25.80	40.30	57.00	60.20	79.00	68.90	70.00	39.20	29.00
金融资本 流动结果	17.30	4.00	27.40	26.70	10.00	−29.20	−7.50	−33.90	−53.30	−25.50

资料来源：CEPAL. *Balance preliminar de las economías de América Latina y el Caribe 2003*, Santiago de Chile, dic. 2003, p.143.

表2：1994—2003年拉美四国实际汇率指数（进出口实际汇率的平均数）
（2000 年 =100，去除 CPI 影响）

年份	1994	1995	1996	1997	1998	1999	2000	2001	2002	2003
阿根廷	106.30	113.10	116.30	114.30	109.90	99.80	100.00	95.90	226.40	209.00
巴西	83.60	75.60	72.20	71.10	73.50	108.40	100.00	120.20	132.10	133.90
墨西哥	102.60	151.60	136.20	118.80	118.70	108.30	100.00	94.10	93.80	103.80
智利	106.60	99.80	97.30	91.80	94.50	99.30	100.00	112.40	112.70	120.90
拉美平均	108.40	107.20	105.70	100.70	99.20	100.70	100.00	99.20	108.40	114.70

资料来源：CEPAL. *Balance preliminar de las economías de América Latina y el Caribe 2003*, Santiago de Chile, dic. 2003, p.160.

第二，对资本自由流动基本不设置障碍，外资流入量在国内资本市场中比例很大，同时短期投资性资本占外资比重过高，自由流动而不受监管，导致金融风险加剧。以上两点与1994年墨西哥金融危机和1999年巴西金融动荡类似。

第三，财政赤字和公共债务长期居高不下。1994年始，阿根廷将大量政府资金用于养老金和退休金等社保支出，同时实行减税以提高因货币高估而受影响的生产竞争力，财政赤字增加，主要通过举借外债来弥补。在1997—1999年亚洲、俄罗斯、巴西金融危机的冲击下，借新债还旧债的链条断裂，导致债务危机爆发。表3显示，阿根廷和巴西在各自危机前后财政赤字相差悬殊。

表3：1994—2003年拉美四国中央政府收支占GDP的比重
（%，按各国货币计算）

年份	1994	1995	1996	1997	1998	1999	2000	2001	2002	2003
阿根廷	−0.90	−1.90	−2.80	−1.40	−1.80	−3.00	−2.10	−3.80	−0.30	−0.20
巴西	−0.60	−5.00	−3.70	−3.00	−4.00	−3.30	−1.20	−1.30	−0.30	−1.10
墨西哥	0.00	−0.60	−0.20	−1.10	−1.40	−1.50	−1.30	−0.70	−1.80	−0.60
智利	1.60	2.40	2.10	1.80	0.40	−1.40	0.10	−0.30	−0.80	−0.80
拉美平均	−1.80	−1.60	−1.40	−1.10	−2.20	−2.90	−2.70	−3.20	−3.00	−2.40

资料来源：CEPAL. *Balance preliminar de las economías de América Latina y el Caribe 2003*, Santiago de Chile, dic. 2003, p.164.

第四，1997—1999年亚洲、俄罗斯、巴西金融危机的负面影响使阿根廷自1998年始经历了三年的连续衰退。在这样的外部冲击下，资本严重外流，大量企业和金融机构都对经济抱有负面预期并改变其生产活动，缩短合同期限，因此无法履行本来的合同义务，这更加重了经济的"不平衡"。

进入21世纪，拉美各国在继续改革的基础上，重点针对阿根廷危机所带来的教训进行宏观经济政策调整：实施严格的财政纪律，改善财政收支；实施通货膨胀目标制以控制通胀；实行浮动汇率制，促进出口，改善国际收支；对金融体系加强监管，增强抗风险能力。以上措施都体现出各国对"国家与市场"这一关系的重新界定，过去那种主张政府完全放弃宏观调控的新自由主义理论已难以立足。

二、21世纪头十年拉美国家宏观经济政策演进

21世纪的第一个十年中，大部分拉美国家对改革进行了再调整：严格财

政纪律，改善收支；控制通胀，保证物价和宏观经济稳定；实行有竞争力的汇率制度，促进出口，改善国际收支；完善金融体系，加强监管。这些措施不仅有利于尽快摆脱阿根廷危机造成的衰退，还使拉美进入了新一轮增长周期。与过去相反，各国政府在此轮繁荣期中并未急躁冒进，而是审慎地实施了逆周期财政货币政策，稳步推进；在2008—2009年全球经济危机中，各国同样使用逆周期政策来努力克服危机造成的影响。

（一）阿根廷危机后的经济调整

在连续衰退三年后，阿根廷于2001年末遭遇了严重的金融危机和社会危机，"探戈效应"给其他拉美各国造成了一定的负面影响。此外，拉美地区还面临着不利的外部环境。首先，外部金融条件恶化，这尤其给南共市国家造成严重影响，使其外部融资成本剧增，2002年拉美资本流失390亿美元。其次，美国经济疲软严重影响了墨西哥、中美洲和加勒比部分国家。第三，非石油生产国贸易比价恶化。一半的拉美国家出口收入减少，更多的国家则因货币贬值而减少了进口。在这样的背景下，2002年拉美经济平均衰退了0.40%，人均GDP低于1997年水平，通胀率比前一年增长一倍，达到12.00%，失业率突破9.10%的历史记录，非正规就业增加，贫困人口达700万。

拉美经济经历了1997—2002年"失去的五年"。面对这样的经济状况，拉美各国对其经济政策进行了调整。

首先，大部分国家实行了相对紧缩的财政政策。在这一轮衰退之前的增长期，各国一般将财政支出作为拉动经济增长的主要手段，这导致阿根廷、巴西等国财政赤字和公共债务激增，成为导致其金融危机的主要原因。此外，财政操作能力在增长期并未得到加强，在衰退期则进一步减弱。2001年后，阿根廷、巴拉圭、乌拉圭和委内瑞拉大幅缩减财政支出，而巴西、智利、哥斯达黎加等国的财政支出并未缩减，甚至有所增加。同时，由于陷入衰退的国家财政收入锐减，政府开始采取措施以增加收入。阿根廷增加了出口税等新税种，乌拉圭则通过法律来为社保筹资。这些努力使拉美整体财政收支基本保持稳定，赤字占GDP的比重为3.30%。拉美地区三个大国的非金融公共部门的收支变化有所不同：阿根廷赤字减少（由2001年占GDP的3.10%到2002年的1.40%），巴西轻微恶化（由1.40%到2.10%），而墨西哥依然保持在0.70%。

其次，汇率和货币政策方面，受危机影响最为严重的阿根廷等国放弃了长期实行的固定汇率制，开始实行浮动汇率制，货币大幅贬值。南共市国家以及与其联系较为紧密的一些国家实行了紧缩性货币政策以避免货币贬值带来的通胀上升。而墨西哥、智利、秘鲁等国则实行了反周期的货币政策。

（二）2003—2007年增长周期中的经济调整

2003—2007年拉美迎来了一轮新的增长周期，经济年增长率分别为2.10%、6.20%、4.60%、5.60%和5.60%，平均增长率为4.82%，高于1991—2000年3.30%的平均水平，也高于上一个增长周期1996—1998年3.70%的平均水平。2003—2007年人均GDP增长率分别为0.80%、4.80%、3.30%、4.20%和4.20%。通胀率自2002年达到12.00%的高点后缓慢回落，2006年为5.00%，2007年略有回升，为6.10%。城市公开失业率由2003年的11.00%降到2007年的8.00%。

这一时期世界各国经济增长较为平稳，平均增长率为3.50%，美国、日本经济缓慢复苏，欧盟经济保持稳定，为拉美提供了一个较好的外部环境。随着国际金融市场状况的改善，资本开始重新流回拉美，其中很重要的一部分是国际货币基金组织（IMF）给予的贷款。五年来拉美各国进出口总额均出现明显增长，其中2007年出口总额达7510亿美元，比上年增长12.30%，进口总额达6770亿美元，比上年增长18.00%。经常账户连续保持盈余，资本账户除2004年外也保持盈余。外汇储备增加，外债逐年减少，外部脆弱性降低。五年来，拉美国家初级产品出口价格连续上涨，贸易比价累计改善19.00%。

1．财政政策

2003—2007年拉美各国经济脆弱性降低首先得益于财政收支的改善和公共债务占GDP比重的降低。"2002—2003年，尽管仍未从衰退中彻底脱身，但各国所实施的财政政策的目的并不是要拉动经济复苏，而是更关注当时所存在的高额公共债务，关注短期内获得资金的重要性。……公共预算此时不再作为反周期手段。"[①] 拉美各国开始着手实施一系列措施来改善财政收支。阿根廷继续实施对农业产品的出口税，同时严格控制中央政府的支出，尤其是

---

① CEPAL. *Balance preliminar de las economías de América Latina y el Caribe 2003*, Santiago de Chile, dic. 2003, p.33.

公务员工资支出。在延期偿还公共债务的同时，中央政府为地方政府筹措资金，并重组地方财政。此外，在与IMF签订的为期三年的协议中，明确承诺对财政进行结构性改革，尤其是对社保体系的改革。巴西新当选政府于2003年初着手深化财政体系调整，减少公务员工资和退休金等高额公共支出，同时增加消费税等税收。九个月后，初级财政盈余占GDP比重达到5.10%，完成了2002年向IMF承诺的目标。货币重新升值，同时外债减少，稳定在占GDP57.00%的比重。智利虽然基本没有公共债务负担（仅占GDP的15.00%），但仍然实施了严格的财政纪律，减少支出，将增值税税率提高一个百分点。

随着宏观经济的改善、生产活动的恢复和贸易比价的改善，各国财政收入不断增加。同时，"并未出现传统的现象，即政府在宏观经济指标出现好转后进行财政支出的扩张。……大部分拉美国家在经济增长期依然实施了谨慎而自主的财政政策，因此基本都获得了较大的初级财政盈余，债务减少，国际储备增加"。[①]

2. 货币政策、汇率政策以及对短期资本流动的控制

2003年，随着通胀压力的降低和财政纪律的实施，在完成通胀目标的前提下，大部分拉美国家的货币政策开始变得宽松。"在那些通胀率相对较低而且比较稳定的国家，货币当局的关注点集中在货币政策的名义比率上，而在那些通胀情况严重的国家，当局则主要调整实际利率，以减缓通胀发展的速度。"[②] 智利、哥伦比亚、墨西哥和秘鲁等国拥有灵活的汇率制度，并实施了通货膨胀目标制，在2002年未发生经济危机时，通胀率维持在一位数，因此在2002年降低了利率，并在2003年继续实施这一货币政策。曾遭遇了严重危机的南共市国家如阿根廷、巴西、乌拉圭和巴拉圭在2002年为控制通胀而升高了利率，但在2003年由于实施了财政调整，通胀下降，利率随之降低。

控制通胀始终是各国货币政策的主要目标。到2005年，由于石油价格上涨，经济发展态势良好，物价有所上升；但因为各国货币普遍升值（央行必须干预外汇市场以避免货币过快升值），所以物价上涨的幅度并不大。顺利实现通胀目标的国家开始继续实施宽松的货币政策，不断降低利率，以刺激

---

① CEPAL. *Balance preliminar de las economías de América Latina y el Caribe 2005*, Santiago de Chile, dic. 2005, pp.49, 63.

② CEPAL. *Balance preliminar de las economías de América Latina y el Caribe 2003*, Santiago de Chile, dic. 2003, p.46.

经济发展；在这一目标基本实现后，为避免与国际利率相差过多，又小幅提高利率，但仍维持在历史上相对较低水平。

在防范金融风险方面，拉美国家，尤其是曾经资本账户开放过快的国家充分认识到了危机带来的教训，特别关注短期外债的增长变化。因此，"在增长周期即资金流入高潮期控制资本流动"就成为此时各国预防危机的重要措施（尽管IMF对此极力反对）。"浮动汇率制有利于抑制短期资本的流动。但在浮动汇率制下，资本流动的随意性又会使名义和实际汇率变得非常不确定。因此就有必要实施直接管控——或者按照智利和哥伦比亚在20世纪90年代上半期的做法，对资本流入实行储备金制度——来稳定汇市，控制资本流入，同时还能改变流入资本的特点，抑制短期资本投机。此外，实施宏观调控政策还可以使资本流入更稳定、后果更可预见。"[1] 在汇率政策和宏观调控的共同作用下，2003—2010年，拉美证券等资本市场上并未出现之前的现象，即金融资本在高潮期大量涌入，危机时又大量流出。资本市场相对稳定，脆弱性减小（表4）。

表4：2001—2010年拉美资本账户变化（百万美元）

年份	2001	2002	2003	2004	2005	2006	2007	2008	2009	2010
资本账户	40 902	−10 286	820	−6 651	24 265	14 767	110 716	66 938	63 303	112 749
净FDI	68 495	51 109	38 136	50 407	55 205	31 979	92 137	96 303	66 442	66 000
其他资本流动	−27 593	−61 395	−37 316	−57 058	−30 941	−17 212	18 579	−29 365	−3 139	46 749

资料来源：CEPAL. *Balance preliminar de las economías de América Latina y el Caribe 2010*, Santiago de Chile, dic. 2010, p.97.

（三）2008—2009年全球经济危机后的经济调整

2008—2009年全球金融危机和经济危机对所有拉美国家都造成了较为严重的影响。在连续增长六年后，2009年拉美经济出现1.90%的衰退，人均GDP下降2.80%，失业率达8.30%。私人银行信贷收缩和经济预期不佳，因此国内

---

① Roberto Frenkel. *Globalización y crisis financieras en América Latina, Revista de la CEPAL 80*, ago.de 2003, p.51.

消费和投资均出现下降。为此许多国家实施了逆周期的财政和货币政策，增加公共支出。2009年第二季度，拉美经济开始缓慢复苏。2009年，拉美实行通胀目标制的国家（即巴西、智利、哥伦比亚、巴拉圭、秘鲁和墨西哥）除墨西哥外，均出现通胀率下降，或者说处于央行所设定的目标区间之中。

全球经济低迷和需求不振导致拉美国家出口量严重下降，而初级产品价格的下降导致主要初级产品出口国贸易比价恶化。同时，侨汇收入和旅游收入的下降影响着墨西哥、中美洲和加勒比等主要移民输出国和以旅游业为支柱的国家。2009年第二季度，世界经济有所恢复，尤其是中国经济需求强劲导致拉美贸易量回升，初级产品价格重新上升，贸易比价改善。

2010年国际经济迅速恢复，拉美经济重新快速增长，增长率达6.00%，人均GDP增速为4.80%，失业率下降到7.60%。由于粮食和石油等国际初级产品价格上涨，通胀率由2009年的4.70%上升到6.20%。就业状况的改善、信贷的增加以及经济预期的好转导致私人消费和固定资本投资显著增加。国际环境的改善使得拉美出口量和出口价格均得到提高，而进口增幅更大。初级产品出口国贸易比价进一步得到改善。

1. 财政政策

全球金融危机发生后，许多拉美国家实施了逆周期的财政政策，不仅部分地弥补了国内需求下降所带来的损失，而且有力地促进了经济的恢复。各国的反危机政策之所以能够较为顺利地实施，主要是得益于在2003—2007年经济增长周期中各国实施了较为谨慎的财政货币政策，制定了较为严格的财政纪律，使得财政状况和宏观经济基本面得以不断改善，这为此时实施逆周期政策、增加公共开支创造了良好的条件。另外，2009年金融危机时通胀率出现下降与以往危机中衰退与通胀加重并存的现象形成鲜明对比，这也让逆周期政策少了后顾之忧。2008年拉美初级财政盈余占GDP比重为1.40%，而2009年变为赤字，占GDP比重为1.00%。其中，随着经济的衰退和初级产品价格的下降，各国财政收入减少；同时，为刺激总需求，减轻最脆弱部门所遭受的影响，公共支出显著增加，除此之外，还增加了对地方政府、家庭和企业的转移支付。虽然在一些国家财政责任法对财政结构收支有着严格规定（如智利）或者对公共支出和债务存在限定（如阿根廷、巴西和秘鲁），但这些国家在2009年都放松了原先所设定的标准以保证逆周期政策的实施。如巴西将预算法规定的公共部门的盈余由占GDP的3.80%下调到2.50%，哥伦比亚将公共部门的赤字占GDP的比重由1.50%上调到2.50%。

另外，"在进行反危机政策调整的过程中，多数国家政府注重政策调整的社会效果，因此调整举措中包括了较多的社会政策内容，涉及消费补贴（燃料、食品、交通、电力等）和救助贫困家庭计划（包括住宅、医疗和教育等）。"[①]

在2009年实施积极财政政策的国家在2010年继续（至少部分地）实施了这一政策。同时，随着经济的恢复和初级产品价格的上升，2010年财政收入有所增加，在此基础上，政府还通过法律改革增加税收。以上收支两方面的因素使得这些国家公共账户的情况得以改善。

2. 货币政策

拉美各国货币政策的灵活性在2008年9月即已显现。面对国际金融动荡，各国央行实行了各种措施，如降低参考利率、开放信贷特别额度以增加本国金融体系中的本国货币和美元流动性等。2009年，在国内通胀压力明显减轻的局面下，各国央行尤其是实行通胀目标制的国家央行得以有能力继续实施扩张性的货币政策，调整银行准备金，大幅增加国有银行的贷款额度。2010年第一季度后，随着国内经济的恢复，实施通胀目标制的国家，如巴西、秘鲁和智利开始重新提高利率，目的是将通胀预期稳定在央行所设定的目标范围内。

三、对21世纪头十年拉美国家宏观经济政策调整效果的评估

拉美在20世纪90年代经历了两个增长周期：1991—1994年（年均增长率为4.10%），1996—1998年（年均增长率为3.70%），分别被墨西哥危机和亚洲、巴西金融动荡所打断。在这两个时期中，低增长伴随着通胀压力（第一时期CPI年平均为400.00%，第二时期为13.00%），外债偏高（第一时期外债占货物和服务出口额比重为260.40%，第二时期为210.70%），因此增长的同时内部风险和外部脆弱性较高，局部地区出现金融危机即会导致整个地区增长停滞。与此相对照，2003—2007年拉美增长周期较为稳健，增长率较高，

[①] 吴国平《2009年拉丁美洲和加勒比经济形势》，内部资料。

同时通胀和外债压力较小。当规模空前的全球经济危机到来时，由于之前宏观经济局面良好，而且各国及时地采取了逆周期反危机政策，拉美经济虽受影响，但得以较快恢复。

（一）宏观经济基本保持稳定

1998—2002年拉美国家财政状况恶化，这是因为一些主要国家财政赤字增加，中央和地方政府债务庞大。如巴西的雷亚尔计划使通胀下降，政府所实际支出的公务员工资以及医疗、农业改革计划和银行体系重组费用大幅增加；而阿根廷将大量政府资金用于养老金和退休金等社保支出，同时实行减税以提高因货币高估而受影响的生产竞争力。这些因素使经济脆弱性增加，构成了导致金融危机的主要原因。而在2003—2007年的持续增长期，拉美主要国家并没有实施顺周期政策，而是吸取教训，未雨绸缪，实施了严格的财政纪律，在控制支出的同时增加税收，使得初级财政连年保持盈余，债务减少，储备增加。2008年全球金融危机造成了拉美的经济衰退和出口减少，这些负面影响使其财政收入锐减，而逆周期财政政策使公共支出大幅增加。总之，21世纪以来大部分时间拉美国家财政状况良好，减弱了经济脆弱性，并为2009年经济迅速恢复创造了条件（图1）。

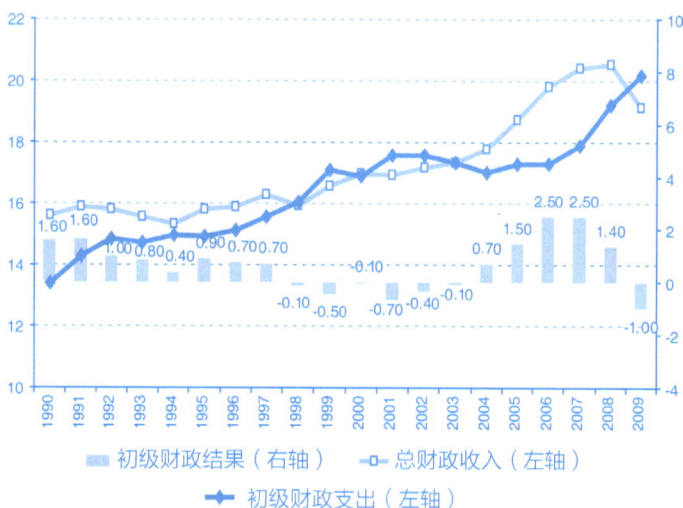

图1：1990—2009年拉美初级财政收支状况（简单平均数，占GDP的百分比）

资料来源：CEPAL. *Balance preliminar de las economías de América Latina y el Caribe 2009*, Santiago de Chile, dic. 2009, p.23.

阿根廷金融危机的"探戈效应"使2002年拉美整体通胀率陡升。由于各国实施了紧缩性财政货币政策，使通胀得以迅速回落。2003—2006年得益于拉美主要国家实施通胀目标制以及各国财政状况持续良好，通胀率稳步下降。2007年第三季度到2008年第二季度受国际粮食和石油市场波动影响，初级产品价格上涨，通胀有所抬头。2009年随着初级产品国际价格的下降和危机下各国经济衰退导致的消费需求的减弱，通胀显著下降，这为各国实施逆周期政策提供了条件。总体而言，21世纪第一个十年中在通胀方面拉美整体基本稳定，没有出现二十世纪八九十年代的严重不利局面，为经济恢复和平稳增长创造了良好的环境（图2）。

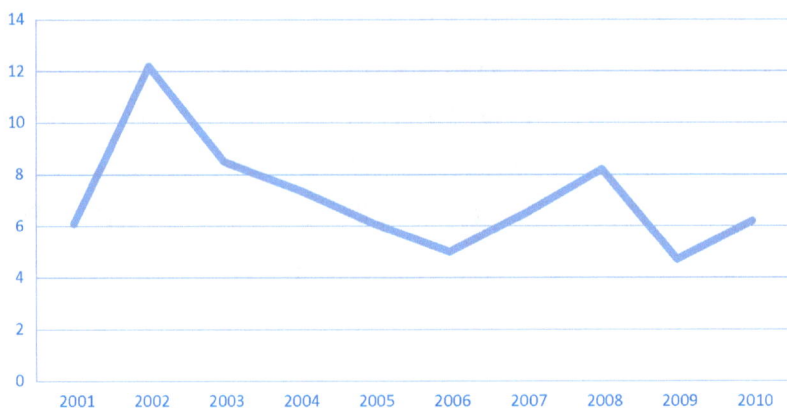

图2：2001—2010年拉美消费者物价指数（CPI）变化（%）
资料来源：根据 CEPAL. *Balance preliminar de las economías de América Latina y el Caribe 2010*, Santiago de Chile, dic. 2010 数据绘制。

2003—2007年财政状况改善，经常账户和资本账户均保持盈余，因此拉美国家对外资的依赖性和外部脆弱性降低，外债占GDP和出口比重逐年减少。2009年国际市场需求减弱，拉美出口受挫，贸易条件恶化，因此外债占出口额的比重上升幅度较为明显（下页图3）。

（二）经济实现了较为长期的持续增长，国际收支状况改善

2001—2010年拉美经济年平均增长率为3.30%，与1991—2000年的平均水平相同。但2003—2007年出现了一个较稳定的持续增长期，平均增长率为

4.80%，高于上一个增长周期1996—1998年3.70%的平均水平。十年中的头和尾受两次金融危机影响，拉美经济出现了较严重的衰退，但由于反危机政策及时而适当，经济得以较快恢复（图4）。

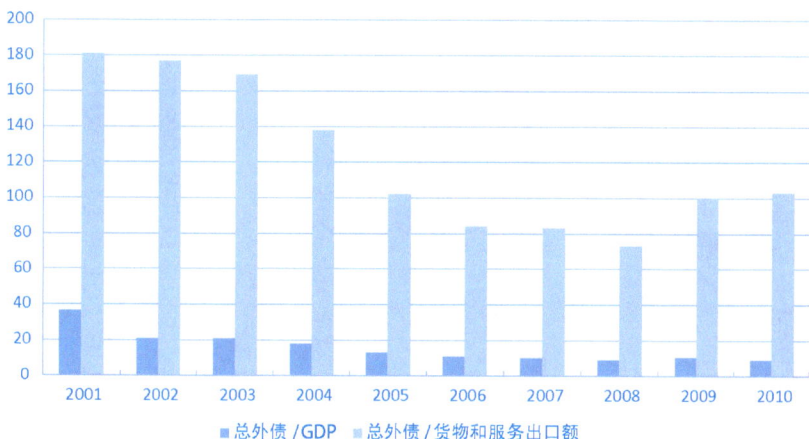

图3：2001—2010年拉美外债变化（%，按当时美元价格计算，不包括古巴）
资料来源：根据 CEPAL. *Balance preliminar de las economías de América Latina y el Caribe 2010*, Santiago de Chile, dic. 2010 数据绘制。

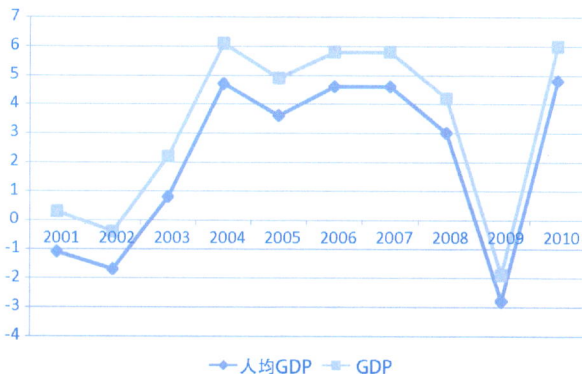

图4：2001—2010年拉美国内生产总值（GDP）和人均GDP增长率变化（%）
资料来源：根据 CEPAL. *Balance preliminar de las economías de América Latina y el Caribe 2010*, Santiago de Chile, dic. 2010 数据绘制。

下页图5显示，从2002年扭转贸易赤字以来，拉美连续8年保持贸易盈余，其中2002—2006年出口额增幅高于进口额，出口的数量和价格都明显增长，尤其是粮食、能源和矿产品等初级产品价格上涨迅速。2007年委内瑞拉、墨西哥和厄瓜多尔等石油出口国出口量减少，同时拉美主要进口产品——制造业产品和消费品进口量大幅增加，因此进口额增幅超过出口额。全球金融危机后，初级产品价格下降（图6），贸易比价恶化，贸易盈余进一步减少。

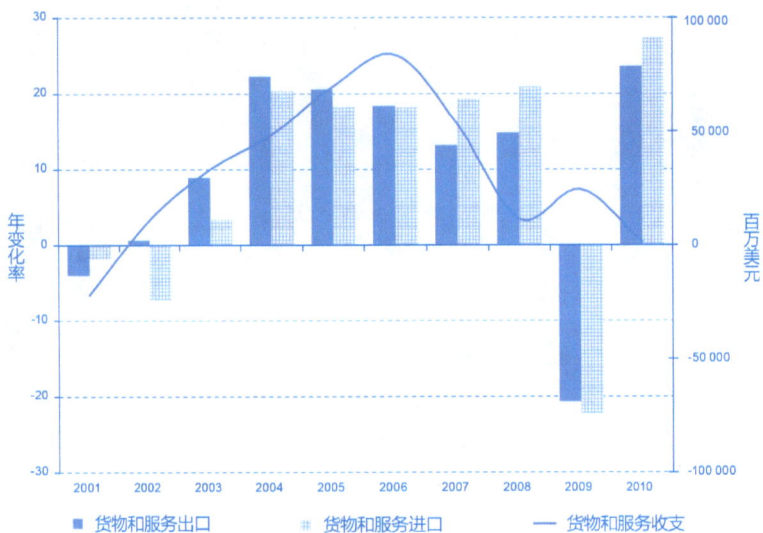

图5：2001—2010年拉美货物和服务进出口变化（%，百万美元）

图6：2007—2010年拉美初级产品和制造业产品价格指数变化
（2000年=100，每三个月的动态平均数）

资料来源：CEPAL. *Balance preliminar de las economías de América Latina y el Caribe 2010*, Santiago de Chile, dic. 2010, pp.86, 87.

2000年始，拉美外国直接投资（FDI）开始下降，2003年降到290亿美元，远低于1990—2002年380亿美元的平均水平。这一下降趋势一方面是源自2001—2002年南共市国家不稳定的经济局势，另一方面是源自到2002年很多国家私有化进程结束以及一些跨国公司扩张战略的减速导致外国居民对拉美资产购买的减少。随着经济形势的好转，FDI开始增加，但是随着以智利矿业和委内瑞拉石油企业为代表的拉美公司的扩张，尤其是2006年巴西企业斥巨资收购加拿大一家大型金属企业，拉美对海外直接投资迅速增加，导致净FDI减少。另外，尽管拉美在证券等资产方面连续数年保持净流出状态，但由于FDI较高，资本账户始终保持盈余。加上2003—2007年经常账户一直为盈余，因此国际储备在这一阶段连年增加（图7）。

图7：2000—2010年拉美（19国）经常账户收支和资本账户构成（占GDP的百分比）

资料来源：CEPAL. *Balance preliminar de las economías de América Latina y el Caribe 2010*, Santiago de Chile, dic. 2010, p.93.

（三）社会基本保持稳定

2002年拉美从危机中恢复后就业率稳步上升，2009年仅有小幅下降，随后又继续上升（下页图8）。2002—2008年，贫困人口和比例显著降低，降幅大于20世纪90年代。2008年后受全球经济危机影响，减贫效果减弱（下页图9）。

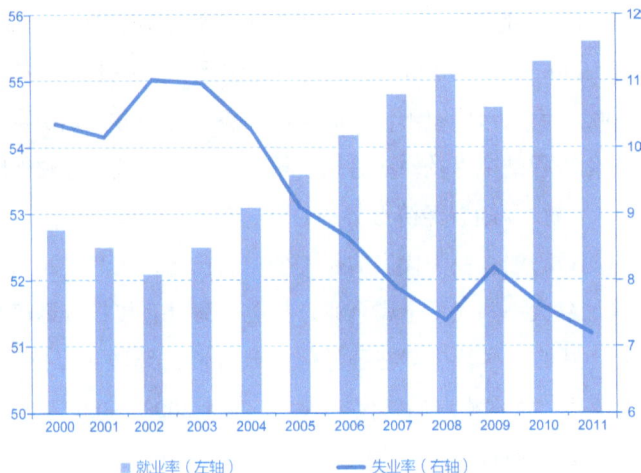

图8：2000—2011年拉美就业率和失业率（%）

资料来源：CEPAL. *Balance preliminar de las economías de América Latina y el Caribe 2010*, Santiago de Chile, dic. 2010, p.21.

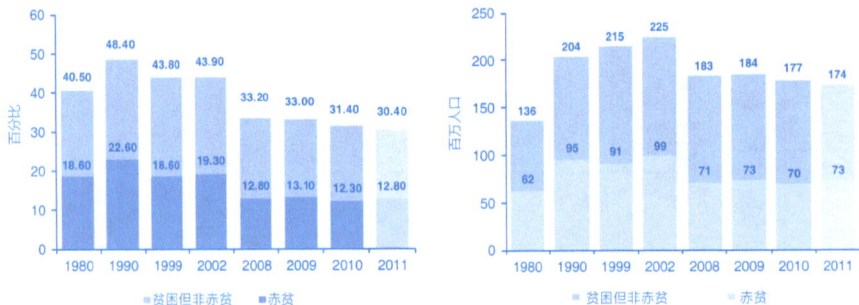

图9：1980—2011年拉美19国贫困状况变化（%，百万人口）

资料来源：CEPAL. *Panorama social de América Latina 2011*, Capítulo I, Santiago de Chile, ene. 2012, p.5.

四、简单结论

　　21世纪头十年拉美国家的宏观经济政策再调整为什么能够取得比较理想的效果？笔者认为原因主要有以下几点：

　　首先，拉美各国抓住了之前失误的症结。如上文所述，2001年阿根廷金融危机爆发的主要原因是财政赤字过大导致公共债务猛增、固定汇率制导致国际收支失衡以及资本自由流动不受监管导致金融风险加剧。拉美之前的两次金融危机也基本与此有关。在沉痛的教训面前，拉美主要国家能够认清问题并反省，在坚持改革的前提下，有的放矢地针对上述失误进行了大刀阔斧的调整，使这些领域出现了焕然一新的面貌。

其次，拉美各国政府在改革的磨炼中逐渐成熟起来。进口替代工业化时期和新自由主义改革时期，拉美主要国家都或多或少地犯过急功近利的错误，改革目标过大、节奏过快，改革路线极端化。在出现危机后又倾向于全盘否定之前的改革方案。这些都使改革走了很多弯路。而在2001年危机后，拉美主要国家继续深化改革，有目的地进行调整，稳扎稳打，并将财政、货币、汇率、金融政策作为一个有机的整体进行全盘考虑，避免了顾此失彼的错误。在繁荣期也没有像过去那样冲昏头脑，而是审慎冷静地实施逆周期政策，保证了宏观经济始终处于基本平衡的状态。

第三，拉美主要国家较好地处理了国家与市场的关系。20世纪八九十年代在拉美流行的"市场万能"理论颠覆了过去国家干预经济的旧模式。然而，在释放经济活力的同时，这只"看不见的手"却增加了经济的无序性和盲目性。21世纪以来，拉美主要国家在继续发挥市场配置资源作用的同时，适当地加强了国家对宏观经济的干预作用，如适时地实施逆周期财政货币政策，并制定一系列政策，如严格的财政纪律、通胀目标制以及对金融市场的有力监管以维护宏观经济的平衡。去意识形态化和实用主义已成为主流。

拉美国家宏观经济基本面的改善不仅有利于降低其内外部风险和脆弱性，促进经济平衡，增强经济的可持续性和抵御危机的能力，从而使经济健康、稳定地增长，而且可以使国家有充足的财力、在一个相对宽松的环境下来履行自己的基本义务，即提供公共服务，并着重解决社会问题。

参考文献

1. 罗森塔尔 G. 2008年金融和经济危机及其对经济思想的影响[J]. 拉丁美洲研究，2011, 33(1): 69-74.

2. 苏振兴. 拉丁美洲的经济发展[M]. 北京：经济管理出版社，2000.

3. 威廉姆森 J. "华盛顿共识"与金融改革——访美国国际经济研究所高级研究员约翰·威廉姆森 [J]. 中国金融，2006 (5): 9-11.

4. CEPAL. Balance preliminar de las economías de América Latina y el Caribe 2001-2010 [M]. Santiago de Chile: CEPAL, 2001-2010.

5. CEPAL. Estudio económico de América Latina y el Caribe 2009-2010 [M]. Santiago de Chile: CEPAL, 2010.

6. CEPAL. Panorama social de América Latina 2010, 2011 [M]. Santiago de Chile: CEPAL, 2010, 2011.

7. FRENKEL R. Globalización y crisis financieras en América Latina [J]. Revista de la CEPAL, 2003(80): 41-54.

第七章

拉美国家经济改革道路的分化

（2001—2010 年）

导　读

　　在进口替代工业化时期和20世纪八九十年代的经济改革时期，拉美各国在经济发展模式方面似乎共识多于分歧。然而在进入21世纪之后，各国的经济改革道路出现了分化：有的国家主张在进行调整的条件下坚持之前的改革道路，而有的国家则主张彻底推翻新自由主义改革模式。在经济思想上，拉美进入了一个质疑、争论和替代选择的试验的时代。本章文献《2008年金融和经济危机及其对经济思想的影响》讲述了2008年之前拉美思想界关于发展模式、战略和政策的争论和分歧，以及2008年全球金融危机爆发后这一分歧的加剧。拉美国家是在经历这一"令人茫然"的过渡时期之后走向新的"共识"，还是从此就进入了一个思想和发展模式多元的时代？这一问题值得我们观察和思考。

文献 | La crisis financiera y económica de 2008 y su repercusión en el pensamiento económico

Gert Rosenthal[①]

La crisis financiera y económica de 2008 tuvo múltiples consecuencias en los países de América Latina y el Caribe. Trastocó el desempeño de las economías y puso en duda **paradigmas**[1] que habían orientado la política económica en la mayoría de los países. Asimismo, exacerbó crecientes divergencias entre puntos de vista surgidos incluso antes de la crisis. Algunas de esas divergencias son de carácter ideológico, pero otras obedecen a enfoques antagónicos sobre estrategias económicas. Entre los factores de diferenciación se encuentran, primero, el papel del Estado y su relación con el mercado, y segundo, la naturaleza y alcance de la inserción en la economía global. Aquí se abordan algunos de los rasgos de diferenciación, las tensiones que generan y el futuro que deparan para la cooperación dentro de América Latina. También se señala que en este nuevo escenario, marcado por cierta perplejidad, se abren espacios inherentes al trabajo de la CEPAL.

I. Introducción

Sin lugar a dudas, la crisis financiera y económica de 2008, precedida por la doble crisis que afectó a los mercados energéticos y alimenticios, será recordada como un evento divisor, pues puso de manifiesto las vulnerabilidades de la globalización, empujó la economía global al borde del abismo, causó grandes penurias a decenas de millones de seres humanos y, de paso, exacerbó viejas disputas y tensiones acerca de cómo abordar el desarrollo. El tema de la crisis ha sido objeto de una abundante literatura en **círculos académicos**[2], en organismos internacionales e incluso en los medios de comunicación social; en la propia CEPAL se ha hecho una labor meritoria al analizar el origen de la crisis, su propagación, su impacto y sus posibles consecuencias a futuro (CEPAL, 2009a, 2009b, 2009c y 2009d). Acaso menos estudiadas han sido las disputas y tensiones que esa crisis intensificó en el dominio económico, y ese será precisamente el foco central de este trabajo desde la óptica latinoamericana. En términos generales, el debate gira en torno del rol del Estado en el marco de los distintos paradigmas de

---

① Secretario Ejecutivo de la CEPAL(1988-1997), Representante Permanente de Guatemala ante las Naciones Unidas.

desarrollo; en términos más puntuales, se destacarán dos ámbitos: la discusión sobre cómo abordar la equidad social y la creciente **polarización**[3] en el interior de los foros multilaterales.

II. El trasfondo inmediato

La irrupción de la crisis financiera de 2008 no solo alteró el desempeño de las economías de la región, sino que puso a prueba paradigmas de política económica que se venían aplicando desde hace algún tiempo, con diferencias de contenido e intensidad de un país a otro. Asimismo, al repercutir de manera diferenciada en distintos grupos en el interior de cada país, y también entre países, los efectos de la crisis generaron o aumentaron tensiones preexistentes, influyendo —entre otros aspectos— en el contenido, alcance y tono de las relaciones internacionales. Ante todo, las respuestas diferenciadas agudizaron el debate sobre cómo organizarse para salir del atolladero actual y estar en condiciones de cumplir con las aspiraciones universales tan elocuentemente recogidas en los objetivos de desarrollo del Milenio.

Desde esa óptica, muchos observadores han señalado, no sin cierta satisfacción perversa, que después de décadas de escuchar "lecciones" de los principales centros económicos del mundo, incluidas las instituciones financieras multilaterales, sobre cómo conducir de manera responsable y coherente la gestión **macroeconómica**[4] para evitar las **crisis periódicas**[5] que caracterizaban a la región, en esta ocasión se invirtió el escenario y los predicadores de antaño resultaron ser los irresponsables. En tanto que sus ex pupilos latinoamericanos, que en general sí actuaron con profesionalismo, fueron los que tuvieron que pagar los "platos rotos" de la crisis gestada en el mero centro del capitalismo, sin haber tenido la más mínima responsabilidad en su génesis. Para una región que muchas veces encubría sus insuficiencias en materia de gestión económica achacando la responsabilidad de su desempeño insatisfactorio a fenómenos de origen internacional, la "culpa" en esta ocasión sí provenía innegablemente del sector externo.

A su vez, a la luz de la crisis, muchos analistas, individuales e institucionales, incluida de manera destacada la propia Comisión Económica para América Latina y el Caribe (CEPAL), se han sentido reivindicados en su análisis de los últimos años. Por una parte, ello han advertido persistentemente la **insostenibilidad**[6] de los desequilibrios financieros que se estaban gestando en la economía mundial, sobre todo entre los Estados Unidos y algunos de sus **socios comerciales**[7] superavitarios[①]. Por otra, han formulado cuestionamientos al paradigma económico en boga desde los años ochenta,

---

① Véanse, entre otros, CEPAL (2006a, p. 31; 2007a, pp. 35 y 36; y 2007b, p. 24).

justamente por su **sobrevaloración**[8] del papel del **mercado**[9] y su **subvaloración**[10] del papel del **Estado**[11] en el desempeño económico y social.

En ese sentido, durante los últimos 20 años la CEPAL ha contribuido al debate sobre paradigmas del desarrollo, profundizando su vocación como ente generador de posiciones heterodoxas, cuestionando o avalando los postulados de las ortodoxias de distinto signo, y atendiendo a las especificidades y rasgos característicos de los patrones de desarrollo de la región y sus diferentes tipos de economías[①]. Esta vocación ha sido particularmente relevante a partir de 1990 en el debate económico referido a los modelos vigentes, y a la crítica que efectuaban diversos sectores sobre la forma mecánica con que se aplicaban sus preceptos[②]. En sus términos más sencillos, un eje central del análisis giraba en torno de la idea de que las señales del mercado por sí solas no resolverían todo; se abogaba, más bien, por una combinación juiciosa entre mercado y Estado para lograr los múltiples objetivos del desarrollo, incluidos el crecimiento económico, una mayor equidad, la **estabilidad**[12] financiera y la **sostenibilidad**[13] ambiental.

El detonador de la gran crisis financiera de 2008, que se puede atribuir, en gran parte, al deficiente funcionamiento del mercado (para decir lo menos) y a la virtual ausencia del Estado en cuanto al cumplimiento de su papel regulador, sin duda alentará a los agnósticos de la ortodoxia pura a persistir en la búsqueda de acomodos que les permitan acceder al desarrollo en un contexto internacional cada vez más complejo y alborotado.

III. Tensiones y polarización de posiciones

Pero el panorama se complica aún más si se toma en cuenta la creciente **heterogeneidad**[14] de enfoques que se está generando en América Latina, no solo acerca de cómo abordar las estrategias y políticas económicas, sino de cómo visualizar el papel de la región en el contexto internacional, a lo que deben sumarse las diferencias de agenda política en situaciones tan diversas como las que se presentan entre los distintos países. La principal línea divisoria del debate en materia económica antecede a la crisis de 2008, y se construye alrededor de la manera en que los distintos países procuran insertarse en la economía internacional. En términos esquemáticos (la realidad siempre es más compleja y matizada), los dos "polos" extremos en una amplia gama de posiciones serían los siguientes: por una parte, se encuentran aquellos países intensamente comprometidos con la apertura y la liberalización comercial (pero no todos ellos se

---

① Véanse CEPAL (1990, 1994a, 1996 y 1998) y Torres (2006).

② Para un penetrante análisis sobre la diferenciación entre el paradigma vigente en los años noventa y la propuesta cepalina, véase laentrevista de Fernando Fernández a Fernando Fajnzylber (Fernández, 1994, pp. 207-209).

entregaron a la liberalización financiera simultánea, como lo postulaba el paradigma entonces en boga). Son estos países los que procuraban aproximarse a los principales mercados desarrollados, y particularmente al de los Estados Unidos, por medio de **acuerdos de libre comercio**[15]. Por definición, son países dispuestos a someterse en gran medida a los dictados de la economía de mercado.

Por otra parte, están aquellos países que buscan una mayor autonomía —de la economía internacional y de la estadounidense en particular— y menor dependencia de las señales del mercado. En efecto, la entonces llamada "**Alternativa Bolivariana para las Américas (ALBA)**[16]", suscrita entre Cuba y la República Bolivariana de Venezuela en diciembre de 2004, se ofreció en un principio como una alternativa al **Acuerdo de Libre Comercio de las Américas (ALCA)**[17], que a partir de la primera Cumbre de las Américas, celebrada en la ciudad de Miami en diciembre de 1994, pretendía erigir una **zona de libre comercio**[18] de alcance hemisférico (pero excluyendo precisamente a Cuba, por razones conocidas).

Como se sabe, esta última iniciativa nunca se concretó ante la resistencia de algunos países de la región, cada uno movido por razones e intereses distintos. Pero el fracaso de la iniciativa original dio origen a un conjunto de acuerdos de libre comercio de alcance geográfico acotado, que se sumaron al Tratado de Libre Comercio de América del Norte suscrito previamente entre México, Canadá y los Estados Unidos. Esos acuerdos han sido puestos en vigor en Chile, los países centroamericanos, la República Dominicana y el Perú, mientras que Colombia y Panamá aún esperan sumarse a aquellos. La línea divisoria entre los países que mantienen acuerdos de libre comercio (TLC) con los Estados Unidos y los que proponen una "alternativa" cobró un relieve ideológico y político adicional en cuanto al modo en que los distintos países interactuaban con los Estados Unidos, que el propio portal de la red del ALBA plantea —no sin un sesgo ofensivo— como "una propuesta imperialista de dominación enfrentada a una propuesta patriótica de liberación" (Rossi, 2009).

Algunos analistas también han agregado una dimensión geográfica a esta nítida división en materia económica, política e ideológica. Por una parte, señalan a los países latinoamericanos ubicados en el "arco del Pacífico", muy proclives a la apertura y cada vez más insertos en la economía global. Por otra, a aquellos ubicados en el Atlántico —incluidos los miembros originales del Mercado Común del Sur (Mercosur), en una situación intermedia entre los países del ALBA y los países que mantienen TLC con los Estados Unidos— un tanto menos proclives a la apertura, aunque cada uno por razones distintas. Y un caso singular sería el de Brasil, dados su creciente protagonismo y participación en la economía global, además de la dimensión de su mercado doméstico (CEPAL, 2006b, p. 86).

Antes de proseguir, cabe señalar que las divisiones descritas de ninguna manera son rígidas, ya que persiste una vasta urdimbre de vasos comunicantes entre países que trascienden aquellas divisiones. Esos vasos comunicantes surgen de relaciones comerciales y financieras, intereses comunes, pertenencia a distintas agrupaciones formales tales como la Unión de Naciones Suramericanas (UNASUR),el Grupo de Río, el Sistema Económico Latinoamericano (SELA), la Corporación Andina de Fomento (CAF) y el Mercosur más sus miembros asociados. Incluso hay un país —Nicaragua— que, en un acto insigne de malabarismo, mantiene un TLC con los Estados Unidos y a la vez es miembro del ALBA. Asimismo, todos los países de la región cultivan relaciones bilaterales con Cuba, el gran ausente (hasta ahora) de los foros interamericanos, pero que continúa siendo fuente de inspiración para numerosos latinoamericanos, que, entre otros aspectos, perciben la resistencia de ese país ante "el Imperio" como un símbolo de gran dignidad.

Sea como fuere, esta creciente división en el interior de América Latina y el Caribe que, como se dijo, precedía a la crisis de 2008, fue notoriamente agudizada por aquella crisis. Así, el fuerte tono de denuncia contra el "modelo neoliberal" que acompañaba al discurso del ALBA (hoy denominada "Alianza Bolivariana para los Pueblos de Nuestra América") encontró en la crisis la confirmación de sus frecuentes vaticinios, anunciando de este modo poco menos que la defunción del capitalismo[1]. Ciertamente, ese discurso tenía algún fundamento objetivo. La crisis sirvió para desmitificar las exageradas expectativas de que el mercado contenía mecanismos propios de autocorrección contra la especulación, y a la postre puso al descubierto las graves falencias de los mecanismos de regulación y supervisión de las principales economías industrializadas, para no mencionar las casi inexistentes entidades reguladoras a nivel internacional. También se constató el inmenso riesgo que plantea la exagerada participación de los capitales golondrina en los flujos financieros internacionales.

Por añadidura, el hecho de que la crisis naciera en el "Imperio" subrayaba una vez más, en la óptica de los interlocutores del ALBA, que de allí fluyen muchos de los males que aquejan a la región. En consecuencia, no es de extrañar que los países que ya abrigaban serias dudas sobre el ordenamiento de la economía internacional previo a la crisis — incluida de manera explícita su inconformidad con el papel de las instituciones de Bretton Woods— llegaran ahora a la conclusión de que todas las falencias advertidas en el funcionamiento del mercado precisaban nada menos que un nuevo modelo. Esta

---

[1] En la Declaración Final que emanó de la Cumbre Extraordinaria del ALBA, celebrada en Cumaná, Venezuela, el 17 de abril de 2009, Presidentes afirmaron: "El capitalismo está acabando con la humanidad y el planeta. Lo que estamos viviendo es una crisis económica global de carácter sistémico y estructural, y no una crisis cíclica más". Más adelante en el texto se habla de la "decadencia del capitalismo".

posición contrastaba con la de aquellos países que se conformaban simplemente con acomodos, aunque fuesen acomodos importantes.

Es más, aquellos países detractores creen encontrar en la crisis una reivindicación adicional, al constatar que las economías latinoamericanas, cuyo sector exportado es más dependiente del mercado estadounidense, son las que fueron más duramente golpeadas al verse arrastradas por los efectos **recesivos**[19] de aquella economía. Si bien resulta difícil establecer relaciones de causalidad entre la evolución de la economía estadounidense y la de distintos países de la región, es innegable que el alto grado de interdependencia económica entre los Estados Unidos y México es uno de los factores que explica la dramática caída en el nivel de actividad económica en este último país en 2009, aunque con signos de recuperación en el último trimestre (CEPAL, 2009e).

Así las cosas, en el mundo de las ideas la crisis se presenta como el detonador de un renovado debate en la región sobre cómo abordar su desarrollo. Ese debate incluso tiene rasgos de polarización que hacen recordar, guardando las distancias en el tiempo y considerando el enorme cambio de contexto, la discusión de los años sesenta y setenta del siglo anterior sobre las virtudes e inconvenientes de las economías centralmente dirigidas versus las economías de mercado, con las "economías mixtas" ocupando el espacio intermedio, cada una con sus matices peculiares. En el contexto de la globalización, las antípodas se encuentran —de nuevo, en términos esquemáticos—, por una parte, en la agenda del ALBA y, por otra, en aquellos países que se empecinan en continuar con la estrategia vigente en los últimos tiempos, sin mayores acomodos. El resto de los países —por ahora la mayoría, al no haber abrazado nunca la ortodoxia "pura"— ocupan espacios intermedios en que postulan redefinir la frontera entre mercado y Estado, también con variantes singulares de un país a otro. Ellos continúan construyendo sobre los considerables logros registrados en los últimos años mediante su inserción en la economía global, soslayando plantearse golpes de timón sustanciales en sus estrategias de desarrollo. Dicho de otra manera, el panorama actual hace recordar una época que parecía superada, en que se enfrentaban las estrategias "aperturistas" con el "desarrollo hacia adentro"; o el **socialismo**[20] contra el capitalismo, con los reformistas ocupando el espacio intermedio e intentando aprovechar las virtudes de ambos planteamientos y eliminando sus supuestos inconvenientes.

IV. Parámetros del debate

Sin embargo, lo que todavía no queda muy claro es el contenido y alcance de las estrategias que se enfrentan. Por una parte, el modelo de lo que el Presidente Hugo Chávez llama el "socialismo del siglo XXI" se define mejor por lo que no es que por sus características de carácter propositivo. En ese sentido, sí queda claro el rechazo categórico del modelo al que se proclama difunto (el "neoliberal"). En cuanto al grupo de países dispuestos a continuar el rumbo general de las política de los últimos tiempos, si bien existe mayor claridad sobre las modalidades precisas del modelo **aperturista**[21], no se perfilan con nitidez los rasgos de las mutaciones que a futuro se incorporarán al modelo para adaptarlo a las nuevas circunstancias internas e internacionales que surgirán a consecuencia de la crisis.

En relación con el carácter propositivo, la llamada "Alternativa Bolivariana" se presenta con un mayo contenido doctrinario que el relativo pragmatismo que caracteriza al modelo aperturista. En lo que atañe al ámbito económico, en ella se valora la solidaridad más que el egoísmo o el afán de lucro; se otorga prelación al papel del Estado por sobre el de la actividad privada, y se postula la inclusión, la participación, el igualitarismo y el combate a la pobreza como valores irrenunciables. Asimismo, en dicha alternativa se observa con algún recelo la apertura comercial guiada por las señales del mercado, y se pretende mitigar sus efectos por medio de un **intercambio comercial equilibrado**[22] —a veces apoyado en un modelo de comercio administrado que recuerda los viejos tiempos del **Consejo de Ayuda Mutua Económica (CAME)**[23]— entre los países miembros del ALBA y entre estos y otros países no pertenecientes a la Alianza. También se valora la **cooperación Sur-Sur**[24], una de cuyas expresiones concretas más elocuentes se encuentra en el Acuerdo de Cooperación Energética petrocaribe impulsado por el Gobierno de la República Bolivariana de Venezuela, así como en programas de cooperación bilateral que tanto este país como Cuba proveen a muchos países, sobre todo en el área de salud①.

Estos enunciados generales de cambiar tanto el paradigma de desarrollo como el **orden económico internacional**[25] todavía no se articulan en una propuesta programática integral y con coherencia interna. Es decir, los enunciados retóricos aún no se traducen en planteamientos susceptibles de ser instrumentados, como se colige de la siguiente frase que nuevamente pone el énfasis en describir lo que no es: "es necesario desarrollar un modelo alternativo al sistema capitalista. Un sistema de solidaridad y complementariedad y no de competencia; un sistema de armonía con nuestra madre tierra y no de saqueo de los **recursos naturales**[26]; un sistema de **diversidad cultural**[27] y no de aplastamiento de culturas e imposición de valores culturales y estilos de vida ajenos a las realidades de nuestros países; un sistema de paz basado en la justicia social y no en políticas y guerras imperialistas"②. Desde luego, el llamado a la transformación

---

① Ya son 18 los países beneficiarios del Acuerdo PETROCARIBE, un esquema novedoso de cooperación.

② Extraído de la Declaración Final de la Cumbre Extraordinaria del ALBA, celebrada en Cumaná, Venezuela, el 17 de abril, 2009.

profunda implícito en las frases anteriores, que encierra objetivos sin duda loables, también tiene un importante trasfondo político e ideológico, además de inspirarse en una veta nacionalista y reivindicativa de la unidad latinoamericana.

Al mismo tiempo, muchos de esos enunciados, comprendidos aquellos relacionados con la inclusión, la participación y el combate a la desigualdad absoluta y relativa, son comunes con las estrategias de desarrollo de los países que apuestan a mejorar su inserción en la economía internacional, por lo que el principal elemento de diferenciación entre los enfoques antagónicos en materia de política económica tiene que ver con el secular debate sobre el rol del Estado y su relación con el mercado. A ello se yuxtaponen desde luego diferencias ideológicas o doctrinarias más pronunciadas.

En síntesis, la región se enfrenta a dos enfoques bastante antagónicos sobre cómo abordar su desarrollo futuro, con una amplia gama de enfoques intermedios. En un extremo se postula una especie de "borrón y cuenta nueva" cuyos contornos precisos son difíciles de discernir; en el otro, la aceptación de que las estrategias hasta ahora aplicadas para insertarse en la economía internacional apuntan en la dirección correcta, aunque precisan de acomodos constantes, sobre todo a raíz de las crisis múltiples de 2008. Al tratar de caracterizar los enfoques antagónicos se entra a terrenos bastante resbaladizos, no solo por las razones expuestas en el acápite anterior, sino porque cada uno de los países de la región incorpora ciertas peculiaridades a su gestión macroeconómica y a sus políticas sociales, acordes con la realidad y las circunstancias que imperan, así como con el sesgo ideológico de la administración de turno.

En todo caso, lo que sí queda claro es que la crisis de 2008 marca el final de un período en que la gran mayoría de los países de la región se sumaron a una corriente principal en materia de estrategias y políticas económicas, con distintas variantes de un país a otro. Algunos tildan esas estrategias y políticas económicas como "neoliberales", otros como el Consenso de Washington, e incluso otros como la respuesta nacional a los desafíos de la globalización. Si bien con bastantes matices, en líneas gruesas la política económica en la gran mayoría de los países apuntaba más o menos en la misma dirección. Por cierto, lo mismo se podría decir de las décadas de 1950 y 1960, cuando el paradigma **cepalino**[28] era el que constituía el *mainstream* y fue cuestionado por la ortodoxia, que empezó a imponerse en los años setenta contribuyendo a una dispersión de enfoques similar —guardando las distancias— al fenómeno que se vive en la actualidad y que probablemente se acentuará en el futuro inmediato (Fishlow, 1985).

V. las propuestas antagónicas ante la inequidad

Una de las críticas más persuasivas al llamado "modelo neoliberal" ha sido respecto de su carácter concentrador y excluyente. La tesis ortodoxa según la cual el crecimiento económico, combinado con la "magia del mercado", derramaría sus beneficios hacia abajo por efecto de filtración (trickle-down) en favor de todos los estratos de ingresos, ha sido desacreditada desde hace mucho tiempo. Por eso, la CEPAL viene insistiendo a lo largo de décadas sobre la importancia de suplementar las señales del mercado con políticas específicas para que el crecimiento sea más equitativo[1]. Los rezagos sociales y la inequidad en América Latina también constituyen los fundamentos más ampliamente postulados por aquellos que invocan el "socialismo del siglo XXI" para atender a los estratos de menores ingresos, invocando los éxitos que ofrece Cuba a través de sus innegables logros en esta materia durante varias décadas (CEPAL, 2000).

No sorprende que el combate a la desigualdad convoque tanta atención. Como se sabe, existe un inmenso caudal de literatura sobre la pobreza absoluta y relativa en la región, las estrategias para abordarlas, y acerca de cómo conciliar los objetivos de crecimiento con aquellos de la equidad. La atención prioritaria de este propósito no reconoce signo ideológico. Incluso han surgido propuestas para potenciar ("empoderar") a los pobres cuyo origen intelectual se puede encontrar en conceptos abrazados por los grupos relativamente más conservadores en el espectro ideológico latinoamericano. Esos conceptos incluyen la confianza en el **funcionamiento del mercado**[29], el rol fundamental del estado de derecho y un ambiente amigable al desenvolvimiento de la pequeña empresa[2].

También es verdad que América Latina y el Caribe es, en promedio, la región que revela mayor desigualdad entre todas las regiones en desarrollo (Banco Mundial, 2005, pp. 4-8 y 66; Lustig, 2009, p. 1). Es cierto, asimismo, que si bien hasta los años noventa el crecimiento económico solía facilitar la reducción de la incidencia de la pobreza (es decir, de la pobreza absoluta), en la mayoría de los casos la **distribución del ingreso**[30] (la pobreza relativa) solía estancarse o incluso empeorar (CEPAL, 1997; La Fuente y Sáinz, 2001, pp. 161-170). Pero es precisamente en este ámbito donde se han producido algunos cambios en los últimos tiempos, que, cuando menos, llaman poderosamente a la reflexión.

---

[1] Véase, por ejemplo, CEPAL (1994b).

[2] Véase, por ejemplo, Comisión para el Empoderamiento Jurídico de los Pobres (2008). La Comisión fue copresidida por Madeleine Albright y Hernando de Soto.

Así, resulta relevante reconocer los significativos avances registrados en muchos países de la región que mostraron cierto pragmatismo al combinar elementos del paradigma en uso, sobre todo en materia de **gestión macroeconómica**[31] y de fortalecimiento del estado de derecho, con políticas novedosas para enfrentar los rezagos sociales que constituyen el principal "**talón de Aquiles**[32]" del desempeño económico de la región. Esta combinación juiciosa de mercado con Estado empezaba a rendir logros nada despreciables en la región, sobre todo si se contrasta la situación de algunos países en, digamos, el año 2008 con la situación de esos mismos países 10 años atrás. Incluso se podría sostener que algunas naciones soportaron los efectos devastadores de la crisis financiera y económica con mejor capacidad de resistencia y con más fuerza de lo que se preveía hace tan solo unos meses, al menos a juzgar por el desempeño previsto para 2010 (CEPAL, 2009e).

Pero lo que resulta aun más pertinente para los efectos de este trabajo, es que se registraron avances significativos en el abordaje de los rezagos sociales. Así, la incidencia de la pobreza en la región en su conjunto bajó de alrededor del 44,00% al 33,00% en una década —entre finales de los años noventa y 2008—, mientras que la incidencia de la **pobreza extrema**[33] descendió del 19,00% al 13,00% (CEPAL, 2009f, pp. 3-12). Igual o acaso más significativo es que por primera vez se reportan mejoras generalizadas en la distribución del ingreso, atribuibles en parte al efecto compensador de la **política pública**[34] en la tendencia concentradora del crecimiento registrado en períodos pretéritos[①]. Según un reciente informe de la CEPAL, de un universo de 18 países que disponen de datos, reportaron una mejora en la distribución del ingreso (CEPAL, 2009f, pp. 12-17).

Según ese mismo informe, los avances consignados se deben, entre otros aspectos, a los siguientes factores: primero, la expansión económica combinada con crecientes niveles de generación de empleo; segundo, una gradual pero significativa mejora en la capacidad financiera de los Estados, lo que permitió, entre otros avances, un fuerte aumento —cuantitativo y también cualitativo— en el gasto social; tercero, la aplicación de políticas distributivas bastante creativas, como por ejemplo, los programas de **transferencias monetarias**[35] y las **transferencias condicionadas**[36] (Madariaga, 2009); y, cuarto, los efectos favorables (y previsibles) de la transición demográfica presente en la mayoría de los países de la región, con decrecientes índices de dependencia por trabajador ocupado (CEPAL, 2009f). También se sumaron a estos factores los efectos acumulativos del aumento en el gasto social, y en especial en educación, ya que la **brecha salarial**[37] —la distancia que separa a los estratos mejor remunerados de los peor remunerados— al parecer está disminuyendo en muchos países como reflejo de aquel fenómeno (López Calva y Lustig, 2009).

---

① Véase, por ejemplo, Soares y otros (2009, pp. 207-224).

En resumen, las estrategias de desarrollo asumidas por aquellos países de la región que optaron por el modelo "aperturista", combinando juiciosamente la intervención pública con las fuerzas del mercado, al parecer han producido resultados iguales o aun más satisfactorios en el combate a la pobreza y el mejoramiento de la distribución del ingreso que los registrados en los países que vienen criticando aquella estrategia por su carácter notoriamente concentrador (Lustig y McLeod, 2009). Al mismo tiempo, es importante reconocer que los impresionantes avances registrados en algunos países no son comunes a todas las economías de la región, ni que la capacidad de resistencia a los efectos de la crisis fue generalizada.

VI. Las propuestas antagónicas ante el ordenamiento internacional

La otra materia en que se evidencia una polarización de posiciones en el interior de la región se refiere a la actitud de los distintos gobiernos ante el ordenamiento institucional de la economía internacional. Si bien los países que optaron por el modelo de apertura han expresado serias reservas sobre los sistemas de gobernabilidad de las instancias existentes, con su actitud suelen postular la corrección de esas falencias mediante **reformas de las instituciones**[38]① . En cambio, otros países de la región, liderados por los miembros del ALBA, plantean reformas mucho más radicales e incluso la sustitución de aquellas instituciones por algo distinto, que suele caracterizarse como más transparente y más democrático② .

La línea divisoria no es nítida: todos los países de la región denuncian el ordenamiento institucional existente, e incluso todos asignan cuotas de responsabilidad a las instituciones financieras existentes, y muy particularmente al Fondo Monetario Internacional. Asimismo, todos advierten grandes lagunas en ese ordenamiento internacional, que depende en alto grado de una sola **moneda de reserva**[39] (el dólar) y que carece de muchos **mecanismos de coordinación**[40]③ . Pero la diferenciación también tiene rasgos claros. En un extremo se encuentran los países que virtualmente

① Basta acudir al portal en la red del Grupo Intergubernamental de los 24 (ttp://www.g24.org/) y revisar algunos de los documentos que allí aparecen para confirmar la anterior aseveración.

② Se requiere establecer un nuevo orden económico internacional, basado en la solidaridad, la justicia, la equidad y el desarrollo sostenible. La arquitectura financiera internacional debe ser refundada. A las Naciones Unidas, y en particular a esta Asamblea General, corresponde un papel central en este esfuerzo". Discurso del Ministro de Relaciones Exteriores de Cuba, Bruno Rodríguez Parrilla, en el debate general del 64°período de sesiones de la Asamblea General, 28 de septiembre, 2009 (http://www.un.org/ga/64/generaldebate/CU.shtml).

③ Un excelente ensayo que cubre esta temática fue elaborado por José Antonio Ocampo bajo el título "Rethinking Global Economic and Social Governance (Ocampo, 2009).

culpan a esas instituciones de "imponer" el modelo que condujo a la ruina, y desean suprimirlas, asignando sus funciones a otras instancias más democráticas y universales, como las Naciones Unidas. En el otro, se hallan los países que han expresado diferentes categorías de cuestionamientos a las prácticas de trabajo de esas instituciones y sobre todo a su **sistema de gobernabilidad**[41], pero no al extremo de plantear su supresión. Más bien, esos países se limitan a postular cambios, incluso cambios importantes, en el sistema de gobernabilidad y en las **prácticas normativas**[42] de aquellas instituciones, considerando a veces la creación de nuevas instancias internacionales. Así, por ejemplo, una idea que está recibiendo creciente atención es la de crear una instancia internacional que actúe como una especie de Consejo Económico rector de todos los organismos multilaterales en el ámbito económico y financiero.[①]

Como un tema paralelo, un grupo de países critica severamente el surgimiento del **Grupo de los Veinte (G-20)**[43] como la extensión del sistema de dominación y exclusión presente en el ordenamiento financiero internacional. Otros países de la región aceptan este **foro informal**[44] —algunos con resignación— como un avance, al incorporar en su seno a economías emergentes de creciente protagonismo, y al haber actuado con agilidad en promover una respuesta concertada, coordinada y oportuna a la crisis.[②] Es más, algunos ven en este incipiente foro el embrión de una eventual instancia como el Consejo Económico descrito en el párrafo anterior. De nuevo, la manera en que los países de América Latina y el Caribe se ubican ante esta dimensión internacional de la crisis tiende a posiciones altamente divergentes.

Todas estas divergencias se hicieron patentes durante la concepción, preparación y celebración de la llamada Conferencia de las Naciones Unidas sobre la crisis financiera y económica mundial y sus efectos sobre el desarrollo. La mera decisión de celebrar este evento nació bajo la sombra de una fuerte controversia entre aquellos países que deseaban rescatar para las Naciones Unidas el papel rector del ordenamiento financiero y económico internacional, y aquellos que insistían en que ese papel correspondía a las **instituciones de Bretton Wood**[45] y a sus instancias **intergubernamentales**[46]. Detrás de la controversia yacía la cada vez más obvia caducidad del sistema de gobernabilidad de las instituciones de Bretton Woods, sobre todo en relación con la ponderación del voto en el seno de sus **Directorios Ejecutivos**[47]. Asimismo, jugó un papel igualmente importante el cuestionamiento de las políticas del Banco Mundial, el Fondo Monetario Internacional, y lo que hoy es la Organización Mundial del Comercio (OMC). Por

---

① Véase, por ejemplo, Naciones Unidas (2009). Esta Comisión, presidida por el profesor Joseph Stiglitz, recomienda, entre muchos otros puntos, la creación de lo que llama un "Consejo de Coordinación Económica Mundial" (Naciones Unidas, 2009, pp. 90-97).

② Para los informes emanados de la última reunión del G-20, celebrada en Pittsburgh, EE.UU., el 24 y 25 de septiembre de 2009, véase: https://www.pittsburghg20.org/PDFs/G20Report1109.pdf

cierto, tampoco se escapan de esa crítica las Naciones Unidas, siendo la principal reivindicación la reforma del **Consejo de Seguridad**[48].

Las economías desarrolladas, lideradas en este caso por la delegación de los Estados Unidos (en los meses finales de la Administración Bush), se resistían tenazmente a celebrar semejante Conferencia; la parte contraria, en la que Cuba, la República Bolivariana de Venezuela y Nicaragua, entre otros, jugaron un papel proactivo, insistió con igual fervor en el particular. Al final hubo un compromiso, al acordarse en la **Conferencia Internacional sobre la Financiación para el Desarrollo**[49], celebrada en Qatar, Doha, en diciembre de 2008, que: "las Naciones Unidas celebrarán una conferencia al más alto nivel sobre la crisis financiera y económica mundial y sus efectos sobre el desarrollo", siendo claves estas últimas palabras, ya que aquellos países que le niegan protagonismo a las Naciones Unidas en temas financieros no cuestionan su papel en materia de promoción del desarrollo (Naciones Unidas, 2008, párrafo 79).

La preparación de la Conferencia recorrió un camino muy accidentado, sobre todo porque esta se colocó bajo la égida del Presidente de la Asamblea General, ejercida en aquel momento por el Padre Miguel D'Escoto de Nicaragua, quien aprovechó su tribuna para influir en el contenido de la Declaración que habría de emanar de la Asamblea General. Las pugnas que surgieron tempranamente en torno del producto final de la Conferencia no solo tuvieron el corte tradicional Norte-Sur, sino que también se dieron en el interior del **Grupo de los 77**[50] más China, y también dentro de los países de América Latina y el Caribe. No es del caso en este artículo entrar en un relato detallado sobre el particular, pero sí vale la pena orientar al lector hacia el texto del **borrador de propuesta**[51] de Declaración política que el Presidente de la Asamblea General sometió a la **membresía**[52] el 8 de mayo de 2009, en sustitución de una versión más "blanda" elaborada por los dos facilitadores que él había designado anteriormente para esa tarea (los Embajadores de los Países Bajos y de San Vicente y las Granadinas).[①]

En ese proyecto de Declaración se proyectaba a la Conferencia como un evento comparable a la histórica Conferencia de Bretton Woods de 1944, y se pretendía colocar el nuevo ordenamiento financiero y monetario bajo el foro universal de las Naciones Unidas (el "G-192"), en un contexto conceptual e ideológico que no reflejaba precisamente el punto de vista de las principales potencias económicas del planeta, y ni siquiera de muchos países en desarrollo. Se produjo una rebelión contra el texto, el Presidente tuvo que recular, y finalmente la Conferencia se llevó a cabo, sin mayores

---

① Estos documentos están disponibles en el portal de las Naciones Unidas, en: http://www.un.org/ga/president/63/interactive/une-conference. shtml

sobresaltos, dando origen a una Declaración diplomáticamente aceptable para todas las partes, pero poco relevante para la acción a futuro.①

El punto a resaltar es que la creciente diferenciación de enfoques sobre la mejor manera de abordar el desarrollo también se transmitió a la posición que los países de la región adoptaran con respecto a temas económicos en los principales foros internacionales. Aún está por verse si esta nueva diferenciación es saludable para las Naciones Unidas. Por ahora, lo que ha revivido son temas que se debatían hace 35 años en el marco de "un nuevo orden económico internacional", con un fuerte tono de denuncia de los países del "Sur" en contra de los países del "Norte", y demandas de "emparejar la cancha" de la economía internacional para dar similares oportunidades a todos los países de participar en sus beneficios.②

VII.　Síntesis y conclusiones

En conclusión, las crisis de 2008 no solo repercutieron profundamente en las economías y el financiamiento, sino también en las ideas. El cuestionamiento al paradigma vigente durante alrededor de dos décadas, que había cobrado un creciente número de **adeptos**[53], se vio intensamente exacerbado como consecuencia de la crisis. Entre las muchas consecuencias que se podrían vaticinar para los próximos años, se puede mencionar lo siguiente:

Primero, al parecer concluyó un período que permitía un elevado nivel de consenso en torno de un paradigma económico, al menos en su línea gruesa de ejecución, para dar paso a un período de dudas, cuestionamientos y **ensayo de alternativas**[54].

En consecuencia, y en segundo lugar, habrá un debate más intenso sobre estrategias y políticas de desarrollo, impulsado por el retroceso que la crisis significó para muchos países. Ese debate será saludable en la medida en que no conduzca a enfrentamientos innecesarios entre países o entre distintos grupos de un mismo país.

Tercero, y como corolario de lo anterior, se abren nuevos espacios de trabajo para la CEPAL cuya Secretaría puede contribuir al debate con iniciativas propias y como vehículo que facilite el intercambio de opiniones y de vivencias.

---

① Resolución 63/303 de la Asamblea General. Documento final de la Conferencia sobre la crisis financiera y económica mundial y sus efectos en el desarrollo. Acaso la conclusión potencialmente más significativa de la Conferencia fue el establecimiento de un grupo de trabajo especial de composición abierta, para hacer un seguimiento de las cuestiones que figuran en el documento final (véase Resolución 63/305).
② Resolución 63/224 del 19 de diciembre, 2008, "Hacia un nuevo orden económico internacional".

Al mismo tiempo, y en cuarto lugar, el surgimiento de la "Alternativa Bolivariana", que invoca la unidad latinoamericana y del Caribe, paradójicamente podría conducir a un escenario de división en lugar de **aglutinamiento**[55], al introducir factores divergentes en el interior de agrupaciones de países históricamente unidos en torno de valores e intereses comunes. Llama la atención que la **Alianza Bolivariana para los Pueblos de Nuestra América**[56] ha crecido lo suficiente como para participar en cada uno de los procesos formales de integración vigentes: en Centroamérica (Nicaragua), en la Comunidad del Caribe (Antigua y Barbuda, Dominica y San Vicente y las Granadinas) y en el **Mercosur**[57] (al ratificarse la adhesión de la República Bolivariana de Venezuela). Desde luego, ese escenario no necesariamente se dará en la práctica cotidiana, pero sí constituye una nueva realidad de diferenciación que antes no existía. Ello, a su vez, seguramente dará lugar a disputas y tensiones más acentuadas de las que se percibían, por ejemplo, en los años noventa.

En quinto lugar, con la creciente diferenciación de posiciones se introdujo un nuevo sesgo de confrontación en foros multilaterales cuyo rasgo principal suele ser la cooperación. Ello ha hecho cada vez más difícil llegar a acuerdos universales, como lo puso de relieve la Conferencia al más alto nivel sobre la crisis financiera y económica mundial y sus efectos sobre el desarrollo en julio de 2009, y nuevamente la **Conferencia de las Naciones Unidas sobre el Cambio Climático**[58], cuyos resultados relativamente magros —aun así rechazado por los países del ALBA— se anunciaban justo cuando se cerraba este artículo.[1]

Por último, es probable que se esté entrando de nuevo, como ha ocurrido en períodos previos de transición, en una etapa marcada por cierta perplejidad, en contraste con la relativa seguridad que caracterizaba el accionar de los encargados de formulación de políticas en los años previos a 2008. Ello será también uno de los legados de las crisis de 2008.

① Véase el Comunicado especial sobre cambio climático de la VIII Cumbre del alba con miras a la XV Conferencia de las Partes en Copenhague, 14 de diciembre, 2009, as. como la intervención del Presidente de la República Bolivariana de Venezuela, Hugo Chávez Fr.as, en la Conferencia de las Naciones Unidas sobre el Cambio Climático, en Copenhague, Dinamarca, el 16 de diciembre de 2009 http://www.alternativabolivariana.org/.

Cuestionario:

ⓐ ¿Cuáles son las consecuencias de la crisis del año 2008 en América Latina?

ⓑ ¿Qué medidas necesita tomar América Latina con el fin de combatir la desigualdad en diferentes campos?

ⓒ Las crisis de 2008 repercutieron profundamente en las ideas de América Latina. Según el autor, ¿qué consecuencias se podrían vaticinar para los próximos años?

Vocabulario

[1]	paradigma	m.	范式
[2]	círculos académicos		学术界
[3]	polarización	f.	两极分化
[4]	macroeconómico	adj.	宏观经济的
[5]	crisis periódica		周期性危机
[6]	insostenibilidad	f.	不可持续性
[7]	socio comercial		贸易伙伴
[8]	sobrevaloración	f.	高估
[9]	mercado	m.	市场
[10]	subvaloración	f.	低估
[11]	estado	m.	国家；政府
[12]	estabilidad	f.	稳定性
[13]	sostenibilidad	f.	可持续性
[14]	heterogeneidad	f.	异质性
[15]	acuerdo de libre comercio		自由贸易协定
[16]	Alternativa Bolivariana para las Américas (ALBA)		美洲玻利瓦尔替代计划
[17]	Acuerdo de Libre Comercio de las Américas (ALCA)		美洲自由贸易协定
[18]	zona de libre comercio		自由贸易区
[19]	recesivo	adj.	经济衰退的
[20]	socialismo	m.	社会主义
[21]	aperturista	adj.	开放的
[22]	intercambio comercial equilibrado		平衡的贸易往来
[23]	Consejo de Ayuda Mutua Económica		经济互助理事会

[24]	cooperación Sur-Sur		南南合作
[25]	orden económico internacional		国际经济秩序
[26]	recursos naturales		自然资源
[27]	diversidad cultural		文化多样性
[28]	cepalino	*adj.*	拉美经委会的
[29]	funcionamiento del mercado		市场运行
[30]	distribución del ingreso		收入分配
[31]	gestión macroeconómica		宏观经济管理
[32]	talón de Aquiles		阿喀琉斯之踵，现引申为"软肋""致命弱点"
[33]	pobreza extrema		极端贫困
[34]	política pública		公共政策
[35]	transferencias monetarias		现金转移支付
[36]	transferencias condicionadas		有条件转移支付
[37]	brecha salarial		工资差距
[38]	reformas de las instituciones		制度改革
[39]	moneda de reserva		储备货币
[40]	mecanismos de coordinación		协调机制
[41]	sistema de gobernabilidad		治理体系
[42]	prácticas normativas		规范化实施
[43]	Grupo de los Veinte (G-20)		20国集团
[44]	foro informal		非正式论坛
[45]	instituciones de Bretton Woods		布雷顿森林体系的机构
[46]	intergubernamental	*adj.*	政府间的
[47]	Directorio Ejecutivo		执行领导机构
[48]	Consejo de Seguridad		（联合国）安全理事会
[49]	Conferencia Internacional sobre la Financiación para el Desarrollo		发展筹资问题国际会议
[50]	Grupo de los 77		77国集团
[51]	borrador de propuesta		建议草案
[52]	membresía	*f.*	成员
[53]	adepto	*m.*	拥护者
[54]	ensayo de alternativas		替代试验
[55]	aglutinamiento	*m.*	凝聚
[56]	Alianza Bolivariana para los Pueblos de Nuestra América (ALBA)		美洲玻利瓦尔联盟

[57]　Mercosur

南方共同市场（Mercado Común del Sur）

[58]　Conferencia de las Naciones Unidas sobre el Cambio Climático

联合国气候变化大会

评论 | 拉美国家经济改革道路的分化（2001—2010年）：以委内瑞拉和巴西为例

到21世纪伊始，在西方正统自由主义经济流派指导下进行的拉美国家经济结构性改革已走过了近20年。改革的快车一路疾驰狂奔，在人们为其所显现出的速度和力量而交口称赞时，却发现大刀阔斧的大手笔并未带来经济的持续高速增长，相反，20世纪90年代以来一次次的金融危机和动荡不断地挑战着人们脆弱的神经，21世纪初拉美更是遭到了近20年来最严重的一记当头棒喝：2001年，阿根廷爆发了自1982年债务危机以来最严重的一次金融危机，并迅速演变为经济、政治和社会的全面危机。这场危机所产生的"探戈效应"席卷了几乎整个地区，使拉美在2002年陷入衰退（2001年GDP增长率为0.40%，2002年为-0.40%），2003年才开始缓慢恢复。

曾经笃信新自由主义信条的拉美各国开始进行反思：改革是成功的还是失败的？接下来该往何处去？是继续还是推翻重来？在对改革进行反思和争论的大背景下，拉美国家经济改革道路开始出现分化。

一、关于经济结构改革道路的争论

（一）争论的一方：新自由主义应该彻底被新的改革所替代

委内瑞拉查韦斯政府认为新自由主义改革是失败的，该理论应该被替代。如果说拉美国家是新自由主义的"受害者"的话，那么委内瑞拉也许是受害较为严重的一个。20世纪80年代是拉美"失去的十年"，委内瑞拉也不例外。20世纪90年代改革过程中拉美经济开始恢复增长，而委内瑞拉又几乎经历了第二个"失去的十年"：20世纪90年代平均增长率仅为2.00%，不仅低于地区大国，也低于地区平均水平，失业率居高不下（下页表1）；贫困率由1990年的40.00%上升为1999年的49.40%。

表1：1981—2000年拉美七国GDP增长率和城市失业率（%）

	GDP增长率		城市失业率
	1981—1990平均值	1991—2000平均值	（1991—2000平均值）
阿根廷	−0.70	4.20	12.70
巴西	1.60	2.60	6.00
墨西哥	1.90	3.50	3.60
智利	3.00	6.60	7.50
哥伦比亚	3.70	2.60	12.50
秘鲁	−1.20	4.20	8.70
委内瑞拉	−0.70	2.00	10.70
拉美平均	1.20	3.30	7.40

资料来源：CEPAL. *Balance preliminar de las economías de América Latina y el Caribe 2000*, Santiago de Chile, dic. 2000, pp.85,89.

　　新自由主义改革在委内瑞拉的"彻底失败"以及由此带来的严重社会不公在一定程度上促成了倡导社会公正的左派领导人查韦斯在1998年12月的大选中获胜。查韦斯是新自由主义最坚定的批判者，他认为这场改革是帝国主义对拉美的剥削，正是美国等西方国家所倡导的新自由主义及全球化等政策使拉美经济的脆弱性和不平衡加剧，社会不公正和贫困日益严重。因此他主张对新自由主义进行替代，进而通过建立"21世纪社会主义"对资本主义制度进行替代。其主要措施为：在政治上用参与式民主替代代议制民主；在经济上通过石油业等主要产业的国有化加强国家对经济的干预；促进"内生发展"以转变经济发展模式；提出"美洲玻利瓦尔替代"（ALBA）以加强拉美内部团结和一体化，对抗美国倡导的美洲自由贸易区（ALCA）；加大社会投入，改善不公正状况。在委内瑞拉的引领下，拉美其他左派政府也相继提出类似的激进改革方案，如玻利维亚的"社群社会主义"和厄瓜多尔的"21世纪社会主义"。

（二）争论的另一方：改革应该继续，但必须进行调整和深化

　　相对于持以上极端立场的少数国家，大多数拉美国家试图在继续融入全球经济的前提下对改革进行调整。在它们看来，之前的改革措施总体上是相

对有效的：国有企业私有化不仅为整个经济注入了生命力和竞争力，还为国家卸掉了沉重的财政负担；通过放开对价格、利率、汇率的控制以及一系列金融自由化改革，国家对经济的干预大大减弱，市场机制得到强化，资源得到了更为有效的配置；贸易自由化、区域经济一体化、资本账户更多地向外国直接投资开放，都标志着经济打开封闭，积极融入到了经济全球化之中。"改革促成了拉美地区由长期的内向发展模式向外向发展模式的转变，加速了与国际经济接轨的进程，使拉美地区走出了80年代的危机，迎来了90年代经济的稳步恢复。可以说，这场改革既是拉美经济自身发展进程的需要，也适应了经济全球化的大趋势。"①

但是，某些拉美国家改革速度过快、幅度过大等问题及其造成的后果也得到人们的重视，而数次危机中暴露的弊端更是未来改革调整的重点。

21世纪的第一个十年中，拉美各国针对改革中的教训，重点调整宏观经济政策：实施严格的财政纪律，改善财政收支；实施通货膨胀目标制以控制通胀；实行浮动汇率制，促进出口，改善国际收支；对金融体系加强监管，增强抗风险能力。

另一个需要深化的是对社会公正的改善。改革20年来，曾在进口替代时期被忽视的收入分配等问题不但没有解决，反而有恶化的趋势，这也是新自由主义成为众矢之的的主要原因之一。"按照正统学派的观点，与'神奇的市场'相结合，经济增长就会通过滴漏效应（trickle-down）将其福利向下流动，从而惠及所有收入阶层。这一理论早已失信于民了。"② 其"先增长、后分配"的理论和重效率、轻公平的实践导致了对社会公正的忽视。此外，改革中国家作用的不断弱化导致国家在社会领域投入的不断减少更加剧了不公正。在一系列危机使这一矛盾进一步凸显后，各国开始真正意识到社会公正的重要性及其对增长的作用。21世纪以来，巴西、阿根廷等温和左派执政的国家重点利用公共政策来解决社会公正问题，而其他国家也将其作为改革的主要目标之一，并通过加快增长来间接改善这一问题。

从以上的分析可以看出，委内瑞拉代表的极端左派一方主张在经济政策

---

① 苏振兴主编：《拉丁美洲的经济发展》，经济管理出版社2000年版，第164页。
② 格特·罗森塔尔《2008年金融和经济危机及其对经济思想的影响》，赵丽红，黄乐平译，载《拉丁美洲研究》，2011年第1期，第72页。

上推翻新自由主义，同时将改善社会公正作为改革的中心目标。而另一方主张对改革进行调整和深化，同时将改善社会公正作为21世纪改革的重点。可见，"改善民生，实现包容性发展"已经成为拉美所有国家在21世纪的改革共识。

下文介绍两种改革模式的代表——委内瑞拉和巴西的改革经验，尤其是其在社会保障方面所做的创新，并对其作出评价。

二、2001—2010年委内瑞拉和巴西的经济改革

（一）委内瑞拉的经济改革：对新自由主义的替代和对社会公正的追求

查韦斯政府所实施的改革有两个方面非常有特色：第一，明确提出要从根本上转变经济发展模式。转变发展模式的途径主要是国有化和内生发展。第二，明确提出改革的主要目标之一是满足人民基本需求和实现社会公正。除了社会政策可以直接促进社会平等以外，其他改革措施（如国有化、发展合作社、土地改革）的最终目的都是对社会财富进行再分配，从而实现社会公正。社会公正之所以被提到如此高的地位，是因为"不公正会阻碍发展的可能性，对增长的速度和质量、社会稳定产生重大的负面影响，给社会各阶层带来紧张和痛苦"[1]。

1. 对改革的再改革：国有化和内生发展

新自由主义主张进行私有化，最大限度地减少国家对经济的干预。而查韦斯认为，要实现民族经济的独立、改变贫穷落后的处境并摆脱殖民主义的剥削，必须通过国有化等途径重新加强国家对经济的主导作用。这不仅能为转变发展模式创造必要的条件，逐步建立有竞争力的、多元的现代经济模式，而且能缩小私有制的规模，使生产的目的更多地集中在满足人民需求上，国家通过对核心经济部门的控制可以获得更多的资金来发展社会事业，这与其提出的"21世纪社会主义"构想的原则是一致的。作为委内瑞拉的支柱产业，石油业成为国有化首当其冲的目标。2001年颁布的《石油法》规定，在石油部门进行生产开发的国家与私人投资者的合资企业中，国家必须

---

① Rodolfo Magallanes. "La igualdad en la República Bolivariana de Venezuela (1999-2004)", *Revista Venezolana de Economía y Ciencias Sociales*, vol.11 nº 2, Caracas, mayo 2005, p.60.

拥有至少51.00%的股份。2005年又宣布将这一份额提高到60.00%，并要求所有本国和外国私人企业在年底前与委内瑞拉国家石油公司（PDVSA）签署合资临时协议。

可以看出，委内瑞拉这一轮国有化与拉美各国在二十世纪六七十年代所实施的国有化是不同的，它只是调整了与外资和私企的股权和利润分成比例，并没有通过武断地没收其资产实现彻底国有化，同时还不断出台一系列法律法规作为政策的法律依据。通过石油业国有化并提高矿区使用费和开采税等税种的额度，再加上国际油价不断攀升，国家的石油收入大幅增加（图1）。继石油业后，委内瑞拉政府通过收购股票从而以绝对优势控制股权的方式对电信、电力、金融、钢铁、水泥、矿业、食品等部门进行了国有化。

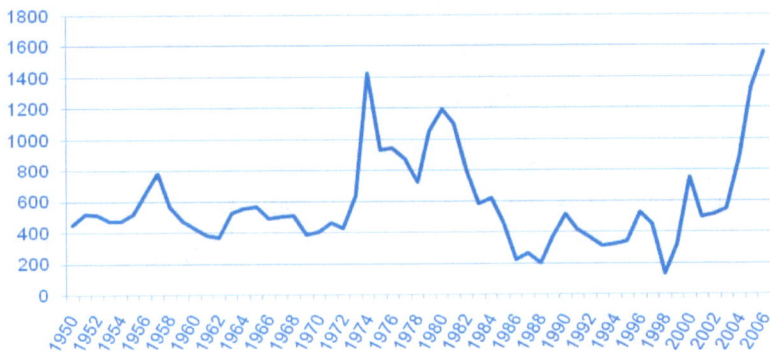

图1：1950—2006年委内瑞拉人均石油收入（美元，1997年价格）
资料来源：Margarita López Maya. "Venezuela: Hugo Chávez y el bolivarianismo", *Revista Venezolana de Economía y Ciencias Sociales*, 2008, vol. 14, nº 3 (sept.-dic.), p.62.

查韦斯经济改革的另一项重要主张是促进"内生发展"，即委内瑞拉应当依靠自身力量发展经济，逐步摆脱对外部的严重依赖；同时能够充分利用丰富的资源，将其转化为社会消费产品，满足人民需求，最终实现社会公正。实现内生发展的途径之一是发展生产合作社。合作社具有集体所有制性质，有利于扩大就业，并与私人企业竞争。另一条重要途径是土地改革。对长期闲置的、被大地产主占有的土地征税，或将其分给无地农民，有利于解决土地集中和收入分配不均衡等问题，还有利于增加粮食产量，减少进口，保证粮食主权。

2．社会政策

（1）社会发展目标与公共社会支出

在"玻利瓦尔替代计划"（AAB）中提到，新自由主义最不人道的一条原则是"最好的社会政策在于实施一项好的经济政策"，而AAB所坚持的原则是"最好的社会政策是满足人民的需要"[①]。社会政策是实现社会公正的主要途径，它不应当成为经济政策的附属品，而应当具有独立性和重要的政治意义。可见在查韦斯的玻利瓦尔革命理念中，社会公正是不可能随着经济的增长而自动实现的，两者应当协调发展。为此，查韦斯政府设定了2001—2013年详细的社会发展目标：

表2：委内瑞拉2001—2013年社会发展目标

	2001—2007计划	2004战略规划	2007—2013计划
总目标	实现社会平等	在形成新的社会结构方面有所进展	形成包容性的社会结构（最高社会福祉）
具体目标	保证人民全面平等地享有社会权利；改善收入分配，促进社会参与，在公共领域形成一种公民力量	赋予穷人以力量；巩固各项"使命"	彻底消除赤贫，加快减贫速度；转变社会生产关系，建立公有制的社会主义生产关系；增强人民生产劳动的基本能力；加强与拉美各国被排斥群体的团结

资料来源：Antonio J. González Plessmann: "La desigualdad en la revolución bolivariana: una década de apuesta por la democratización del poder, la riqueza y la valoración del estatus", *Revista Venezolana de Economía y Ciencias Sociales*, 2008, vol. 14, nº 3 (sept.-dic.), p.182.

为实现上述目标，查韦斯政府利用财政预算、国家发展基金（FONDEN）和国家石油公司提供的社会资金等资源加大医疗、教育和住房等基础设施支出以及各项名为"使命"的转移支付等公共社会支出。但从下页图2可以看出，虽然查韦斯执政以来委内瑞拉公共社会支出显著增加，但仍远低于该地区的主要大国和古巴、哥斯达黎加、乌拉圭等国。另外，2008—2009年全球经济危机中各国为减小危机对民众造成的影响而普遍增加了社会投入，但委内瑞拉因石油收入减少导致财政收入锐减，因而社会投入

[①] Dick Parker. "¿Representa Chávez una alternativa al neoliberalismo?", *Revista Venezolana de Economía y Ciencias Sociales*, 2003, vol. 9, nº 3 (mayo-agosto), p.105.

减少。虽然委内瑞拉社会支出比重在拉美不算最高，但支出中转移支付比例较高，这对于改善收入分配和减贫效果显著。

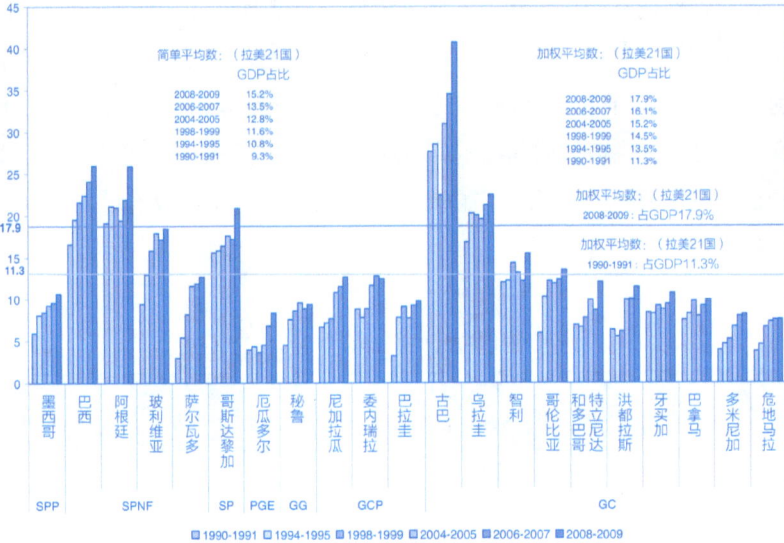

简单平均数：（拉美21国）
GDP占比

	GDP占比
2008-2009	15.2%
2006-2007	13.5%
2004-2005	12.8%
1998-1999	11.6%
1994-1995	10.8%
1990-1991	9.3%

加权平均数：（拉美21国）
GDP占比

	GDP占比
2008-2009	17.9%
2006-2007	16.1%
2004-2005	15.2%
1998-1999	14.5%
1994-1995	13.5%
1990-1991	11.3%

加权平均数：（拉美21国）
2008-2009：占GDP17.9%

加权平均数：（拉美21国）
1990-1991：占GDP11.3%

（横轴国家）墨西哥　巴西　阿根廷　玻利维亚　萨尔瓦多　哥斯达黎加　厄瓜多尔　秘鲁　尼加拉瓜　委内瑞拉　巴拉圭　古巴　乌拉圭　智利　哥伦比亚　特立尼达和多巴哥　洪都拉斯　牙买加　巴拿马　多米尼加　危地马拉

SPP　SPNF　SP　PGE　GG　GCP　GC

□1990-1991 □1994-1995 ▣1998-1999 ▣2004-2005 ▣2006-2007 ■2008-2009

A．GDP占比

简单平均数：（拉美21国）
US$2005

	US$2005
2008-2009	748
2006-2007	616
2004-2005	526
1998-1999	438
1994-1995	375
1990-1991	315

加权平均数：（拉美21国）
US$2005

	US$2005
2008-2009	981
2006-2007	853
2004-2005	740
1998-1999	655
1994-1995	581
1990-1991	459

加权平均数：（拉美21国）
2008-2009：981 US$2005

加权平均数：（拉美21国）
1990-1991：459 US$2005

（横轴国家）墨西哥　阿根廷　巴西　萨尔瓦多　玻利维亚　哥斯达黎加　厄瓜多尔　秘鲁　委内瑞拉　巴拉圭　尼加拉瓜　古巴　特立尼达和多巴哥　乌拉圭　智利　巴拿马　哥伦比亚　牙买加　多米尼加　洪都拉斯　危地马拉

SPP　SPNF　SP　PGE　GG　GCP　GC

□1990-1991 □1994-1995 ▣1998-1999 ▣2004-2005 ▣2006-2007 ■2008-2009

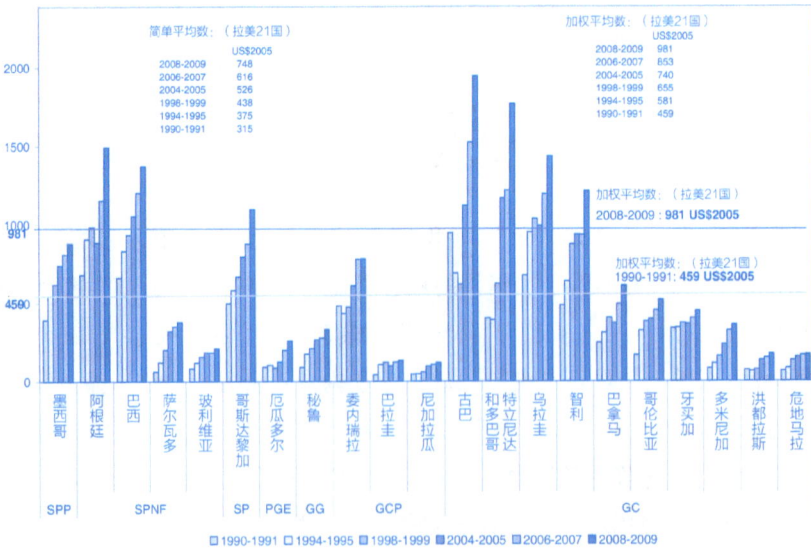

B．人均支出（美元）

图2：1990—2009年拉美21国公共社会支出变化

资料来源：CEPAL. *Panorama social de América Latina 2011*, Capítulo V , Santiago de Chile, ene. 2012, p.6.

（2）社会救助："使命"的力量

查韦斯政府执政初期（1999—2003年），其社会政策基本延续了传统的路线，同时开始进行一些改革实验，如努力扩大社会保险覆盖面和提高入学率。2003年以来，为了更快、更有效地解决严重的社会问题，政府开始实施一系列被称为"使命"的社会救助政策，如旨在消除文盲、让成年人接受基础教育的"罗宾逊使命"，增加中学和大学入学率的"苏克雷和里瓦斯使命"，进行再就业培训的"重返工作使命"，请古巴医生到贫困地区提供疾病预防服务以保障穷人享有医疗权利的"走进社区使命"，治疗眼部疾病的"奇迹使命"，使近一半人口以国家补贴价格获得生活基本食品的"梅卡尔使命"，为穷人提供免费住房的"住所使命"，使印第安人获得基本权利的"瓜依开布罗使命"，等等。随着石油收入的增加，国家财政资金充足，2006年后，"使命"增加到20项以上。

"使命"政策不仅力度大，覆盖范围广，而且具有设计思维创新、不拘传统、高效实用等特点。"这些政策的实施被认为是在公共管理体系中引入了一种灵活机制，与以前的官僚机制不同，这种机制可以使办事程序更灵活更简化，使多部门协同运作，更高效地解决医疗、教育、住房、就业和土地等方面的问题。"[1]

就成效而言，查韦斯执政以来委内瑞拉贫困家庭比例显著下降（由2001年阿根廷危机以及2002年军事政变和石油工人罢工等因素导致的衰退使这一比例在2002—2003年出现反弹，下页图3），各阶段入学率也稳步上升（下页表3），基本医疗服务覆盖率上升（2006年73.00%的人口被纳入"走进社区使命"）。然而在某些方面仍然不尽如人意，如2009年的儿童死亡率仅比20世纪90年代初降低1/3左右，而拉美平均降低一半以上，智利、墨西哥等一些主要国家降幅更大；儿童接种麻疹疫苗的比例不但没有增加，反而下降了（下页表4）。主要疾病之一结核病的患病率以及死亡率近二十年来基本无变化，而其他国家变化非常明显（247页表5）。

---

[1] Antonio J. González Plessmann. "La desigualdad en la revolución bolivariana: una década de apuesta por la democratización del poder, la riqueza y la valoración del estatus", *Revista Venezolana de Economía y Ciencias Sociales*, 2008, vol. 14, nº 3 (sept.-dic.), p.189.

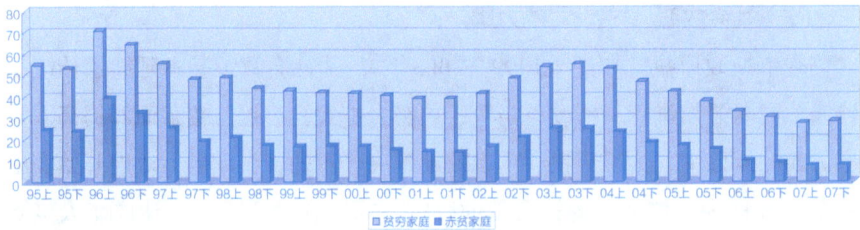

图3：1995—2007年委内瑞拉贫困家庭比例（%）

资料来源：同表2，第193—194页。

表3：1994—2006年委内瑞拉学校入学率（%）

年份	学前教育	基础教育	中等、职业教育	高等教育
1994—1995	43.60	92.90	24.50	21.40
1995—1996	42.10	88.50	23.50	21.60
1996—1997	44.70	90.60	26.60	22.00
1997—1998	45.90	92.00	26.90	22.60
1998—1999	44.70	89.70	27.30	21.80
1999—2000	48.50	91.90	28.30	20.90
2000—2001	50.60	95.10	30.10	25.00
2001—2002	52.20	98.50	32.40	27.60
2002—2003	53.30	97.80	32.70	28.40
2003—2004	55.10	98.70	35.90	29.30
2004—2005	58.60	99.00	38.50	30.30
2005—2006	60.60	99.50	41.00	30.20

资料来源：同表2，第190页。

表4：拉美部分国家儿童死亡率和接种麻疹疫苗比例

	5岁以下儿童死亡率（每1000人中）		出生死亡率（每1000人中）		1岁儿童接种麻疹疫苗的比例（%）	
年份	1991年	2009年	1990年	2009年	1990年	2007年
委内瑞拉	31.60	21.10	25.00	16.40	61.00	55.00

续表

	5岁以下儿童死亡率 （每1000人中）		出生死亡率 （每1000人中）		1岁儿童接种麻疹 疫苗的比例（%）	
巴西	60.10	27.60	47.50	22.50	78.00	99.00
墨西哥	44.20	18.90	36.30	15.60	75.00	96.00
阿根廷	30.10	14.90	25.80	12.90	93.00	99.00
智利	19.10	8.50	16.30	7.00	97.00	91.00
拉美平均	55.50	26.20	42.70	20.40	76.30	93.00

资料来源：CEPAL. *Panorama social de América Latina 2010*, Anexo estadístico, Cuadro 48, Santiago de Chile, mar. 2011.

表5：拉美部分国家结核类疾病患病率、死亡率和治愈率

	结核类疾病患病率		结核类疾病死亡率		接受督导短程化疗 （DOTS）后被治愈率	
年份	1990年	2007年	1990年	2008年	1994— 2003年	1995— 2006年
委内瑞拉	35.00	34.00	4.30	4.30	68.00	82.00
巴西	84.00	48.00	12.00	3.80	91.00	72.00
墨西哥	61.00	20.00	15.00	1.40	75.00	80.00
阿根廷	60.00	31.00	9.10	3.10	55.00	63.00
智利	38.00	12.00	3.00	0.50	83.00	85.00
拉美平均	87.80	49.10	14.70	4.80	78.80	76.10

资料来源：CEPAL. *Panorama social de América Latina 2010*, Anexo estadístico, Cuadro 51, Santiago de Chile, mar. 2011.

（二）巴西经济改革的深化与调整：以社会政策为重点

2002年上台的巴西总统卢拉属于温和左派，尤其重视在改革中调整收入分配和缩小贫富差距。与查韦斯等激进左派不同，卢拉所做的是在延续改革道路的基础上，对改革进行深化和调整。

1. 经济改革调整

首先，卢拉政府虽然强调国家调控对经济的重要作用，但并没有重新实行国有化政策。其次，卢拉政府坚持贸易自由化原则，立足南共市，大力推动自由贸易，但抵制美洲自由贸易区的发展；积极发展同欧洲、亚洲国家，特别是同中国的经贸合作。

在坚持改革基本路线的前提下，针对阿根廷危机的教训，巴西对财政、货币、汇率和金融政策进行了调整。

巴西1999年出现货币危机，后又受到2001年阿根廷金融危机的冲击，导致外资抽离，货币贬值，通胀加剧，经济增长下滑，1999年GDP增长率为0.80%，2001年为1.30%。2002年卢拉政府上台后大力整顿经济，发展出口，实行浮动汇率制，削减公共开支，实现初级财政盈余，实行通货膨胀目标制，有效控制通胀。这些措施使外资重新回流，国际收支改善，外汇储备增加，GDP增长率于2004年恢复到4.90%。

进入2003—2007年增长期后，巴西着手实施一系列措施来进一步改善财政收支。2003年初开始深化财政体系调整，减少公务员工资和退休金等高额公共支出，同时增加消费税等税收。九个月后，初级财政盈余占GDP比重达到5.10%，完成了2002年向IMF承诺的目标。货币重新升值，同时外债减少，稳定在占GDP57.00%的比重。在宏观经济改善、生产活动恢复、贸易比价改善、财政收入不断增加的同时，"并未出现传统的现象，即政府在宏观经济指标出现好转后进行财政支出的扩张。……政府在经济增长期依然实施了谨慎而自主的财政政策，因此基本获得了较大的初级财政盈余，债务减少，国际储备增加"。[①]

在防范金融风险方面，曾经资本账户开放过快的巴西充分认识到了危机带来的教训，特别关注短期外债的增长变化。因此，"在增长周期即资金流入高潮期控制资本流动"就成为了此时预防危机的重要措施。在浮动汇率制和直接管控的共同作用下，短期资本投机得到抑制，资本流入更稳定、后果更可预见。

2008—2009年全球金融危机发生后，巴西实施了逆周期的财政政策，放松了原先所设定的公共支出标准，将公共部门的盈余由占GDP的3.80%下调到2.50%，同时实施扩张性的货币政策，调整银行准备金，大幅增加国有银

---

① CEPAL. *Balance preliminar de las economías de América Latina y el Caribe 2005*, Santiago de Chile, dic. 2005, pp.49, 63.

行的贷款额度。这些措施不仅部分地弥补了国内需求下降所带来的损失，而且有力地促进了经济的恢复。反危机政策之所以能够较为顺利地实施，主要是得益于2003—2007年财政状况和宏观经济基本面的不断改善，另外，2009年危机时通胀率出现下降与以往危机中衰退与通胀加重并存的现象形成鲜明对比，这也让逆周期政策少了后顾之忧。

2. 社保改革

21世纪以来巴西所实施的各项改革调整措施中最引人瞩目的或许是它的社会保障政策，具体主要分为社会保险政策和社会救助政策。

（1）渐进式的社会保险改革

自1981年智利实施激进的社会保险私有化以来，许多拉美重要国家，包括墨西哥、阿根廷、秘鲁都陆续实行了相同性质的改革，将传统的现收现付制改为完全的个人积累制。这种新制度虽然"强化了个人的精算公平，提高了社保制度的财务可持续性，但弱化了社保的社会再分配和社会共济的功能，不利于缓解两极分化和贫困化。此外，由于许多国家的社保覆盖面在改革后并未扩大，甚至反而减小了，导致相当部分的群体被社保制度"排斥"在外，加剧了"社会排斥"，不利于'社会凝聚'"[1]。

巴西并未完全跟随这一潮流，虽然在辅助性的私营保险计划中引入了基金积累制的个人账户，但在占主体地位的强制性国家社会保险中依然保留了现收现付制，因此社会各个收入阶层基本都能够被较为公正地纳入国家保险体系中。20世纪90年代后，巴西的社保覆盖面一直在拉美国家中名列前茅，即使在水平较低的2002年依然达到61.70%，而同年在实施社保私有化的拉美国家中覆盖面最高的乌拉圭为60.00%，墨西哥为30.00%，阿根廷为24.00%，秘鲁仅为11.00%。然而从下页图4中我们看到，2009年巴西社会保险在高收入人群中的覆盖率相对较高，而在最低收入人群中的覆盖率虽高于大部分实施社保私有化的国家，却仍低于智利、乌拉圭等国。

---

[1] 郑秉文《社保改革应统筹兼顾——来自"拉美现象"的一个重要启示》，载《红旗文稿》，2008年第17期，第28页。

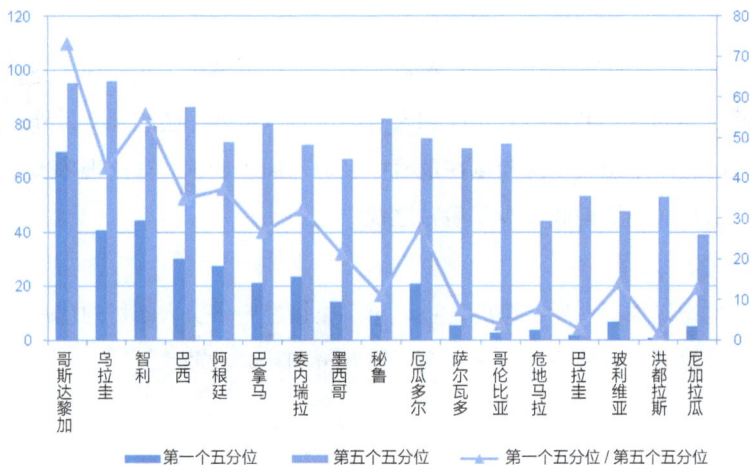

图4：2009年拉美17国：其家庭至少参加一项社会保险的15岁以下群体的百分比
（收入五分位中两端部分进行比较）

资料来源：CEPAL. *Panorama social de América Latina 2011*, Capítulo IV, Santiago de Chile, ene. 2012, p.13. 其中，墨西哥、危地马拉数据采集年份为 2006 年，洪都拉斯为 2007 年，委内瑞拉为 2008 年。

虽然这一制度有利于社保的公平性，但无法解决社保收支亏损的问题。此外，虽然公务员不再免费享受社保，但国家依然要在公共部门社保上支付巨额补贴。对此，卢拉政府在之前改革的基础上对社保政策的细节进行了一系列渐进式的调整：对公务员提高其缴费上限，改变退休金待遇计算公式，提高退休年龄等。这些措施都有助于减轻财政负担。

（2）以"有条件现金转移支付"为特色的社会救助政策

有条件现金转移支付指的是国家向符合条件的家庭提供现金资助，同时这些家庭必须承诺定期带儿童去医疗机构进行体检并接受医疗服务（如种牛痘），保证儿童足够的上学时间。这一政策旨在让家庭与国家一起承担起减贫的责任，同时把重点放在长远的减贫目标上，而不仅是眼前。

有条件现金转移支付政策的实施背景是拉美在社保方面新的理念的产生。一系列经济危机和结构调整在社会领域造成的不良后果引发了关于社保合理性的争论。"经过争论，人们看到，社会保障不仅要在短期内减少贫困，更要控制未来的风险：要在长期内改善人力资本，从而消除和超越贫困。"[1]

---

[1] Pablo Villatoro. "Programas de transferencias monetarias condicionadas: experiencias en América Latina", *Revista de la CEPAL* 86, ago.de 2005, p.88.

之所以存在未来的风险，是因为穷人在危机发生时通常会采取一些不得已的措施（例如让孩子辍学）来应对不利的局面，这在客观上就不可避免地影响了人力资本的提升并增加了代际贫困传递的可能性。有条件现金转移支付政策在控制这一未来风险方面被证明是有效的，它之所以优于传统的干预方法，是因为它可以降低儿童就学的机会成本，从而使转移支付的收入效应加强。儿童就学数量增加，童工数量就会相应减少。"入学资助"计划就是一项有代表性的有条件转移支付项目。

"入学资助"计划（Bolsa Escola）开始于1995年。2003年巴西开始实行全国性反贫困战略"零饥饿"计划（Fome Zero）后，"入学资助"计划被纳入用于统筹所有有条件转移支付措施的"家庭资助"计划（Bolsa Familia）当中。"入学资助"计划面向的是人均月收入不足90雷亚尔的家庭，目的是保证这些家庭中6—15岁的儿童在小学和中学的学习时间（不少于学校授课时间的85.00%），从而减少童工的数量并通过教育提升未来的人力资本，最终减少贫困。

针对过去对受助者目标定位不准确的问题，巴西政府采用了新的目标定位体系，将各种用于测定生活水平的标准和指标整合在一起，先通过地域定位选出全国最贫困的地区，然后再从中选出最脆弱的家庭；此后还在全国范围内设立受助登记册来记录各家庭受助历史信息。事实证明该计划在目标定位方面是有成效的，使有限的资源得到了相对高效的利用，儿童辍学率显著降低。但因为该计划所需资金主要由地方财政筹集，所以贫困地区的受助覆盖面难以有效扩大。

从表6中可以看出，20年间巴西青少年在小学期间和毕业后的辍学率降幅远大于在中学期间辍学率的降幅，恰好符合上述计划6—15岁左右的目标年龄段，可见有条件现金转移支付在提高入学率方面的效果是明显的。

表6：巴西15—19岁青少年辍学率（%）

年份	早期辍学率（小学期间）	小学毕业后辍学率	中学期间辍学率
1990年	13.30	14.10	27.40
2009年	1.30	1.80	16.40

资料来源：CEPAL. *Panorama social de América Latina 2010*, Anexo estadístico, Cuadro 35,36,37, Santiago de Chile, mar. 2011.

三、2001—2010年巴西和委内瑞拉经济改革成效比较

正如上文所述，21世纪以来随着阿根廷危机的出现和左派的崛起，西方正统经济流派所倡导的新自由主义在拉美遭到质疑并逐步退潮。"就国家的作用及其与市场的关系以及融入全球经济的性质和程度这两个问题，拉美国家基本分为两派：一派是极力承诺开放和贸易自由化的国家，另一派是（在国际经济尤其是美国经济中）寻求更大自主权、较少对市场信号依赖的国家。"[1] 然而，在改善社会公正方面两派所追求的目标是基本一致的。委内瑞拉和巴西基本代表了这两种改革模式[2]。以下就对两国的经济改革成效进行比较。

（一）宏观经济状况与经济的可持续性

世纪初头两年巴西经济低速增长，之后缓慢恢复，增长速度虽然不快，但较为稳定。2009年受全球经济危机影响出现小幅衰退，次年便强劲恢复。通胀方面，十年来基本始终为低通胀，2008—2009年也不例外。而委内瑞拉经济在2002—2003年出现严重衰退，通胀陡升。之后因国际初级产品需求上升而出现连续四年的高速增长，通胀下降，但仍维持在两位数。2009年出现衰退，通胀再次上升，次年仍难以恢复（下页图5、6）。相比巴西而言，委内瑞拉十年来经济起伏波动较大。

财政状况方面，由于委内瑞拉重新对石油业等产业实施国有化，财政在石油出口繁荣期收入大幅增加，经济危机时又大幅降低。而巴西财政收支在各时期相对稳定（下页图7）。

两国宏观经济稳定程度之所以对比如此明显，一个重要的原因是委内瑞拉石油业在其国内生产总值中所占比例相当高（254页图8），因此整个国家的经济走势受石油出口形势的影响非常大。全球经济繁荣和危机所形成的周期变化

---

① 格特·罗森塔尔《2008年金融和经济危机及其对经济思想的影响》，赵丽红，黄乐平译，载《拉丁美洲研究》，2011年第1期，第69—70页。

② 巴西虽然坚持私有化和贸易自由化等市场经济政策，但越来越重视国家和公共政策对经济和社会的作用；此外，巴西主要立足南共市，在地区中发挥大国主导作用，对美国所倡导的美洲自贸区持消极抵制态度。

图5：2001—2010年巴西和委内瑞拉国内生产总值（GDP）增长率变化（%）

资料来源：根据 CEPAL. *Balance preliminar de las economías de América Latina y el Caribe 2010*, Santiago de Chile, dic. 2010 数据绘制。

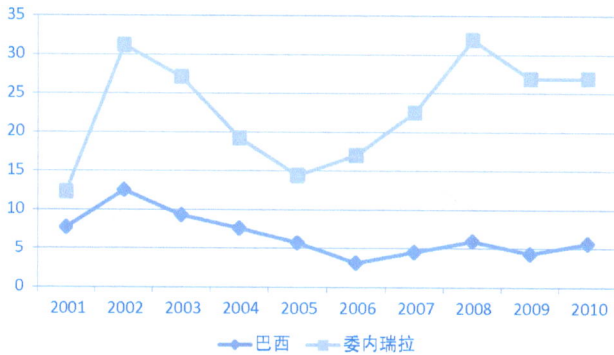

图6：2001—2010年巴西和委内瑞拉消费者物价指数（CPI）变化（%）

资料来源：根据 CEPAL. *Balance preliminar de las economías de América Latina y el Caribe 2010*, Santiago de Chile, dic. 2010 数据绘制。

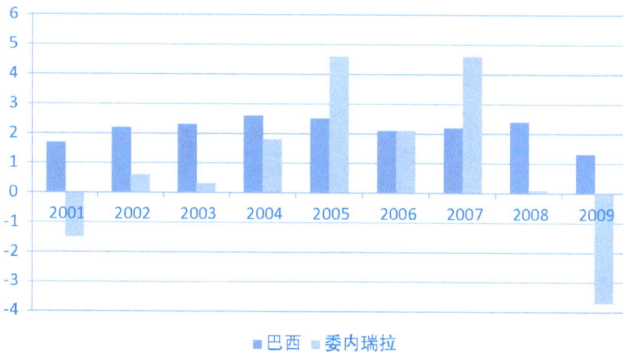

图7：2001—2009年巴西和委内瑞拉中央政府初级财政收支结果占GDP比重（%）

资料来源：根据 CEPAL. *Estudio económico de América Latina y el Caribe 2009-2010*, Santiago de Chile, sep. 2010 数据绘制。

导致世界能源需求大起大落，矿产品和石油出口国贸易比价显著改善而后又突然恶化（如下页图10所示，相比而言，包括巴西在内的南共市国家贸易比价起伏并不明显），因此委内瑞拉经济波动巨大。而巴西产业结构优化程度在拉美处于较高地位（图9；2005年，巴西三大产业占GDP的比重分别为5.71%，29.28%，65.01%。而第三产业的比重不仅高于墨西哥、阿根廷、委内瑞拉等主要拉美国家，更是高于韩国、印度、中国等新兴市场国家）。此外，巴西注重开发国内市场，外贸依存度较低（2006年巴西货物出口占GDP比重为17.92%，而委内瑞拉为45.77%），因此巴西经济整体抗风险能力较强。

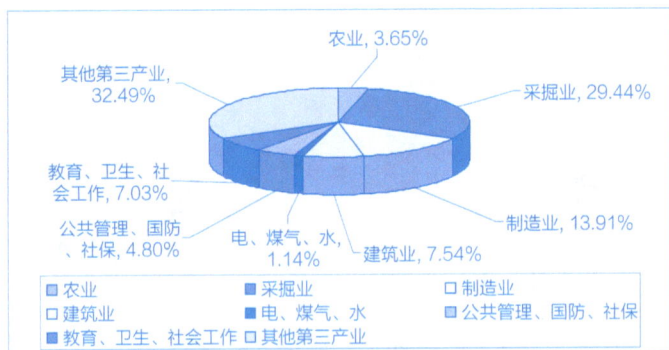

图8：2006年委内瑞拉各产业占GDP比重（按当年价格计算）
资料来源：根据中华人民共和国国家统计局《国际统计年鉴2010》数据绘制。

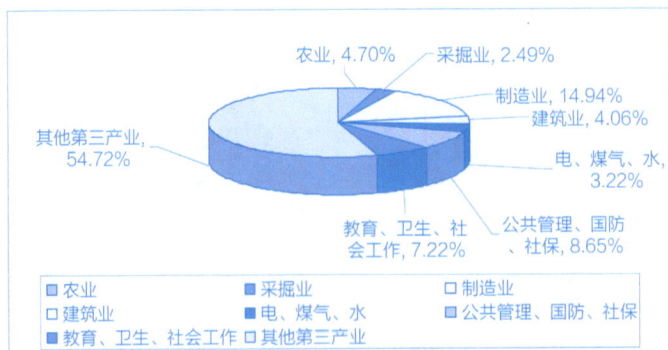

图9：2006年巴西各产业占GDP比重（按当年价格计算）
资料来源：根据中华人民共和国国家统计局《国际统计年鉴2010》数据绘制。

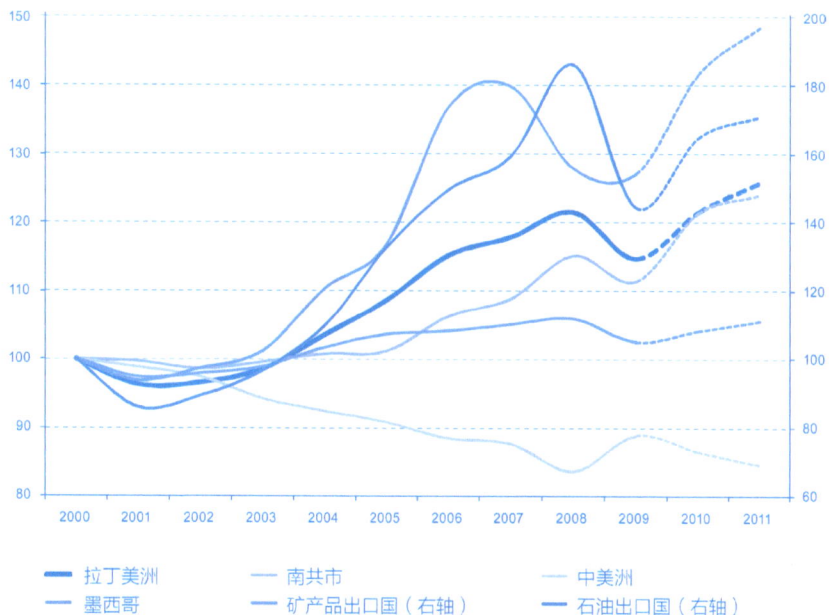

图10：2000—2011年拉美贸易比价变化（2000年指数＝100）

资料来源：CEPAL. *Balance preliminar de las economías de América Latina y el Caribe 2010*, Santiago de Chile, dic. 2010, p.23.

委内瑞拉十余年的激进性改革措施使其国际投资环境有所恶化。查韦斯政府实施国有化政策，要求所有外国石油公司必须与委内瑞拉国家石油公司（PDVSA）合资经营，且后者股份不得低于51.00%（后提高为60.00%），不愿就范的外国公司只得选择离开。合资关系中，由于PDVSA资金匮乏，外国公司通常需要为其垫付资金并负责融资。此外，矿区使用费和各种其他税费大幅度提高。这些都增加了外国公司的经营成本和负担。其他行业的国有化过程也采取了类似的措施。由于在委投资风险加大，外国直接投资持续减少，整个资本账户十年来也基本处于净流出状态。而巴西宏观经济稳定，投资环境宽松，因此净外国直接投资相对较为稳定（2006年由于巴西进行大规模海外投资而出现负值），2009年危机期间反而增加。资本账户在阿根廷危机后出现净流出，2005年后即恢复流入（下页图11、12）。

除宏观经济稳定程度以外，进口货物构成也可在一定程度上反映经济的可持续性和抗风险能力。在这方面两国对比较明显的领域是食品和燃料。巴西食品进口比重较低，2009年危机导致其比重变得更低。同时燃料进口也未

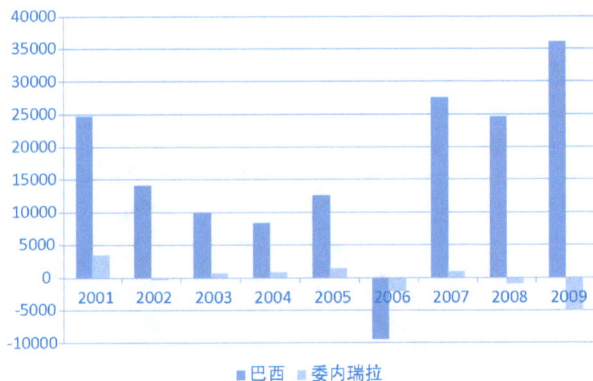

图11：2001—2009年巴西和委内瑞拉净外国直接投资变化（百万美元）

资料来源：根据 CEPAL. *Balance preliminar de las economías de América Latina y el Caribe 2010*, Santiago de Chile, dic. 2010 数据绘制。

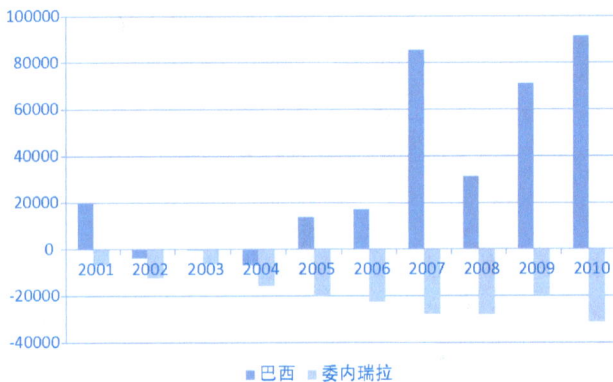

图12：2001—2010年巴西和委内瑞拉资本账户余额变化（百万美元）

资料来源：根据 CEPAL. *Balance preliminar de las economías de América Latina y el Caribe 2002-2010*, Santiago de Chile, 2002-2010 数据绘制。

增加。委内瑞拉石油产量丰富，因此燃料并不依赖进口，但食品进口比重偏高。查韦斯政府曾因本国粮食过分依赖进口而倡导"内生发展"，加强粮食主权，但效果并不明显，2009年危机时食品进口增加幅度较大（下页图13）。

综上所述，十年来，巴西成功地实施了宏观经济政策调整，因而经济基本面得以保持稳定，较平稳地渡过了2008—2009年全球经济危机。而委内瑞拉由于过于依赖石油出口，经济发展波动较为明显。从宏观经济稳定程度、产业结构、外贸依存度、投资环境、进口货物构成等方面来看，巴西经济在这一时期的可持续性和抗风险能力优于委内瑞拉。

巴西 2002年
农业原材料 2.00%　食品 7.00%
燃料 15.00%
矿物和金属 3.00%
制成品 73.00%
■农业原材料 ■食品 □燃料 □矿物和金属 ■制成品

巴西 2009年
农业原材料 1.00%　食品 5.00%
燃料 15.00%
矿物和金属 3.00%
制成品 76.00%
■农业原材料 ■食品 ■燃料 □矿物和金属 ■制成品

委内瑞拉 2002年
农业原材料 2.00%　食品 12.00%
燃料 4.00%
矿物和金属 2.00%
制成品 80.00%
■农业原材料 ■食品 □燃料 □矿物和金属 ■制成品

委内瑞拉 2009年
农业原材料 1.00%　食品 16.00%
其他 1.00%
燃料 1.00%
矿物和金属 1.00%
制成品 80.00%
■农业原材料 □食品 □燃料 □矿物和金属 ■制成品 ■其他

图13：巴西和委内瑞拉进口货物构成变化

资料来源：根据中华人民共和国国家统计局《国际统计年鉴2002, 2010》数据绘制。

（二）社会状况

就业方面，委内瑞拉受2002—2003年经济严重衰退影响，失业率陡升，之后逐步下降，2009年后受危机影响有小幅回升。而巴西就业状况较为稳定，受两次危机影响相对较小，尤其是2009年后失业率反而下降；增长期失业率基本保持在10.00%左右（图14）。这主要还是得益于巴西高效的反危机政策所带来的宏观经济稳定。

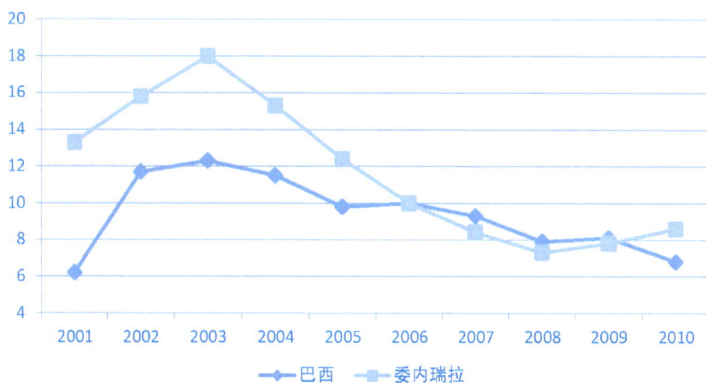

图14：2001—2010年巴西和委内瑞拉城市公开失业率变化（%）

注：巴西数据范围为其六大城市；委内瑞拉为全国。

资料来源：根据CEPAL. *Balance preliminar de las economías de América Latina y el Caribe 2010*, Santiago de Chile, dic. 2010 数据绘制。

　　收入分配方面，2002年以来，委内瑞拉加大公共转移支付力度，并将其作为工资的一部分，努力改善收入分配，因此基尼系数下降幅度在整个拉美最为明显（2002年为0.50，2008年0.41），2009年左右基本为全地区最低水平。巴西基尼系数在世纪初处于地区最高水平，经过大力开展社会政策、大幅度提高最低工资标准而有所下降，幅度较为明显（2002年为0.63，2009年0.58），但2009年时依然处于地区高水平行列（图15）。

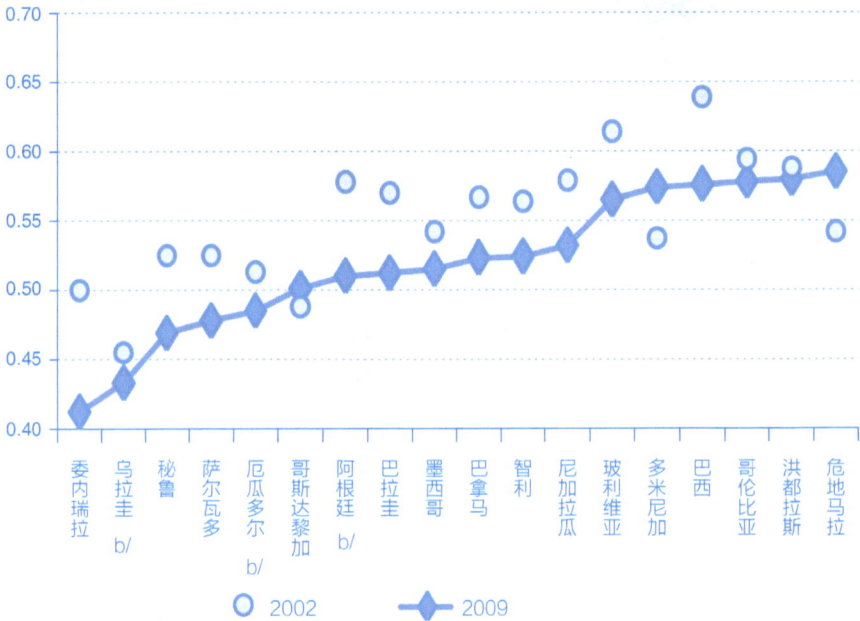

图15：2002—2009年[a]拉美18国基尼系数变化

注：**a/** 各国数据始末年份在2000—2002年以及2006—2009年之间有所不同。**b/** 只计算城市地区。

资料来源：CEPAL. *Panorama social de América Latina 2010*, Santiago de Chile, mar. 2011, p.15.

　　从各收入水平群体对比的角度来看，近十年来，巴西最贫困的40.00%群体家庭人均收入增长3个百分点，委内瑞拉增长近5个百分点；巴西10.00%最富群体家庭人均收入下降5.80个百分点，委内瑞拉下降6.60个百分点；两国介于最穷和最富之间的群体收入变化均不明显（下页表7）。从下页图16看出，2009—2010年委内瑞拉收入分配公正程度在拉美18个主要国家中最高，而巴西的贫富差距依然非常明显。

表7：1999—2009年巴西和委内瑞拉家庭人均收入分配水平变化（%）

	巴西					委内瑞拉			
	收入中各比例人群					收入中各比例人群			
年份	40%最贫困	接下来的30%	10%最富以下20%	10%最富	年份	40%最贫困	接下来的30%	10%最富以下20%	10%最富
2001	10.20	17.50	25.50	46.80					
2002	10.70	17.40	24.80	47.10					
2003	11.20	18.20	25.70	44.90	1999	14.50	25.10	29.00	31.40
2004	11.70	18.70	25.50	44.10	2002	14.30	24.90	29.50	31.30
2005	11.80	18.50	25.00	44.70	2004	16.10	26.50	28.90	28.50
2006	12.10	18.80	25.10	44.00	2005	14.80	26.10	28.30	30.80
2007	12.60	19.60	25.50	42.30	2006	17.40	27.00	28.30	27.30
2008	12.70	19.30	24.70	43.30	2007	18.40	27.50	28.40	25.70
2009	13.20	20.30	25.50	41.00	2008	19.20	27.90	28.10	24.80

资料来源：CEPAL. *Panorama social de América Latina 2010*, Anexo estadístico, Cuadro 13, Santiago de Chile, mar. 2011.

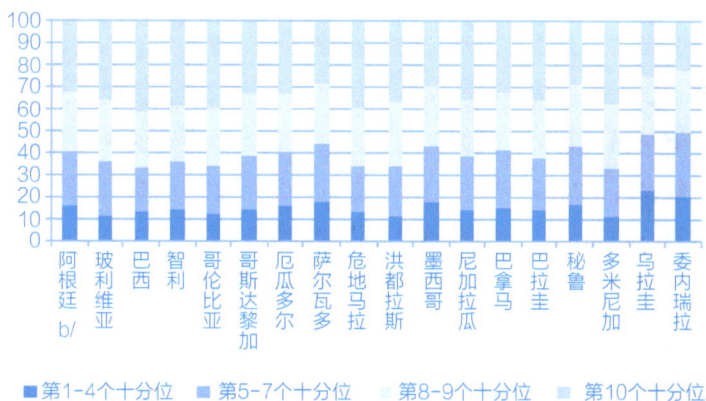

图16：2010年[a]拉美18国家庭十分位收入比例（%）

图例：■第1-4个十分位　■第5-7个十分位　□第8-9个十分位　□第10个十分位

横轴国家：阿根廷 b/、玻利维亚、巴西、智利、哥伦比亚、哥斯达黎加、厄瓜多尔、萨尔瓦多、危地马拉、洪都拉斯、墨西哥、尼加拉瓜、巴拿马、巴拉圭、秘鲁、多米尼加、乌拉圭、委内瑞拉

注：**a/** 尼加拉瓜数据为 2005 年，危地马拉为 2006 年，玻利维亚为 2007 年，巴西、智利、哥斯达黎加为 2009 年。 **b/** 只计算城市地区。

资料来源：CEPAL. *Panorama social de América Latina 2011*, Capítulo I, Santiago de Chile, ene. 2012, p.15.

2002—2010年间，两国减贫效果均十分明显，其中委内瑞拉成果更是相当突出。就经济增长和收入分配政策这两项因素对减贫的贡献率而言，两国分配政策的贡献率都占有相当大的比重，尤其在2009年全球经济危机时所占的比重更大（表8）。这说明两国虽然在经济改革模式上有所差异，但在改善社会公正方面形成了一种共识：不仅在危机时要加大社会政策的力度，即使在繁荣增长期也不应当继续过去那种"先增长、后分配"且完全依赖增长带动分配的观念，而应当是促增长和调分配并举，经济政策和社会政策双管齐下，才能真正实现增长与社会公正的双赢。

表8：巴西和委内瑞拉贫困率变化以及增长和分配效应对其的贡献率（%）

年份	2002—2008			2002—2010		
项目	贫困率变化	增长的贡献率	分配的贡献率	贫困率变化	增长的贡献率	分配的贡献率
巴西	−11.70	56.00	44.00	−12.70	46.00	54.00
委内瑞拉	−21.00	56.00	44.00	−20.80	45.00	55.00

资料来源：CEPAL. *Panorama social de América Latina 2011*, Capítulo I, Santiago de Chile, ene. 2012, p.11.

总体看来，社会形势方面，两国都将改革重心向社会领域倾斜，因此在改善收入分配和减贫方面都取得了瞩目的成就。而查韦斯政府所秉承的经济为社会服务的理念以及倾全国之力改善社会公正的决心使其社会改革成果尤为突出。然而，委内瑞拉的社会改革面临着巨大的挑战。首先，宏观经济波动较大，经济的可持续性和抗风险能力较低，因此未来社会改革的基础不够稳固。其次，其慷慨的社会投入基本源自石油业国有化后国家取得的巨额收入，2003—2008年不断走高的国际油价为其提供了有力保障；但这种相对不均衡的产业结构和发展模式增加了其经济在未来的不确定性和脆弱性，国际油价的起伏必将直接影响着委内瑞拉的财政收入和社会支出。未来委内瑞拉政坛的走势也直接决定着其现行社会改革路线能否得以继续。

参考文献

1. 罗森塔尔. 2008年金融和经济危机及其对经济思想的影响[J]. 拉丁美洲研究，2011, 33(1): 69-74.

2. 苏振兴. 拉丁美洲的经济发展[M]. 北京：经济管理出版社，2000.

3. 林铁钢. "华盛顿共识"与金融改革——访美国国际经济研究所高级研究员约翰·威廉姆森[J]. 中国金融，2006 (5): 9-11.

4. 郑秉文. 社保改革应统筹兼顾——来自"拉美现象"的一个重要启示[J]. 红旗文稿，2008, (17): 28-31.

5. CEPAL. Balance preliminar de las economías de América Latina y el Caribe 2001-2010 [M]. Santiago de Chile: CEPAL, 2001~2010.

6. CEPAL. Estudio económico de América Latina y el Caribe 2009-2010 [M]. Santiago de Chile: CEPAL, 2010.

7. CEPAL. Panorama social de América Latina 2010, 2011 [M]. Santiago de Chile: CEPAL, 2010, 2011.

8. FRENKEL R. Globalización y crisis financieras en América Latina [J]. Revista de la CEPAL, 2003(80): 41-54.

9. GONZÁLEZ PLESSMANN A J. La desigualdad en la revolución bolivariana: una década de apuesta por la democratización del poder, la riqueza y la valoración del estatus [J]. Revista Venezolana de Economía y Ciencias Sociales, 2008, 14(3): 175-199.

10. LÓPEZ MAYA M. Venezuela: Hugo Chávez y el bolivarianismo [J]. Revista Venezolana de Economía y Ciencias Sociales, 2008, 14(3): 55-82.

11. MAGALLANES R. La igualdad en la República Bolivariana de Venezuela (1999-2004) [J]. Revista Venezolana de Economía y Ciencias Sociales, 2005, 11(2): 33-60.

12. PARKER D. ¿Representa Chávez una alternativa al neoliberalismo? [J]. Revista Venezolana de Economía y Ciencias Sociales, 2003, 9(3): 83-110.

13. SANTELIZ GRANADILLO A. 1999-2009, la economía en diez años de gobierno revolucionario [J]. Revista Venezolana de Economía y Ciencias Sociales, 2008, 14(3): 83-119.

14. VILLATORO P. Programas de transferencias monetarias condicionadas: experiencias en América Latina [J]. Revista de la CEPAL, 2005(86): 87-101.

第四篇

拉美的包容性发展

第八章

拉美包容性发展战略与收入分配——以智利为例

导 读

包容性发展的理念体现了经济增长和社会全面发展
之间的辩证关系，反映了世界各国对未来可持续发展模
式的思考以及对社会公正和民生的关注。进入21世纪以
来，拉美大部分国家都对社会民生给予了重视，各项社
会指标均有不同程度的进步，然而收入分配虽有所改
善，但改善幅度并不大，收入差距悬殊依然是导致拉美
社会排斥并进而阻碍经济增长的核心因素之一。智利作
为第一个进入发达国家行列的拉美大陆国家，其经济增
长与收入分配的矛盾尤其突出。本章文献《面向包容性
发展的智利》（节选）认为智利应包容经济增长与收入
分配，真正实现"平等性增长"，才能促进社会凝聚和
可持续发展。收入分配改革尤其要重视初次分配环节以
及这一环节当中的生产结构的异质性问题。而这些问题
恰恰是我们经常容易忽视的。

文献 | Chile: hacia un desarrollo inclusivo

Ricardo Infante B., Osvaldo Sunkel[①]

En este trabajo se sugiere que Chile debe adoptar una estrategia de desarrollo renovada de largo plazo que conduzca a un **desarrollo inclusivo**[1] con equidad creciente, a fin de superar los efectos no deseables del tipo de crecimiento económico vigente, esto es, la persistencia de una inaceptable **desigualdad de los ingresos**[2], de los niveles y de la calidad de vida, así como la creciente sensación de **exclusión social**[3]. Para abordar estos temas, primero se muestra la evolución de la desigualdad en las dos últimas décadas. A continuación, se analizan las características de la **estructura productiva**[4] de la economía chilena, que se consideran un factor determinante de la desigualdad. A partir de este análisis, se proponen los lineamientos generales de una estrategia renovada que incluya explícitamente los diferentes estratos productivos y sociales del proceso de crecimiento. Finalmente, se señalan las áreas de política que serían clave para lograr un desarrollo inclusivo.

I. Introducción

En los últimos veinte años, Chile ha tenido un sólido crecimiento económico que se ha manifestado en una duplicación del ingreso per cápita y una notable reducción de la pobreza absoluta. Sin embargo, persiste una inaceptable desigualdad de ingresos y de los niveles y calidad de vida, al tiempo que aumenta la percepción de exclusión social. En este trabajo tratará de demostrarse que probablemente estos resultados persistirán en el futuro, a menos que se reflexione sobre las características del tipo de crecimiento económico vigente y se adopte una estrategia de desarrollo renovada de largo plazo conducente a un desarrollo inclusivo con equidad creciente.

En lo que sigue se muestra —con indicadores seleccionados— la evolución de la desigualdad desde comienzos de la década de 1990. Luego se analizan en profundidad las características de la estructura productiva de la economía chilena, que se consideran un factor determinante de la desigualdad al que no se ha dado la debida importancia. A partir de este análisis se proponen los lineamientos generales de una estrategia renovada que incluya explícitamente los diferentes estratos productivos y sociales del

① Ricardo Infante B.: Consultor Internacional; Osvaldo Sunkel: Presidente del Consejo Editorial, Revista CEPAL.

proceso de crecimiento. Finalmente, se señalan las áreas de política que se consideran clave para lograr un desarrollo inclusivo.

II. El crecimiento con desigualdad

El excepcional crecimiento económico de Chile (5,50% medio anual) condujo a que su ingreso per cápita se elevara un 96,00% entre 1990 y 2007. Junto con la acción decidida y eficaz de las políticas sociales, ello contribuyó a que en ese período la **pobreza absoluta**[5] se redujera a casi la tercera parte, del 38,60% al 13,70% (MIDEPLAN, 2007). Además, entre otros avances, se logró una inserción dinámica en el proceso de globalización y una extraordinaria expansión en materia de **infraestructura**[6] y **servicios públicos**[7], así como en cobertura educacional, vivienda, salud y **seguridad social**[8].

Sin embargo, persiste un considerable déficit social. La **tasa de desocupación**[9] ha seguido siendo elevada (8,00%), al igual que la informalidad de los ocupados (38,00%). En el período 1990-2006 aumentó la precariedad laboral, los trabajadores asalariados sin contrato se incrementaron del 14,30% al 17,30% del total, los que no cotizan en la seguridad social se mantuvieron en torno al 33,00%, creció la importancia de los contratos de corto plazo y la rotación de los puestos de trabajo continuó siendo elevada.

Además, se deterioró la participación de los trabajadores en el producto, ya que el aumento anual de los salarios reales (2,90%) fue inferior al Producto Interno Bruto (PIB) por ocupado (3,30%). Todo ello contribuyó a que en Chile se mantuviera prácticamente inalterada la muy desigual distribución personal del ingreso que lo caracteriza: el ingreso autónomo del 20,00% más rico de la población supera 13 veces a aquel del 20,00% más pobre. Esta relación se reduce a 11,20 si se considera el ingreso monetario y a 6,80 veces si se tiene en cuenta el efecto global de la política social en el ingreso autónomo de los hogares (MIDEPLAN, 2006a).

En estas circunstancias, se considera indispensable introducir el concepto de **pobreza relativa**[10], pues esta continúa afectando a casi un tercio de la población. A diferencia del concepto de pobreza absoluta, en el de pobreza relativa se establecen normas sociales y estándares de consumo que varían en la medida en que evoluciona el ingreso medio de las familias. En este contexto, ella se define como el grupo de personas o familias cuyo nivel de ingreso es inferior a 0,60 veces el ingreso medio, constituyéndose en el sector relativamente excluido de la sociedad. De acuerdo con cifras de la Encuesta de Caracterización Socioeconómica Nacional (CASEN) (2006), este sector abarcaría un

25,60% de la población, esto es, alrededor de 4,30 millones de personas.[①]

En resumen, el modelo de economía social de mercado prevaleciente, modificado por la estrategia de "crecimiento con equidad" adoptada en 1990 (Muñoz, 2007; Sunkel, 2006a), ha funcionado muy bien para la mayoría de los chilenos, pero no consigue reducir la desigualdad y persisten importantes niveles de pobreza. El Estado, con su acción compensatoria, consiguió disminuirlos en forma significativa, pero queda un remanente considerable que se ha mostrado irreductible (Contreras, 1998; Bravo y Contreras, 1999; Sunkel, 2006b).

De acuerdo con el pensamiento económico dominante, esta deficiencia en el modo de funcionamiento del actual modelo se superaría aumentando la tasa de crecimiento económico y mejorando las políticas sociales. Aunque algo se puede lograr por esa vía, en este trabajo se sostiene que es necesario diseñar una estrategia de desarrollo diferente. El problema de fondo no es tanto la **velocidad del crecimiento**[11] como su composición, o sea, las profundas diferencias de productividad y calidad de la estructura productiva, tanto de los sectores productores de bienes como de los servicios.

Como se muestra detalladamente en la sección siguiente, en el segmento moderno, competitivo y de elevada productividad —como es el caso del orientado al **comercio exterior**[12]— los grupos sociales (minoritarios) vinculados a este y las áreas geográficas pertinentes se expanden dinámicamente, muy por encima del promedio, pero con escasa creación de empleos.

Los segmentos de productividad mediana o baja, que incluyen el grueso del empleo informal y precario, los grupos sociales pertinentes (mayoritarios) y los espacios geográficos en que se localizan, corresponden a actividades de crecimiento lento que tienen escasos vínculos con los sectores de punta. Participan solo en forma tangencial en el crecimiento y, en consecuencia, por más elevado que este sea no genera los resultados esperados para la mediana, pequeña y microempresa y para los sectores sociales de medianos y menores ingresos correspondientes.

Se trata de una dinámica divergente, con efectos socioculturales y políticos contradictorios. Quienes se insertan en el proceso de globalización satisfacen plenamente las expectativas socioculturales y de consumo que este genera; son los ganadores. Los que quedan al margen se ilusionan con el bombardeo televisivo y publicitario

---

① El criterio utilizado para medir la pobreza relativa se basa en la metodología establecida en EUROSTAT (1998) para definir la noción de exclusión. En el estudio se consideraron los siguientes factores determinantes: ingresos bajos, situación en el mercado de trabajo e indicadores de situación vinculados a la condición de exclusión.

de la globalización a nivel virtual, que genera delirantes expectativas de consumo "pagadero en cómodas cuotas mensuales". Se genera así una aguda contradicción entre expectativas y realidad, acentuada por el agobio del **endeudamiento**[13] creciente a que da lugar no solo la exacerbación del consumo, sino también la privatización de los servicios sociales que ha afectado en especial a los sectores medios. Posiblemente se encuentre aquí una de las causas de la desafección e insatisfacción social crecientes respecto de la democracia, e incluso de conductas antisistémicas tales como las reiteradas protestas violentas, la delincuencia y la drogadicción, que no parecieran tener correspondencia con el exitoso crecimiento económico (Calderón, 2008; Sunkel, 2008).

En este contexto, la acción del Estado está centrada en implementar políticas públicas en favor de los excluidos, sobre todo de los más pobres. Esto ha permitido atenuar las carencias de estos grupos sociales, pero no ha resuelto los problemas de la pobreza relativa y de la equidad, es decir, no se ha logrado disminuir las enormes diferencias entre los grupos sociales excluidos y los de mayores niveles de ingreso.

Como lo revela la experiencia reciente, los efectos sociales de esta dinámica disociadora y divergente pueden en el mejor de los casos atenuarse con tasas más elevadas de crecimiento y una mayor y mejor utilización del gasto social. De ahí que para enfrentar decididamente este problema haya que pensar en cambiar radicalmente el enfoque de las políticas públicas, adoptando una estrategia de desarrollo inclusivo que permita superar gradualmente la **heterogeneidad estructural**[14] prevaleciente en los diferentes estratos, sectores y regiones de la **matriz productiva**[15] y social del país, puesto que —como se trata de mostrar en este trabajo— además de la concentración de la riqueza y el mal funcionamiento del mercado de trabajo[①], esa **diversidad**[16] es uno de los principales obstáculos que impiden lograr el crecimiento con equidad y contribuir así a mejorar la convivencia ciudadana y la democracia.

III. El concepto de heterogeneidad estructural de la CEPAL

El análisis de la **estructura económica**[17] de Chile, que se presenta más adelante en este trabajo, rescata el concepto de heterogeneidad estructural formulado originalmente por la Comisión Económica para América Latina y el Caribe (CEPAL) en la década de 1960 (CEPAL, 1964) y desarrollado posteriormente por varios autores (Pinto, 1970; Sunkel, 1971; Pinto y Di Filippo, 1974 y 1982; Sunkel, 1978; Souza y Tokman, 1979; Infante, 1981; Tokman, 1982). Un enfoque similar fue desarrollado también en la

---

① En relación con estos temas, véase Solimano y Pollak (2006).

misma época para la heterogeneidad productiva en el caso del **sector industrial**[18] de los países desarrollados (Salter, 1966).

En CEPAL (1964) se postula que en esa época la heterogeneidad estructural de América Latina se manifestaba en los niveles diferentes de productividad de los ocupados en los distintos estratos productivos, lo que caracterizaba el funcionamiento económico de la región y además era el factor originario de la **desigual distribución del ingreso**[19]. Así, la estructura económica estaba formada por tres estratos con diverso acceso a la tecnología y a los mercados, los que en el decenio de 1960 habrían tenido las siguientes características:

i) Un estrato tradicional cuyos niveles de productividad e ingreso eran ínfimos. Este segmento incluía un 36,40% de los ocupados y generaba solo un 5,10% del PIB de la región (véase el cuadro 1).

ii) Un estrato moderno, compuesto de actividades de exportación y grandes empresas industriales y de servicios de gran escala operativa, que captaban una fracción determinante del mercado local y cuya productividad por ocupado tenía un nivel similar al promedio de las economías desarrolladas. Absorbía solo un 13,10% de los ocupados y producía un 53,30% del PIB.

iii) Un estrato intermedio que correspondía a sectores en que la productividad de los ocupados era similar a la del promedio de los países representaba la mayor parte del empleo (50,60%) y generaba una fracción importante del PIB (41,60%).

La heterogeneidad del aparato productivo se manifestaba en que el producto por ocupado del estrato moderno superaba cuatro veces el promedio, 29 veces el del estrato tradicional y cerca de cinco veces el intermedio. Estas diferencias de productividad se trasladaban a los ingresos de los ocupados y constituían, por tanto, un factor determinante de la mala distribución del ingreso en América Latina.[1]

---

[1] Véase Cimoli, Primi y Pugno (2006). En cuanto a la relación entre productividad y heterogeneidad estructural, véanse Cimoli (2005) y Rupfer y Rocha (2005).

Cuadro 1

América Latina: producto, empleo y productividad según estratos productivos, década de 1960

(En dólares y porcentajes)

Estrato productivo	PIB		Empleo		PIB por ocupado		
	Nivel[a]	Porcentaje	Nivel[b]	Porcentaje	Nivel[c]	Índices	
						Tradicional = 1	Total América Latina = 1
Moderno	61,10	53,30	10,30	13,00	5,90	29,50	3,90
Intermedio	47,70	41,60	39,90	50,60	1,20	6,00	0,80
Tradicional	5,80	5,10	28,70	36,40	0,20	1,00	0,10
Total	*114,60*	*100,00*	*78,90*	*100,00*	*1,50*	*7,50*	*1,00*

Fuente: elaboración propia sobre la base de Z. Slavinsky, "Anexo estadístico", *La mano de obra y el desarrollo económico de América Latina en los últimos años* (E/CN.12/L.1), Santiago de Chile, Comisión Económica para América Latina y el Caribe (cepal), 1964.

[a] Miles de millones de dólares de 1960.

[b] Millones de trabajadores.

[c] Miles de dólares de 1960.

IV. Desarrollo con inserción social[20]

Como se ha señalado, el actual modelo económico descansa en la redistribución *a posteriori* de una parte (menor) de los ingresos generados por el crecimiento. Para avanzar con equidad creciente es preciso concebir una estrategia de desarrollo renovada cuyo objetivo central sea una **inserción laboral productiva**[21] y social satisfactoria en el proceso de producción y en la propia estructura y funcionamiento del sistema **socioeconómico**[22], lo que aseguraría una mejor **distribución primaria del ingreso**[23] al momento de su gestación (Sunkel e Infante, 2006).

Lo anterior implica concebir la dinámica del desarrollo no solo en función de los sectores de exportación modernos, sino también, y de manera categórica, de aquellos de producción de menor productividad. La estrategia actual funciona bastante bien cuando se trata de la primera tarea, pero hay que dinamizarla con productos de creciente **valor agregado**[24] y **densidad tecnológica**[25]. Sin embargo, subyace a esta estrategia la errada concepción de que en el país hay una relativa **homogeneidad productiva**[26], lo cual impide percibir la excepcional prioridad e importancia que debiera otorgarse a la segunda tarea. Se trataría entonces de una estrategia renovada cuyos pilares fundamentales consistirían en acentuar el actual proceso exportador aumentando su **diversificación**[27] dinamizadora y, por otra parte, en atenuar la **heterogeneidad productiva**[28] reduciendo las diferencias de productividad según el tamaño de las empresas, sectores y regiones.

Por tanto, habría que pensar en poner en marcha un ambicioso programa de **transformación estructural**[29] a largo plazo (15 a 20 años) que permitiera que los sectores menos avanzados aumentaran gradualmente la productividad y los ingresos de quienes trabajan en ellos y mejorar la calidad de vida de las familias relativamente excluidas (Infante, Molina y Sunkel, 2007).

En suma, la estrategia de desarrollo propuesta incluiría nuevas formas de acción recíproca entre el Estado y el mercado, dotadas de una visión estratégica de largo plazo, así como entre el Estado y el ciudadano, la sociedad civil, las organizaciones solidarias de base y las regiones y localidades; un mayor énfasis en la eficacia, la flexibilidad y la descentralización y una preocupación primordial por los aspectos tecnológicos, institucionales y organizativos (Sunkel, 2006c). En definitiva, se propone que la participación ciudadana tenga, en primer lugar, una expresión productiva que sirva de base y se transforme eventualmente en una mayor participación social y política de los grupos sociales relativamente excluidos.

V. Los aspectos estratégicos del desarrollo inclusivo

Como se indicó, la dinámica disociadora y divergente que caracteriza el desarrollo actual no se soluciona con mayores tasas de crecimiento ni con una mayor y mejor utilización del gasto social. Lo que se requiere es un cambio de enfoque: políticas publicas para superar gradualmente la heterogeneidad estructural prevaleciente en los diferentes sectores y regiones de la matriz productiva y social del país, puesto que ella es el principal obstáculo para lograr el **crecimiento con equidad**[30] (Sunkel e Infante, 2006). Se trata de políticas que permitan reducir en forma paulatina la asimetría entre la productividad de las actividades de punta y de aquellas de bajo nivel de rendimiento como las micro y pequeñas empresas informales, con lo cual podrían reducirse las correspondientes diferencias de salario. De esta forma se estaría contribuyendo a disminuir efectivamente la desigualdad, tanto en materia de acceso a oportunidades entre los diversos grupos que componen la estructura social como de distribución del ingreso.

Por otra parte, es inevitable que la reciente crisis financiera originada en los Estados Unidos y que se ha propagado con rapidez al resto de las economías industrializadas y emergentes afecte en forma negativa a Chile a corto plazo. Así lo demuestra el hecho de que las proyecciones de crecimiento se han ajustado sensiblemente a la baja y de que el desempleo va en aumento.

Dada la marcada heterogeneidad que caracteriza la estructura productiva, es previsible que la disminución del nivel de actividad afecte con mayor intensidad a los estratos de menor productividad (empresas pequeñas y medianas), que concentran la mayor parte del empleo. Como resultado de ello, es muy probable que se deteriore el **mercado**

laboral[31] al aumentar la informalidad y el desempleo y reducirse los salarios reales. Esto significaría que los costos de la crisis actual recaerían principalmente en los sectores de la población de ingresos medios y bajos, lo que reforzaría la tendencia a la ya mencionada concentración del ingreso.

En una primera aproximación de la estrategia de desarrollo inclusivo propuesta —muy provisional, por cierto—, se tienen en cuenta al menos cuatro elementos estrechamente relacionados entre si: **convergencia productiva**[32], **protección social**[33] garantizada, **cambios institucionales**[34] necesarios y crecimiento económico sostenido con equidad. El adecuado funcionamiento de estos pilares permitiría reforzar la **cohesión social**[35] al asegurar el bienestar de una proporción creciente de la población y minimizar las **disparidades**[36] evitando la polarización (véase diagrama 1).

1. La convergencia productiva

El éxito de una estrategia para mejorar la integración de las personas depende fundamentalmente de que se supere la marcada heterogeneidad productiva que caracteriza al **sistema económico**[37]. En las tareas de convergencia productiva o de homogeneización gradual de la productividad de los diferentes estratos de la producción, las empresas de menor tamaño (micro, pequeñas y medianas) deben cumplir un papel importante tanto para dinamizar el crecimiento y la generación de empleo como para reducir la informalidad.

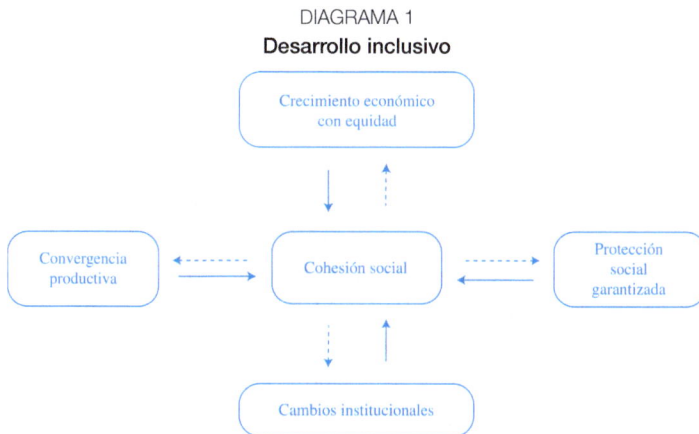

DIAGRAMA 1
Desarrollo inclusivo

Crecimiento económico con equidad

Convergencia productiva

Cohesión social

Protección social garantizada

Cambios institucionales

Fuente: elaboración propia.

---

① Esta es una de las principales líneas de trabajo de la CEPAL, cuyo resultado más reciente puede consultarse en CEPAL (2008).

Al respecto, es importante tener presente la extraordinaria experiencia de la Unión Europea, donde el logro del objetivo de convergencia productiva se basó en promover condiciones y factores que mejoraran el crecimiento y condujeran a la notable reducción lograda en la brecha entre los Estados miembros y las regiones menos desarrolladas de estos, apuntando prioritariamente a elevar la productividad y poniendo especial énfasis en el mejoramiento del entorno en que se desenvuelven las empresas pequeñas y medianas.① A continuación se señalan algunas de las **áreas criticas**[38] para el desarrollo de la convergencia productiva en Chile.

En primer lugar, hay que señalar que la **homogeneización gradual**[39] de la estructura económica solo será viable si el modelo de negocios aplicado por las grandes empresas en sus relaciones con los establecimientos pequeños incluye fuertes incentivos para el desarrollo de la actividad empresarial de las empresas medianas y pequeñas.

La idea es impulsar la creación de un ambiente de mayor competitividad que permita la expansión de los negocios de las empresas pequeñas, mediante la aplicación de un conjunto de normas en favor de la competencia que velen por la proliferación de estas a largo plazo. Por otra parte, se trata de promover programas de inversión en nuevos sectores sociales, esto es, de desarrollar una "economía social" que genere empleo específicamente para los trabajadores de los sectores informales y se oriente sobre todo a satisfacer las necesidades sociales de los estratos de menores ingresos, tema ya mencionado como uno de los criterios de acción para abordar la crisis con visión de futuro. En tal sentido, cabe destacar la necesidad de un fuerte y sostenido impulso, así como de coordinación por parte del Estado, todo lo cual deberá reflejarse en la asignación de un volumen importante de recursos durante un período prolongado de tiempo. Las decisiones sobre el monto y destino de esos recursos debieran adoptarse a través del diálogo social (Infante, 2006).

Otra propuesta al respecto es constituir **aglomeraciones productivas**[40] (*clusters*) regionales cuya estructura local se sustente en una institucionalidad sólida que pueda potenciar la **capacidad innovadora**[41]; disminuir la aversión al riesgo; fortalecer la difusión de información sobre mercados, tecnologías y conocimientos técnicos (*know-how*); promover la capacitación de trabajadores y presentarse como fuente de acumulación de experiencias. La institucionalidad local es la que permite desarrollar **sinergias**[42] y sustentar las **economías de aglomeración**[43]. Así, serían los propios actores locales quienes asumirían la responsabilidad de su desarrollo (Guardia, 2007; Muñoz, 2008).

---

① Al respecto, véase Unión Europea (1997) y Comisión de las Comunidades Europeas (1993). En cuanto a las políticas de homogeneización productiva en la Unión Europea, véase Infante (2008).

Al Estado le corresponde un papel central en la redistribución de los **recursos públicos**[44], pero a partir de una estrategia en la cual las regiones asumen el protagonismo de su propio desarrollo. Aparece aquí un aspecto fundamental que es preciso explicitar: la región, o más bien el territorio, adquiere un sentido económico y social en la medida en que se reconozca que se trata de un espacio tanto geográfico como social.

2. Cambios institucionales

La formulación de una nueva concepción del desarrollo nacional provista de un enfoque integral a mediano y largo plazos en que participen el Estado, la ciudadanía organizada, los trabajadores y el empresariado, exige cambios institucionales en los ámbitos económico, laboral y de diálogo social.

En lo que respecta a la **institucionalidad económica**[45], para superar uno de los obstáculos básicos que se interpone a la aplicación eficaz de la política de convergencia productiva se requiere modificar el actual "modelo de negocios", que ha terminado por debilitar a segmentos cada vez más amplios de los empresarios medianos y pequeños, generando estrangulamientos y la necesidad de que el Estado intervenga para resolverlos.

Las políticas públicas deben cambiar y orientarse prioritariamente a elevar la productividad, poniendo especial énfasis en el mejoramiento del entorno en que se mueven las empresas pequeñas y medianas, que son las que generan la mayor parte del empleo productivo.

El cambio institucional requiere que el nuevo modelo de negocios aplicado por las grandes empresas en sus relaciones con los establecimientos pequeños incluya, entre otras cosas, fuertes incentivos para el desarrollo de la actividad empresarial de las micro, pequeñas y medianas empresas y su integración a las aglomeraciones productivas. Por tanto, hay que impulsar la creación de un ambiente de mayor competitividad que permita la expansión de los negocios de las empresas pequeñas, desarrollando un conjunto de normas en favor de la competencia que velen por la proliferación a largo plazo de entidades empresariales de pequeña escala (Román, 2008).

La construcción de instituciones sólidas en el mercado de trabajo es otro reto importante en la formulación de una estrategia de desarrollo inclusiva y con justicia social. El nuevo **marco regulatorio**[46] de la negociación colectiva debería incluir, mediante una estructura flexible, tanto el nuevo paradigma de la empresa globalizada —la externalización productiva— como la **asimetría contractual**[47] entre las empresas grandes y las pequeñas, en particular en lo que dice relación con las cadenas productivas (Feres e Infante, 2007).

Las nuevas reglas de juego deberían conducir a una distribución más equitativa de los costos y de los beneficios que se captan en la comercialización de los **productos finales**[48], evitando especialmente que los bajos ingresos del trabajo y la falta de observancia de los **derechos laborales**[49] continúen legitimándose como factores de competitividad.[①]

Para poder hacerse efectivo en los diferentes niveles de participación ciudadana, el nuevo diálogo social exigirá readecuar las instituciones. Con esta finalidad, debería crearse una estructura participativa mediante una red de instituciones sociales de base. Esta es tal vez la tarea más importante que enfrentan el Estado y la sociedad, para sentar las bases de un desarrollo inclusivo con mayor calidad del empleo y equidad (Sunkel e Infante, 2006).

Una iniciativa de esta naturaleza debería contar con la amplia participación del sector privado y de las organizaciones de la sociedad civil de cada región y localidad, que son los espacios en que se manifiestan en la práctica las diferencias de productividad y las características específicas que es preciso superar. Para acometer una tarea de esta magnitud habría que forjar un nuevo contrato social en que las decisiones sobre el monto y aplicación de los recursos se adopten en los niveles que corresponda por medio del diálogo social entre trabajadores, empresarios, gobierno y representantes de la sociedad civil, a fin de responder en mejor forma a las necesidades reales y a las expectativas de los ciudadanos.

3. Protección social garantizada

Se trata de construir una sociedad capaz de garantizar el acceso equitativo de todas las personas a las oportunidades de progreso y de protección social.

En general, la idea es que la acción conjunta del Estado, el mercado y la sociedad mejore las oportunidades de acceso al capital social necesario para alcanzar el progreso material y moral y la mejor protección social posible de las personas, de acuerdo con el nivel de ingresos y de desarrollo de los países. En este ámbito, el concepto de garantía se refiere al conjunto de oportunidades y protecciones básicas que la sociedad está en condiciones de asegurar a todas las personas por la vía de las políticas públicas (Lagos E., 2008).

---

① Se entiende por modelo de negocios el conjunto de regulaciones y prácticas comerciales basado en el sentido común y de normas legales que posibilitan determinadas estructuras de mercado y sus modalidades operativas.

El Estado es fundamentalmente responsable de formular y consensuar las políticas que mediante instrumentos públicos y privados permitan garantizar a los ciudadanos la protección de sus derechos y los recursos necesarios para ello, de acuerdo con las posibilidades de la economía. La idea es que mientras más recursos proporcione el crecimiento de la economía, mayores serán también los derechos que deben ser garantizados y exigibles. En estas condiciones, el límite de la cobertura de la protección social garantizada está dado por el grado de desarrollo sustentable. Una política social garantizada debería abarcar, entre otros aspectos, la salud, la calidad de la educación y los derechos económicos y sociales.

Aunque la persistencia, calidad e intensidad de las **políticas redistributivas**[50] que se aplican, por ejemplo, en materia de educación y de salud podrían producir cambios en los elementos que condicionan la desigualdad, contribuyendo así al logro de una sociedad más equitativa, la tarea de contrarrestar la tendencia a la **concentración del ingreso**[51] que se produce cuando compiten los que tienen más recursos de todo tipo con los que no han logrado acceder a un mínimo de oportunidades no debe depender exclusivamente del gasto social. En efecto, si lo que se persigue es una distribución más equitativa del ingreso, las políticas y medidas redistributivas deben combinarse con políticas de corte distributivo, como son las de convergencia productiva y los cambios institucionales propuestos, porque inciden en los orígenes mismos de los ingresos y, por tanto, tienen efectos permanentes (Assael, 1998).

Otro aspecto que debe tenerse presente es el tipo de ciudadano que se estaría promoviendo mediante la protección social garantizada. La idea es que la sociedad genere ciudadanos mediante el trabajo, que es el principal factor de **integración social**[52], y no como ocurre actualmente por la vía del asistencialismo, con recursos provenientes del gasto social.

4. El crecimiento económico con equidad

El crecimiento acelerado y sostenido de la producción de bienes y servicios de consumo es condición esencial y directa del mejoramiento de los niveles de vida de la población. Este crecimiento, que en el pasado ha sido excluyente y ha privilegiado a una minoría de la población, debe reunir una serie de requisitos especiales para que el desarrollo pueda ser inclusivo.

Desde luego, tiene que ser relativamente elevado, por cierto que bastante superior al crecimiento de la población, de modo que la sociedad pueda percibirlo claramente y se sienta estimulada a entregar su esfuerzo y cooperación en apoyo de la cohesión social. De acuerdo con la experiencia histórico-universal, es razonable prever que las tasas de crecimiento oscilen entre un 5,00% y un 6,00% anual (Ffrench-Davis, 2003). Difícilmente podrían sostenerse tasas superiores por períodos largos sin generar **presiones inflacionarias**[53] y otros desequilibrios, mientras que si ellas son inferiores resultarán poco perceptibles por la población e insuficientes en relación con sus aspiraciones y expectativas. Por otra parte, para lograr niveles razonablemente elevados de empleo se necesitan tasas de crecimiento del rango indicado.

Condición esencial del crecimiento es la expansión de la **capacidad productiva**[54], es decir, la inversión. También de acuerdo con la experiencia histórica, para lograr las tasas de crecimiento del consumo antes señaladas ella debería superar al menos el 25,00% del PIB. Además, para sostener altos niveles de ocupación, fuente principal de ingresos de la mayor parte de la población, y para incorporar el **progreso tecnológico**[55], que es requisito esencial para el incremento de la **productividad**[56] y la **competitividad**[57], se necesitan tasas de inversión elevadas. Por otra parte, el logro de la convergencia productiva exige invertir masivamente en la **modernización**[58] y mejoramiento de la productividad de los segmentos rezagados de la estructura productiva interna.

En los países de escaso desarrollo científico-tecnológico, como es el caso de Chile, el progreso tecnológico proviene fundamentalmente del exterior, incorporado en bienes y servicios de capital importados. Por consiguiente, otro requisito esencial del crecimiento incluyente es promover una marcada dinámica exportadora que permita financiar la importación de estos, como también la de bienes y servicios de consumo que el país no produzca o cuya producción nacional sea muy ineficiente, así como otros de avanzado perfeccionamiento tecnológico que la economía nacional no está en condiciones de producir y cuya demanda es muy dinámica. En otras palabras, el **sector exportador**[59] viene a ser el equivalente de los **sectores productores**[60] de bienes de capital y del progreso tecnológico de los países desarrollados. De ahí la importancia estratégica crítica de desarrollar exportaciones más dinámicas, más **diversificadas**[61] y más estables.

Sin embargo, como es bien sabido, el patrón de exportaciones de Chile y de los países latinoamericanos en general se caracteriza por componerse fundamentalmente de materias primas o **productos básicos**[62] de origen mineral, agropecuario, silvícola y pesquero que históricamente han dado muestras de escaso dinamismo y de gran **inestabilidad**[63] en los mercados internacionales, además de una tendencia desfavorable de la relación de intercambio, que en los últimos años se ha invertido gracias a la presencia de nuevos actores en el escenario internacional.

Dada la importancia determinante de la dinámica del sector exportador, su tasa media de expansión influye decisivamente en el ritmo de crecimiento a mediano plazo de la economía, de manera que las frecuentes y agudas **fluctuaciones**[64] que caracterizan a los mercados mundiales de productos básicos se traducen en una sucesión de períodos de **bonanza y recesión**[65]. Estos últimos se han agudizado en las últimas décadas debido a la desmedida expansión del **sistema financiero internacional**[66], que ha sumado un factor de gran importancia a la inestabilidad de la economía internacional y ha desembocado en la profunda crisis actual. Esta inestabilidad global produce a su vez marcadas oscilaciones en los niveles de empleo y de salarios, con el consiguiente efecto negativo en las condiciones de vida de la mayor parte de la población, especialmente la de los estratos de menores ingresos, lo que en Chile es otro factor decisivo de pobreza y desigualdad.

Por último, la nueva política macroeconómica debe privilegiar no solo un crecimiento razonable y sostenido, sino también orientar los incentivos y los precios básicos a fin de promover la convergencia productiva. Deberá aplicarse una política centrada no solo en los equilibrios básicos y el crecimiento en sí, sino también en enfrentar la **vulnerabilidad**[67] de este ante los cambios en la economía internacional. De esta manera, se evitarían la **subutilización**[68] de la capacidad productiva y los efectos negativos de las oscilaciones de la actividad económica en la productividad, que afectan de distinta forma a los diferentes estratos de la producción, así como al empleo y al ingreso de los trabajadores que laboran en ellos.

5. La cohesión social

En la actualidad, los problemas relacionados con la desigualdad, la integración comunitaria, la vida familiar, la **protección del medio ambiente**[69], la seguridad y la calidad de vida ocupan un lugar cada vez más destacado (Machinea y Uthoff, 2004). Las falencias del modelo imperante para hacer frente a estas nuevas demandas resultan evidentes. En este contexto, cabe citar el ejemplo de la Unión Europea, donde la cohesión social radica básicamente en un Estado que garantiza a sus ciudadanos igual acceso a ciertos derechos fundamentales y no confía ingenuamente en que el mercado traerá los resultados deseados en forma automática.

La aplicación de la estrategia de desarrollo inclusivo propuesta, mediante la **acción recíproca**[70] de los distintos aspectos que la componen (convergencia productiva, cambios institucionales y crecimiento con equidad), debería traducirse en el fortalecimiento de la cohesión social.

Es un hecho ampliamente reconocido que en cualquier país el empleo es una de las principales vías de **inclusión social**[71]. Según la calidad del trabajo, el grado de inclusión de los diferentes sectores sociales será mayor o menor y el tipo de inclusión más o menos adecuado. Es por ello que las **políticas de generación de empleo**[72] en beneficio de los sectores de menor productividad, en especial de las personas desempleadas y que pertenecen a la población pobre, constituyen el principal instrumento de las estrategias de inclusión social, elemento fundamental para el afianzamiento de la democracia.

En definitiva, aun a riesgo de caer en la repetición, una estrategia de integración social mediante la creación de empleos de calidad requiere un fuerte y sostenido apoyo de recursos para promover la convergencia productiva durante un período prolongado, mientras que las decisiones sobre la magnitud y aplicación de esos recursos deberían adoptarse por la vía del **diálogo social**[73]. Una orientación de este tipo necesita un pacto social que incluya acuerdos para aumentar los **ingresos fiscales**[74] y utilizar el **ahorro nacional**[75] acumulado, de modo que la estrategia de desarrollo inclusivo tenga la necesaria **sustentabilidad**[76] financiera para asegurar la cohesión social a mediano y largo plazos.

Cuestionario:

ⓐ ¿Cuáles son los elementos principales que se tienen en cuenta en la primera aproximación de la estrategia de desarrollo inclusivo?

ⓑ ¿Cuál es el principal factor de la integración social?

ⓒ ¿Qué debe hacer China en el proceso del desarrollo económico teniendo en cuenta el caso de Chile?

Vocabulario

[1]	desarrollo inclusivo	包容性发展
[2]	desigualdad de los ingresos	收入不平等
[3]	exclusión social	社会排斥
[4]	estructura productiva	生产结构
[5]	pobreza absoluta	绝对贫困
[6]	infraestructura	基础设施
[7]	servicios públicos	公共服务
[8]	seguridad social	社会保险
[9]	tasa de desocupación	失业率
[10]	pobreza relativa	相对贫困

[11]	velocidad del crecimiento		增长速度
[12]	comercio exterior		外贸
[13]	endeudamiento	*m.*	债务，负债
[14]	heterogeneidad estructural		结构异质性
[15]	matriz productiva		生产矩阵
[16]	diversidad	*f.*	多样性
[17]	estructura económica		经济结构
[18]	sector industrial		工业部门
[19]	desigual distribución del ingreso		收入分配不均
[20]	inserción social		社会融入
[21]	inserción laboral productiva		生产性劳动参与
[22]	socioeconómico	*adj.*	社会经济的
[23]	distribución primaria del ingreso		收入的初次分配
[24]	valor agregado		附加值
[25]	densidad tecnológica		技术密度
[26]	homogeneidad productiva		生产率趋同
[27]	diversificación	*f.*	多样化
[28]	heterogeneidad productiva		生产异质性
[29]	transformación estructural		结构转型
[30]	crecimiento con equidad		平等性增长
[31]	mercado laboral		劳动力市场
[32]	convergencia productiva		生产同质性
[33]	protección social		社会保障
[34]	cambio institucional		制度变化
[35]	cohesión social		社会凝聚
[36]	disparidad	*f.*	不同，不一致
[37]	sistema económico		经济体系
[38]	área crítica		关键领域
[39]	homogeneización gradual		逐步同质化
[40]	aglomeraciones productivas		产业集聚
[41]	capacidad innovadora		创新能力
[42]	sinergia	*f.*	协同效应
[43]	economías de aglomeración		集聚经济
[44]	recursos públicos		公共资源
[45]	institucionalidad económica		经济制度性
[46]	marco regulatorio		监管框架
[47]	asimetría contractual		契约不对称
[48]	productos finales		最终产品
[49]	derechos laborales		劳动权利
[50]	políticas redistributivas		再分配政策

[51]	concentración del ingreso		收入集中
[52]	integración social		社会融合，社会整合
[53]	presiones inflacionarias		通货膨胀压力
[54]	capacidad productiva		生产能力
[55]	progreso tecnológico		技术进步
[56]	productividad	*f.*	生产力
[57]	competitividad	*f.*	竞争力
[58]	modernización	*f.*	现代化
[59]	sector exportador		出口部门
[60]	sector productor		生产部门
[61]	diversificado	*adj.*	多元化的
[62]	productos básicos		基本产品
[63]	inestabilidad	*f.*	不稳定性
[64]	fluctuación	*f.*	波动
[65]	bonanza y recesión		繁荣和萧条
[66]	sistema financiero internacional		国际金融体系
[67]	vulnerabilidad	*f.*	脆弱性
[68]	subutilización	*f.*	利用不足
[69]	protección del medio ambiente		环境保护
[70]	acción recíproca		相互作用
[71]	inclusión social		社会融入，社会包容
[72]	políticas de generación de empleo		创造就业政策
[73]	diálogo social		社会对话
[74]	ingresos fiscales		财政收入
[75]	ahorro nacional		国民储蓄
[76]	sustentabilidad	*f.*	可持续性

评论 | 拉美包容性发展战略与收入分配——以智利为例

拉丁美洲历来是世界上收入分配最不平等的地区之一。从殖民地时期开始，种植园经济促进了土地所有权的集中和经济上的不平等，而源于宗主国西班牙、葡萄牙的专制主义和等级制度等政治上的不平等因素进一步加剧了经济上的不平等，同时也阻碍了经济的发展。

20世纪，拉美国家的收入分配状况并未改善。在西方经济学收入分配理论的影响下，拉美本土的收入分配理论也开始形成和发展。进口替代工业化时期和经济结构性改革时期，拉美国家收入分配理论的核心内容是增长与分配、效率与公平的关系，"先增长、后分配"和"效率优先"成为此时的主流思想。因此，拉美各国更加重视经济增长和财富积累，相对忽视收入分配，导致收入分配状况普遍恶化。21世纪以来，"社会凝聚"和"包容性发展"的理念逐渐形成，拉美各国开始重视经济与社会的协调发展，并开始努力消除贫困和改善收入分配。

智利走过了与其他拉美国家类似的道路。目前，智利已进入发达国家行列，贫困率已大幅降低，而收入分配差距悬殊成为导致社会排斥的核心问题。因此智利"包容性发展"的内涵就在于包容经济增长与收入分配，在保持经济增长的同时促进收入分配的改善。

一、拉美收入分配理论的演进

20世纪50年代以来，在西方现代收入分配理论的基础上，拉美学者结合本地区经济发展的特点逐渐建立起拉美国家自己的收入分配理论并指导着本国的经济实践。在这一时期，拉美收入分配理论先后经历了结构主义的"中心—外围"理论框架内的收入分配理论、进口替代工业化时期和经济结构性改革时期在拉美各国占主导地位的以"先增长、后分配"和"效率优先"论为中心的收入分配理论和21世纪以来强调经济与社会、增长与分配协调发展的收入分配理论几个阶段。

（一）拉美经委会结构主义对收入分配的论述

1948年，拉丁美洲和加勒比经济委员会成立。随后，20世纪40年代末至20世纪50年代，以劳尔·普雷维什为首的拉美经委会学者逐渐创立了结构主义理论（也称发展主义理论），为拉美各国的经济转型提供了理论基础。

结构主义对拉美传统出口导向经济时代收入分配状况的总结是建立在其"中心—外围"理论基础上的。普雷维什（1959）指出，作为中心的工业化发达国家生产结构具有同质性，生产率水平均衡。而作为外围的拉美国家社会经济结构呈现明显的异质性：从事出口初级产品的部门生产专业化，能够吸收来自中心国家的技术进步成果，生产率高，能够创造就业，而其他部门生产率低下，技术落后，失业严重，因此形成明显的二元性特点。因为人口膨胀，剩余劳动力难以迅速被生产吸收，失业问题将长期存在，这导致了收入差距的扩大。普雷维什进一步指出，中心国家的技术进步成果在外围国家社会结构中得到应用和分配。在这一过程中，权力关系扮演着重要角色。生产资料集中在社会结构的上层，因此大部分技术进步的成果以剩余的形式留在了这里，这加剧了收入分配的不平等。此外，贫富悬殊还会刺激社会上层模仿中心国家的消费方式，这对于资本积累是一种潜在的巨大浪费，因此外围国家在物质资本和人力资本方面积累不足。[①]

拉美经委会的另一位代表人物塞尔索·富尔塔多（1985）也指出，"在拉美传统出口导向经济模式下，出口部门以及可以从中心国家获得现代技术的部门得到密集式发展，生产多样化程度高，实际收入增加，而其他部门只能得到水平式发展，基本处于停滞状态，实际收入没有变化。"[②]

结构主义认为，要摆脱外围国家的不利地位，消除二元性差异，从而改善收入分配，就必须实施进口替代工业化。可见，结构主义在这里并没有按照西方古典要素理论来分析收入分配，而是开创性地从中心—外围差异、部门差异的角度洞悉到了拉美贫富差距的根源。此外，结构主义所分析的经济二元性与刘易斯的二元经济理论不同，后者理论中的落后农业部门劳动力会不断向现代工业部门转移，直至部门差距消失，收入分配改善。而拉美高生

---

① Raúl Prebisch. *El Mercado Común Latinoamericano*, México D.F.: CEPAL, 1959, p.11.
② Celso Furtado. *La Economía Latinoamericana*, Siglo Veintiuno Editores, 18ª edición en español, 1985, p.102.

产率出口部门是中心国家控制下的"现代"部门，解决就业能力有限，因此拉美国家如果不摆脱外围地位，则其二元性难以自动消失。

　　然而，20世纪50年代的结构主义理论主要关注的是外围国家工业化的问题，并未专门研究收入分配问题。在结构主义的指导下，拉美各国全面开始实施进口替代工业化。但是在进入20世纪60年代后，收入分配并未随着工业化的发展而改善，相反在很多国家却出现了恶化的趋势，城市贫困人口增加。这时收入分配问题开始得到结构主义学者的重视。他们分析后认为，拉美国家在实施内向型工业化导致国内市场趋于饱和后，并未像东亚国家那样，适时地将发展模式向出口替代转型，充分利用国内丰富的劳动力资源，发展劳动密集型产业，将这种产业所生产的非耐用消费品推向海外市场，而是把进口替代推进到第二阶段，建立起资本和技术密集型的、生产资本货和耐用消费品的工业部门。这种发展模式一方面无法充分利用拉美相对丰富的劳动力资源，不能为大量剩余的劳动力提供就业，导致劳动力供大于求，劳动报酬水平低下，另一方面使得资本所有者大量积聚财富。富尔塔多（1961）就指出，工业化带来城市化和现代化的同时，也导致了新的贫困和社会失衡等结构性问题，这一方面是历史遗留因素造成的，另一方面是源于劳动力市场上供应始终大于需求。而造成劳动力需求不足的原因是投资增长缓慢和资本过于集中。普雷维什（1980）也指出，此时拉美缺乏的不是资本，而是再生产资本。上层阶级的奢侈性、多样性消费导致投资积累不足。这种现象随着工会力量的削弱、劳动报酬的进一步下降而愈加明显。

　　20世纪70年代，结构主义者们继续对拉美的收入分配进行研究，他们"对需求（收入分配）和供给（资本积累和技术进步）的结构关系进行分析，认为当时的发展模式使得分配不公长期存在，并无法有效解决贫困问题。同时，他们还指出，必须恢复民主（当时拉美大部分国家丧失了民主），并实施再分配政策，才能实现经济的平等性增长"[①]。

---

① Ricardo Bielschowsky. "Sesenta Años de la CEPAL: Estructuralismo y Neoestructuralismo", *Revista de la CEPAL* 97, abril de 2009, p.177.

（二）"先增长、后分配"的收入分配理论

库兹涅茨的"倒U型"曲线和刘易斯的二元经济模型推出后，"先增长、后分配"和"高增长能够自动带来收入分配的合理化"的观点在整个西方经济学界盛极一时。20世纪50年代至20世纪70年代，类似的理论在拉美国家也大行其道，其中最有代表性的当属巴西经济学家西蒙森的"积累优先理论"。该理论也提出必须把增长放在优先考虑的位置，过早地实施改善分配的社会政策会影响上层阶级的储蓄和财富积累，进而阻碍经济增长。另一位巴西经济学家内托就此形象地提出了"蛋糕理论"：必须首先做大经济蛋糕，然后才有条件去合理地分配它，而在此之前争论收入分配的问题是没有意义的。我们应该看到，以上理论的提出一方面受到库兹涅茨等人理论的影响，另一方面也是以拉美国家如火如荼的工业化为大背景的。在财富积累和增长目标压倒一切的时代里，产生重增长、轻分配的指导思想也就不足为奇了。此外，当时在拉美有着权威地位的结构主义虽然也希望改善分配状况，但其注意力更多地放在工业化问题上，对于收入分配，它主要关注发展模式的弊端对分配状况所造成的影响，并未重视再分配等社会政策。这在一定程度上也助长了"先增长、后分配"的理论。

与上述理论相呼应，"滴漏效应"理论也主张对富人减税，从而促进其投资；同时不应也不需向贫困群体给予特殊优待，因为经济增长的好处会通过"滴漏"的方式向其转移。这一理论不仅被美国里根经济学所采纳，而且在20世纪八九十年代拉美经济改革中也成为一种主导思想。然而事实表明，拉美上层阶级的储蓄和投资热情并不高，而是更喜欢模仿发达国家进行奢侈消费，"做大的蛋糕"被少数人挥霍了，"滴漏"到普通民众那里的只有零星的蛋糕渣。

1982年债务危机爆发后，拉美各国陷入衰退。分配状况在20世纪50年代至20世纪70年代高增长时期尚且无法改善，在衰退时更是全面恶化。20世纪80年代末，新自由主义在拉美各国逐渐上位，成为改革的主导思想。该理论一向主张"效率优先论"，即只要保证法律平等和机会公平，那么充分竞争所带来的分配结果的不均等就是合理的。在"看不见的手"支配下的市场竞争可以保证经济的高效率增长和社会的长远发展。国家对经

济的干预作用应降到最低，它的职责不是通过税收等再分配手段来干预分配结果，而是保证公民拥有自由和平等的权利，保护其私有财产，给予其自由竞争的环境。此外，新自由主义也幻想着社会问题通过经济高增长得到自动解决。然而事实并非所愿：由于改革速度过快且力度过猛、国家宏观政策失误以及一系列内外部因素，20世纪90年代拉美增长乏力且经济动荡频发；政府疲于应对改革和危机，难以照顾社会问题，因此贫困和收入分配状况继续恶化。正如美国经济学家约瑟夫·E. 斯蒂格利茨（Joseph E. Stiglitz）所批评的："'华盛顿共识'的各项政策的根本问题之一就在于观察事物的视野狭窄：他们集中于关注经济效率，指望其他社会问题在某个另外的时刻去解决。他们在追求其狭隘的经济目标方面失败了。不仅如此，他们在其有限的使命上失败的同时，还加剧了其他更广泛的社会问题。"[1]

20世纪80年代，结构主义开始重点研究以往较少涉及的两个领域：宏观稳定政策以及"债务—通胀—调整"的关系，而曾经的两个重要主题——工业化发展和收入分配的研究则受到了影响。20世纪80年代末，面对新自由主义的攻势，拉美经委会与时俱进，推陈出新，逐渐提出了一套关于生产和社会发展以及国际参与的新战略，即新结构主义，在20世纪90年代与新自由主义展开论战，而增长和分配的关系是争论的焦点之一。

新结构主义认为，新自由主义改革中通过提高汇率、降低工资或利用自然资源优势而增强的竞争力是"虚假的"竞争力。要提高真正的竞争力和生产率，实现长期增长，必须通过技术进步和社会公正两条途径。就社会公正而言，新结构主义认为经济发展应该把实现增长和社会公正作为并列的目标，不可偏废。经济转型和社会公正要同时来抓，互为补充，而不是像新自由主义认为的，市场充分发挥作用就会自然带来社会公正。因此，在改革的同时要大力发展教育、医疗等社会保障事业。

---

[1] Joseph E. Stiglitz. "El Rumbo de las Reformas: Hacia una Nueva Agenda para América Latina", *Revista de la CEPAL*, No.80, p.25. 转引自：苏振兴《增长、分配与社会分化——对拉美国家社会贫富分化问题的考察》，载《拉丁美洲研究》，2005年第1期，第5页。

二、"社会凝聚"与"包容性发展"理念的形成

20世纪的最后20年，新自由主义的市场经济改革范式几乎席卷全世界，尤其对拉美、东欧和亚洲转型经济体产生了重要影响。这些国家从传统的国家主导型计划经济体制转向市场经济体制，从内向发展模式转向外向发展模式，生产力得到一定解放。然而自由放任的市场竞争在带来经济效率提高的同时也导致贫富差距拉大，而且由于国家的作用受到抑制，对分配调节不力，因此日益严峻的收入分配问题也难以得到解决。世纪之交，增长与分配的矛盾已越来越激化了。21世纪以来，在继续重视经济增长的同时，世界各国都将越来越多的注意力投向民生领域。2000年，各国领导人在联合国千年峰会上发出《千年宣言》，共同承诺2015年之前在消除极端贫穷和饥饿、普及基础教育、降低儿童死亡率、遏制艾滋病等传染病扩散等八个方面努力实现一系列量化指标，即"千年发展目标"。十余年来，在这一具体目标的指引下，各国均在社会发展方面取得了不同程度的进步。

21世纪以来，拉美国家在继续改革调整的同时也对社会问题给予了更多的重视。20世纪90年代的数次经济危机，尤其是2001年阿根廷金融危机使人们对"市场决定一切"的发展模式产生了质疑，同时，不断恶化的分配状况也使人们不再相信"社会问题可以靠增长自动解决"。各国政府，尤其是一些左派领导人纷纷把改善民生作为其政策的重点，国家在社会领域的作用再次凸显。在这些政策实践背后起到理论指导作用的，是"社会凝聚"理念和"包容性发展"理念。

"社会凝聚"概念最早由法国社会学家埃米尔·杜尔凯姆（Émile Durkheim）于20世纪初提出，在长期的发展过程中具有了多重维度的内涵。20世纪90年代，欧盟将其作为政策目标和政策手段加以推广，以提高社会成员的生活条件，并减少欧盟成员国和地区之间的差异和不平衡，深化欧洲一体化进程。1992年的《马斯特里赫特条约》就指出欧盟的目标是"推动经济和社会的均衡、持续进步"。1997年欧洲理事会将社会凝聚作为推动人权发展、保证全体社会成员的福利、缩小差距、避免两极化的核心手段。2001年，欧盟制定了具体的"拉肯"（Laeken）指标体系来对其成员国在社会凝聚方面所作出的成绩进行评估，具体包括"收入、就业、教育、医疗"四大项，共18项指标。

20世纪90年代，欧洲开始与拉美国家在反贫、消除社会排斥方面进行合作。之后，在世界银行、美洲开发银行的努力下，"社会凝聚"理念被传播到拉美，受到知识理论界的欢迎。2004年，拉美经委会正式将社会凝聚作为应对极端不平等和社会排斥的政策目标提出，得到了各国的普遍认可。"社会凝聚理念之所以能在拉美得到广泛传播，是因为它与拉美国家已形成的认识和社会实践相吻合，即各国已认识到贫困、不平等和社会排斥制约经济增长，导致社会分裂和冲突，因此各国将发展目标逐步从单纯追求经济增长转向经济与社会协调发展，而社会凝聚为其提供了一种新视角和新观念。"[1] 社会凝聚理念在拉美"本土化"后，拉美经委会（2007）对其做出了自己的定义："社会凝聚是社会融入和排斥的体制化机制与公民对这些机制运行情况的看法和反应之间的辩证关系。"[2] 同时进一步指出，社会凝聚的具体目标是减少贫困、改善不平等状况和减少社会排斥。要实现这些目标，具体的途径，或者说社会凝聚的三大"支柱"是"机会、能力和保障"。具体而言，"机会"是指通过劳动力市场改革创造生产性就业，减少非正规就业；"能力"是指通过教育体制改革促进教育机会均等，提升人力资本和公民素质，从而提高就业质量；"保障"是指缩小保障水平差距，扩大保障覆盖面，增加公共支出投入，促进社会凝聚。此外，该报告还指出，拉美对社会凝聚程度衡量的标准有别于欧洲：拉美社会凝聚指标包括"差距、制度、归属感"三大类，涵盖贫困和收入、就业、社保、教育、民主制度、法治、文化、融合和社会归属等多个领域，下设若干指标。欧盟"拉肯"指标中的"收入、就业、教育、医疗"四大项内容基本被"差距"所涵盖，而"制度"主要涉及民主、法治、政策等内容，"归属感"主要涉及社会融合、文化等内容。其中，"差距"和"归属感"两类指标最为重要。

在"社会凝聚"理念所提出的"经济和社会目标均衡发展"成为拉美各国热议的主题后，"包容性发展"理念逐渐形成。2007年亚洲开发银行首次提出"包容性增长"理念，主要是指一种将经济增长与社会公正、社会融入有机结合的发展战略。包括中国在内的许多国家对这一概念表示认可，

① 郑秉文主编：《社会凝聚：拉丁美洲的启示》，当代世界出版社2010年版，第121页。
② CEPAL, SEGIB y AECI. *Cohesión Social: Inclusión y Sentido de Pertenencia en América Latina y el Caribe*, Santiago de Chile, 2007, p.19.

并结合本国国情对其进行新的解读和阐释。有中国学者对"包容"做出了解释："包容性增长，要求包容经济、社会和生态，包容短期利益和长期利益，包容本土化和全球化，而对于现阶段的中国和世界，最为重要的，是包容效率与公平，以实现兼顾效率与公平的增长。"① 美国著名政治学和经济学家德隆·阿西莫格鲁（Daron Acemoglu）和詹姆斯·A.罗宾逊（James A. Robinson）在其2012年出版的著作《国家为什么会失败》中探讨了包容性制度和长期经济增长的关系。这些学者在对欧美发达国家、非洲和拉美等地区的发展中国家以及许多贫穷落后国家长期历史发展过程考察研究的基础上，提出了包容性（inclusive）和汲取性（extractive）制度的概念。他们认为，实行包容性政治和经济制度是实现长期经济增长的关键，这是因为：在政治上，人民有广泛而切实的政治权利并能平等地参与政治活动，在经济上，人们可以通过自由竞争获得应得的产品，有很高的生产性激励。这些都有利于经济长期增长。相反，在汲取性制度下，人民没有广泛的政治权利，在经济上成为当权者攫取的对象，生产性激励不足，这必然阻碍经济长期增长。② 这一理论实际上强调了平等的政治、经济机会对经济增长的重要性，即"平等性增长"的重要性。

拉美理论界近年来将"包容性增长"理念吸收进来，用于阐述新的发展模式，但更多情况下使用的是"包容性发展"的提法，它与"包容性增长"是一脉相承的，只是更多地强调了社会发展的因素，加入了更多的拉美内涵，并与"社会凝聚"理念结合起来。首先，拉美"包容性发展"理念与"社会凝聚"的出发点是一致的，并以实现"社会凝聚"为发展目标，即要实现减少贫困、改善不平等状况和减少社会排斥。它确立了经济增长要为社会发展服务、增长的目标是经济、社会全面发展的原则。其次，这一理念中的"包容"首先指的是要包容经济增长和社会公正，或曰包容效率和公平，但并不止于此。因为拉美"社会凝聚"指标三大要素中除"差距"外，还包括"制度、归属感"，所以"包容"还应指促进民主和法治、促进文化融合、减少种族和性别歧视以及保护环境和可持续性发展等等。

① 陈宪《包容性增长：兼顾效率与公平的增长》，载《文汇报》2010年10月14日第5版。
② [美]德隆·阿西莫格鲁，詹姆斯·A.罗宾逊《国家为什么会失败》，李增刚译，徐彬校，湖南科学技术出版社，2015年，引言第4页。

可见，"包容性发展"是一项内容丰富、宏伟远大的执政理念和目标。而由以上综述可以看出，这一理念并非无本之木、凭空创造，而是有着坚实的历史实践基础。在理论方面，它与拉美收入分配理论是一脉相承的，正是由于几十年来在分配理论、增长和分配关系上的长期争论和探索，才逐步形成了这样一种兼顾增长和分配、经济和社会均衡发展的理念；在实践方面，拉美各国正是品尝了重增长、轻分配观念所带来的恶果，才坚定决心开始下大力气解决分配等社会问题。当然，21世纪以来拉美主要国家收入分配等社会问题得到缓解与这一时期各国宏观经济健康稳定、增长态势良好，因而政府有财力、有精力处理社会问题有很大关系。"包容性发展"和"社会凝聚"一样，既是对十余年来这方面成就的总结，也是未来政策努力的方向。

三、智利"包容性发展"理念的内涵与收入分配

从上文可以看出，拉美"包容性发展"理念虽然与收入分配理论有着渊源关系，但却包含了除此之外更加庞杂的内容。它是在"社会凝聚"基础上形成的，而后者包括减少贫困、改善不平等状况和减少社会排斥等三项社会目标，因此"包容性发展"的内涵就不仅指的是要包容增长和分配、效率和公平，还包括减贫以及民主法治等制度内容和促进社会融入、增强归属感等诸多社会内容。然而具体到智利，"包容性发展"则有其特有的内涵。

拉美经委会著名学者里卡多·因方特和奥斯瓦尔多·松克尔（Ricardo Infante y Osvaldo Sunkel，2009）将拉美"包容性发展"理念的一般性和智利发展现状的特殊性结合起来进行研究。他们指出，近年来在拉美各国，贫困和收入不均问题依然严峻，它们正是导致社会排斥的两个最重要的原因。然而智利的情况有所不同。1990—2007年，智利经济并未出现大的波动，年均增长5.50%，人均收入累计增加96.00%。在这样的背景下，基础设施和公共服务发展迅速，教育、住房、医疗、社保覆盖面快速增加。反贫政策果断而高效，使贫困人口比例由38.60%降至13.70%，在拉美主要国家中处于最低水平（下页图1）。

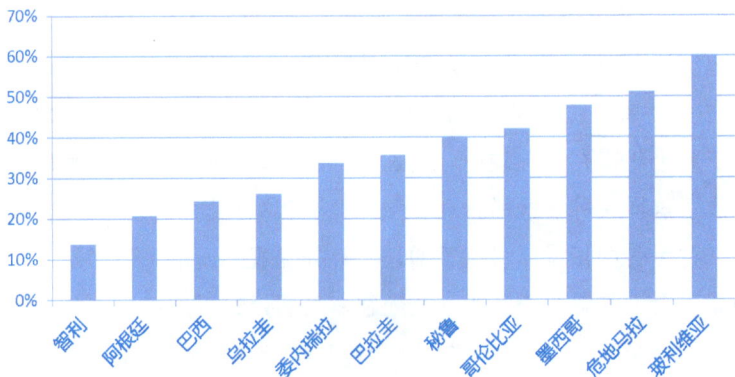

图1：2007年*拉美主要国家贫困人口比例（％）

* 注：墨西哥、哥伦比亚数据为 2008 年，危地马拉数据为 2006 年。

资料来源：作者根据拉美和加勒比社会经济数据库（SEDLAC）2012 年数据绘制。

　　但是智利依然存在着较高的"社会赤字"：2007年失业率为8.00%，非正规就业率为38.00%，其中非正规工薪族比例由1990年的14.30%增加到17.30%，未参加社保人口比例维持在33.00%左右。在这样的非正规就业环境下，劳动收入增长缓慢：1990—2007年，实际工资年均增长率为2.90%，不仅远低于GDP增长率，而且低于劳均GDP3.30%的增长率，这导致劳动对增长的贡献率低，劳动收入在初次分配中的比例低，收入差距难以缩小。2006年智利基尼系数仍维持在0.52的高位，最富20.00%人群的收入是最穷20.00%人群的13倍。总之，21世纪以来智利面临的最重要的社会问题不是贫困而是收入分配。缩小贫富差距是减少社会排斥、实现"社会凝聚"和"包容性发展"的关键。

　　因方特和松克尔进一步指出，解决智利收入分配问题的关键在于初次分配。近年来智利所实施的一系列具有再分配性质的社会政策成效突出，通过补贴和转移支付的手段，贫困问题得到有效缓解，但收入分配问题依然严峻，这其中的原因就在于初次分配环节未发生明显改变。再分配政策虽然必要，但并非解决问题的关键。首先，初次分配决定了分配的基本格局，再分配只是在其基础上进行调整，难以使其发生根本变化。其次，如果只依赖再分配政策来解决分配问题，就会导致一种弊端：因为大部分低收入群体从事低生产率工作，收入微薄，与社会的劳动联系低；在高效的再分配政策下，他们收入的一大半来自国家社会支出，所以其社会参与方式就是"消费"而非"劳动"。久而久之，低收入家庭就会有依赖财政救助的趋势。可见，要从根本上缩小贫富差距，就要加强低收入群体在社会中的"劳动参与"，提高其劳动收入，在初次分配环节改善其收入状况。

具体到初次分配环节，解决问题的主要手段是促进生产同质性。20世纪五六十年代，结构主义者们认识到了拉美贫富差距的根源在于生产结构的异质性或二元性：与中心国家紧密相连的初级产品出口部门技术先进、生产率高，而其他部门生产率低，因此两部门收入差距的悬殊导致了整体收入差距的拉大。结构主义将进口替代工业化视为改变这一局面的良方。20世纪八九十年代经济改革后，拉美主要国家重新回归出口导向发展模式，智利在这方面走得更早，因此进口替代之前的生产结构在很大程度上得到了"复制"：参与到全球化进程中的现代化出口导向部门、大型企业及相应地区技术进步快、生产率高、竞争力强、发展有活力，它们充分享受到了全球化带来的社会文化和消费成果，是发展的受益者，但由于它们数量少，解决就业非常有限。相比之下，处于全球化边缘位置的部门、中小微企业及落后地区生产率低、发展缓慢而缺乏活力，它们没有分享到发展的成果。这些企业为数众多，解决了大部分的就业，但多为非正规、不稳定就业，收入水平低下。生产的异质性进一步导致了劳动力市场的分割或曰就业异质性：现代化大型企业与中小微企业就业人员在工资水平、工会谈判能力、岗位条件及社会保障水平等方面都存在巨大差异。这些都是导致财富集中、贫富悬殊的主要原因。只有提高中小微企业生产率，促进生产同质性，才能从根本上改善分配状况。

在以上论述的基础上，因方特和松克尔绘制了智利"包容性发展"战略的结构图（下页图2）。首先，"包容性发展"的目标是实现"社会凝聚"。其次，实现这一目标的路径有四条：平等性增长，生产同质性，制度变化和有保证的社会保障。其中的"制度变化"基本是为生产同质性目标服务的，包括诸多方面，如建立新的交易模式以激励中小企业扩大生产并参与生产集聚，增强竞争力；为中小企业创造良好的环境，使其能够创造就业；推动中小企业外向化，改善产业链中大小企业间的契约不对称；国家须建立社会制度网络，推动市民参与和社会对话；资源如何分配要经过劳、资、政府多方对话协商，等等。

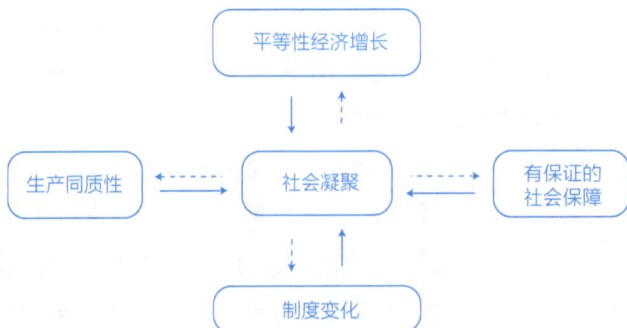

图2：智利的"包容性发展"

资料来源：Ricardo Infante B.y Osvaldo Sunkel. "Chile: hacia un Desarrollo Inclusivo",
Revista de la CEPAL 97, abr. de 2009, p.149.

总之，智利现阶段"包容性发展"战略的内涵是包容增长和分配，通过改善收入分配来促进"社会凝聚"。具体而言，初次分配的重要性大于再分配，其中，促进生产和就业同质性是关键。

因方特和松克尔的以上思想基本上代表了拉美经委会的观点。他们认为当前智利"包容性发展"战略所要解决的问题就是如何更好地处理增长与分配的关系，以促进经济增长和收入分配的良性互动，因此它与半个世纪以来拉美国家对两者关系的争论和思考联系在了一起。在增长与分配的关系这一大的主题下，效率与公平、国家与市场的关系也是需要处理的相关问题。

参考文献

1. 陈宪. 包容性增长：兼顾效率与公平的增长[N/OL]. 文汇报, 2010-10-14(5).

2. 阿西莫格鲁 D, 罗宾逊 J A. 国家为什么会失败[M]. 长沙：湖南科学技术出版社，2015.

3. 苏振兴. 增长、分配与社会分化——对拉美国家社会贫富分化问题的考察[J]. 拉丁美洲研究，2005,27(1):1-11.

4. 郑秉文. 社会凝聚：拉丁美洲的启示[M]. 北京：当代世界出版社，2010.

5. CEPAL, SEGIB, AECI. Cohesión Social: Inclusión y Sentido de Pertenencia en América Latina y el Caribe [M]. Santiago de Chile, CEPAL, 2007.

6. BIELSCHOWSKY R. Sesenta años de la CEPAL: estructuralismo y neoestructuralismo [J]. Revista CEPAL, 2009(97):173-194.

7. INFANTE R, SUNKEL O. Chile: hacia un Desarrollo Inclusivo [J]. Revista de la CEPAL, 2009(97): 135-154.

8. FURTADO C. Desenvolvimento e subdesenvolvimento [M]. Rio de Janeiro: Fundo de Cultura, 1961.

9. FURTADO C. La Economía Latinoamericana [M]. 18ª edición en español. Buenos Aires: Siglo Veintiuno Editores, 1985.

10. PREBISCH R. El Mercado Común Latinoamericano [M]. México D.F.: CEPAL, 1959.

11. PREBISCH R. Hacia una teoría de la transformación [M]. Santiago de Chile: CEPAL, 1980.

第九章

智利中小微企业
扶持政策

导 读

第八章文献提出了生产结构的异质性问题。当前拉美国家的生产异质性（heterogeneidad productiva）主要体现在大型企业与中小微企业之间生产率的巨大差异上。大型企业往往是参与到全球化进程中的现代化出口导向型企业，它们在融资、技术创新和出口能力等方面都有着垄断优势，生产率较高。而为数众多、解决了大部分就业的中小微企业各方面都比较落后，生产率低。生产异质性直接导致了初次分配的巨大差距，并导致了劳动力市场的分割和就业异质性。本章文献《拉丁美洲中小企业扶持政策》（节选）探讨了智利中小企业所处的状况。智利的情况其实基本代表了其他许多拉美国家的现实情况，生产异质性问题是当前拉美国家实现"平等性增长"的一大障碍。

文献 | # Políticas de apoyo a las pymes en América Latina: Entre avances innovadores y desafíos institucionales

Capítulo IV Políticas e instituciones de fomento de las pymes en Chile

Christian Belmar, Claudio Maggi[①]

I. Introducción

Al igual que en muchos países de América Latina y el mundo, en Chile hay amplio consenso político y social en cuanto a que el desarrollo de **las pequeñas y medianas empresas**[1] constituye un objetivo prioritario de la política de fomento productivo y desarrollo empresarial. Ello obedece fundamentalmente al peso determinante que ha adquirido este segmento en la creación y absorción de empleo en la economía y, desde el punto de vista del ingreso y la estabilidad, a su "mejor calidad" en comparación con otras actividades como la **microempresa**[2] o el **autoempleo**[3]. Otras consideraciones relevantes para promover el desarrollo competitivo de las pymes han sido su inserción en los diferentes **sectores productivos**[4], así como su potencial de integración en las cadenas productivas debido a la mayor disponibilidad de capital, uso y capacidad de absorción tecnológica —siempre respecto de la microempresa. Por otra parte, en países que como Chile han contado históricamente con una base empresarial más bien acotada, el fomento de las pymes se ha convertido en un efectivo vehículo para estimular el crecimiento de ella, contribuyendo así a una mayor "democratización" del **tejido socioeconómico**[5] nacional.

A partir de las consideraciones antes señaladas, desde comienzos de los años noventa, durante el primer gobierno concertacionista (Aylwin, 1990-1994) se creó —y en el curso de los siguientes (Frei, 1994-2000; Lagos, 2000-2006; Bachelet, 2006-2010) se procuró perfeccionar y complementar, dentro de un marco de continuidad— una institucionalidad pública responsable de aplicar un conjunto de instrumentos

---

① Gerente de Desarrollo Competitivo de CORFO(Corporación de Fomento de la Producción).

orientados al desarrollo productivo y competitivo de las pymes. Gracias a estos últimos se han fomentado la "asociatividad" empresarial, la **innovación y modernización tecnológica**[6], la capacitación laboral, la inserción en cadenas productivas, el acceso al financiamiento y a los mercados externos y, más recientemente, la gestión y aseguramiento de la calidad, el desarrollo de nuevos emprendimientos y la articulación de las pymes a nivel territorial.

En un catastro realizado en el año 2005 se identificó un total de 125 mecanismos de fomento productivo vigentes en Chile (Programa APYME-USACH, 2005), 99 de los cuales se orientaban de preferencia a las pymes y el resto a las microempresas, los trabajadores por cuenta propia o los grupos sociales de carácter comunitario. Los ámbitos de intervención de esta multiplicidad de instrumentos son: **asistencia técnica**[7] y desarrollo empresarial, fortalecimiento de la "asociatividad", capacitación y desarrollo del **capital humano**[8], innovación y **transferencia de tecnología**[9], financiamiento y reprogramación de pasivos, fomento exportador e internacionalización, **producción limpia**[10] (**gestión medioambiental**[11]), desarrollo productivo regional, **sectores emergentes**[12] y objetivos sectoriales específicos (industrias silvoagropecuaria, minera y pesquera) (Programa APYME-USACH, 2005).

En las siguientes secciones de este trabajo se revisa la evolución reciente en materia de desempeño y participación de las pymes en la economía chilena, su contribución a las ventas, el empleo y las exportaciones y su estructura sectorial y territorial. Asimismo, se presenta la situación actual de las políticas de apoyo a este segmento y de la institucionalidad pertinente.

II. El contexto económico de fines de los años noventa y la década actual

Durante gran parte de los años noventa, la economía chilena creció a tasas inéditas en comparación con las décadas anteriores, e incluso respecto de la mayoría de los países del mundo. En efecto, entre 1989 y 1997 la tasa media anual de crecimiento económico alcanzó un 7,70%, mientras que la del ingreso per cápita fue cercana al 5,00%. Sin embargo, a contar de 1998, debido a los efectos de la llamada crisis asiática iniciada el año anterior, se produjo una marcada desaceleración del ritmo de crecimiento que venía experimentando el país desde 1986. Este cambio de tendencia tuvo repercusiones desfavorables en el entorno económico de las empresas nacionales, sobre todo de las pequeñas y medianas, que se expresaron fundamentalmente en serios problemas de liquidez y creciente endeudamiento durante los años posteriores a la crisis asiática. Entre 1999 y 2003, en la medida en que fueron mejorando las condiciones externas, se registraron tasas de crecimiento bajas o moderadas en comparación con las alcanzadas hasta 1997. Podría afirmarse que recién a contar de 2004 se recuperó la tendencia de crecimiento estable de la economía, aunque con tasas del 4,00% al 6,00% anual que aún distaban bastante de las prevalecientes antes de la crisis asiática.

Cuadro IV.1
CHILE: TASAS MEDIAS ANUALES DE CRECIMIENTO
(En porcentajes)

Período	1983-1989	1989-1997	1998-2005
PIB	6,20	7,70	3,50
PIB per cápita	4,30	4,90	2,40
Exportaciones	9,80	10,10	12,60
Importaciones	10,60	13,50	7,10
Remuneración media real	0,90	3,70	1,80

Fuente: Comisión Económica para América Latina y el Caribe (CEPAL) y Banco Central de Chile.
Nota: Rango de variación de la tasa de desempleo abierto (respecto de la población económicamente activa (PEA)).
14,30 (Febrero 1986)-7,60 (Agosto 1989).
8,60 (Enero 1989)-5,80 (Noviembre 1996).
5,70 (Mayo 1998)-10,90 (Agosto 1999).

Otro importante efecto de la desaceleración económica tuvo que ver con el **empleo**[13]. Entre 1998 y 1999, el número de desempleados de la **población económicamente activa**[14] aumentó un 60,00%, pasando de poco más de 350.000 a 565.000 en un año. La tasa de desempleo general superó el 10,00% en 1999 y comenzó a descender en forma gradual hasta alcanzar un 8,50% en 2003 y cerca del 7,50% en 2006, sin llegar aún al nivel del 6,00% registrado en 1996.

Simultáneamente, en los últimos 10 años se ha consolidado la estrategia de apertura comercial chilena gracias a la negociación y suscripción de gran número de acuerdos de liberalización económica y **tratados de libre comercio (TLC)**[15] con las principales economías del orbe. A fines de 2006, Chile había suscrito convenios comerciales con más de 50 países, que representan un 83,00% del comercio global. Esta apertura preferencial de mercados, unida al extraordinario dinamismo de la demanda internacional de los principales productos exportables chilenos —sobre todo productos básicos como cobre, celulosa y alimentos— condujo a que en los últimos años se mantuviera e incluso superara la tasa de crecimiento de las exportaciones registrada en períodos anteriores.

Así, en la última década la mayoría de las pymes chilenas han tenido que desempeñarse en condiciones generales menos favorables que las del decenio precedente, con mayores exigencias en materia de competitividad y un alto endeudamiento medio debido a una fase inicial de marcado deterioro del entorno relevante de negocios, cuya recuperación a contar del año 2001 ha sido lenta y progresiva. Al mismo tiempo, las empresas productoras de **bienes transables**[16] han afrontado nuevas oportunidades y retos en los mercados externos, como resultado de la entrada en vigor de diversos tratados de libre comercio con importantes socios comerciales como los Estados Unidos, la Unión Europea, el Mercado Común del Sur (MERCOSUR), la República de Corea, el Japón y China, entre otros.

Sin embargo, el argumento según el cual habría un aumento de oportunidades de mercado como consecuencia de la firma de muchos tratados comerciales debe considerarse en ambos sentidos, especialmente con un tipo de cambio a la baja. De hecho, desde 2004 el escenario internacional de intensificación de la demanda, impulsado por el crecimiento de la economía china, ha dado lugar a un alza de precios de los principales productos básicos de la canasta exportadora chilena y, por consiguiente, a un **excedente**[17] significativo de la balanza comercial[①]. Este ha provocado una apreciación del peso, introduciendo mayores presiones competitivas en las empresas que operan en los sectores de productos transables.

III. Evolución reciente de las pymes en la economía Chilena[②]

Desde 1994, en Chile se han mantenido, sin modificaciones, tres convenciones diferentes para clasificar a las pequeñas y medianas empresas. El **Ministerio de Economía**[18] define el tamaño de las empresas de acuerdo con su nivel de **ventas netas anuales**[19]. Así, el segmento de las pequeñas se compone de las que venden entre 2.400 y 25.000 **Unidades de Fomento (UF)**[20] [③] (cerca de 84.000 y 870.000 dólares, respectivamente), mientras que en la categoría de medianas se sitúan aquellas cuyas ventas netas anuales alcanzan entre 25.001 y 100.000 UF (3,5 millones de dólares). El segundo criterio vigente es el del **Instituto Nacional de Estadísticas (INE)**[21], que en su **Encuesta industrial anual (ENIA)**[22] clasifica a las empresas según el número de trabajadores, definiendo como pequeñas a las que emplean entre 10 y 49 personas y medianas a las que ocupan de 50 a 199 trabajadores. Finalmente, al igual que el INE, la clasificación utilizada por el **Ministerio de Planificación y Cooperación (MIDEPLAN)**[23] en la **Encuesta de Caracterización Socioeconómica Nacional (CASEN)**[24] se basa en el número

---

① El valor de las exportaciones chilenas de bienes aumentó de 21.700 millones de dólares en 2003 a 58.100 millones en 2006, mientras que el saldo de la balanza comercial creció de 3.700 millones a 22.200 millones en el mismo período (en dólares corrientes). Entre enero de 2004 y diciembre de 2006 se produjo una apreciación nominal del peso chileno cercana al 9,00%.

② A lo largo de la presente sección y de las siguientes, en algunas oportunidades se hace referencia a valores en pesos chilenos. Para mayor claridad del lector, a continuación se presentan las tasas de cambio medio anual del peso chileno respecto del dólar: año 2000: 539,6; 2001: 634,9; 2002: 688,9; 2003: 691,4; 2004: 609,5; 2005: 559,8; 2006: 530,3; 2007: 522,5; 2008: 522,5.

③ La UF es una unidad de valor real, reajustable de acuerdo con la variación del índice de precios. Al 30 de junio de 2007, una UF equivalía aproximadamente a 18.625 pesos, esto es, cerca de 36 dólares.

de empleados, considerando como pequeñas empresas a las que ocupan entre 5 y 49 trabajadores y medianas a las que tienen entre 50 y 199 empleados.

La utilización de criterios diferentes dificulta la comparación de los datos proporcionados por las distintas fuentes mencionadas. En particular, la información relacionada con la ocupación proviene de los resultados de la CASEN, mientras que la correspondiente a las ventas proviene de las bases de datos anuales del **Servicio de Impuestos Internos (SII)**[25], procesada por la **Corporación de Fomento de la Producción (CORFO)**[26] y el Servicio de Cooperación Técnica (SERCOTEC) de conformidad con la convención de tamaños adoptada por el Ministerio de Economía. De cualquier manera, el hecho de que estas fuentes no hayan modificado sus respectivos criterios de clasificación de las empresas según su tamaño desde 1994 permite contar con **registros estadísticos**[27] consistentes para caracterizar la evolución de ellas durante los últimos 10 años.

En 2004, en Chile había 707.634 empresas, 128.479 de las cuales eran pymes (un 18,20%, según la definición del Ministerio de Economía). Considerando las ventas totales de cada segmento, y siempre siguiendo el criterio de clasificación de este Ministerio, en 2003 la participación relativa de las pymes alcanzó un 18,30%, lo que corresponde al 9,50% en el caso de las pequeñas empresas y al 8,80% en el de las medianas.

Cuadro IV.2
CHILE: NÚMERO DE EMPRESAS SEGÚN SEGMENTO, 1997-2004

	1997	1999	2001	2003	2004
Micro	487 738	527 481	567 861	570 544	571 535
Pequeña	89 060	103 891	87 186	105 524	112 731
Mediana	12 626	14 198	13 990	14 577	15 748
Pyme	101 686	118 089	101 176	120 101	28 479
Grande	5 727	6 344	6 187	6 868	7 620
Total	595 151	651 914	675 224	697 513	707 634

Fuente: Fundación para el Desarrollo Económico y Social (FUNDES), Caracterización de empresas en Chile, sobre la base de información del Servicio de Impuestos Internos (SII).

Cuadro IV.3
CHILE: DISTRIBUCIÓN DE LAS EMPRESAS SEGÚN TAMAÑO, 1997-2004
(En porcentajes)

	1997	1999	2001	2003	2004
Micro	82,00	80,90	84,10	81,80	80,80
Pequeña	15,00	15,90	12,90	15,10	15,90
Mediana	2,10	2,20	2,10	2,10	2,20
Pyme	17,10	18,10	15,00	17,20	18,20
Gran empresa	1,00	1,00	0,90	1,00	1,10
Total	100,00	100,00	100,00	100,00	100,00

Fuente: Fundación para el Desarrollo Económico y Social (FUNDES), Caracterización de empresas en Chile, sobre la base de información del Servicio de Impuestos Internos (SII).

Entre 1997 y 2004, la base empresarial —medida según el número de empresas formales— aumentó un 18,90%, lo que equivale a una tasa media de crecimiento anual del 2,50%, con marcado mayor dinamismo durante la primera mitad del período. El segmento que más creció fue el de las grandes empresas (19,90%), seguido del correspondiente a las pequeñas (18,50%). En cambio, el número de empresas medianas se incrementó un 15,50%. Estas leves diferencias porcentuales indican que entre 1999 y 2004 no se registró una variación significativa en la distribución de las empresas según su tamaño.

Cuadro IV.4
CHILE: VENTAS MEDIAS SEGÚN TAMAÑO DE LA EMPRESA, 1997-2003
(En millones de pesos de 2003)

	1997	1999	2001	2003
Micro	7,02	8,32	6,14	7,99
Pequeña	110,45	119,91	123,65	121,24
Mediana	729,48	789,08	757,57	809,32
Pyme	187,31	200,36	211,30	204,75
Grande	12 174,34	11 993,64	14 319,48	15 335,44
Total	154,91	159,74	168,03	192,79

Fuente: Fundación para el Desarrollo Económico y Social (FUNDES), Caracterización de empresas en Chile, sobre la base de información del Servicio de Impuestos Internos (SII).

Resulta sintomático constatar que entre 1999 y 2001 el número de empresas pequeñas, medianas y grandes disminuyó, mientras que el de microempresas se incrementó, siendo justamente este segmento el que registró un menor crecimiento relativo en el período 2001-2003. Desde la perspectiva de las ventas medias, el único segmento que creció de manera sostenida entre 1999 y 2003 fue el de las grandes empresas. Ello sugiere que en el período de **desaceleración económica**[28] de 1998 a 2001 se produjo una contracción de tamaño de un número significativo de empresas, especialmente micro y pymes.

A fin de profundizar el análisis de este fenómeno, cabe señalar que un estudio realizado en 2003 destaca la estrecha relación que existe entre la magnitud de las empresas y su tasa de crecimiento y de supervivencia, dado que las que crecen y sobreviven por lo general son las de mayor tamaño. "Son muy pocas las microempresas que se mueven en forma ascendente sobre el tiempo, sugiriendo que se está frente a una dinámica del tipo **puerta giratoria**[29] de crecimiento" (Crespi, 2003). Esto se confirma al constatar que un 34,90% de las empresas iniciadas entre 1995 y 2001 se encuentra inactiva, que durante este período de siete años el tamaño del 53,70% de ellas no supera el de microempresa, que solo un 9,70% pasa al segmento de pequeña y que apenas un 1,70% puede clasificarse como medianas o grandes.

Cuadro IV.5
CHILE: DISTRIBUCIÓN DE LOS OCUPADOS SEGÚN EL TAMAÑO DE LAS EMPRESAS, AÑOS SELECCIONADOS

Tamaño de la empresa	1996		2000		2003	
	Número	Porcentaje	Número	Porcentaje	Número	Porcentaje
Una persona			1 035 403	19,00	1 214 553	20,40
2 a 5 personas	2 090 801	39,60	1 115 042	20,50	1 103 524	18,50
6 a 9 personas	603 877	11,40	338 844	6,20	348 146	5,80
10 a 49 personas	1 232 492	23,30	982 978	18,00	917 438	15,40
50 a 199 personas	652 754	12,40	639 161	11,70	687 012	11,50
200 personas y más	505 408	9,60	1 046 739	19,20	1 312 170	22,00
No sabe / sin datos	194 029	3,70	287 801	5,30	373 110	6,30
Total	5 279 361	100,00	5 445 968	100,00	5.955953	100,00

Fuente: Ministerio de Planificación y Cooperación (MIDEPLAN), Encuesta de Caracterización Socioeconómica Nacional (CASEN), Santiago de Chile, varios años.

La información entregada en el cuadro IV.5 muestra que el número de ocupados del país tendió a aumentar gradualmente en el período estudiado, alcanzando una tasa de crecimiento acumulado cercana al 13,00%. Al observar las cifras de las empresas cuyo tamaño corresponde al segmento de pymes, clasificadas según el número de empleados, es posible constatar que en los años 1996 a 2003 la ocupación de la pequeña empresa se redujo un 26,00% y su participación relativa, del 23,30% al 15,40%. La **absorción de empleo**[30] de la mediana empresa se incrementó un 5,00%, mientras que su participación en el empleo disminuyó del 12,40% al 11,50%. Esta situación no debería provocar extrañeza, dadas las repercusiones que tuvo la crisis en el sector. De acuerdo con un estudio sobre la situación de la pyme en los años 2003 y 2004, realizado sobre la base de datos del Servicio de Impuestos Internos correspondientes al año 2004, la pequeña empresa generó 1.846.344 puestos de trabajo, en comparación con 1.340.160 en el caso de la mediana. Luego, ese año las pymes emplearon un total de 3.186.504 personas.

Cuadro IV.6
CHILE: EVOLUCIÓN DE LA PARTICIPACIÓN DE LAS PYMES, 1997-2003
(En porcentajes)

	Número[a]			Ventas[a]			Empleo[b]		
	1997	2000	2003	1997	2000	2003	1997	2000	2003
Microempresas	82,00	84,00	81,80	3,70	3,40	3,40	39,60	39,50	38,90
Pymes	17,00	15,10	17,20	20,70	20,80	18,30	34,70	24,20	21,20
Grandes empresas	1,00	0,90	1,00	75,60	75,80	78,30	22,00	30,90	33,50

Fuente: Fundación para el Desarrollo Económico y Social (FUNDES), Caracterización de empresas en Chile, sobre la base de información del Servicio de Impuestos Internos (SII); y Ministerio de Planificación y Cooperación (MIDEPLAN), Encuesta de de Caracterización Socioeconómica Nacional (CASEN), Santiago de Chile.

[a] Convención de tamaños del Ministerio de Economía, según tramos de ventas.

[b] Convención de tamaños del MIDEPLAN, según rangos de ocupación.

Si bien entre 1997 y 2003 la participación de las pymes en el número total de empresas se mantuvo estable, invirtiendo el retroceso de los años 2000 a 2001, no ocurrió lo mismo con su aporte relativo a las ventas y al empleo. En ambos aspectos perdieron importancia en comparación con el segmento de grandes empresas.

En este contexto, la estructura en cuanto a proporción de empresas de los diferentes segmentos se ha mantenido estable. Sin embargo, la gran empresa le ha quitado terreno a la pyme tanto en materia de empleo como de ventas, lo cual refleja una eventual pérdida relativa de competitividad de este segmento y una mayor dificultad para mantenerse en los mercados ante las **perturbaciones**[31] negativas de la economía.

El cuadro IV.7 muestra que más del 50,00% de las pymes se concentra en los sectores de comercio, construcción y transporte.

Cuadro IV.7
CHILE: DISTRIBUCIÓN SECTORIAL DE LAS EMPRESAS, 2003
(En porcentajes, según tamaño)

Sector	Micro	Pequeña	Mediana	Pyme	Grande	Total
Agricultura	11,50	10,20	7,10	9,80	4,70	11,10
Industria	6,70	10,30	12,90	10,60	17,80	7,50
Comercio y restaurantes	43,60	32,40	34,90	32,70	32,40	41,60
Construcción y transporte	16,10	21,20	17,70	20,80	15,40	16,90
Otros servicios	18,30	23,50	24,70	23,60	24,50	19,30
Otros[a]	3,80	2,40	2,70	2,50	5,20	3,60
Total	100,00	100,00	100,00	100,00	100,00	100,00

Fuente: Elaboración propia, sobre la base de información del Servicio de Impuestos Internos (SII).
[a] Pesca, minería, electricidad, gas, agua y otras actividades.

Considerando la variación de las ventas respecto del nivel de empleo como un **indicador**[32] aproximado de evolución de la **productividad laboral**[33] en los ocho sectores que registraron el monto más elevado de las primeras en el período 1997-2003 —comercio, **servicios financieros**[34], transporte, productos químicos, construcción, alimentos, minería y servicios técnicos y profesionales—, a nivel agregado se observa un aumento acumulado cercano al 50,00% que obedece principalmente a las tendencias de las grandes empresas en esta materia[1]. Sin embargo, al examinar las cifras correspondientes a las pyme se aprecia un comportamiento irregular, sobre todo del segmento de pequeña empresa, cuya trayectoria es más oscilante que la de la mediana empresa.

[1] Un indicador bastante más preciso sería la relación entre valor agregado y empleo. Otra consideración al respecto es que se basa en dos fuentes de información diferentes: el SII en el caso de las ventas y la encuesta CASEN en el del empleo.

Cuadro IV.8

CHILE: VENTAS DE LAS EMPRESAS EN OCHO GRANDES SECTORES, AÑOS SELECCIONADOS

(En millones de pesos de 2003)

Sector/Año	1997	1999	2001	2003
Micro	2 250 781	3 162 372	2 589 572	3 270 253
Pequeña	6 810 318	9 170 914	8 169 663	9 273 108
Mediana	6 958 644	8 700 517	8 195 361	8 984 929
Pyme	13 768 962	17 871 431	16 365 024	18 258 037
Grande	57 278 501	64 460 287	75 105 371	88 815 649
Total	73 298 244	85 494 091	94 059 967	110 343 939

Fuente: Fundación para el Desarrollo Económico y Social (FUNDES).

Cuadro IV.9

CHILE: RELACIÓN ENTRE VENTAS Y EMPLEO SEGÚN TAMAÑO DE LAS EMPRESAS

(En millones de pesos de 2003)

Tamaño	1996	2000	2003	Crecimiento del empleo 2003-1996 *(en porcentajes)*	Crecimiento de las ventas 2003-1996 *(en porcentajes)*
Micro	1,20	1,40	1,70	-1,10	42,80
Pequeña	7,60	10,70	13,90	-25,60	37,40
Mediana	13,30	16,10	17,20	5,20	35,80
Pyme	9,50	12,90	15,30	-14,90	36,60
Grande	126,70	72,30	80,30	159,60	64,40
Total	16,10	18,30	22,60	12,80	57,70

Fuente: Elaboración propia, sobre la base de datos Ministerio de Planificación y Cooperación (MIDEPLAN), Encuesta de de Caracterización Socioeconómica Nacional (CASEN), 2003 y Fundación para el Desarrollo Económico y Social (FUNDES).

Sin embargo, cabe mencionar que el incremento de la relación entre ventas y empleo en el segmento de las pymes se basa fundamentalmente en una reducción significativa del empleo —bastante mayor que en los demás— y un menor incremento relativo de las ventas, siempre en comparación con los otros segmentos.

El desempeño exportador de la pyme en el período 1997-2003 muestra un relativo deterioro. Si bien el número de empresas exportadoras aumenta, aunque no de manera constante, la proporción respecto del total de empresas exportadores se mantiene en torno al 54,00% y su importancia en cuanto a valor exportado se reduce significativamente.

En el año 2003 había 3.080 pymes exportadoras de un total de 5.719 empresas que realizaron ventas a los mercados externos. En términos sectoriales, un 44,00% de las pymes que registraron actividades de exportación directa pertenecía al sector del comercio, y sobre todo de **comercio al por mayor**[35]. De ello puede inferirse que se trata de empresas intermediarias que probablemente venden productos de otras pymes locales en el exterior, lo cual se ajusta a la percepción sobre las dificultades que afrontan las empresas de menor tamaño para conservar su presencia en los mercados externos. La **producción agropecuaria**[36] ocupa el segundo lugar en cuanto a número de empresas exportadoras en el período estudiado, aunque no de manera sostenida.

En cuanto al monto exportado, el comportamiento de la pyme muestra una tendencia a la baja, perdiendo espacio en comparación con la **gran empresa**[37], salvo en los casos de producción agropecuaria, comercio y servicios profesionales. Cabe señalar que en el período analizado se aprecia cierto dinamismo de la estructura de participación sectorial de la pyme, por lo cual pueden identificarse sectores ganadores y perdedores. Estas variaciones reflejan de alguna manera la incidencia que han tenido tanto las **perturbaciones macroeconómicas**[38] negativas como la firma y puesta en marcha de tratados comerciales con otras economías como los Estados Unidos y la Unión Europea.

Entre 1997 y 2003, los sectores que aumentaron significativamente su participación relativa en el valor total de las exportaciones directas de las pymes fueron el comercio, la producción agropecuaria. En cambio, el sector que experimentó la baja más pronunciada en igual período fue el de **productos químicos**[39] y **actividades conexas**[40].

Cuadro IV.10

CHILE: EXPORTACIONES DIRECTAS DE LAS PYMES SEGÚN SECTOR DE ACTIVIDAD, 1997-2003

	Valor de las exportaciones pyme (en miles de dólares)				Participación de las exportaciones pyme (en porcentajes)			
	1997	1999	2001	2003	1997	1999	2001	2003
Producción agropecuaria	53 236	55 045	46 303	67 163	10,30	11,80	9,60	14,90
Servicios agrícolas y ganaderos	6 994	5 848	4 401	10 490	1,40	1,30	0,90	2,30
Silvicultura	3 859	10 310	2 834	10 370	0,80	2,20	0,60	2,30
Pesca	32 315	40 635	42 565	33 220	6,30	8,70	8,80	7,40
Minas, petróleo y canteras	10 671	2 412	2 894	9 405	2,10	0,50	0,60	2,10
Productos alimenticios	41 178	42 022	49 076	39 550	8,00	9,00	10,20	8,80
Textiles y cueros	10 310	7 536	6 994	5 064	2,00	1,60	1,50	1,10
Madera y papel	16 399	21 584	12 299	11 093	3,20	4,60	2,60	2,50
Químicos, petróleo, caucho y metales	94 294	18 871	20 679	17 846	18,30	4,10	4,30	4,00
Maquinarias e instrumentos	6 813	5 908	5 788	5 064	1,30	1,30	1,20	1,10
Otras manufacturas	663	543	4 703	301	0,10	0,10	1,00	0,10
Electricidad, gas y agua	60	241	60	0	0,00	0,10	0,00	0,00
Construcción	1 085	1 628	1 568	2 351	0,20	0,40	0,30	0,50
Comercio al por mayor	156 633	172 731	203 539	176 529	30,40	37,20	42,10	39,30
Comercio al por menor	17 605	15 917	11 937	12 179	3,40	3,40	2,50	2,70
Restaurantes y similares	60	723,48	482	121	0,00	0,20	0,10	0,00
Transporte	13 987	22 850	27 311	11 154	2,70	4,90	5,70	2,50
Servicios financieros	18 027	7 175	8 380	7 536	3,50	1,50	1,70	1,70
Servicios técnicos y profesionales	17 303	19 896	19 413	19 293	3,40	4,30	4,00	4,30
Servicios estatales, sociales e institucionales	904	663	362	723	0,20	0,10	0,10	0,20
Servicios de diversión y esparcimiento	4 401	3 316	5 185	2 351	0,90	0,70	1,10	0,50
Servicios personales y del hogar	1 266	301	362	3 195	0,20	0,10	0,10	0,70
Otras actividades	7 295	8 501	5 908	4 703	1,40	1,80	1,20	1,10
Total	515 358	464 656	483 043	449 701	100,00	100,00	100,00	100,00

Fuente: Fundación para el Desarrollo Económico y Social (FUNDES), sobre la base del Servicio Nacional de Aduanas.

Cuadro IV.11

CHILE: PARTICIPACIÓN DE LAS PYMES EXPORTADORAS RESPECTO DEL TOTAL NACIONAL

Año	Número de pymes	Total exportadores	Proporción (porcentajes)	Valor export. pymes	Valor total exportaciones	Proporción (porcentajes)
1997	2 748	5 099	54,00	515 358	16 677 891	3,10
1999	2 895	5 295	55,00	464 656	15 618 924	3,00
2001	2 830	5 320	53,00	483 043	18 745 057	2,60
2003	3 080	5 719	54,00	449 703	20 076 304	2,20

Fuente: Fundación para el Desarrollo Económico y Social (FUNDES), sobre la base del Servicio Nacional de Aduanas.

Uno de los problemas más relevantes para las pymes en América Latina está relacionado con la **falta de financiamiento**[41]. Sin embargo, la información disponible muestra que en el caso de Chile pueden acceder, de manera relativamente fácil a las fuentes pertinentes, al menos en cuanto a capital de trabajo. En el año 2003, el 66,50% de las empresas pequeñas y el 74,60% de las medianas tuvieron acceso al sistema financiero formal.

Por otra parte, la información señalada pone de relieve el alto grado de endeudamiento de la pyme a fin de sustentar su funcionamiento.

El cuadro IV.12 muestra que, después de una baja experimentada en los años 1999 y 2000, el número total de pymes que tienen acceso al sistema financiero ha ido aumentando. En todo caso, cabe destacar que pese a este incremento el porcentaje se ha mantenido, e incluso disminuido.

Cuadro IV.12

CHILE: NIVEL DE ACCESO DE LA PYME AL SISTEMA FINANCIERO FORMAL, 1999-2003
(En número y porcentajes)

Año	Pequeña	Mediana	Total	Porcentajes
1999	70 696	11 113	81 809	69,00
2000	57 847	10 163	68 010	69,00
2001	58 510	10 316	68 826	68,00
2002	60 160	10 555	70 715	68,00
2003	70 149	10 877	81 026	67,00

Fuente: Centro de Investigaciones de Políticas Públicas para la PyME (CIPYME), sobre la base de Superintendencia de Bancos e Instituciones Financieras (SBIF), y Chile Emprende, "Situación de la micro y pequeña empresa en Chile", diciembre de 2005.

Cuestionario:

ⓐ ¿Por qué hay amplio consenso político y social en Chile en cuanto a la prioridad de la política de fomento de las pequeñas y medianas empresas?

ⓑ ¿Cuál es el contexto económico de la aplicación de las políticas de apoyo a las pymes en Chile?

ⓒ ¿Cuáles son las tres convenciones diferentes que se han mantenido en Chile para clasificar a las pequeñas y medianas empresas?

Vocabulario

[1]	las pequeñas y medianas empresas		中小企业
[2]	microempresa	*f.*	微型企业
[3]	autoempleo	*m.*	自主就业
[4]	sectores productivos		生产部门
[5]	tejido socioeconómico		社会经济结构
[6]	innovación y modernización tecnológica		技术创新和现代化
[7]	asistencia técnica		技术援助
[8]	capital humano		人力资本
[9]	transferencia de tecnología		技术转移
[10]	producción limpia		清洁生产
[11]	gestión medioambiental		环境管理
[12]	sectores emergentes		新兴行业
[13]	empleo	*m.*	就业
[14]	población económicamente activa		经济自立人口
[15]	tratados de libre comercio (TLC)		自由贸易协定
[16]	bienes transables		贸易品
[17]	excedente	*m.*	盈余
[18]	Ministerio de Economía		（智利）经济部
[19]	ventas netas anuales		年度净销售额
[20]	Unidad de Fomento (UF)		发展单位
[21]	Instituto Nacional de Estadísticas (INE)		（智利）国家统计局
[22]	Encuesta industrial anual (ENIA)		年度产业调查
[23]	Ministerio de Planificación y Cooperación (MIDEPLAN)		（智利）规划合作部
[24]	Encuesta de Caracterización Socioeconómica Nacional (CASEN)		国家社会经济调查
[25]	Servicio de Impuestos Internos (SII)		（智利）国家税务局

[26]	Corporación de Fomento de la Producción (CORFO)		（智利）生产开发公司
[27]	registros estadísticos		统计记录
[28]	desaceleración económica		经济增长放缓
[29]	puerta giratoria		"旋转门"
[30]	absorción de empleo		就业吸纳
[31]	perturbación	*f.*	动荡
[32]	indicador	*m.*	指标
[33]	productividad laboral		劳动生产率
[34]	servicios financieros		金融服务
[35]	comercio al por mayor		批发贸易
[36]	producción agropecuaria		农牧业生产
[37]	gran empresa		大型企业
[38]	perturbaciones macroeconómicas		宏观经济混乱
[39]	productos químicos		化学产品
[40]	actividades conexas		相关活动
[41]	falta de financiamiento		资金缺乏

评论 | 1990年以来智利提高中小微企业生产率的政策及问题

二十世纪七八十年代新自由主义改革初期，智利大量的中小微企业在改革带来的挑战和危机中蒙受了巨大损失。当时的军政府认为，开放经济模式的好处是可以对称而平等地惠及不同规模的企业，因此无须对其实施不同的政策。然而，由于存在信息不对称、外部性、规模经济的限制等市场缺陷，中小微企业在进入要素和服务市场时面临种种限制。它们不仅要面对大型企业、垄断财团的兼并和排挤，还必须在开放的市场经济体制下和政府作用不断削弱的环境下努力适应新的游戏规则，争得一份生存的空间。大企业的膨胀和中小微企业的衰落也是导致这一时期智利收入分配恶化的主要原因之一。

1990年文人政府执政以后，宏观经济逐渐稳定，经济增长较快，使得政府有精力、有财力实施一系列措施来解决改革初期遗留下来的问题，尤其是生产结构失衡和生产异质性问题。1991年智利开始推出"扶持中小企业计划"，其目的是消除市场缺陷，减少市场对中小企业的限制，提高其效率、生产率和国际参与能力。该计划由智利经济部负责设计，由国有的"生产开发公司"（CORFO）等机构具体负责实施。二十多年来，智利已将发展中小微企业作为生产促进政策的首要目标。

本文首先介绍近年来智利中小微企业的生产率情况以及具体的融资、技术和出口能力等基本情况，其次阐述1990年以来智利政府为提高中小微企业生产率而实施的政策，最后分析这一领域存在的问题。

一、智利中小微企业的基本情况

在智利，中小微企业（MIPYME）又被称为小规模企业（EMT），指的是年销售额低于379万美元、雇工人数低于200人的企业（下页表1）。按照这一标准，2003年智利中小微企业占到企业总数的99.00%，但销售额仅占总数的21.70%，且其生产率与大企业之间存在着巨大差距（表2）。因此，虽然中小微企业比大型企业有更高的创造就业的能力（据智利经济部统计，2012年其创造了近90.00%的就业），但这部分劳动者的收入水平与大企业的收入水平之间差距较大。

表1：智利对中小微企业规模的界定（根据智利"小企业担保基金"设定的标准）

	微型企业	小型企业	中型企业
雇工人数	1—9	10—49	50—199
年销售额（千美元）	<91.00	91.00—947.40	947.40—3,789.70

资料来源：GTZ, CEPAL y CENPROMYPE. *Manual de la Micro, Pequeña y Mediana Empresa*, San Salvador, dic. de 2009, p.27.

表2：智利各规模企业数量比例、销售额比例和生产率指数

规模	数量（%）			年销售额（%）			生产率指数（微型企业=100）
	1997年	2000年	2003年	1997年	2000年	2003年	2003年
微型企业	82.00	84.00	81.80	3.70	3.40	3.40	100.00
中小企业	17.00	15.10	17.20	20.70	20.80	18.30	189.20
大企业	1.00	0.90	1.00	75.60	75.80	78.30	1383.80

资料来源：CEPAL. *Políticas de Apoyo a las Pymes en América Latina: entre Avances Innovadores y Desafíos Institucionales*, Santiago de Chile, julio de 2010, p.170; Ricardo Infante B. y Osvaldo Sunkel. "Chile: hacia un Desarrollo Inclusivo", *Revista de la CEPAL* 97, abr. de 2009, p.139.

一般而言，决定中小微企业生产率的因素主要有融资能力、技术水平和技术创新能力以及出口能力等。首先，融资能力在很大程度上决定着企业能否顺利开展业务并提高生产率，在这方面，智利中小微企业相对于其他拉美国家而言表现较好。下页表3显示，智利企业中拥有金融机构贷款的企业比例不仅远高于拉美平均水平，而且高于其他主要拉美国家。其中，小型企业的融资能力尤其突出，在各国中一枝独秀。而微型企业的融资能力近年来也得到有效提高：智利经济部开展的《2012年企业纵向调查》显示，2009—2010年从金融机构获得过贷款的智利微型企业比例为22.00%，接近于小型企业的比例（下页图1），而2004—2007年三年中的这一比例仅为17.00%。

表3：拉美主要国家拥有金融机构贷款的企业占全部企业比例

（％，按企业规模划分）

国家	年份	平均值	企业规模		
			小型	中型	大型
阿根廷	2006	39.39	22.98	45.85	74.66
玻利维亚	2006	50.10	38.83	61.63	80.93
巴　西	2009	65.34	42.79	67.50	89.57
智　利	2006	69.06	64.59	62.29	86.95
哥伦比亚	2006	52.34	41.16	72.86	72.22
厄瓜多尔	2006	55.59	47.34	65.11	73.76
萨尔瓦多	2006	48.93	44.37	53.05	72.19
危地马拉	2006	33.56	28.06	39.55	62.09
洪都拉斯	2006	46.87	39.28	57.30	54.60
墨西哥	2006	11.39	11.66	7.57	22.51
巴拿马	2006	55.59	43.15	74.79	78.43
巴拉圭	2006	45.98	39.87	51.52	59.22
秘　鲁	2006	69.90	43.15	76.25	72.79
乌拉圭	2006	44.98	39.81	57.42	81.68
委内瑞拉	2006	21.81	60.72	27.46	36.88
拉　美	2006	46.97	38.86	53.58	67.70

资料来源：世界银行（2010年）。转引自：CAF—拉丁美洲开发银行《2011年经济和发展报告——面向发展：推动拉丁美洲金融服务的可获性》，当代世界出版社2012年5月版，第119页。

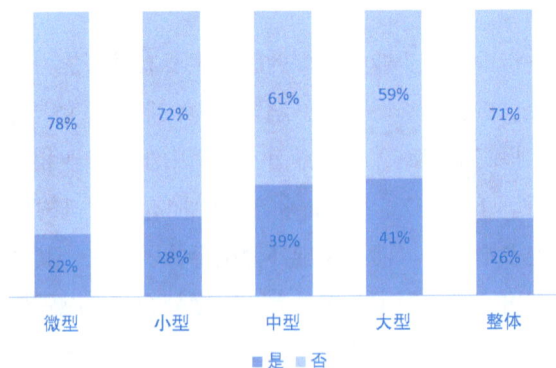

图1：智利：2009—2010年从金融机构获得过贷款的企业比例

资料来源：Ministerio de Economía, Fomento y Turismo de Chile. *Segunda Encuesta Longitudinal de Empresas*, junio de 2012, p.42.

　　然而以上数据也表明，尽管获得金融机构贷款的中小微企业比例不断增加，但仍有相当大比例的企业未拥有贷款。《2012年企业纵向调查》显示，在"企业为何未拥有贷款"的各项原因中，除"暂时不需要"外，最主要的原因是"申请了，但未获批"。而从金融机构的角度看，其不批准贷款的主要原因中，最主要的一项为"企业信用记录不良"，占到49.00%（中、小、微企业的这一数字分别为60.00%、54.00%和45.00%）。

　　其次，技术水平和技术创新能力直接决定着企业的生产率，而在这方面，智利中小微企业的表现并不让人乐观。智利统计局2006年所做的《中小企业调查》显示，2004—2006年，智利中小企业引入技术创新所使用的资金主要来源于自筹，从公共机构获取的资金比例很低（表4）。另外，2006年中小企业中使用政府的生产促进工具的企业比例仅为2.40%，而不使用工具的三项主要原因则是"未获得足够信息、不了解生产促进工具和认为手续时间长而烦琐"（下页表5）。中小企业中实施某一项技术标准认证的企业比例仅为4.50%，而不实施认证的三项主要原因为"不需要、未获得足够信息和不知道如何操作"。从利用现代通信技术的程度来看，虽然智利积极促进中小微企业利用信息和通信技术（TIC），但《2012年企业纵向调查》显示，2007—2012年，中小微企业接入互联网的比例并未提高，而通过网络进行销售的比例除中型企业外（由3.00%增加到10.00%）也均无显著提高（微型企业的这一比例甚至从5.00%降到4.00%）。

表4：2004—2006年智利中小企业引入技术创新的资金来源（%）

资金来源	小型企业		中型企业			整体
	(PP)	(PG)	(MP)	(MM)	(MG)	
自筹资金	81.70	85.20	88.90	85.00	91.60	83.70
从私人机构获取	33.50	36.00	28.00	38.00	24.40	33.40
从公共机构获取	5.00	5.80	9.20	4.80	5.00	5.70

表5：2006年智利中小企业未使用政府生产促进工具的原因（%）

原因	小型企业		中型企业			整体
	(PP)	(PG)	(MP)	(MM)	(MG)	
未获得足够信息	66.70	63.40	56.00	63.60	63.30	65.10
不了解生产促进工具	55.00	53.10	49.40	49.20	53.30	54.00
企业不符合某一项相关要求	10.60	9.50	9.20	12.20	15.40	10.40
认为手续时间长而烦琐	25.30	24.80	27.20	29.50	21.10	25.40
所提供服务与企业需求不符	16.40	14.00	16.50	16.70	14.90	16.00
所提供服务与企业需求相符但数量不足	3.60	5.30	7.10	2.80	7.10	4.20
成本（费用、时间、手续）相对较高	13.30	13.40	16.30	16.50	11.50	13.60
工具不能帮助有效地获得贷款	11.90	10.00	11.30	9.30	7.60	11.30
其他原因	5.70	9.40	8.10	10.40	9.90	6.80

注：PP: 小型企业中的较小规模企业；PG: 小型企业中的较大规模企业；MP: 中型企业中的较小规模企业；MM: 中型企业中的中等规模企业；MG: 中型企业中的较大规模企业。
资料来源：Instituto Nacional de Estadísticas de Chile (INE). *Primera Encuesta Anual de las Pequeñas y Medianas Empresas*, H 31, H26, 2006.

　　最后，出口能力也是决定企业生产率的一项主要因素，在这方面，智利中小微企业的情况喜忧参半。就出口规模而言，根据《2012年企业纵向调查》，2007—2012年，智利中、小、微企业中直接从事出口的企业比例分别由10.00%、2.00%、0提高到12.00%、3.00%、1.00%；每个规模中直接和间接从事出口的企业出口销量占到该规模企业总销量的比例分别由13.00%、9.00%、2.00%变为12.00%、12.00%、4.00%。可见，中小微企业各自的出口规模虽然仍旧有限，但都取得了一定进步。另据智利出口促进局统计，2007年，出口型中小企业数量占到出口企业总数量的59.00%，其出口额占到全国总出口额的7.00%，相比1997年的数字（54.00%和3.10%）可以看出，中小企业出口能力的提高幅度远大于其数量增加的幅度。

　　就出口稳定性而言，1996—2004年，智利制造业中小企业中长期稳定地从事出口的企业比例相对较高，而微型企业的比例较低（下页表6）。2009年，智利各行业中、小型企业中长期从事出口的企业比例分别为46.00%和33.00%。

表6：1996—2004年拉美三国制造业中长期出口*的企业比例（%）

规模	阿根廷	智利	哥伦比亚
大型企业	86.70	84.70	92.30
中型企业	76.60	77.00	63.10
小型企业	52.00	49.60	39.80
微型企业	35.40	25.70	38.10

* 注：将 1996—2004 年的九年等分为三个三年的时间段，长期出口企业指的是在这三个时间段内均从事出口的企业。

资料来源：Ricardo Infante. *El Desarrollo Inclusivo en América Latina y el Caribe: Ensayos sobre Políticas de Convergencia Productiva para la Igualdad*, CEPAL, Santiago de Chile, 2011, p.212.

　　就出口能力和潜力而言，与其他拉美三国相比，智利中小企业出口打入无关税优惠目的国的能力较为突出，竞争力较强；而出口活力（增长势头）和市场多样化程度一般。因而据此衡量的综合能力也表现平平（表7）。另外，智利制造业中小企业的出口技术含量与阿根廷和巴西相比也相差较远，这说明其出口产品附加值较低，因而长期竞争力和发展潜力不足（下页表8）。

表7：2001—2004年拉美四国中小企业出口表现（占所有中小企业的比例）（%）

国家	评价中小企业出口表现的因素				出口成绩[a]	
	连续性[b]	活力[c]	市场多样化[d]	进入市场的能力[e]	成功	不成功
阿根廷	77	60	28	32	40	22
智利	60	44	18	64	31	20
哥伦比亚	37	33	10	54	18	50
哥斯达黎加	56	49	14	59	31	21

注：a. 是否属于成功的出口企业取决于本表所列四项因素的综合水平；b. 该时段内每年都出口的企业比例；c. 该时段内出口增长率超过国家平均水平的企业比例；d. 2004 年出口目的国超过 6 国的企业比例；e. 2004 年出口中 90% 以上出口到无关税优惠的国家的企业比例。

资料来源：Ricardo Infante. *El Desarrollo Inclusivo en América Latina y el Caribe: Ensayos sobre Políticas de Convergencia Productiva para la Igualdad*, CEPAL, Santiago de Chile, 2011, p.223.

表8：拉美四国制造业中小企业按出口技术密集度划分的比例（%）

技术密集度	阿根廷（2006）	巴西（2007）	智利（2004）	哥伦比亚（2004）
高	9	5	3	2
中高	32	31	13	9
中低	14	22	28	10
低	45	42	56	79

资料来源：Ricardo Infante. *El Desarrollo Inclusivo en América Latina y el Caribe: Ensayos sobre Políticas de Convergencia Productiva para la Igualdad*, CEPAL, Santiago de Chile, 2011, p.219.

二、1990年以来智利提高中小微企业生产率的政策

1990年智利文人政府执政以来实施了一系列旨在促进中小微企业发展的产业政策，针对上述几个方面，多管齐下，以提高其生产率。这不仅"有助于提高国家的整体生产率，促进大企业的规模经济，推动特定部门生产集群的建立"[①]，也有助于改善收入分配、减少贫困。有必要指出的是，相对于微型企业和自我雇佣劳动者而言，中小型企业是政府扶持的重点：中小企业遍及各个生产部门，有着更多的资金和技术，从而更有能力参与到各种产业链中并推动规模经济发展。此外，中小企业在收入和稳定性上有着更大的优势，因此促进其发展有利于中产阶级的壮大。下文所述各项政策中，前四项为提高中小企业生产率的政策，第五项为针对微型企业的政策。

（一）提高中小企业融资能力

由于信息不对称以及中小企业规模、实力和担保能力有限，中小企业在向银行申请贷款时往往受到歧视和限制，而资金对于中小企业扩大投资、提高生产能力来说至关重要。提高中小企业的融资能力和金融服务的可获性，是提高其生产率的关键因素。拉丁美洲开发银行（CAF）在其《2011年经济和发展报告》中对众多学者所做的国家间横截面和时间序列数据研究以及使用一般均衡模型和微观信息所做的研究进行了总结，得出结论认为："贷款

① OECD, CEPAL. *Perspectivas Económicas de América Latina 2013*, editions 2012, p.45.

可获性及其他金融服务程度的提高会导致产出和收入的增加。……这种积极影响在一定程度上是源于经济生产率的提高，而生产率的改善是因为将资本重新配置到了那些拥有好项目却存在金融服务可获性制约的企业和经济活动（如小规模企业的情况）。"[1]

20世纪90年代，智利政府就已经认识到，融资难是中小企业面临的首要困难。因此政府的责任就是帮助它们更好地进入信贷市场，减少商品和要素市场对它们的严重歧视。"扶持中小企业计划"实施之前，由生产开发公司负责直接向企业提供优惠贷款，后来为避免给国家财政带来损失，改为由该机构监管协调，而由银行和其他金融中介机构向终端客户提供融资服务。服务主要通过信贷、准资本和补贴三项计划提供。

"信贷计划"分为三种。第一种是为各种中小企业投资提供贷款，具体目标为机器设备、厂房、国内工程、工程装配服务及其他配套运营资本，贷款额最高可以占到全部投资所需资金的30.00%或500万美元，偿还期限在2—10年之间。第二种专门由德国政府资助提供，特别针对制造业小型企业的投资和运营资本，最高贷款额可达45万美元，偿还期为3—10年。第三种是为出口型中小企业的生产投入和海外销售提供贷款，贷款额最高为300万美元，偿还期为2—8年。21世纪以来，生产开发公司还开发出"中小企业再融资信贷"和"智利生产开发公司投资信贷"等两种信贷模式，并通过"投资担保基金"（FOGAIN）的担保进一步为中小企业与投资有关的运营资本提供融资。

"准资本计划"分为两种。第一种计划的内容是由生产开发公司购买银行的债券，条件是该银行向年销售额低于75万美元的小企业发放贷款。第二种计划的内容是由生产开发公司向"企业发展投资基金"（FIDES）提供贷款，条件是这笔资金要用于为那些高技术或生产高附加值产品的中小企业提供资助。

最后是"补贴计划"。因为中小企业在申请贷款时难以提供足够的担保，所以容易遭到金融机构的歧视。该计划邀请金融机构与担保公司签署信贷保险合同以规避企业无法偿还信贷的风险，该保险费用的72.00%由政府通过"信贷保险补贴基金"（CUBOS）支付。这一计划面向的是年销售额75万美元以下的小企业。如果企业处于生产恢复期或愿意去遭受经济危机的地区发

① CAF—拉丁美洲开发银行《2011年经济和发展报告——面向发展：推动拉丁美洲金融服务的可获性》，当代世界出版社，2012年，第19页。

展业务，则上述比例提高到80.00%且中型企业也可享受。1999年，智利政府对1980年成立的国有担保基金——"小企业担保基金"（FOGAPE）进行了改革，由智利国家银行（Banco Estado）对其管理。该基金可以有效地为大量小型企业提供信用担保，从而在很大程度上减少了企业的道德风险问题。

进入21世纪以来，经生产开发公司协调管理而流向企业的扶持资金呈逐渐减少的趋势，但是受益企业的数量却在不断增加（表9）。这说明生产开发公司是将优势力量集中起来用于资助小规模企业。2006年，生产开发公司通过各金融机构共投放资金7,247万比索用于企业贷款。其中，83.00%用于中小微企业，远高于2005年58.00%的比例。这其中，12.30%用于微型企业，51.20%用于小型企业，19.10%用于中型企业。2009—2012年，生产开发公司对企业的补贴、贷款和担保金额中，给予中小微企业的比例由65.00%上升到94.00%。可见小规模企业是智利政府扶持的重点。

表9：2000—2006年智利"生产开发公司"（CORFO）对企业的金融扶持情况

	2000年	2003年	2005年	2006年
扶持资金（百万比索）	85,326	74,365	65,293	72,470
受益企业数量	8,343	12,426	12,892	22,815

资料来源：生产开发公司管理报告。转引自：CEPAL. *Políticas de Apoyo a las Pymes en América Latina: entre Avances Innovadores y Desafíos Institucionales*, Santiago de Chile, julio de 2010, p.197.

2008—2009年全球金融危机爆发后，智利政府为了保护相对较为脆弱的中小企业，实施了积极的反周期政策：通过生产开发公司筹措5亿美元用于支持中小企业的投资和运营；通过议会议案来增加智利国家银行和"小企业担保基金"两部门的资本，从而扩大向中小企业的贷款规模，保证其尽快走出金融危机的阴影。

（二）提高中小企业技术水平和技术创新能力

科技是第一生产力。提高企业技术水平是促进其生产率的直接途径。由于中小企业规模、实力、资金和人力资本有限，技术水平无法与大型企业相比拟，这必然限制其生产率的提高。20世纪90年代以来，智利推出了一系列旨在提高中小企业技术水平的资助计划和项目。

1991年，智利成立"国家技术和生产发展基金"（FONTEC），目的是推动和资助企业在技术研究和发展、建立技术基础设施等方面项目的实施。该基金虽然面向所有规模和类型的企业，并非专为中小企业设立，但在1991—1994年间，75.80%的项目和72.00%的资金是用于中小企业的。该基金的资助内容分为五个方面：（1）技术创新。主要资助产品、流程和服务方面的技术研究，包括产品模型、样品和市场投放试验等内容。资助金额最高可占到项目成本的50.00%。（2）技术基础设施。主要资助科技设施和设备以及项目中人力资本的技术培训等方面。资助金额为项目成本的20.00%—30.00%。（3）联合技术学习。资助由同一部门或相关部门中五家或更多家企业组成的技术考察团赴海外学习的项目。资助金额最高可达成本的45.00%。（4）技术转移机构。资助建立技术转移机构，为企业的技术考察、推广、转移、掌握并最终实现技术现代化服务。资助金额最高可达成本的50.00%。（5）预投资研究。通过资助预投资研究来促进创新性投资。资助金额最高为研究成本的50.00%。这五个领域中最重要的是技术创新，1998年该领域占到FONTEC总投入的83.80%。而从部门分布来看，1998年FONTEC资助金额最高的几个部门为：制造业（38.90%），农业（32.80%），信息产业（8.90%），服务业（8.10%）和矿业（5.20%）。

1993年，智利成立"技术援助基金"（FAT），目的是通过资助中小企业聘请专业顾问以改善其管理水平和解决生产中出现的各类问题，如市场分析、产品设计、生产过程再设计、污染控制和信息系统等，最终提高中小企业的管理水平和使用新技术的能力。1994年，由FAT出资的技术项目为349项，1999年则猛增到6,632项。FAT由生产开发公司主管，具体由特别委托的中间机构负责管理。其资金来源为生产开发公司和企业共同负担，前者负担绝大部分，后者负担次要部分。

生产开发公司还在1990年代初推出了一系列企业技术资助计划，主要为企业技术项目的筹备（1年）和发展（3—4年）提供补贴。该计划有效地改善了中小企业的组织和管理水平，促进了人力资本积累，并有利于企业在其基础上使用FAT和FONTEC等其他政策工具。1995年，智利推出"供货商发展计划"（PDP），主要针对为大企业供货的中小企业，目的是促进技术由大企业向中小企业转移，从而提高其技术水平。

成立于1952年的私人机构——智利"技术合作服务协会"（SERCOTEC）旨在促进中小企业提高生产率，增加就业，提高发展地区经济和减少贫困。1991年以来，其资金除来自私人资本外，还来自公共预算和生产开发公司资金，充足的资金每年使约1.80万家中小企业受益。2006年以来，SERCOTEC从四个方面改进了其服务内容，包括促进企业的生产专业化、市场推广、生产集聚和信息技术更新。此外，还帮助小微企业获得小额贷款。

（三）提高中小企业出口能力

20世纪50年代，"中心—外围"论阐明了处于"外围"地位的拉美国家经济所具有的异质性或二元性："与中心国家紧密相连的初级产品出口部门生产专业化，能够吸收来自中心国家的技术进步成果，因此生产率高，而其他内向型部门则生产率低下。这也是拉美贫富差距的根源。"[1] 20世纪八九十年代拉美重回出口导向发展模式，因此进口替代之前的生产结构在很大程度上得到了"复制"："参与到全球化进程中的现代化出口导向部门、大型企业技术进步快、生产率高、竞争力强、发展有活力，它们是发展的受益者；而处于全球化边缘位置的部门、中小企业生产率低、发展缓慢而缺乏活力。"[2] 可见，企业出口能力与技术水平和生产率有着紧密联系，加强中小企业出口能力是提高其生产率的重要途径。

1974年智利重新确立出口导向发展模式后，出口量不断增加。1974—1996年，智利货物和服务出口额增长6.50倍，年均增长8.90%。然而这一成就主要是由大型企业完成的，中、小型企业的出口能力非常有限：一方面，从事出口的中小企业比例非常低——1997年智利出口型中小企业为2748家，仅占到中小企业总数的3.00%，而大型企业的这一比例为49.00%；另一方面，相对于大型企业，中小企业出口能力非常低——1997年智利全部出口企业中，中小企业占到54.00%，但其出口额仅占到总额的3.10%。

---

① Raúl Prebisch. *El Mercado Común Latinoamericano*, México D.F.: CEPAL, 1959, p.11.

② Ricardo Infante B.y Osvaldo Sunkel. "Chile: hacia un Desarrollo Inclusivo", *Revista de la CEPAL* 97, abr. de 2009, p.137.

20世纪90年代以来，智利实施了一系列旨在提高企业出口能力的政策。虽然很多政策是面向所有规模企业的，但它们对于中小企业的意义显得更为巨大。这些政策分为直接促进出口政策和间接促进出口政策。直接促进政策包括四类。首先是税收优惠政策，其中最重要的是"中小企业出口退税简化制度"。曾经的出口退税（退还企业为生产出口产品而在进口原材料时所付关税的一部分）政策手续烦琐，只有大型企业有能力应付。而新的"简化制度"吸引了大批中小企业和不经常出口的企业投入到出口业务中来。该制度规定非传统产品出口企业可享受出口产品离岸价格的3.50%—10.00%金额的退还。为避免有关反补贴方面的诉讼，出口量越大，退还比例越低。第二类是资金鼓励政策，主要为企业的外贸出口及与出口相关的活动，如购买资本货物和修建厂房提供融资便利。第三类是国际贸易开放政策，旨在改善企业进入第三方市场的条件并帮助企业获得进口原材料和设备。第四类政策是为出口商提供各种支持服务，如由公共和私人部门向企业提供咨询、技术和信息支持等服务。

间接促进出口政策主要把目光放在生产环节。这类政策中较为突出的是面向中小企业（年出口额在20万美元以下、年销售额在1000万美元以下）的"出口企业管理改善计划"（PREMEX）。该计划资助（主要由生产开发公司出资）制造业和信息技术企业，使其聘请专家顾问来改善企业的管理水平、提高生产流程效率和自动化程度、提高产品质量，最终实现提高企业出口能力的目的。这一政策主要针对生产过程，因此可以避免与WTO相关条款产生冲突。生产开发公司也实施了一系列针对生产环节的计划，如"生产促进计划"（PROFO），"区域整合计划"（PTI），"供货商发展计划"等。其中最后一项计划较为突出，旨在通过建立和巩固长期转包关系来提高产业链的整体竞争力。

（四）促进中小企业参与生产联合和全球价值链

推动中小企业之间的生产联合，有助于弥补其规模小、竞争力弱的劣势，而推动其与相关产业的大企业联合还可以提高产业链的整体竞争力。经济合作与发展组织（OECD）的《2013年拉丁美洲经济展望》研究指出："扩大企业联合的空间可以创造竞争优势和外部性，有利于巩固和促进企业的现代化进程。此外，在目前公共政策因资金短缺而受到限制的情况下，在中小企业促进政策中强化生产联合政策有助于降低政策成本，因为固定成本可以使更多的企业受益，从而提高了政策的效率和覆盖率。"[1]

1991年起，智利政府即开始着手通过"生产促进计划"促进位于同一地区的、同类型或互补性企业进行生产联合，并引导生产资源流向这些企业联合实体。一个这样的实体至少由五家企业组成，其中70.00%以上为中、小型企业（有必要指出的是，这种联合实体并非全部由中小企业组成，而是保留了一定的规模差异性：一到两家大型企业，特别是出口型大企业的参与能够为其他企业起到较好的示范作用）。各企业共同指派经理人对该实体进行管理。虽然这些计划在弥补市场缺陷方面仍显不足，但还是在很大程度上提高了中小企业的竞争力（表10）。

表10：1997年智利大学所做的关于生产联合计划的调查结果

（受调查企业主的百分比）

中小企业认为生产联合措施为他们带来的好处		中小企业仍面临的障碍	
1. 更好地了解市场	48.00%	1. 融资难	42.00%
2. 创造新的生意机会	42.00%	2. 缺少高质量的人才	31.00%
3. 提高技术水平	39.00%	3. 客户集中	31.00%
4. 提高竞争地位	37.00%	4. 经济政策的限制	27.00%
5. 通过增加销量提高利润	27.00%	5. 机器设备陈旧	25.00%

资料来源：Cecilia Alarcón y Giovanni Stumpo. "Políticas para Pequeñas y Medianas Empresas en Chile", *Revista de la CEPAL* 74, ago.de 2001, p.186.

生产集群（cluster）是生产联合的主要方式之一。近年来智利在中小企业生产集群方面较为成功的案例是其葡萄酒制造业和南方地区的鲑鱼捕捞业，其"集群效率水平"分别为中级和高级，"产品升级程度"和"生产过程升级程度"均达到最高的三级。而鲑鱼业生产效率的提高更得益于私人部门和公共部门的合作。

21世纪以来，在全球化的大背景下，智利还积极促进中小企业参与全球

---

[1] OECD, CEPAL. *Perspectivas Económicas de América Latina 2013*, editions 2012, p.171.

价值链，增加中间产品和服务的供给，这样可以"使出口多样化，创造新的就业，提高技术水平，促进生产过程升级、产品升级、功能升级、扩大生产集群范围，从而提高生产率"[①]。这方面较为突出的代表案例是由矿业跨国公司BHP和智利国家铜业公司（CODELCO）发起的、促进智利矿业生产集群参与全球价值链的计划，它一方面有利于集群中大型的铜矿开采企业，另一方面更加有利于集群中为大型企业提供机械和工程、运输服务的中小型企业通过生产国际化来提高生产率。该计划提出，到2020年使矿业部门中250家中小型供货商达到国际质量标准，提高竞争力和国际化水平。

（五）提高微型企业的融资能力和竞争力

相对于中小型企业来说，微型企业最大的特点是它的非正规性：雇员很少（9人以下）或者没有雇员，很少使用正式会计账目，也很少参与社保。因此，虽然微型企业的数量和就业群体庞大，但在融资方面往往比中小企业更易受到正规金融机构的排斥，多数情况下它们只能以更高的利息从非正规渠道——如民间借贷人——获得资金。20世纪60年代起，巴西开始进行"小额信贷"试验，此后，拉美各国的商业银行、非银行金融机构、合作社、非政府组织均开始尝试小额信贷业务，甚至出现了专门的小额信贷银行，目标定位即为数量庞大的微型企业。而政府则通过制定相关法律、创造条件和进行协调来实施公共干预。智利在这一领域也进行了积极的尝试。2006年，新上任的巴切莱特政府兑现竞选时的承诺，实施"小额贷款计划"，共计发放4万项小额贷款，仍由生产开发公司协同各金融机构来完成。这一举措对于占企业总数八成左右的微型企业来说有着重要意义。

2007年，继"智利竞争"计划（旨在推动中小微企业创新和技术进步）和"智利投资"计划（旨在促进中小微企业生产性投资）之后，巴切莱特政府又推出"智利和你一起创业"计划，目的是提高小规模企业的竞争力，促进其融资能力并提高贷款质量，提高其打开市场的能力并完善其市场表现，

[①] OECD, CEPAL. *Perspectivas Económicas de América Latina 2013*, editions 2012, p.181. 然而报告中也指出，有学者认为，由于中小企业内部存在较大的异质性，因此它们从全球价值链中获得的好处有多有少。生产国际化对产品质量、精密度都要求很高，竞争激烈。因此不论个别企业还是企业集群参与国际化都不意味着生产率必然提高。

加强对创业、创新和人力资本的支持力度，改善企业主在债务方面的处境。这一计划尤其对提高微型企业的竞争力起到了重要作用。

三、存在的问题和结论

以上是1990年以来智利政府为提高中小微企业生产率和竞争力而实施的政策和措施。在这些政策的促进下，二十多年来，智利中小微企业在融资能力、技术水平和创新能力、出口能力等方面都有了一定进步。然而，由于政策结构不平衡、信息不对称等原因，政策的成效受到一定影响，还存在一些问题。

首先，在提高企业融资能力方面，从上文可以看出，信用问题始终是金融机构在发放贷款时对中小微企业的主要顾虑。针对这一问题，在生产开发公司统一协调下，近年来智利各金融机构对中小微企业信贷的担保力度不断加大，在很大程度上改善了上述信用问题。据《2013年生产开发公司信用担保报告》称，2013年1月，各金融机构对企业共实施8,535项"生产开发公司担保"，同比增加67.00%；担保贷款金额4.2亿美元，同比增加95.00%。其中，99.00%的担保给予了中、小、微企业（分别为17.39%、37.95%和43.83%），特别是对小微企业的扶持力度很大。然而上述报告也显示，目前智利的企业信贷担保政策还存在着一定的结构不平衡问题：上述所有担保项目中有91.25%用在了企业投资和运营资本所需贷款上，而用于企业外贸和出口的信贷担保仅占2.05%，这不利于中小微企业开展外贸和出口业务并通过国际化来提高生产率。智利央行2012年的工作报告也指出："至少在出口方面，人们所持的'金融发展有利于小规模企业'的观点无法得到经验数据的支持，因此我们近期内难以指望金融发展将为小规模企业的出口表现带来显著改观。"[1]

其次，在提高企业技术水平和创新能力方面，虽然智利政府近年来实施了多项旨在提高中小企业技术水平和创新能力的公共政策并投入了大量公共资源，但由于信息不畅、宣传不够和手续烦琐，这些政策并未产生较大实效，对企业技术水平的影响不甚明显。只有积极疏通渠道并简化手续才能提高政策效率。此外，按照企业的实际需要来设计和实施政策也是非常重要

---

① Roberto Alvarez & Ricardo López. *Financial Development, Exporting and Firm Heterogeneity in Chile*, working paper of Central Bank of Chile, N° 666, marzo 2012, p.16.

的，毕竟，"所提供服务与企业需求不符"也是企业未能使用生产促进工具的一项重要原因。正如有学者在谈到中小微企业政策时所指出的："由供给方来安排资源如何在各生产部门和各区域进行分配并不会优化资源分配方式，因为它没有经过市场的有效性检验。"①

最后，在提高企业出口能力方面，从上文数据看出，智利中小微企业的出口规模有所扩大，稳定性尚可，但长期竞争力和发展潜力不足。拉美经委会2011年关于生产同质性政策的报告在探讨相关公共政策效率时援引一些专家的观点指出，"近年来旨在提高中小企业出口能力的公共政策并未完全实现其预期目标，这或许是因为政策的潜在受益者对政策工具缺乏认识和了解，而且政策也往往不适应企业的实际需求。此外，国家在实施公共政策时，并未要求受益企业承诺增加出口量以作为对资助的补偿或回报，也并未设立监督和评估机制来督促企业提高出口能力。"②智利经济和社会发展基金（FUNDES）研究认为，要增强中小微企业的出口能力，公共政策应继续促进企业深入了解出口市场情况（如市场规模、消费者群体、竞争者情况以及相关法规），经常与现有及潜在客户交流并参与国际性商品交易会。另外，应促进企业增加设备和新技术投资，规范质量标准，使产品适应国际市场要求。为此，企业必须进一步提高技术水平和创新能力。研究还指出，对于出口能力仍然有限的中小微企业，可以促进其为出口商供货，即成为间接出口商，这样不仅可以减少投资，降低风险，还可以因间接地融入外部市场而获得生产率的提高。

由于存在上述问题，智利中小微企业的生产率并没有明显提高：从下页图2可以看出，到2010年，智利中小微企业生产率与大型企业之间的差距（生产异质性）虽然相比2003年有所缩小，但该差距不仅仍远大于OECD主要国家，而且也大于其他拉美主要大国。生产率差距直接导致工资方面的差距：2006年，智利中小企业与大型企业之间的工资差距虽小于拉美主要大国，但还是远大于OECD主要国家（下页表11）。

---

① CEPAL. *Políticas de Apoyo a las Pymes en América Latina: entre Avances Innovadores y Desafíos Institucionales*, Santiago de Chile, julio de 2010, p.206.
② Ricardo Infante. *El Desarrollo Inclusivo en América Latina y el Caribe: Ensayos sobre Políticas de Convergencia Productiva para la Igualdad*, CEPAL, Santiago de Chile, 2011, p.233.

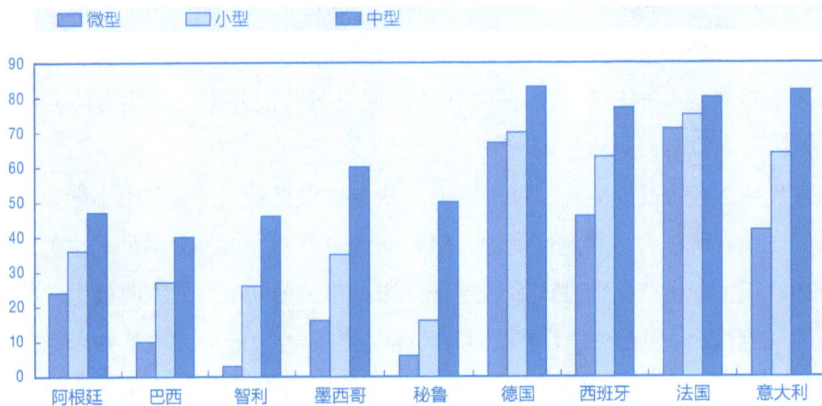

图2：2010年拉丁美洲和经合组织（OECD）部分国家中小微企业相对生产率
（%，大型企业生产率=100%）

资料来源：OECD, CEPAL. *Perspectivas Económicas de América Latina 2013*, editions 2012, p.49.

表11：2006年拉丁美洲和经合组织（OECD）部分国家
中小微企业与大企业的工资差距（%）

	阿根廷	巴西	智利	墨西哥	德国	西班牙	法国	意大利
微型	36	43	-	21	69	63	-	-
小型	44	42	52	56	73	74	88	69
中型	57	64	69	55	81	89	91	79
大型	100	100	100	100	100	100	100	100

资料来源：OECD, CEPAL. *Perspectivas Económicas de América Latina 2013*, editions 2012, p.49.

可见，为了进一步提高中小微企业生产率，改善生产结构，智利政府应加大对中小微企业的扶持力度，完善相应产业政策。具体而言，应加强对中小微企业的信贷担保力度并改善对其的信贷担保结构，以继续提高企业的融资能力；应按企业实际需要设计政策，并使信息畅通、手续简化，以使企业充分有效地利用政府的生产促进工具；应促进企业深入了解出口市场情况，加强直接和间接出口能力，以使其进一步融入全球化经济，提高生产水平和能力。

另外，未来应特别加强对微型企业的扶持力度。图2显示，智利微型企业的生产率极其低下，这说明智利给予微型企业的重视还不够，专门为其设计和实施的政策较少，力度也较小。而微型企业不仅数量庞大，而且吸纳的劳动力比例很大，如果其生产率在未来还不能得到有效提高，将会严重影响生产结构的优化和整体收入分配的改善。

参考文献

1. CAF—拉丁美洲开发银行. 2011年经济和发展报告——面向发展：推动拉丁美洲金融服务的可获性[M]. 北京：当代世界出版社，2012.

2. ALARCÓN C, STUMPO G. Políticas para Pequeñas y Medianas Empresas en Chile[J]. Revista de la CEPAL, 2001(74): 175-191.

3. ALVAREZ R, LÓPEZ R. Financial Development, Exporting and Firm Heterogeneity in Chile [M]. Santiago de Chile: working paper of Central Bank of Chile, N° 666, marzo 2012.

4. CEPAL. Políticas de Apoyo a las Pymes en América Latina: entre Avances Innovadores y Desafíos Institucionales [M]. Santiago de Chile: CEPAL, 2010.

5. GTZ, CEPAL, CENPROMYPE. Manual de la Micro, Pequeña y Mediana Empresa [M]. San Salvador: CEPAL, 2009.

6. INFANTE R, SUNKEL O. Chile: hacia un Desarrollo Inclusivo [J]. Revista de la CEPAL, 2009(97): 135-154.

7. INFANTE R. El Desarrollo Inclusivo en América Latina y el Caribe: Ensayos sobre Políticas de Convergencia Productiva para la Igualdad [M]. Santiago de Chile: CEPAL, 2011.

8. OECD, CEPAL. Perspectivas Económicas de América Latina 2013 [M]. Santiago de Chile: CEPAL, 2012.

9. PREBISCH R. El Mercado Común Latinoamericano [M]. México D.F.: CEPAL, 1959.

第十章

教育与拉美不平等的代际复制

导 读

教育对一个国家的人力资本水平和劳动生产率水平有着重要影响，同时，教育公平是促进社会流动和改善收入分配的主要手段。拉美国家历来存在财政对基础教育投资不足、公立教育质量低、义务教育年限不足等问题，这不仅限制了人力资本的提升，而且导致社会各阶层教育流动性低以及阶层差距的代际固化。本章文献《2010年拉丁美洲社会概况》（节选）是拉美经委会年度报告，它探讨了教育与不公正的代际复制和社会排斥之间的关系。报告通过大量数据和图表描述了拉美国家各个收入阶层之间在教育上存在的不公正，对拉美国家教育面临的挑战和未来的改革方向进行了思考。

文献 | Panorama social de América Latina 2010

Capítulo II La educación frente a la reproducción intergeneracional de la desigualdad y la exclusión: situación y desafíos en América Latina

CEPAL[①]

Las brechas en logros y aprendizajes

En las últimas décadas los avances en materia de cobertura, acceso y progresión de los distintos ciclos educativos han llevado a la estratificación de aprendizajes y logros en los sistemas educativos. La situación en la región es **heterogénea**[1] respecto del acceso a la **enseñanza preescolar**[2], con países que tienen **matrícula**[3] casi universal y otros en torno al 30,00%. A nivel de **enseñanza primaria**[4] el acceso es prácticamente universal y solo queda por avanzar en la progresión oportuna, conclusión e inclusión de los grupos sociales más postergados. El acceso y la progresión oportuna hacia el nivel secundario y en él es bastante menor, y la situación es más heterogénea entre países. Las brechas en la conclusión de la secundaria exacerban las desigualdades socioeconómicas, según el área geográfica y el origen étnico. En general, el acceso al último ciclo educativo de educación postsecundaria está reservado a una porción relativamente pequeña de los jóvenes de la región. En cuanto a los factores de desigualdad, las **condiciones socioeconómicas**[5] de los hogares, así como también la educación formal alcanzada por los jefes y las jefas de hogar, constituyen una de las causas principales de las diferencias en los resultados del aprendizaje y la progresión en el **sistema educativo**[6], a lo que se suma el acceso a servicios de enseñanza de calidad muy dispar. Respecto de la dinámica de adquisición de destrezas existe desde hace un tiempo la promesa de la convergencia digital o bien la amenaza de una mayor brecha digital.

---

① El presente documento es preparado conjuntamente por la División de Desarrollo Social y la División de Estadística y Proyecciones Económicas de la Comisión Económica para América Latina y el Caribe (CEPAL), con la participación del Centro Latinoamericano y Caribeño de Demografía (CELADE) - División de Población de la CEPAL, que contó con el apoyo del Fondo de Población de las Naciones Unidas (UNFPA).

En ediciones sucesivas del *Panorama social* y en contribuciones a los Objetivos de Desarrollo del Milenio, la CEPAL, consciente de la rapidez de los procesos de **devaluación educativa**[7] de la región, ha prestado especial atención al monitoreo de los cambios en los niveles de logros educativos que efectivamente reducen la vulnerabilidad a la pobreza y la **exclusión social**[8]. Una de las mayores dificultades que enfrenta el sistema educativo es la velocidad con que se elevan los niveles de conocimiento necesarios para el cumplimiento de las metas individuales y colectivas. De los análisis se desprende que lo que en cada período histórico se define como calificaciones mínimas depende, en gran medida, de las destrezas y saberes que se requieren en ese período para que las personas puedan incorporarse a las **dinámicas del progreso**[9] y el bienestar.

Estos fenómenos de devaluación educativa son conocidos en América Latina, cuyo proceso de modernización ha significado, entre otras cosas, el **desvanecimiento**[10] de la importancia social asignada a ciertas calificaciones y especialidades, y su desplazamiento hacia otras mejor ajustadas a las mutables exigencias de la competitividad y de la **participación plena**[11] en la sociedad. A lo largo del siglo pasado, los umbrales mínimos de calificación se fueron trasladando de la división entre **alfabetos**[12] y **analfabetos**[13], a la finalización o no de la escuela primaria y, luego, del ciclo básico de la secundaria. En la actualidad esos umbrales se ubican en la terminación de la enseñanza secundaria, aun cuando en varios países de la región ya se advierten señales de vulnerabilidad a la pobreza y a la exclusión social entre los que completan ese ciclo. De modo que la permanente presión del cambio en los umbrales de calificación para alcanzar condiciones de vida dignas no es novedad. Lo que sí es novedoso es su ritmo, que plantea complejos problemas de sincronización entre funcionamiento y los resultados del sistema educativo.

Si bien se registran avances en el ámbito educativo en las últimas décadas, la mayor expansión en el acceso también ha provocado una mayor segmentación en los logros y la calidad de la oferta, lo que supone que la **reproducción intergeneracional**[14] de las desigualdades no ocurre porque unos acceden y otros no a la educación formal, sino porque acceden todos pero de manera diferenciada según cuánto aprenden en el sistema y cuánto logran avanzar en él. En las páginas siguientes se examinan las expresiones más claras de este mecanismo de segmentación de los sistemas educativos latinoamericanos.

1. Acceso a la educación inicial[15] y la educación preescolar

Recientemente, la educación preescolar ha adquirido relevancia como política pública en la región[①]. La situación es bastante heterogénea, con niveles de acceso (medidos a partir de la matrícula en enseñanza preescolar de niños entre 3 y 6 años de edad) casi universal en Cuba y México, y niveles en torno al 30,00% en Guatemala, Honduras y la República Dominicana (véase el gráfico II.1A). En cambio, la matrícula en educación inicial (niños de 0 a 3 años de edad) es en general menor, tanto por la menores coberturas de oferta institucional como por **factores culturales**[16].

A nivel regional, en el último año antes de entrar a la educación primaria, las diferencias según el estrato socioeconómico son menores, de un 80,00% en el quintil de menores ingresos a un 92,00% en el quintil más rico, y las disparidades de acceso entre niños y niñas no son notorias (CEPAL/OEI/SEGIB, 2010). Sin embargo, el promedio regional esconde grandes desigualdades en países con menores coberturas y de menor tamaño relativo de la región, con diferencias de 30 puntos porcentuales o más en El Salvador, Honduras, Nicaragua y el Paraguay (véase el gráfico II.1B)[②]. Por otra parte, si bien las desigualdades socioeconómicas no parecen ser muy relevantes en la asistencia hacia el final del ciclo preescolar, existe alguna evidencia proveniente de encuestas de hogares de que estas son más amplias en las edades más tempranas. Además, existen marcadas disparidades de acceso entre **zonas urbanas y rurales**[17] y respecto de poblaciones provenientes de **pueblos originarios**[18] (CEPAL, 2008a).

2. Acceso a la educación primaria y desigualdades en su conclusión

Históricamente, la enseñanza primaria se ha considerado clave para el futuro de los niños, porque en esta etapa del desarrollo es posible incidir de manera positiva y eficaz en la formación de las personas. No es casualidad entonces que todos los acuerdos mundiales sobre educación propongan la universalización de la educación primaria

---

① En 2007 los ministros de educación de los Estados miembros de la OEA acordaron desarrollar marcos legales y mecanismos de financiamiento para asegurar la implementación sostenible de políticas de primera infancia, aumentar la cobertura educativa y su calidad. El acuerdo contempla políticas de atención integral y criterios de focalización para la atención de poblaciones en condiciones de pobreza, vulnerabilidad y exclusión de acuerdo con sus necesidades, características y contextos particulares. También los ministros de educación agrupados en la OEI aprobaron en 2009 un proyecto de atención integral de la infancia que constituye un núcleo básico del proyecto "Metas 2021: la educación que queremos para la generación de los bicentenarios" (CEPAL/OEI/ SEGIB, 2010).

② Algunos países de la región han extendido la obligatoriedad del inicio de la enseñanza al ciclo preescolar. Es el caso de los países con asistencia más generalizada como el Uruguay (4 años) y México (3 años), pero también de El Salvador (4 años) y el Paraguay (5 años).

Gráfico II.1
AMÉRICA LATINA (19 PAÍSES): TASA DE MATRÍCULA NETA PARA EL NIVEL PREPRIMARIO (3 A 6 AÑOS), ESTIMACIÓN DE LA TASA DE MATRÍCULA PARA LA EDUCACIÓN INICIAL (0 A 3 AÑOS) Y DIFERENCIAS ENTRE EL PRIMER Y EL QUINTO QUINTIL EN LA TASA DE ASISTENCIA DE NIÑOS QUE TIENEN UN AÑO MENOS AL OFICIAL PARA INICIAR LA PRIMARIA, ALREDEDOR DE 2008[a]
(En porcentajes)

A. Tasas de matrícula neta

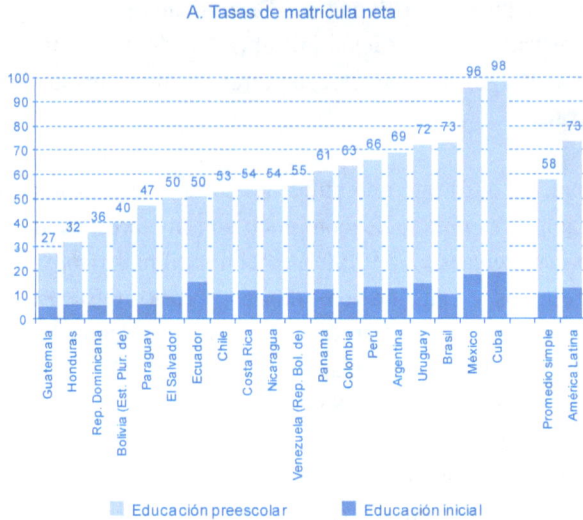

■ Educación preescolar   ■ Educación inicial

B. Tasas de asistencia a nivel preescolar de los niños con un año menos al oficial para iniciar la primaria, primer y quinto quintil

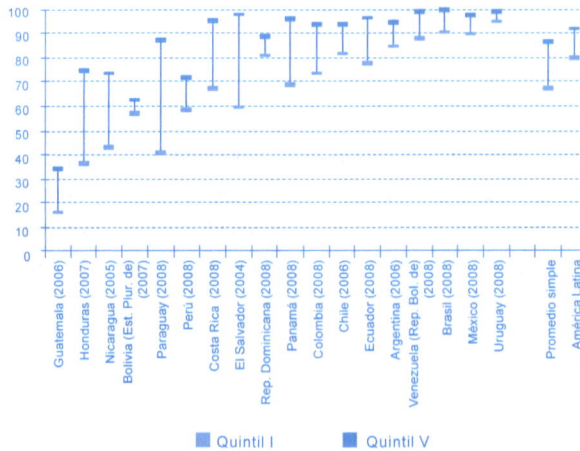

■ Quintil I   ■ Quintil V

Fuente: Comisión Económica para América Latina y el Caribe (CEPAL), sobre la base de datos del Instituto de Estadística de la **UNESCO**[19] (IUS), estimaciones y encuestas de hogares de los respectivos países (tasas de asistencia).

[a] La tasa de matrícula para la educación inicial se estima sobre la base de modelos exponenciales basados en encuestas de hogares de los países con información disponible (véase CEPAL/OEI, 2010). Los grupos de edad varían dependiendo de los ciclos oficiales de los países.

(CEPAL, 2010b). Se espera que ello repercuta en una eficaz retención y debida conclusión del ciclo completo de educación primaria y sea un **trampolín exitoso**[20] hacia la secundaria, nivel que, cada vez más es necesario completar.

El acceso a la educación primaria generalmente se examina a partir de las tasas de matrícula en dicho nivel. La tasa neta da cuenta de la proporción de personas en edad de estar matriculadas en la educación primaria que efectivamente se encuentra en esa situación. En América Latina y el Caribe el acceso a este nivel educativo es homogéneamente alto, salvo excepciones, y alcanza niveles cercanos a la universalidad en varios de los países (véase el gráfico II.2). Las diferencias de acceso de niños y niñas al sistema y entre estratos socioeconómicos no son significativas en este nivel.

Gráfico II.2
América Latina y el Caribe (36 países y territorios): Tasa neta de matrícula en educación primaria, 2007-2008 a
(En porcentajes)

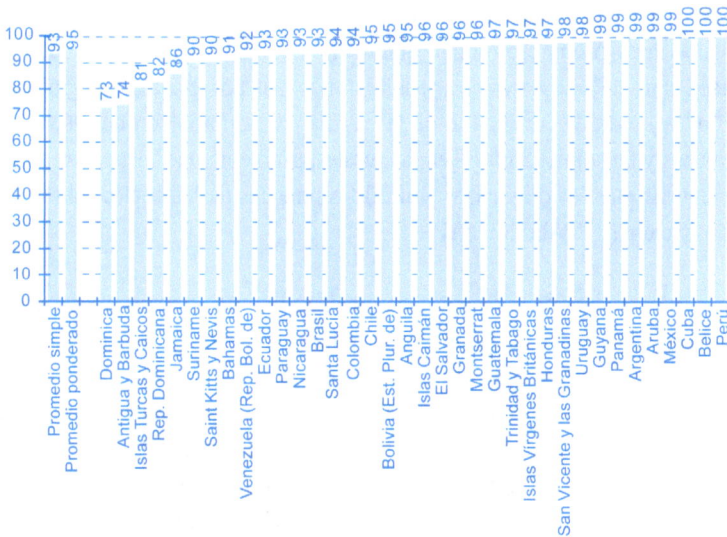

Promedio simple	93
Promedio ponderado	95
Dominica	73
Antigua y Barbuda	74
Islas Turcas y Caicos	81
Rep. Dominicana	82
Jamaica	86
Suriname	90
Saint Kitts y Nevis	90
Bahamas	91
Venezuela (Rep. Bol. de)	92
Ecuador	93
Paraguay	93
Nicaragua	93
Brasil	93
Santa Lucía	94
Colombia	94
Chile	95
Bolivia (Est. Plur. de)	95
Anguila	95
Islas Caimán	96
El Salvador	96
Granada	96
Montserrat	96
Guatemala	97
Trinidad y Tabago	97
Islas Vírgenes Británicas	97
Honduras	97
San Vicente y las Granadinas	98
Uruguay	98
Guyana	99
Panamá	99
Argentina	99
Aruba	99
México	99
Cuba	100
Belice	100
Perú	100

Fuente: Instituto de Estadística de la UNESCO (UIS), Base de datos [en línea] www.uis.unesco.org.

a Tasa neta de matrícula ajustada. Conviene tener presente que el cálculo de las tasas de matrícula puede ser algo errático al depender de estimaciones y proyecciones de población que no siempre capturan los **movimientos migratorios**[21]. Por este motivo, conviene tomar con cautela algunas cifras, principalmente en los países y territorios pequeños; los datos de la Argentina y las Islas Turcas y Caicos corresponden a 2005, y los de Anguila y el Paraguay a 2006.

Sin embargo, el acceso al sistema educativo no necesariamente asegura una adecuada progresión y, principalmente, la conclusión del nivel de enseñanza primaria. En este nivel existen problemas de rezago escolar y de retención (deserción escolar).

El rezago o **atraso educativo**[22] genera importantes costos para los sistemas educativos de la región. Se estima que en la región hay un gasto de más de 9.000 millones de dólares en la atención de niños que están cursando la primaria y que de acuerdo a su edad deberían estar asistiendo a la educación secundaria (CEPAL/OEI, 2010). Aun teniendo en cuenta que varios países tienen, para los primeros grados, sistemas de promoción automática, ya entre los 9 y 11 años de edad se aprecia un porcentaje importante de niños atrasados en dos o más años respecto del grado que les correspondería (véase el gráfico II.3A). Según información de la UNESCO, en el período 2007-2008, el porcentaje de repitencia anual en el conjunto de grados de la educación primaria era del 3,80%, y el porcentaje de **deserción escolar**[23] era del 3,70%, el 1,70%, el 2,00%, el 1,50% y el 2,80% entre los grados primero y sexto, respectivamente (UNESCO, 2010b). Además, en 2006/2007 casi 3 millones de niños estaban fuera de la escuela.

Las diferencias de género, según nivel socioeconómico y área geográfica, entre otras, se empiezan a visualizar cuando se examinan los niveles de conclusión educativa: las niñas superan levemente a los niños, y mientras solo 2 de cada 100 niños y niñas de los estratos superiores de ingreso (quinto quintil) no culmina la primaria, 12 de cada 100 no lo hacen entre los que provienen de los estratos más pobres (véase el gráfico II.3B). Asimismo, las tasas de conclusión de la enseñanza primaria son del 96,00% en las zonas urbanas y de solo el 85,00% en las rurales, problema que se agudiza entre niños pertenecientes a pueblos originarios y afrodescendientes de los cuales solo un 80,00% culmina este ciclo (CEPAL, 2008a).

A juzgar por los niveles de acceso a la enseñanza primaria ya registrados a comienzos de los años noventa (sobre el 90,00%) y los relativamente magros avances al respecto, existen evidentes dificultades para avanzar más hacia su universalización. Esto se debe a que cuando el acceso a la educación primaria es generalizado, el fomento de la incorporación de los grupos más postergados (extremadamente pobres, habitantes en zonas rurales, pueblos indígenas y personas de **origen afrodescendiente**[24]) requiere importantes inversiones que no solo se deben centrar en el aumento de la oferta educativa, sino en el aseguramiento de las condiciones que fomenten el acceso efectivo a estos servicios, lo que frecuentemente supone intervenciones de carácter **multisectorial**[25].

3. Desigualdades en el acceso, la progresión y la conclusión de la enseñanza secundaria

El acceso y la progresión oportuna hacia el nivel secundario y en él es bastante menor que en la enseñanza primaria y la situación entre países es más heterogénea:

Gráfico II.3
AMÉRICA LATINA (17 PAÍSES): ATRASO ESCOLAR DE LOS NIÑOS DE ENTRE 9 Y 11
AÑOS DE EDAD Y CONCLUSIÓN DE LA EDUCACIÓN PRIMARIA ENTRE JÓVENES DE
15 A 19 AÑOS DE EDAD DE LA POBLACIÓN TOTAL, SEGÚN SEXO Y QUINTILES DE
INGRESO, ALREDEDOR DE 2007-2008 [a]
(En porcentajes)

A. Rezago educativo

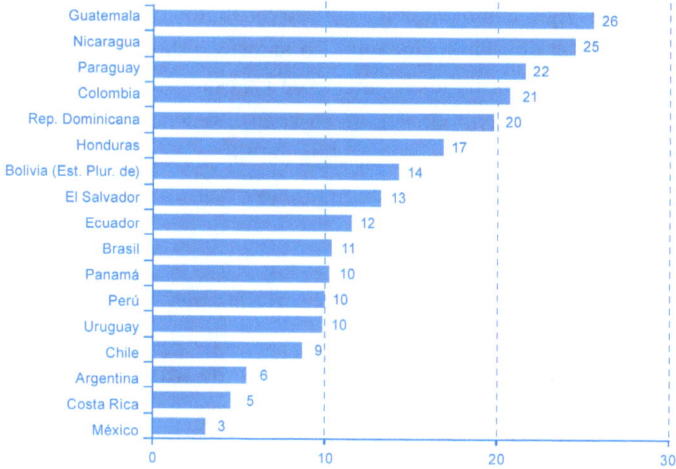

País	Porcentaje
Guatemala	26
Nicaragua	25
Paraguay	22
Colombia	21
Rep. Dominicana	20
Honduras	17
Bolivia (Est. Plur. de)	14
El Salvador	13
Ecuador	12
Brasil	11
Panamá	10
Perú	10
Uruguay	10
Chile	9
Argentina	6
Costa Rica	5
México	3

B. Conclusión educativa

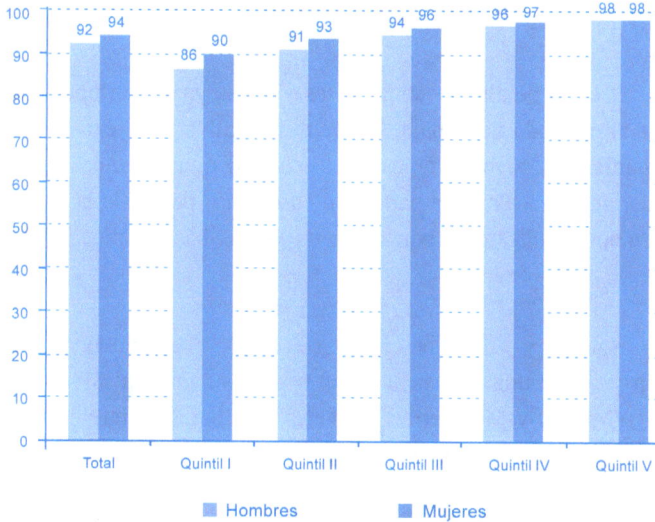

	Hombres	Mujeres
Total	92	94
Quintil I	86	90
Quintil II	91	93
Quintil III	94	96
Quintil IV	96	97
Quintil V	98	98

Fuente: Comisión Económica para América Latina y el Caribe (CEPAL), sobre la base del Sistema de Información de Tendencias Educativas en América Latina (SITEAL), Resumen estadístico I, totales nacionales, octubre de 2008, y de tabulaciones especiales de las encuestas de hogares de los países.

[a] Para calcular el atraso escolar se consideran niños con dos o más años de atraso en el grado al que asisten respecto de su edad.

la tasa neta de asistencia en este nivel llega al 88,00% en comparación con el 97,00% en el de primaria. Por otra parte, el rezago escolar se acumula y se acrecientan las desigualdades socioeconómicas, por área geográfica y según el origen étnico. El clima educativo del hogar empieza a aparecer como un factor determinante en el rezago escolar de los niños de 12 a 14 años: un niño perteneciente a un hogar con bajo clima educativo tiene 10 veces mayor probabilidad de rezagarse que uno proveniente de un hogar con buen clima educativo. También se observan diferencias importantes según el área de residencia. Lo anterior está naturalmente asociado con los niveles de bienestar de los hogares y de los estudiantes. Así, en términos de conclusión educativa del ciclo inferior de enseñanza secundaria (oportuna o no) se observa una diferencia muy pronunciada según si los jóvenes provienen de hogares pobres o no pobres: un 52,00% en comparación con un 82,00% (CEPAL/OEI/SEGIB, 2010).

Con independencia de la condición de pobreza, las mujeres terminan en mayor proporción este nivel educativo, lo que en parte se explica por la mayor propensión masculina a incorporarse tempranamente al **mercado de trabajo**[26]. En contraste con lo anterior, existe evidencia de que entre jóvenes provenientes de pueblos originarios esta relación se invierte, siendo menor la proporción de mujeres que termina este nivel educativo (CEPAL, 2008a). Estas diferencias en el acceso, la progresión y la conclusión educativa se amplifican paulatinamente a lo largo del ciclo escolar, reproduciendo la cadena de desigualdad a través del mismo sistema educativo.

Al enfrentar el ciclo de alta secundaria, los jóvenes ya tienen oportunidades para incorporarse al mercado de trabajo, lo que desincentiva su retención, sobre todo si enfrentan condiciones adversas de carácter económico, académico, de integración o formación de identidad. Por otra parte, aun en muchos países de la región este ciclo de enseñanza no es obligatorio, por lo que no es exigible ni de los jóvenes ni de los Estados.

La situación de acceso y progresión oportuna en este nivel es también muy heterogénea en la región y va de una tasa neta de matrícula superior al 80,00% (Bahamas, Chile, Cuba, Granada y Montserrat) a niveles muy bajos, donde dos tercios o más de los jóvenes está en situación de rezago o, simplemente, abandonaron el sistema educacional (El Salvador, Guatemala y Nicaragua). El promedio regional apenas supera el 50,00% (véase el gráfico II.4).

A la heterogeneidad entre países se suma una heterogeneidad dentro de ellos cada vez más pronunciada, que produce diferencias entre zonas urbanas y rurales, estudiantes

Gráfico II.4

AMÉRICA LATINA Y EL CARIBE (36 PAÍSES Y TERRITORIOS): TASA DE MATRÍCULA NETA EN EL PRIMER Y SEGUNDO CICLO DE ENSEÑANZA SECUNDARIA, 2007/2008 [a]

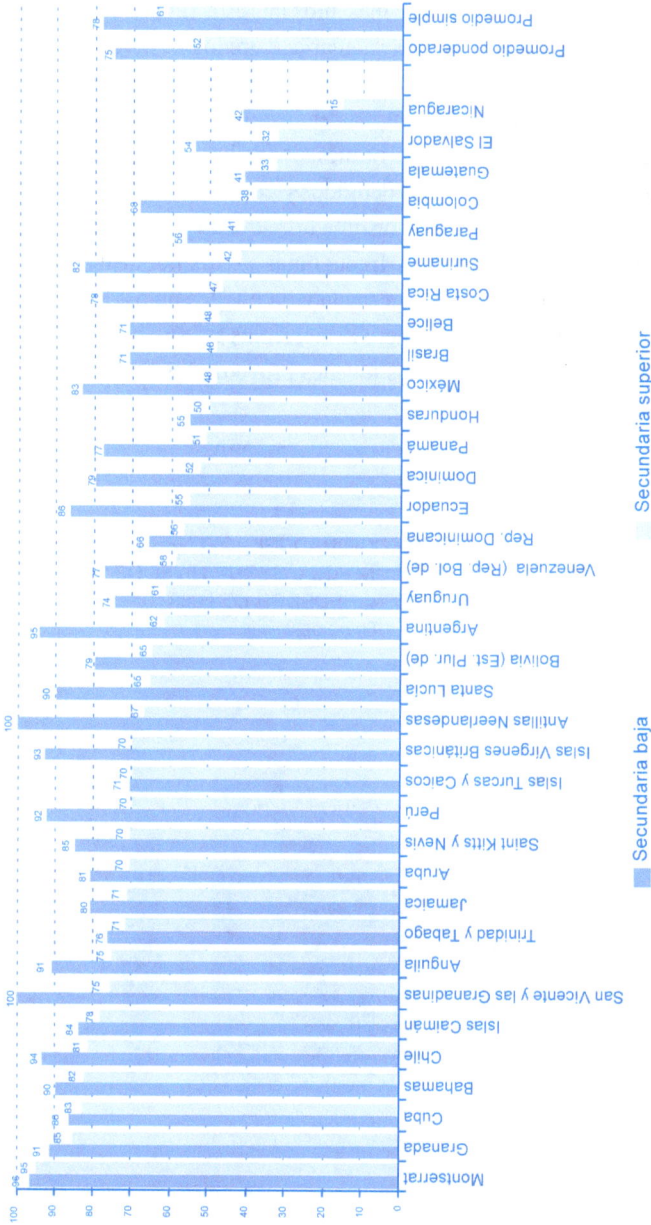

(En porcentajes)

País/Territorio	Secundaria baja	Secundaria superior
Montserrat	96	95
Granada	91	95
Cuba	83	90
Bahamas	82	90
Chile	81	94
Islas Caimán	78	84
San Vicente y las Granadinas	75	100
Anguila	75	91
Trinidad y Tabago	71	78
Jamaica	71	80
Aruba	70	81
Saint Kitts y Nevis	70	85
Perú	70	92
Islas Turcas y Caicos	70	71
Islas Vírgenes Británicas	70	93
Antillas Neerlandesas	67	100
Santa Lucía	66	90
Bolivia (Est. Plur. de)	65	79
Argentina	62	95
Uruguay	61	74
Venezuela (Rep. Bol. de)	58	77
Rep. Dominicana	56	66
Ecuador	55	66
Dominica	52	79
Panamá	51	77
Honduras	50	55
México	48	83
Brasil	48	71
Belice	47	78
Costa Rica	47	82
Suriname	42	82
Paraguay	41	56
Colombia	38	68
Guatemala	33	41
El Salvador	32	54
Nicaragua	27	51
Promedio ponderado	52	75
Promedio simple	61	78

■ Secundaria baja　■ Secundaria superior

Fuente: Comisión Económica para América Latina y el Caribe (CEPAL), estimaciones sobre la base de datos del Instituto de Estadísticas de UNESCO (UIS).

[a] La información de las Antillas Neerlandesas corresponde a 2003; la de Anguila, las Islas Turcas y Caicos, el Paraguay y Suriname, a 2005, y la de la Argentina, Guatemala y Panamá a 2006.

pobres y no pobres o de distintos estratos socioeconómicos, indígenas y no indígenas, entre otros factores de discriminación.

Entre los estudiantes de hogares de más altos ingresos (quinto quintil), cuatro de cada cinco logra terminar la enseñanza secundaria; entre los de nivel socioeconómico bajo solo lo hace poco más de uno de cada cinco. Las diferencias de logro entre hombres y mujeres resultan levemente más amplias en los niveles socioeconómicos intermedios (véase el gráfico II.5). En las zonas rurales, donde las comunidades indígenas ocupan espacios territoriales más o menos definidos y conforman una cultura e identidad que en muchos casos es abiertamente distinta a la urbana "occidentalizada", se constata que las niñas muestran mayores frecuencias de abandono temprano y menores porcentajes de conclusión de la alta secundaria que los niños. Ellas suelen orientarse al ejercicio de actividades productivas agrícolas en sus comunidades y familias. Este patrón no se observa entre los jóvenes provenientes de pueblos originarios que habitan zonas urbanas.

Gráfico II.5
AMÉRICA LATINA (PAÍSES SELECCIONADOS): JÓVENES DE 20 A 24 AÑOS QUE CULMINARON LA EDUCACIÓN SECUNDARIA, SEGÚN NIVEL DE INGRESO PER CÁPITA Y SEXO, ALREDEDOR DE 2008[a]
(En porcentajes)

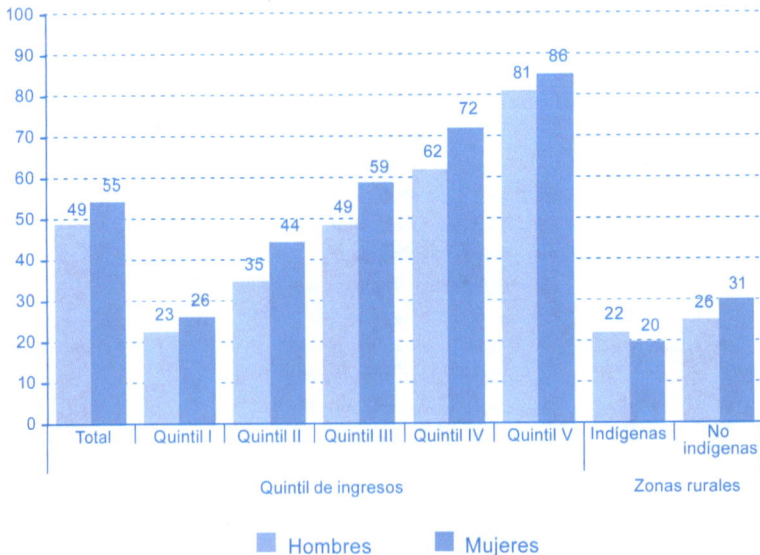

Fuente: Comisión Económica para América Latina y el Caribe (CEPAL), sobre la base de tabulaciones especiales de las encuestas de hogares de los países.

[a] Las cifras respecto de jóvenes indígenas y no indígenas se refieren a ocho países y corresponden a 2007.

4. Discriminación y rezago de pueblos originarios y afrodescendientes en la educación primaria y la educación secundaria

Las **minorías étnicas**[27] y los grupos originarios han sido grupos sociales históricamente afectados por las condiciones desiguales de la región. Las dificultades para acceder al sistema educativo de modo equitativo se relacionan con una mayor **incidencia de la pobreza**[28], la distancia a las escuelas, la calidad de los centros educativos a los que tienen acceso, la pertinencia de los **currículos**[29] y la discriminación, lo que contribuye a reducir sus oportunidades educativas.

En efecto, además de los factores de discriminación social, que los hacen víctima de rechazos y negaciones, y de sus bajos **niveles de vida**[30], muchos de estos grupos viven en zonas rurales alejadas de los principales centros educativos y con ofertas locales escasas e inadecuadas en cuanto a infraestructura, mantenimiento, calidad de los docentes y materiales didácticos (CEPAL, 2008a). Otro obstáculo para el ingreso y la permanencia de estos grupos en el sistema escolar es la falta de adecuación, relevancia y pertinencia de los currículos, que es otra de las formas en que se manifiesta la escasa vinculación de su cultura y su entorno con los contenidos de las materias impartidas en las escuelas (CEPAL/OEI, 2010).

Cuadro II.1
AMÉRICA LATINA (NUEVE PAÍSES): TASAS NETAS DE ASISTENCIA A EDUCACIÓN PRIMARIA Y SECUNDARIA Y CONCLUSIÓN DEL CICLO PRIMARIO ENTRE JÓVENES DE 15 A 19 AÑOS Y DEL SECUNDARIO ENTRE JÓVENES DE 20 A 24 AÑOS, SEGÚN ÁREA GEOGRÁFICA DE RESIDENCIA Y ORIGEN ÉTNICO, ALREDEDOR DE 2008
(En porcentajes)

País	Tasa neta de asistencia a educación primaria		Conclusión de la enseñanza primaria				Tasa neta de asistencia a educación secundaria	
	Total nacional		Total nacional		Zonas rurales		Total nacional	
	Indígena o afrodescendiente	No indígena ni afrodescendiente	Indígena o afrodescendiente	No indígena ni afrodescendiente	Indígena o afrodescendiente	No indígena ni afrodescendiente	Indígena o afrodescendiente	No indígena ni afrodescendiente
Bolivia (Estado Plurinacional de) (2007)	...	...	90	95	86	90	90	94
Brasil (2008)	98	99	93	95	83	89	91	93
Chile (2006)	98	99	98	99	97	98	94	95
Ecuador (2008)	97	98	89	95	89	93	76	86
El Salvador (2004)	92	92	74	78	63	65	83	79
Guatemala (2006)	86	91	49	71	40	58	61	75
Nicaragua (2005)	85	81	58	71	46	54	86	84
Panamá (2008)	98	99	73	97	73	93	74	89
Paraguay (2008)	96	98	83	94	82	87	71	92
Total países	93	97	82	93	70	84	85	92

País	Conclusión de la baja secundaria				Conclusión de la alta secundaria			
	Total nacional		Zonas rurales		Total nacional		Zonas rurales	
	Indígena o afrodescendiente	No indígena ni afrodescendiente	Indígena o afrodescendiente	No indígena ni afrodescendiente	Indígena o afrodescendiente	No indígena ni afrodescendiente	Indígena o afrodescendiente	No indígena ni afrodescendiente
Bolivia (Estado Plurinacional de) (2007)	76	88	62	68	55	71	38	44
Brasil (2008)	74	78	49	53	47	56	24	27
Chile (2006)	94	96	84	89	65	81	50	63
Ecuador (2008)	47	73	38	48	31	59	23	33
El Salvador (2004)	60	57	41	35	37	36	17	17
Guatemala (2006)	19	44	12	20	13	33	7	12
Nicaragua (2005)	34	44	11	21	21	32	5	13
Panamá (2008)	36	79	36	58	12	60	12	40
Paraguay (2008)	45	80	40	54	25	62	21	36
Total países	62	77	38	49	40	56	20	28

Fuente: Comisión Económica para América Latina y el Caribe, sobre la base de tabulaciones especiales de las encuestas de hogares de los respectivos países.

5. Acceso y conclusión de la educación postsecundaria: el cuello de botella[31]

En general, el acceso a la educación postsecundaria está reservado a una porción relativamente pequeño de los jóvenes de la región (véase el gráfico II.6A). Debido a la adquisición insuficiente de las competencias necesarias para enfrentar las dificultades de los estudios más avanzados —expresión de la calidad educativa desigual que han recibido en el transcurso de la educación primaria y secundaria— y de otros factores como la necesidad de obtener ingresos para acceder a niveles de bienestar mínimos, son pocos los que logran culminar la **educación técnico-profesional**[32] o la educación universitaria. Entre los jóvenes de 25 a 29 años de edad, solo un 8,30% ha logrado concluir al menos cinco años de educación postsecundaria (duración típica de una carrera universitaria), con una estratificación según quintiles de ingreso per cápita muy fuerte, ya que por cada 27 jóvenes de **estratos de altos ingresos**[33] (quinto quintil), solo uno de bajos ingresos logra concluir cinco años de estudios postsecundarios (véase el gráfico II.6B).

La cara auspiciosa de la medalla es el gran contingente de universitarios de primera generación a quienes se les auguran posibilidades inéditas de movilidad socioocupacional en comparación con sus padres. En varios países de la región, más de la mitad de los estudiantes universitarios ostentan esta condición de "primerizos" en sus respectivas estirpes familiares directas. Sin embargo, una vez más el porcentaje de jóvenes que alcanza esta condición y que provienen de **familias de menores ingresos**[34] o menos capital educativo sigue siendo muy bajo.

En términos generales, las estrategias de desarrollo que dejan a la educación postsecundaria al exclusivo arbitrio de mecanismos de **oferta y demanda**[35] solo permiten el acceso a los niveles más avanzados de calificación a una elite reducida de

Gráfico II.6
AMÉRICA LATINA (17 países): ASISTENCIA A EDUCACIÓN POSTSECUNDARIA ENTRE JÓVENES DE 20 A 29 AÑOS Y CONCLUSIÓN DE AL MENOS CINCO AÑOS DE EDUCACIÓN UNIVERSITARIA ENTRE JÓVENES DE 25 A 29 AÑOS, SEGÚN QUINTILES DE INGRESO PER CÁPITA Y SEXO, ALREDEDOR DE 2008
(En porcentajes)

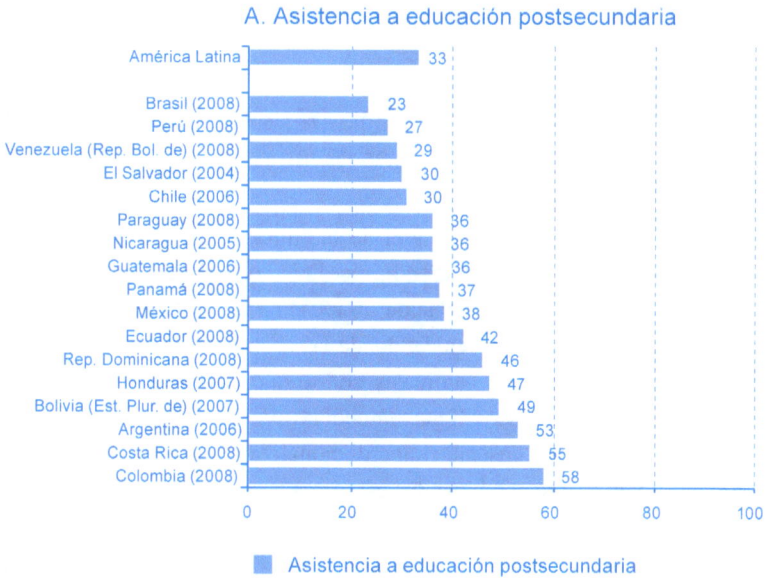

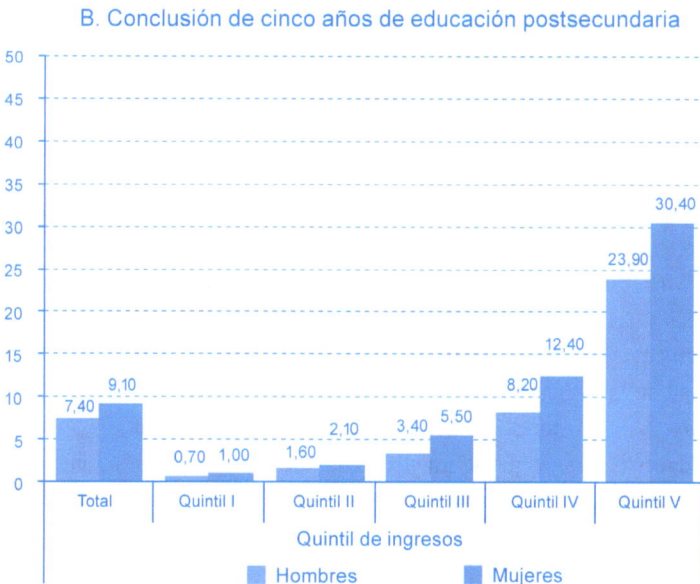

A. Asistencia a educación postsecundaria

País	Porcentaje
América Latina	33
Brasil (2008)	23
Perú (2008)	27
Venezuela (Rep. Bol. de) (2008)	29
El Salvador (2004)	30
Chile (2006)	30
Paraguay (2008)	36
Nicaragua (2005)	36
Guatemala (2006)	36
Panamá (2008)	37
México (2008)	38
Ecuador (2008)	42
Rep. Dominicana (2008)	46
Honduras (2007)	47
Bolivia (Est. Plur. de) (2007)	49
Argentina (2006)	53
Costa Rica (2008)	55
Colombia (2008)	58

■ Asistencia a educación postsecundaria

B. Conclusión de cinco años de educación postsecundaria

Quintil de ingresos	Hombres	Mujeres
Total	7,40	9,10
Quintil I	0,70	1,00
Quintil II	1,60	2,10
Quintil III	3,40	5,50
Quintil IV	8,20	12,40
Quintil V	23,90	30,40

■ Hombres　■ Mujeres

Fuente: Comisión Económica para América Latina y el Caribe, sobre la base de tabulaciones especiales de encuestas de hogares de los respectivos países.

jóvenes, y el escaso desarrollo de algunas economías de la región motiva a aquellos más calificados a migrar a países más avanzados en busca de mejores oportunidades laborales y mayor especialización. La ausencia de una masa crítica de técnicos y profesionales jóvenes que manejen las herramientas de innovación de última generación, limita los procesos de modernización y el aumento de la competitividad en la mayoría de los países de la región (CEPAL/OIJ, 2008).

6. Transmisión intergeneracional[36] de las desigualdades educativas

a) Las familias

Para comprender los desafíos del papel de la educación en la reducción de las desigualdades es necesario reconocer, en primer lugar, que el peso de la reproducción de la estratificación social de la población no recae en una sola institución sino más bien en una **estructura institucional**[37], donde las acciones del sistema educativo se articulan con las acciones de las familias y con lo que ocurre en los barrios, siendo estos los **entornos comunitarios**[38] más inmediatos de los niños. En segundo lugar, buena parte del éxito de la enseñanza institucionalizada depende del modo más o menos armonioso en que se combinan los esfuerzos e influencias de esos tres ámbitos de socialización. Cuando familias y vecindarios fallan en la provisión de los soportes adecuados, al sistema educativo le resulta más difícil desarrollar su papel clave en los procesos de integración de las nuevas generaciones y desplegar su particular aptitud para disociar los **logros educativos**[39] de las condiciones de origen de los estudiantes.

En este marco, las condiciones socioeconómicas de los hogares y el nivel educativo de los jefes o jefas de hogar siguen revelándose como la causa principal de las diferencias en los resultados del aprendizaje. Entre estos atributos destacan los siguientes: i) los activos de capital físico (infraestructura de la vivienda, ingresos, equipamiento doméstico, entre otros), ii) el **capital humano**[40] (clima educativo) y iii) el **capital cultural**[41] (hábitos y valores afines a la ideología educacional). Las viviendas inadecuadas y las marcadas carencias de infraestructura habitacional, los problemas de hacinamiento y el gran número de niños, los escasos recursos de capital humano, la fragilidad de los vínculos con el mercado laboral y la inestabilidad de los ingresos son algunos de los factores que debilitan la capacidad de las familias para satisfacer las necesidades básicas y que se traducen en obstáculos, a veces infranqueables, para generar las condiciones que requiere la asistencia regular a la escuela y el logro de niveles de aprendizaje adecuados.

Además, la motivación de las familias por invertir recursos en la educación de los hijos está directamente relacionada con la credibilidad que asignan al sistema educativo como vía de **movilidad social**[42], esto es, con la percepción de que la calidad de las oportunidades educativas que los recursos familiares disponibles ponen al alcance de sus hijos les abrirán alternativas de acceso efectivas a los principales circuitos sociales y económicos de la sociedad. Por lo mismo, el clima educacional subjetivo del hogar depende, en gran medida, de la calidad de la oferta educativa, de la forma en que la escuela involucra y motiva a la comunidad de padres y de la percepción general que tienen las familias respecto de la meritocracia y la expansión de las oportunidades en la sociedad.

La reproducción intergeneracional de las desigualdades educativas bloquea la movilidad: los hijos de padres con bajos ingresos y escasa educación tienden a tener menores logros y aprendizajes que sus coetáneos de familias con mayor capital educacional, lo que a su vez confinará a los hijos a empleos de bajos ingresos a lo largo del **ciclo vital**[43]. En el gráfico II.7 se muestra la elevada correlación entre clima educacional del hogar (años o logros educacionales de los padres) y logros educativos de los hijos, sobre todo al comparar padres con distintos niveles educacionales. Mientras solo 3,40% de los hijos de padres con primaria incompleta concluye los estudios terciarios, este índice aumenta al 71,60% cuando los padres han completado el ciclo terciario.

Gráfico II.7
AMÉRICA LATINA (PAÍSES SELECCIONADOS): JÓVENES DE 25 A 29 AÑOS QUE COMPLETARON DIVERSOS NIVELES DEL SISTEMA EDUCATIVO , SEGÚN CLIMA EDUCATIVO DEL HOGAR, ALREDEDOR DE 2006 [a]
(En porcentajes)

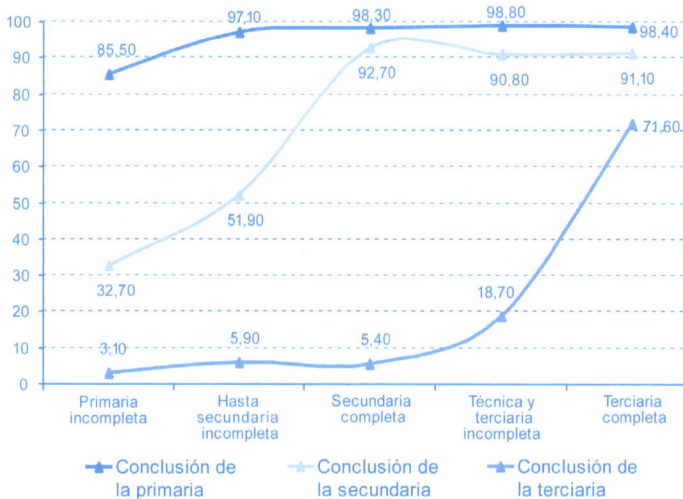

Fuente: Comisión Económica para América Latina y el Caribe (CEPAL), sobre la base de tabulaciones especiales de las encuestas de hogares de los países.

[a] Promedio de años de estudio del padre y de la madre, salvo en aquellos casos de jóvenes que ya se han emancipado y son ellos mismos los jefes de hogar, en cuyo caso se refiere al propio nivel educativo alcanzado.

Sin embargo, uno de cada tres hijos de padres que no concluyeron la primaria culminan la secundaria, y el 85,50% concluye la primaria. Lo que esto indica es la alta correlación (y consecuente rigidez) entre estratificación educacional de padres y de hijos, pero al mismo tiempo una clara dinámica de superación en la educación de los hijos respecto de los padres. Hay, pues, movilidad "sistémica" por expansión conjunta de los umbrales de logros, pero "rigidez de estratificación" en perjuicio de los niveles socioeconómicos más bajos, los sectores rurales y los grupos indígenas y los afrodescendientes.

b) La escuela

A las desventajas socioculturales con que llegan al sistema educativo los estudiantes de menores recursos se suma el acceso de estos a servicios de enseñanza de una menor calidad relativa respecto de los estudiantes de mayores recursos, lo que refuerza la desigualdad de trayectorias de aprendizaje. En décadas recientes, la expansión del acceso al sistema educativo hacia sectores tradicionalmente excluidos ha ido acompañada de una mayor segmentación de la oferta, con una fuerte expansión de los gastos de bolsillo y de las escuelas privadas. Por ello, según el origen socioeconómico de los estudiantes, tiende a segmentarse la calidad de la educación a la que acceden. La escuela privada se ha ido constituyendo, cada vez más, en un receptáculo de la clase media-alta y alta que busca preservar su diferenciación hacia arriba en la transmisión intergeneracional del capital humano y busca, también, sortear los problemas de calidad que acarrea la **masificación**[44] de la educación pública.

Asistimos, pues, a un aumento de la **homogeneidad**[45] en la composición social de los alumnos de las escuelas y colegios, lo que define el perfil del grupo de pares con que el niño tendrá oportunidades de contacto cotidiano. Los factores principales que determinan los niveles de homogeneidad en la composición social de los centros de enseñanza pueden ser espaciales, económicos o una combinación de ambos. Los factores espaciales aluden a que las escuelas suelen reclutar a sus alumnos en el entorno geográfico inmediato y tienden, por ende, a reproducir en los establecimientos la composición social de esos entornos. Los factores económicos se refieren a la capacidad adquisitiva de los hogares, que se refleja en diferentes oportunidades de acceso a escuelas privadas y pagas. De este modo, **segregación**[46] urbana y **segmentación**[47] entre escuelas se refuerzan entre sí.

La segmentación educativa se traduce en varias diferenciaciones que exacerban las brechas respecto de la vida en la escuela. En primer lugar, debilita los controles que pueden ejercer los padres con mayores calificaciones y con más "voz" sobre la calidad de la enseñanza en los establecimientos públicos. En segundo lugar, la segmentación entre escuelas según la capacidad adquisitiva de los hogares genera diferencias significativas en los niveles de equipamiento y de formación de los docentes, que inciden en los resultados del aprendizaje. En tercer lugar, la convivencia en un entorno con alta densidad de niños de hogares de estratos más altos implica para ellos mayor acumulación de capital social y de capital cultural, que les facilitará la posterior entrada a la vida laboral y a las redes propias de la vida adulta. En cuarto lugar, la segmentación debilita la capacidad integradora de las escuelas, parte de la cual se basa en su aptitud para congregar en las mismas aulas a escolares de orígenes sociales distintos, lo que inhibe la interacción entre niños y jóvenes de realidades socioeconómicas y culturales diversas. En quinto lugar, en escuelas de vecindarios altamente vulnerables o pobres, la masividad y gravedad de los problemas extraescolares repercuten en la dificultad de manejo de los procesos pedagógicos y de vida intraescolar. El extremo más dramático de esto último es la situación de violencia intraescolar en muchos establecimientos en **zonas urbano-marginales**[48] de las ciudades latinoamericanas, que constituye un factor de importancia en los **trastornos en el aprendizaje**[49], la deserción escolar y la desestructuración de los valores de convivencia.

Por el contrario, la posibilidad de que los niños de hogares pobres asistan a escuelas de composición social heterogénea genera, de acuerdo con los estudios sobre efectos en el aprendizaje, cambios favorables en las expectativas que tienen estos niños sobre sus propios logros educativos, una mayor diversidad de recursos cognitivos y de prácticas en la resolución de problemas que tienen que enfrentar, la expansión de redes de intercambio o capital social y la construcción cotidiana de códigos comunes para un aprendizaje oportuno en materia de ciudadanía y reciprocidad de derechos entre grupos diversos.

7. Brechas en y entre países en los resultados de aprendizaje

Monitorear y medir los avances de la región en esta materia no es un proceso exento de dificultades. En general, la investigación y la toma de decisiones de políticas públicas educativas han centrado la medición de la calidad en los resultados académicos obtenidos por los estudiantes en **pruebas estandarizadas**[50] nacionales e internacionales. Generalmente, estas mediciones se restringen a la evaluación de materias básicas del aprendizaje, como el desarrollo del lenguaje, las habilidades matemáticas y, en algunos casos, los conocimientos científicos. Aunque este tipo de medición limita el análisis sobre el abanico de competencias que niños y niñas deberían adquirir en su período de formación escolar, las que se han realizado a nivel internacional en los últimos años han mostrado que el déficit de aprendizaje de los estudiantes de la región en estas habilidades básicas es preocupante.

La información más reciente sobre resultados académicos de países de la región es la que ofrece el **Programa Internacional de Evaluación de Estudiantes (PISA)**[51] de 2006, llevada a cabo por la **Organización de Cooperación y Desarrollo Económicos**

(OCDE)[52], y el Segundo Estudio Regional Comparativo y Explicativo (SERCE), llevado a cabo por el Laboratorio Latinoamericano de la Evaluación de la Calidad de la Educación de la UNESCO, también en 2006. El primero evalúa la adquisición de competencias básicas en las áreas de ciencias, matemáticas y comprensión lectora para una muestra de estudiantes de 15 años. En 2006, participaron seis países de la región en el examen: Argentina, Brasil, Chile, Colombia, México y Uruguay. En el SERCE participaron 16 países de la región latinoamericana y también se midieron competencias básicas en las mismas áreas curriculares, pero en estudiantes de tercer y sexto grado.

Pese a la diferencia en las edades de los alumnos evaluados, ambas mediciones señalan que hay un alto porcentaje de la población estudiantil con rendimientos muy deficitarios en competencias básicas de la enseñanza. Además, la diferencia entre los resultados de los países latinoamericanos en el programa PISA y el promedio de países desarrollados pertenecientes a la OCDE es muy significativa (alrededor de 75 puntos). Entre el 40,00% y el 60,00% de los alumnos latinoamericanos participantes en el programa PISA no alcanza los niveles de rendimiento que se consideran imprescindibles para incorporarse a la vida académica, social y laboral como ciudadanos. Puesto que la posición relativa en el SERCE es similar, puede concluirse que elevar el nivel de rendimiento de todos los alumnos es un reto para la región en su conjunto (OEI, 2008).

En el caso de la medición del SERCE, a excepción de Cuba que presenta niveles de logro muy avanzados, la mayoría de los países de América Latina cuenta con al menos un 40,00% de su población estudiantil de tercer grado en los niveles de logro más bajos en matemáticas. La consecuencia de esta situación es que un porcentaje importante de la población estudiantil va a tener dificultades serias para progresar de manera oportuna y concluir con éxito su trayectoria educativa, con un efecto dominó sobre sus oportunidades laborales y su integración social futura (CEPAL/OEI/SEGIB, 2010).

La situación es heterogénea entre los países de la región y se asocia significativamente con el nivel de desarrollo y riqueza del país. Así, pueden observarse claras diferencias de un país a otro según su nivel de ingreso per cápita: los países más ricos en general logran una mejor formación en competencias básicas. En los gráficos II.8 y II.9 se muestra la asociación que existe entre los resultados académicos en el área de lenguaje en primaria (sobre la base del SERCE 2006) y secundaria (sobre la base del programa PISA 2006) y la producción interna por país. La tendencia que muestran es que cuanto mayor es el PIB per cápita, mejores son los resultados académicos medios. Sin embargo, en cada gráfico se observan países con niveles similares de producto per cápita, que obtienen resultados mejores o peores, lo que lleva a concluir que, si bien dicha variable es importante, no es la única determinante. También es relevante considerar otros factores del contexto nacional en este proceso.

Gráfico II.8
AMÉRICA LATINA (15 PAÍSES): PUNTAJES MEDIOS EN LA PRUEBA DE LECTURA DEL SEGUNDO ESTUDIO REGIONAL COMPARATIVO Y EXPLICATIVO (SERCE) 2006 DE ESTUDIANTES DE SEXTO GRADO, SEGÚN PIB PER CÁPITA DE 2006 [a]

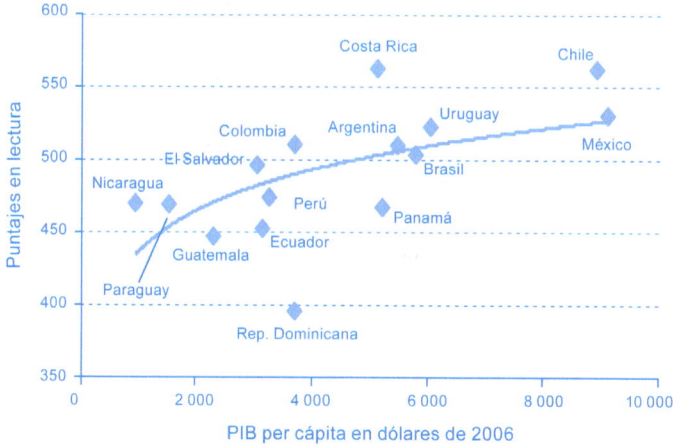

Fuente: Comisión Económica para América Latina y el Caribe (CEPAL), sobre la base de datos del Segundo Estudio Regional Comparativo y Explicativo (SERCE) de 2006; y Banco Mundial, Indicadores de desarrollo mundial.

[a] No se incluye Cuba porque no cuenta con el indicador PIB per cápita del Banco Mundial.

Gráfico II.9
AMÉRICA LATINA (SEIS PAÍSES) Y PARTICIPANTES EN EL PROGRAMA INTERNACIONAL DE EVALUACIÓN DE ESTUDIANTES (PISA) 2006 (20 PAÍSES): PUNTAJES MEDIOS EN LA PRUEBA DE CIENCIAS PISA 2006 DE ESTUDIANTES DE 15 AÑOS, SEGÚN PIB PER CÁPITA DE 2006

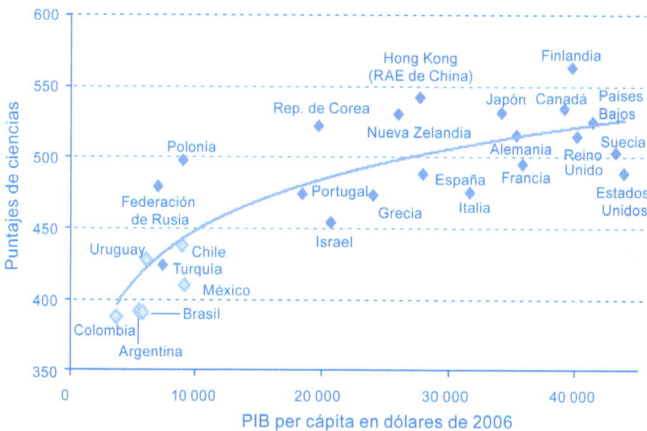

Fuente: Comisión Económica para América Latina y el Caribe (CEPAL), sobre la base de datos del Programa Internacional de Evaluación de Estudiantes (PISA), 2006; y Banco Mundial, Indicadores de desarrollo mundial.

La desigualdad y la exclusión social, fenómenos extraescolares tan problemáticos en la región, se ven reproducidas por el sistema educacional y se reflejan en el nivel de resultados y oportunidades asociadas. En este sentido, tanto el programa PISA como el SERCE, y la investigación educacional en general, señalan que el contexto socioeconómico y cultural de los estudiantes tiene una clara relación con sus resultados académicos. En la mayoría de los países de la región el estatus socioeconómico y cultural de las familias es el factor que genera mayores diferencias en los aprendizajes. En el gráfico II.10 se muestra la forma en que se distribuyen los resultados académicos de los estudiantes de 15 años en ciencias de acuerdo a su estatus socioeconómico y cultural[①]. La mayor parte de los estudiantes del primer y segundo cuartil socioeconómico y cultural de los países latinoamericanos alcanzan niveles de logro por debajo del nivel 2, es decir, no han desarrollado las competencias básicas para desempeñarse en el área.

Recién en el nivel de logro 2 los estudiantes poseen el conocimiento científico adecuado para dar explicaciones posibles en contextos habituales o para establecer conclusiones basadas en investigaciones simples. El nivel de logro 3 significa que el estudiante es capaz de identificar problemas científicos claramente en una variedad de contextos, puede seleccionar hechos y conocimientos para explicar fenómenos y aplicar modelos simples de investigación. Con un nivel de logro 4 los estudiantes pueden enfrentar exitosamente situaciones y problemas que pueden involucrar fenómenos explícitos y para los que deben hacer inferencias acerca del papel de la ciencia. Pueden integrar explicaciones desde diferentes disciplinas científicas, reflexionar sobre sus acciones y comunicar sus decisiones usando evidencia científica.

Los niveles 5 y 6 están reservados para los estudiantes de mejor rendimiento en el área y pocos estudiantes de la región llegan a ellos, a diferencia de los estudiantes del tercer y cuarto cuartil de la OCDE. Los estudiantes que alcanzan el nivel 5 pueden identificar los componentes científicos de muchas situaciones complejas de la vida y aplicar conceptos científicos. Poseen habilidades de indagación, establecen relaciones adecuadas entre conocimientos y aportan su comprensión lúcida y relevante. Los estudiantes de mejor rendimiento, que alcanzan el nivel 6, son capaces de identificar, explicar y aplicar conocimientos científicos de manera consistente en una variedad

---

① PISA elabora este índice a partir de tres aspectos que se suponen vinculados con el estatus socioeconómico (OCDE, 2008): el poder adquisitivo del hogar, el estatus ocupacional y el nivel de educación de los padres de los estudiantes que participan en las pruebas PISA. El poder adquisitivo se mide según la posesión de ciertos artículos en el hogar, como reproductor de DVD, lavavajillas, escritorio, computadora personal, cantidad de televisores, entre otros. Para determinar el estatus ocupacional se pregunta a los estudiantes por el oficio de los padres y, tomando en cuenta el estatus más elevado entre ambos padres, la respuesta se clasifica y traduce en puntajes fijados de acuerdo al estándar internacional ISE. El nivel educativo de los padres se categoriza según la clasificación CINE, tomando en cuenta el nivel más alto entre los padres.

Gráfico II.10

AMÉRICA LATINA (SEIS PAÍSES): DISTRIBUCIÓN DE LOS NIVELES DE DESEMPEÑO EN LA PRUEBA PISA DE CIENCIAS ENTRE LOS ESTUDIANTES DE 15 AÑOS, SEGÚN EL ÍNDICE DE NIVEL SOCIOECONÓMICO Y CULTURAL (ISEC) DE SUS FAMILIAS, 2006[a]

(En porcentajes)

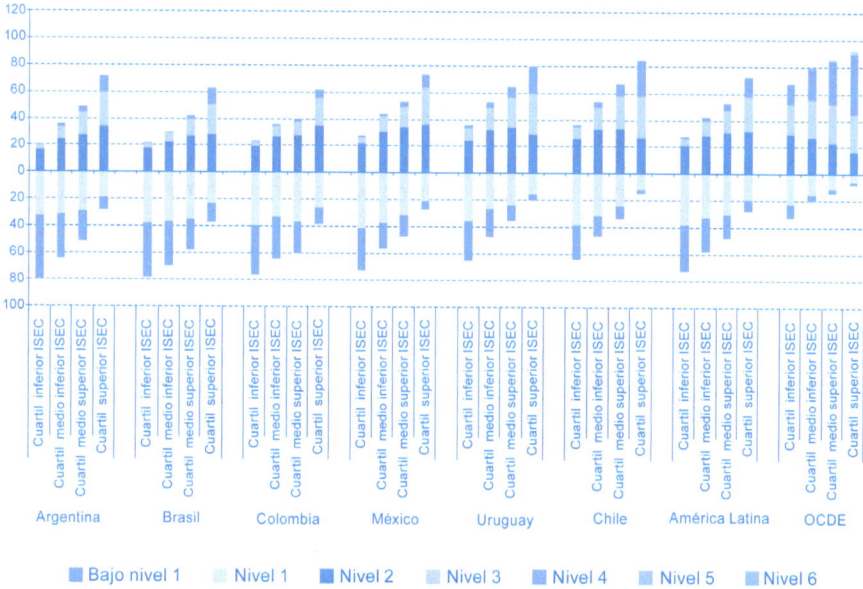

Fuente: Comisión Económica para América Latina y el Caribe (CEPAL), sobre la base de procesamientos especiales de los microdatos de la prueba PISA 2006.

[a] La distribución de niveles de desempeña de América Latina y de la Organización de Cooperación y Desarrollo Económicos (OCDE) se refiere al promedio simple de los niveles medios de logro ponderados a nivel nacional de los países participantes en la prueba PISA 2006.

de situaciones complejas de la vida. Demuestran de manera clara un pensamiento científico avanzado y pueden usarlo y argumentar para respaldar recomendaciones. Solo el 1,30% del total de estudiantes de la OCDE logra este nivel de competencia. A pesar de que entre los países de la OCDE también existen desigualdades en materia de logros de aprendizajes entre los estudiantes de los distintos cuartiles, en todos estos, a diferencia de lo que ocurre en los países latinoamericanos, la gran mayoría de los estudiantes logra el nivel de competencia básico esperado (nivel 2 hacia arriba).

Con relación al género, en promedio las niñas rinden mejor en las mediciones de lenguaje y los niños en las mediciones de matemáticas y ciencias. Estas diferencias pueden sugerir que los roles diferenciados de género que se imponen socialmente permean las **prácticas pedagógicas**[53] y de socialización en las escuelas (UNESCO/ LLECE, 2008). Sin embargo, las brechas de género en cuanto a resultados académicos son heterogéneas entre países (véase el gráfico II.11). Costa Rica, el Perú y Colombia muestran mayores **brechas de género**[54] a favor de los niños en los resultados de matemáticas en sexto grado de primaria. El Brasil muestra diferencias importantes a favor de los niños en matemáticas y a favor de las niñas en lectura. Junto al Brasil, el Uruguay, Panamá y Cuba son los países donde las niñas muestran niveles de competencia en lectura más elevados que los que desarrollan los niños.

Gráfico II.11
AMÉRICA LATINA (16 PAÍSES): PROMEDIO DE DIFERENCIAS DE RESULTADOS EN MATEMÁTICAS Y LECTURA POR GÉNERO (NIÑAS-NIÑOS), MEDICIÓN DEL SEGUNDO ESTUDIO REGIONAL COMPARATIVO Y EXPLICATIVO (SERCE), SEXTO GRADO, 2006 [a]

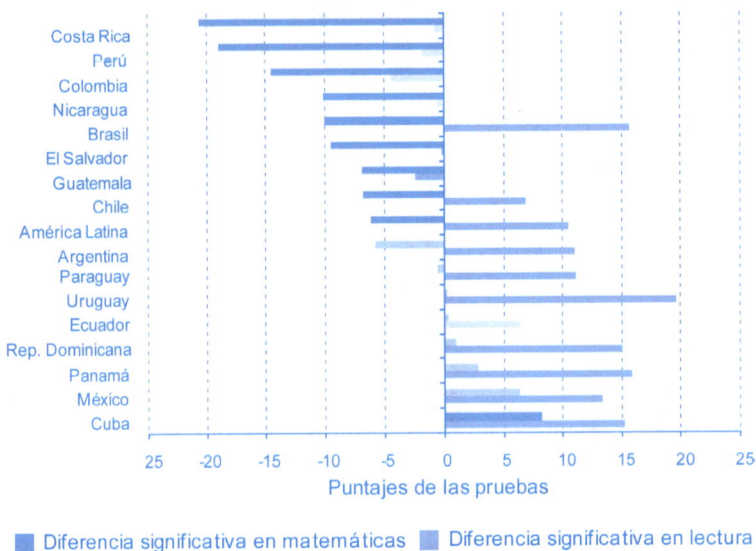

Fuente: Comisión Económica para América Latina y el Caribe (CEPAL), sobre la base de datos del Segundo Estudio Regional Comparativo y Explicativo (SERCE) de 2006.

[a] Las barras más claras muestran diferencias que no son estadísticamente significativas.

Por último, la segmentación entre zonas rurales y urbanas es drástica: en casi todos los países de la región los alumnos de escuelas de zonas urbanas muestran rendimientos significativamente mayores que los que asisten a escuelas rurales. La diferencia media de puntajes en la competencia lectora en los países que participaron en el SERCE es de 44,70 puntos y de 36,30 puntos en la medición de matemáticas a favor de los estudiantes urbanos. Dada la mayor presencia de grupos originarios en áreas rurales, podría asumirse que muchos de estos grupos se ven afectados por esta brecha de resultados. Así lo comprueba el análisis de factores asociados a logros cognitivos realizado por el **Laboratorio Latinoamericano de Evaluación de la Calidad de la**

Educación (UNESCO/LLECE[55], 2010), sobre la base de la medición del SERCE 2006. Todos los países que incorporaron población indígena en su medición mostraron una asociación negativa entre esta característica del estudiante y sus resultados de aprendizaje. Esta asociación es más relevante en el caso del aprendizaje en lectura. Así, por ejemplo, controlando por otros factores asociados al aprendizaje (como el contexto socioeconómico y las características de la escuela) los estudiantes indígenas de sexto grado de Colombia tenderían a rendir aproximadamente 17 puntos menos en la medición de lectura, 24 puntos menos los de Costa Rica, 21 puntos menos los del Ecuador, 18 puntos menos los de Guatemala y 15 puntos menos los del Perú.

8. Formación de competencias digitales: nuevas formas de exclusión

Otra novedad es que, por sí solas, las credenciales educativas están cubriendo una porción más reducida que en el pasado de las calificaciones necesarias para la participación plena en la economía, la sociedad y la política. La penetración de las **TIC**[56] en todos los rincones de la sociedad también impone como condición necesaria para la inclusión social la superación de **umbrales**[57] de competencia digital, cuyo cambio es aún más vertiginoso que el que afecta a la educación.

Ciertamente, ambos fenómenos, los educativos y los tecnológicos, guardan entre sí una relación muy estrecha. Primero, porque la contribución de la revolución telemática a la afirmación de la primacía del capital humano en la configuración de activos de las personas y en el aumento de la competitividad de los países ha resultado en una revigorización del **papel medular**[58] de los sistemas educativos en la producción y en el bienestar. Segundo, porque los sistemas educativos no pueden eludir los desafíos que impone la **revolución digital**[59] a los procesos de enseñanza. Tercero, porque tampoco pueden ignorar los cambios en las demandas de calificación de los mercados de trabajo a los que inducen las nuevas tecnologías. Por último, y aun cuando todavía no exista evidencia concluyente al respecto, por la amplia sospecha de que la confluencia de logros en la educación formal y en las competencias digitales tiene efectos multiplicadores y potenciadores del conocimiento[①].

---

① El reconocimiento de esta posible sinergia positiva se revela, entre otras cosas, en la dificultad para encontrar hoy día publicaciones sobre la situación educativa nacional o internacional que no incluyan referencias extensas a los procesos de incorporación de equipamiento digital en las prácticas de enseñanza y a los niveles de competencia digital con que los alumnos llegan a las aulas. Cabe señalar, sin embargo, que a diferencia de los logros educativos, todavía no existen medidas estandarizadas de niveles de competencia digital que permitan monitorear los cambios en la demanda de estas habilidades en el mercado. La velocidad del cambio y las dificultades de medición posiblemente se han confabulado para impedir hasta ahora la elaboración de una medida estándar de niveles de competencia digital, que a su vez oriente la labor de los institutos nacionales de estadística en el levantamiento de la información requerida para su elaboración.

El potencial de las TIC en la escuela no se reduce solamente a la alfabetización digital de la población. También se espera que las TIC se puedan introducir transversalmente en el proceso de enseñanza y aprendizaje, facilitando la formación de competencias modernas y mejorando los logros educativos del estudiantado (CEPAL, 2010b). Las destrezas vinculadas al dominio de las TIC se vuelven cada vez más importantes en el conjunto de activos que las personas necesitan para aprovechar las oportunidades que surgen en la economía, en el Estado y en la comunidad, y que hacen posible una participación plena en la sociedad de su tiempo (Kaztman, 2010).

No obstante, así como las TIC representan una oportunidad para la equidad y la integración social dada la actual distribución de recursos y competencias en las sociedades latinoamericanas, la propia dinámica de penetración de las TIC puede conducir a **círculos viciosos**[60] que amplíen o superpongan nuevas brechas que contribuyen a la **polarización de las sociedades**[61]. En América Latina se ha desarrollado una brecha digital que remite, en parte, a las desigualdades de acceso que se manifiestan en las enormes diferencias en términos de disponibilidad de equipamiento. Pero además, remite al tipo de uso y a los beneficios que los estudiantes pueden obtener de ese equipamiento. En este otro nivel, la desigualdad se manifiesta en las diferencias en la capacidad de dar un uso fructífero a las TIC y aprovechar las oportunidades que brindan para el desarrollo de competencias y habilidades cada vez más necesarias para la integración en el mundo globalizado (Sunkel y Trucco, 2010).

La penetración de las TIC en la región se ha ido acelerando rápidamente a través del mercado y ha generado brechas de acceso al equipamiento muy importantes por clase social. Mientras aproximadamente el 55,00% de los hogares del quintil de mayores ingresos (promedio para 13 países de América Latina) tiene computadora con conexión a Internet, solo un 26,00% de los hogares del primer quintil de ingresos lo tiene[①]. Los estudios en general plantean que, a pesar de este acceso segmentado a la tecnología, los niños y jóvenes se están integrando al mundo de la tecnología de modo más masivo. De hecho, el aumento de la conectividad en los hogares con jóvenes de entre 13 y 19 años es más acelerado que el que registran los hogares compuestos únicamente por mayores de 20 años.

---

① Promedio no ponderado de tabulados especiales de encuestas de hogares armonizadas por el Observatorio para la Sociedad de la Información en Latinoamérica y el Caribe (OSILAC) de los siguientes países: Brasil (2008), Chile (2006), Colombia (2008), Costa Rica (2008), Estado Plurinacional de Bolivia (2007), Guatemala (2006), Honduras (2008), El Salvador (2007), México (2008), Paraguay (2008), Perú (2008), República Bolivariana de Venezuela (2008) y Uruguay (2008). Véase Kaztman (2010).

El reconocimiento de diferencias en los ritmos de acceso a la conectividad en distintas generaciones lleva a explorar en qué medida ello debilita o refuerza las brechas de clase (Kaztman, 2010). El examen de las cifras muestra que en los países de la región donde la tecnología ha ingresado con más fuerza a través del mercado —como el Uruguay, el Brasil y Chile—, las brechas de clase para los usuarios de generaciones más jóvenes en vez de reducirse se amplían (véase el gráfico II.12). Por ejemplo, en el caso del Uruguay la brecha de conectividad entre hogares con presencia juvenil del quintil superior e inferior es mayor a 80 puntos porcentuales. Mientras que en hogares sin presencia juvenil la brecha es menor a 40 puntos porcentuales.

Gráfico II.12
AMÉRICA LATINA (11 PAÍSES): HOGARES CONECTADOS A INTERNET EN LOS QUINTILES DE INGRESO SUPERIOR E INFERIOR, SEGÚN PRESENCIA O AUSENCIA DE JÓVENES (13 A 19 AÑOS) EN EL HOGAR, ALREDEDOR DE 2008[a]
(En porcentajes)

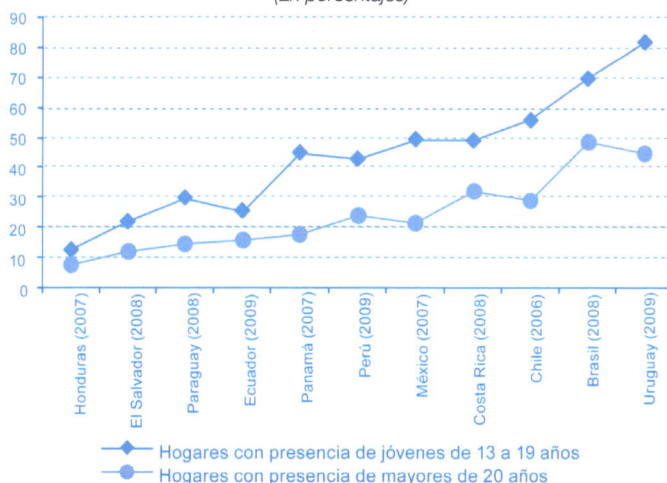

— Hogares con presencia de jóvenes de 13 a 19 años
— Hogares con presencia de mayores de 20 años

Fuente: Comisión Económica para América Latina y el Caribe (CEPAL), sobre la base de procesamientos especiales de encuestas de hogares armonizadas por el Observatorio para la Sociedad de la Información en Latinoamérica y el Caribe (OSILAC); y R. Kaztman, "Impacto social de la incorporación de las TIC en el sistema educativo", Santiago de Chile, CEPAL, 2010, en prensa.

[a] Los países se ordenan según el porcentaje de hogares con conexión a Internet en cada país.

Dado que el acceso no se define solamente en los hogares, este panorama pesimista con respecto a la desigualdad de oportunidades de formación de competencias digitales puede matizarse. En el gráfico II.13 se muestran las diferencias entre la población del quintil superior e inferior en términos del porcentaje de usuarios de Internet, independientemente del lugar donde acceden al equipamiento y la red. De hecho, se produce un cambio en la intensidad relativa de las brechas digitales en uno u otro grupo de edad. En efecto, en 4 de los 11 países analizados (Chile, Costa Rica, México y el Uruguay) la brecha digital entre el quintil más pobre y el más rico de la población de 13 a 19 años resulta menor que la que se registra en la población de 20 años y más, mientras que en los restantes siete países la brecha digital socioeconómica es más amplia entre los más jóvenes.

Gráfico II.13

AMÉRICA LATINA (11 PAÍSES): USUARIOS DE INTERNET EN LOS QUINTILES DE INGRESO SUPERIOR E INFERIOR, POR GRUPOS DE EDAD, ALREDEDOR DE 2008 [a]

(En porcentajes)

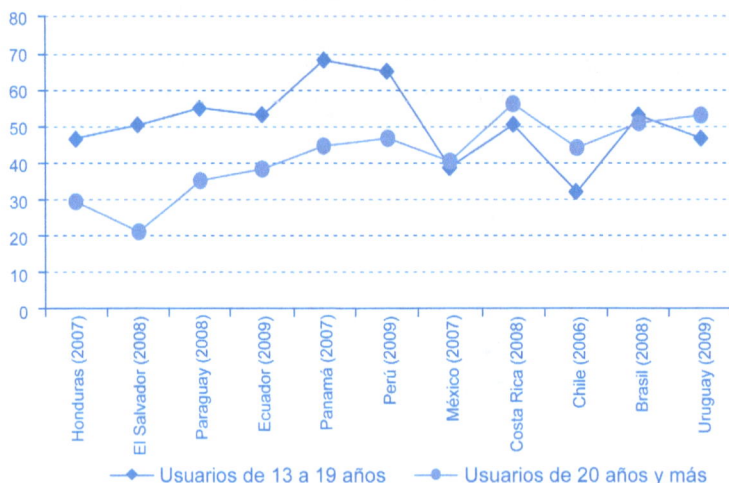

— Usuarios de 13 a 19 años   — Usuarios de 20 años y más

Fuente: Comisión Económica para América Latina y el Caribe (CEPAL), sobre la base de procesamientos especiales de encuestas de hogares armonizadas por el Observatorio para la Sociedad de la Información en Latinoamérica y el Caribe (OSILAC); y R. Kaztman, "Impacto social de la incorporación de las TIC en el sistema educativo", Santiago de Chile, CEPAL, 2010, en prensa.

[a] Los países se ordenan según el porcentaje de hogares con conexión a Internet en cada país.

El sistema escolar ha sido llamado a tener un liderazgo en las políticas de masificación de acceso, formación y uso de las nuevas tecnologías digitales, justamente por su capacidad de compensar las desigualdades de origen. Sin embargo, el sistema escolar no ha sido el único que ha servido como puerta de acceso a la tecnología para los sectores de la población de menores ingresos. Los cibercafés de barrio han desempeñado también un papel muy importante, sobre todo en los países con mayor **poder adquisitivo**[62]. A pesar de los esfuerzos por compensar las desigualdades sociales de origen que genera la penetración de este equipamiento a través del mercado, la influencia del sistema escolar ha sido débil y por ahora solo se vislumbran efectos patentes en el caso de Chile (véase el gráfico II.14).

Gráfico II.14

AMÉRICA LATINA (11 PAÍSES): USUARIOS DE INTERNET DE 13 A 19 AÑOS EN LOS QUINTILES DE INGRESO SUPERIOR E INFERIOR, SEGÚN LUGAR DE CONEXIÓN, ALREDEDOR DE 2008 [a]

(En porcentajes)

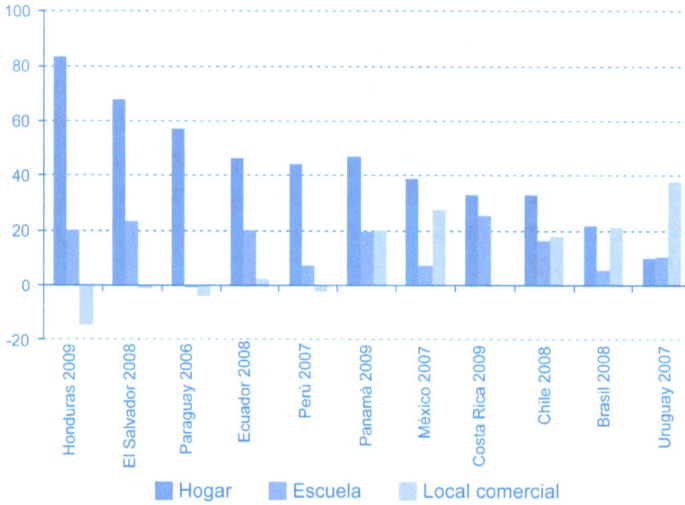

■ Hogar　■ Escuela　■ Local comercial

Fuente: Comisión Económica para América Latina y el Caribe (CEPAL), sobre la base de procesamientos especiales de encuestas de hogares armonizadas por el Observatorio para la Sociedad de la Información en Latinoamérica y el Caribe (OSILAC); y R. Kaztman, "Impacto social de la incorporación de las TIC en el sistema educativo", Santiago de Chile, CEPAL, 2010, en prensa.

[a] Los países se ordenan según el porcentaje de hogares con conexión a Internet en cada país.

El problema con el tipo de oportunidades de acceso que proporcionan los locales comerciales (e incluso el **establecimiento educativo**[63] en algunos casos) es la poca intensidad con que los individuos pueden aprovechar la tecnología. Ya sea por los costos o por las condiciones de acceso que establecen los centros educativos, quienes la utilizan en esos lugares generalmente lo hacen por espacios de tiempo más limitados que en los hogares, por lo que tienen menos posibilidades de desarrollar competencias digitales para la integración social y productiva que las que pueden desarrollar los jóvenes con oportunidades de acceso a Internet en sus hogares.

Esto nos lleva a otra dimensión de la brecha digital: ya no la del acceso sino la de los modos e intensidades de uso. En un estudio reciente (Sunkel, Trucco y Moler, 2010) se elaboró una tipología de jóvenes usuarios de TIC en tres países con información del programa PISA 2006 (Chile, Colombia y el Uruguay), considerando las diversas actividades que se realizan en la computadora e Internet y la intensidad con que los jóvenes dicen realizarlas. La tipología muestra que existen cuatro tipos de usuarios que se diferencian en la intensidad con que usan la tecnología y el grado de especialización que han adquirido. Un primer grupo son los usuarios "distantes", conformado por los jóvenes que utilizan la computadora con baja frecuencia para todo tipo de tareas. Un segundo grupo son los "internautas", que usan la computadora principalmente para navegar por Internet, colaborar con grupos a través de la red, descargar software y música y comunicarse mediante correo electrónico y otros medios. Un tercer grupo es el de usuarios "especializados", conformado por jóvenes que se dedican con mayor frecuencia al uso de software para escribir documentos, hacer planillas de cálculo, presentaciones gráficas, programación y software educativo. Por último, están los usuarios "**multifuncionales**[64]", que son quienes realizan con frecuencia tanto actividades técnicas como recreacionales. Es este último tipo de usuarios el que aprovecha de manera más integral las oportunidades que otorga la tecnología digital (Sunkel y Trucco, 2010).

El análisis plantea que hay variables estructurantes, como las diferencias socioeconómicas y culturales, y el sexo del estudiante, que definen diferentes tipos de usuarios. Los hombres tienen mayor probabilidad de ser usuarios "multifuncionales" y las mujeres de ser "distantes", mientras que los jóvenes de grupos sociales más favorecidos tienen más posibilidades de desarrollar competencias digitales "multifuncionales".

Gráfico II.15

CHILE, COLOMBIA Y EL URUGUAY: PROPORCIÓN DE JÓVENES DE 15 AÑOS POR TIPO DE USO DE TECNOLOGÍAS DE LA INFORMACIÓN Y LAS COMUNICACIONES Y PAÍS DE ORIGEN, 2006 [a]

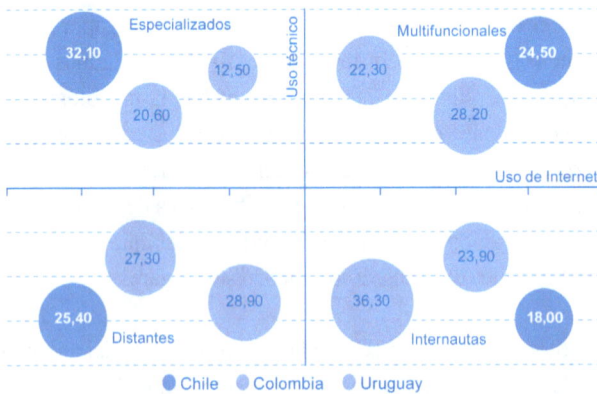

Fuente: G. Sunkel, D. Trucco y S. Moller, "Aprender y enseñar con tecnologías de la información y las comunicaciones (TIC) en América Latina. Potenciales beneficios", Santiago de Chile, Comisión Económica para América Latina y el Caribe (CEPAL), 2010, inédito.

[a] La elaboración de los indicadores con relación al uso de las TIC cumple con una serie de exigencias metodológico-estadísticas que pueden examinarse en el capítulo 16 de "PISA 2006 Technical Report" (OCDE, 2009).

Cuestionario:

ⓐ ¿En qué aspectos se muestra heterogénea la educación de América Latina?

ⓑ ¿Cuáles son los factores principales que determinan los niveles de homogeneidad en la composición social de los centros de enseñanza?

ⓒ ¿Por qué guardan entre sí una relación muy estrecha los fenómenos educativos y los tecnológicos?

Vocabulario

[1]	heterogéneo	*adj.*	异质的，不同类的
[2]	enseñanza preescolar		学龄前教育
[3]	matrícula	*f.*	注册，登记
[4]	enseñanza primaria		初级教育
[5]	condiciones socioeconómicas		社会经济条件
[6]	sistema educativo		教育体系
[7]	devaluación educativa		教育贬值
[8]	exclusión social		社会排斥
[9]	dinámicas del progreso		进步动力
[10]	desvanecimiento	*m.*	减弱
[11]	participación plena		全面参与
[12]	alfabeto	*adj-s.*	识字的（人）
[13]	analfabeto	*adj-s.*	不识字的，文盲
[14]	reproducción intergeneracional		代际复制
[15]	educación inicial		启蒙教育
[16]	factores culturales		文化因素
[17]	zonas urbanas y rurales		城市及农村地区
[18]	pueblos originarios		原住民村镇
[19]	UNESCO（Organización de las Naciones Unidas para la Educación, la Ciencia y la Cultura）		联合国教科文组织
[20]	trampolín exitoso		成功的跳板
[21]	movimientos migratorios		移民运动
[22]	atraso educativo		教育落后
[23]	deserción escolar		辍学
[24]	origen afrodescendiente		非洲裔
[25]	multisectorial	*adj.*	多部门的

[26]	mercado de trabajo		劳动力市场
[27]	minorías étnicas		少数族裔
[28]	incidencia de la pobreza		贫困率
[29]	currículo	*m.*	课程
[30]	nivel de vida		生活水平
[31]	cuello de botella		瓶颈
[32]	educación técnico-profesional		职业技术教育
[33]	estratos de altos ingresos		高收入阶层
[34]	familias de menores ingresos		低收入家庭
[35]	oferta y demanda		供给与需求
[36]	transmisión intergeneracional		代际传递
[37]	estructura institucional		制度结构
[38]	entornos comunitarios		社区环境
[39]	logros educativos		教育程度；教育水平
[40]	capital humano		人力资本
[41]	capital cultural		文化资本
[42]	movilidad social		社会流动性
[43]	ciclo vital		生命周期
[44]	masificación	*f.*	过度拥挤，人数过多
[45]	homogeneidad	*f.*	同质性
[46]	segregación	*f.*	隔离
[47]	segmentación	*f.*	分割
[48]	zonas urbano-marginales		城市边缘地区
[49]	trastornos en el aprendizaje		学习障碍
[50]	pruebas estandarizadas		标准化测试
[51]	Programa Internacional para la Evaluación de Estudiantes (PISA)		国际学生评估项目
[52]	Organización para la Cooperación y el Desarrollo Económicos (OCDE)		经济合作与发展组织
[53]	prácticas pedagógicas		教学实践
[54]	brechas de género		性别差距
[55]	Laboratorio Latinoamericano de Evaluación de la Calidad de la Educación (LLECE)		拉丁美洲教育质量评估中心
[56]	Tecnologías de la información y la comunicación (TIC)		信息及通信技术
[57]	umbral	*m.*	门槛
[58]	papel medular		核心作用
[59]	revolución digital		数字化革命
[60]	círculos viciosos		恶性循环
[61]	polarización de las sociedades		社会两极分化

[62]	poder adquisitivo		购买力
[63]	establecimiento educativo		教育机构
[64]	multifuncional	*adj.*	多用的

评论 | 教育与拉美中产阶级的代际流动性

21世纪以来，拉美各国政府积极实施社会政策，从而使贫困和收入分配状况得到一定改善。在这样的背景下，各国中产阶级逐渐壮大起来。他们支持温和而进步的政治经济政策，是社会的中坚力量。显然，中产阶级规模的扩大对于改善收入分配、促进社会包容、推动经济发展来说是非常重要的，而代际流动性对于推动中产阶级规模在长期内持续扩大起着关键的作用。本文试图考察拉美中产阶级教育流动性和回报率对其代际流动性的影响：首先阐明本文中"中产阶级"概念的内涵，接下来考察拉美的代际收入流动性强度，然后通过揭示中产阶级代际教育流动性和教育回报率的状况来证明教育与代际流动性之间的紧密关系，并给出促进其教育流动性和回报率的对策。

需要指出的是，本文虽以拉美为题，但受参考资料限制，文中数据所涵盖的国家主要集中在巴西、智利、阿根廷、墨西哥、秘鲁等若干拉美主要国家。这些国家人口众多、经济地位重要，而且在教育领域的情况具有典型性，能够在很大程度上说明拉美各国所普遍存在的一些重要问题。但拉美国家众多、情况复杂，仅对这些大国进行分析难以尽述拉美和加勒比地区的整体情况和不同特点。这有待于在今后的研究中继续深入。

一、"中产阶级"概念的界定

要分析中产阶级的代际流动性，首先需要对本文中"中产阶级"这一概念进行界定。马克思按照生产资料的占有关系划分阶级。在他的理论中，处于资产阶级和无产阶级之间的这一阶层由于不能构成"大的社会集团"，缺乏共同的"利益"和"阶级认同感"而无法成为一个阶级，只能被称为"中间阶层"。与这种一元分层模式不同，韦伯采取三位一体的多元分层模式，按照财富、身份（或声望）和权力三个要素进行社会分层。在这一开创性的基础上，之后的社会学家多以职业地位、就业关系、权威关系、收入水平以及教育水平等作为标准来划分阶层，或者将其中一些标准结合起来考察。拉美经委会（CEPAL）1999年以职业作为标准对拉美8个主要国家进行社会分层，发现下等阶层人口比重为74.40%，中等阶层（技术人员和行政雇员）比重仅为14.60%。按照这一标准，"拉美社会结构形态是明显的金字塔型，甚至是'倒丁字'型"①。森布勒（Sémbler，2006）认为近几十年来拉美在界定中产阶级时逐渐摒弃了过去以生产作为标准的做法，而是引入了文化和象征标准，"新中产阶级"与消费、教育背景、独特的生活方式以及文化资本有关。②

　　而经济学家更倾向于将收入作为界定中产阶级的主要标准。由于不甚强调群体价值观和角色身份认知，此时应称它为"中等家庭部门"。用以界定的收入标准有所差异：（1）如果以收入绝对值作为标准（例如将日人均收入在2—13美元间的家庭定义为中等家庭部门），则无法对不同发展程度的国家进行比较；（2）如果按五分位法划分（位于第二、三、四等的为中等家庭部门），则中等家庭部门的人口比例总是固定的（始终占60.00%），一般通过考察其收入规模来确定其在收入分配中的地位。在分析教育问题时，各国际组织更多使用的是五分位法；（3）经合组织（OECD）把人均收入在全国收入中位数的50.00%—150.00%之间的家庭定义为"中等家庭部门"，通过考察这一部门人口的规模来分析收入分配集中的程度。按照这一标准，拉美各国"中等家庭部门"规模均大于50.00%线以下的贫困家庭部门和150.00%线以上的富裕家庭部门。

　　本文中所指的拉美"中产阶级"即为按收入标准界定的"中等家庭部门"。参照OECD的做法，本文在分析教育流动性问题时使用的具体标准是上述五分位法和50.00%—150.00%法两种相对收入标准。

二、教育与代际流动性的关系以及拉美代际流动性的测度

　　社会流动性可以被定义为在一定的时段内特定的个体或群体在社会经济

① 郑秉文主编：《拉丁美洲城市化：经验与教训》，当代世界出版社2011年版，第221页。
② Camilo Sémbler R., *Estratificación Social y Clases Sociales: Una Revisión Analítica de los Sectores Medios*, CEPAL, Serie Politicas Sociales, Santiago de Chile, 2006, pp.55-56.

状况和指标方面的变化。[①] 其中，代际流动性与机会公平程度息息相关，反映出子辈是否有机会通过自身努力摆脱父辈所处的经济地位而向上流动。布劳和邓肯（Blau & Duncan）1967年建立的地位获得模型"将父亲的职业地位和教育程度所代表的先赋性因素以及本人教育程度和初职及现职所代表的后致性因素作为自变量，将个体在社会流动中获得的地位作为因变量，发现：二十世纪五六十年代的美国，个人成就的后致性因素比归因的先赋性因素在决定职业地位获得中扮演更重要的角色，其中，教育在社会再生产和社会流动中起主导作用。因为研究数据表明：不仅大约2/3人的职业获得可以由其本人的教育程度来解释，而且（1）在另外1/3的先赋性影响因素中，父亲教育程度也是子女地位获得的重要影响因素；（2）后致性因素里，初职、现职的获得都与本人受教育程度显著相关"[②]。布劳和邓肯认为，当时美国子辈收入受父辈收入的影响很小，从而得出结论：教育能够促进向上的代际流动性。

而索隆（Solon）于1992年在模型中引入父辈长期（五年）收入均值后发现，布劳和邓肯以及其他早期研究者由于在测算时仅使用了父辈短期收入数据，因而低估了父辈收入对子辈收入的影响。索隆测算出的美国收入代际弹性系数为0.41，高于之前的水平，说明美国的代际流动性低于之前的估计。索隆随后又引入父亲受教育年数的工具变量，则代际弹性系数变为0.53，流动性水平再次降低。这说明父辈的教育阶层差距能够在子辈得到复制，从而降低了代际流动性。[③] 可见，索隆虽然修正了前人计算出的美国代际流动性强度，但其研究结果再次印证了布劳和邓肯的著名论断：教育机会的公平程度即教育流动性是代际流动性的决定因素，教育资源越平等，子辈越有可能超越父辈地位，实现向上的流动。

阿塞贝多和布伊隆（Azevedo & Bouillon，2010）使用回归模型计算了部分拉美国家的收入代际弹性系数，并与部分欧美国家进行对比：$\ln Y_{i,t} = \alpha + \beta \ln Y_{i,t-1} + \varepsilon_{i,t}$，其中 $Y_{i,t}$ 表示子辈长期收入，$Y_{i,t-1}$ 表示父辈长期收入，α 为常数，$\varepsilon_{i,t}$ 为扰动项，参数 β 为收入代际弹性系数。β 值介于0和1之间，代表了两辈人收

① Viviane M. R. Azevedo and Cesar P. Bouillon. "Intergenerational Social Mobility in Latin America: A Review of Existing Evidence", *Revista de Análisis Económico*, Vol. 25, No.2, dic.2010, p.10.

② 周怡《布劳—邓肯模型之后：改造抑或挑战》，载《社会学研究》，2009年第6期，第1—2页。

③ 郭丛斌、闵维方《中国城镇居民教育与收入代际流动的关系研究》，载《教育研究》，2007年第5期，第4页。

入优越性之间的关系。例如父辈收入比其所在群体平均收入高30.00%，而β值为0.35，则子辈收入将比其所在群体平均收入高出10.50%（0.35×30%）。可见β值越接近1，流动性越低，父辈的收入差距越会被复制。[①] 计算结果显示，拉美国家的代际流动性低于欧美国家，智利情况略好，接近英、美水平（图1）。代际流动性低表明各收入阶层地位相对稳固，收入差距在代与代之间被复制的可能性大，中低阶层缺乏向上流动的活力，尤其是占人口大多数的"中等家庭部门"难以在长期内扩大其自身规模，并进而推动收入分配的改善。

按照布劳、邓肯和索隆的理论，低的代际流动性背后应当有着低的教育流动性。那么，下文将着重考察拉美中等家庭部门的教育流动性程度。

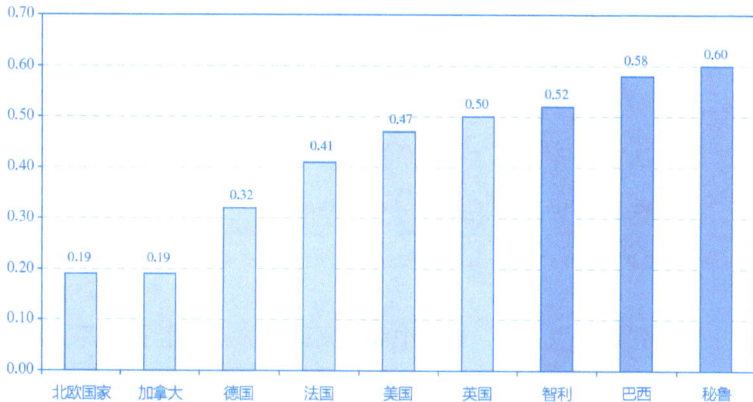

图1：2006年部分拉美和欧美国家收入代际弹性系数

资料来源：Viviane M. R. Azevedo and Cesar P. Bouillon. "Intergenerational Social Mobility in Latin America: A Review of Existing Evidence", Revista de Análisis Económico, Vol. 25, No. 2, dic.2010, p.14.

三、拉美中产阶级的教育流动性

根据OECD于2010年的统计，按收入中位数50.00%—150.00%标准划分的拉美各国三个收入阶层25—65岁群体受教育的平均年限是阶梯上升的：贫困家庭部门6.10年（完整的初等教育），中等家庭部门8.30年（部分的中等教育），富裕家庭部门12年（完整的中等教育）。从下页表1看出，年轻群体的

---

① Viviane M. R. Azevedo and Cesar P. Bouillon. "Intergenerational Social Mobility in Latin America: A Review of Existing Evidence", *Revista de Análisis Económico*, Vol. 25, No. 2, dic.de 2010, pp.11-12.

教育水平普遍高于年老群体，但中等家庭部门中即便是较年轻的21—30岁群体也未完成高中教育。各国的情况差异较大，如智利中等家庭部门21—30岁群体教育水平为11.10年，而巴西为9.08年。这与其义务教育年限的关系比较大：智利义务教育规定为12年，而巴西为8年。

表1：2008年拉美部分国家中等家庭部门各年龄群体的教育年限（单位：年）

	25—65	14—20	21—30	31—40	41—50	51—60	61—65
阿根廷	9.73	9.73	11.13	10.45	9.65	8.33	7.58
巴西	6.61	8.69	9.08	7.47	6.26	4.33	2.91
智利	8.58	10.17	11.10	9.72	8.54	6.67	5.15
墨西哥	7.67	9.03	9.52	8.59	7.53	5.45	4.30
玻利维亚	6.91	8.89	9.30	7.69	6.37	4.44	3.38
厄瓜多尔	9.46	10.34	11.26	10.19	9.21	7.87	6.04

资料来源：经合组织发展中心编《2011年拉丁美洲经济展望》，当代世界出版社，2011年，第157页。

从以上数据我们可以看出，拉美中等家庭部门的教育水平为接受部分的中等教育。那么具体到该部门家庭内部，父辈到子辈教育水平提升的可能性，或者说教育流动性有多大呢？从下页图2看出，在父辈教育水平为初等和高等的家庭中，子女有更多的机会超越父母的教育水平，有着较好的代际教育流动性。而在父辈教育水平为中等的家庭（基本为中等家庭部门）中，子女教育水平向上流动的可能性较小。例如，"在100个父母受过部分中等教育的子女中，仅有10人能够完成高等教育；而在100个父母受过完整高等教育的子女中，58个男性和47个女性能够完成高等教育"[1]。由此可见，对于中等家庭部门来说，教育不平等在数量方面存在着代际复制，教育流动性低于其他两个阶层。

---

[1] 经合组织发展中心编：《2011年拉丁美洲经济展望》，当代世界出版社，2011年，第163页。

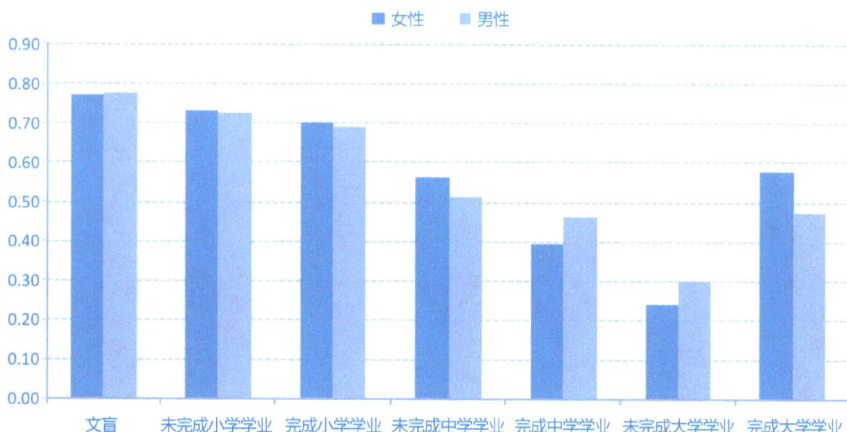

图2：2008年拉丁美洲：在给出父辈教育水平的前提下子女获得更高程度教育的可能性

注：柱状图代表在给出父辈文化程度的前提下，子女获得更高一级教育的平均可能性。但"完成大学学业"这一情况除外，因为这一部分表示达到同一程度的可能性。被调查的子女在调查时处于25—44 岁这一年龄段。

资料来源：经合组织发展中心编《2011 年拉丁美洲经济展望》，当代世界出版社，2011 年，第 15 页。

　　此外在教育质量方面，拉美教育的阶层差距也有着较强的代际传导性。在拉美，私立教育的质量明显高于公立教育。"就工资获取能力而言，私立教育带来的回报率显然高于公立教育。而且，私立教育的回报在过去20年里不断增加。这种差异在初等和中等教育层面最为显著，因为阶层团体在这两个层面最为分离。……父母总是在有能力负担费用的情况下把子女送入私立学校。"[1] 以智利为例（下页图3），由于经济能力有限，贫困和中等家庭部门子女在初等和中等教育阶段几乎全部就读于公立学校。虽然在高等教育阶段就读私立学校的比例显著增加，但考虑到这两个阶层能够完成中学学业并升入大学的可能性非常小，这一现象意义并不大。相比之下，富裕家庭部门有更多的财力就读私立学校。然而对比2000年和2009年数据可以发现，五分位中第4、5阶层在初等和中等教育阶段选择就读公立学校的比例明显增加，这或许可以说明近十年来智利公立基础教育的质量在提高，从而有能力吸引来自富裕家庭的子女就读。

---

[1] 经合组织发展中心：《2011年拉丁美洲经济展望》，当代世界出版社，2011年，第175，177页。

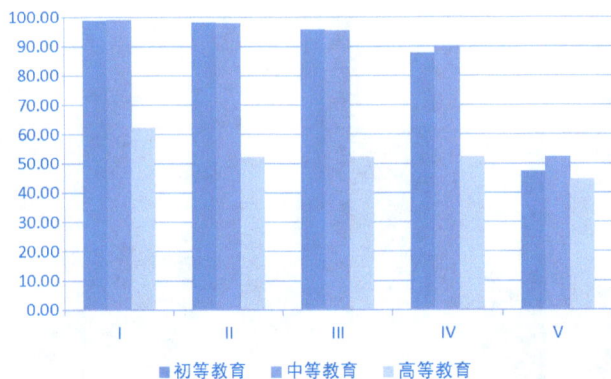

A. 2000年

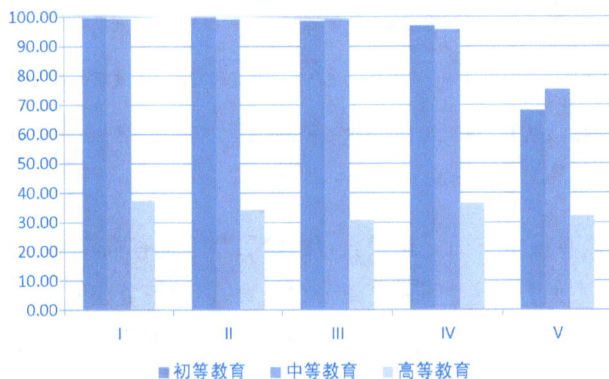

B. 2009年

图3：智利各阶层（收入五分位）就读公立学校的学生比例（％）

注：收入五分位中，Ⅰ代表收入最低阶层，Ⅴ代表收入最高阶层。

资料来源：作者根据拉美和加勒比社会经济数据库（SEDLAC）2012 年数据绘制。

综上所述，由于存在教育资源不平等，拉美中等家庭部门在教育数量和质量上都有较强的代际复制性，教育流动性低。中等家庭部门子女为什么无法超越父母的教育水平而继续深造呢？CEPAL研究指出，家庭的社会经济条件即物质资本（包括收入、住房等），人力资本（户主的文化水平所决定的教育氛围）以及文化资本（价值观和教育意识）依然是决定子女教育水平的主要因素。[①] 具体而言，第一，由于拉美各国中等家庭部门中的非正规就业比例很高（普遍超过正规就业比例），他们在劳动力市场上处于劣势地位，

----

① CEPAL. *Panorama Social de América Latina 2010*, Santiago de Chile, mar. 2011, p.96.

脆弱性明显，不仅得不到必要的就业保护，而且没有被社会保障制度所覆盖。在经济不景气时，或者在面对疾病、事故等意外时，很容易滑落到贫困阶层。因此他们收入有限且不稳定，往往没有能力为子女增加教育支出。第二，因为在拉美国家高中基本不属于义务教育范围，而且国家对中等教育的投资有限，所以中等家庭部门缺乏必要的约束力和资金支持，家长也没有资助子女继续读高中的动力，往往让子女尽快就业以贴补家用。第三，家庭是否愿意为子女教育投资还取决于其对教育作为社会流动途径的信任度，而这种信任则取决于教育的质量和对教育的观念。拉美私立教育被当作富裕阶层维护其地位的工具，私立和公立学校的生源趋向于集中。教育的内部分割导致各学校在师资、教学质量和设施配备上差距拉大，公立学校教育回报率降低。这使得只有能力就读公立学校的中等家庭部门无法对其抱有信心，产生"读书无用"的观念。

四、拉美新一代中产阶级的教育回报率

初、中、高等教育的就业回报率一般是递增的，私立教育和公立教育的回报率也存在差距，因此教育的阶层差距在学生毕业并走上工作岗位后被直接复制为就业的阶层差距。对于贫困和中等家庭部门来说，劳动收入仍是其最主要的收入来源，因此就业的阶层差距直接决定了其相对于富裕家庭部门的收入差距。那么，中等家庭部门的教育回报率是怎样的？它与其他两个阶层的差距有多大呢？

上文已指出，拉美中等家庭部门的教育水平集中在接受部分的中等教育，因此中等教育的回报率代表了该部门的教育回报率。接下来我们就通过分析目前主要拉美国家中等教育的回报率来说明中等家庭部门的教育回报率。

在过去精英教育的时代，大多数人没有机会上学，因此各级教育的回报率都非常高，甚至连小学毕业生都可以在第一和第二产业中找到工资待遇优厚、有充分保障的工作。20世纪八九十年代，随着拉美国家小学和中学（主要是初中）教育的普及，教育出现了相对贬值，只具备这样的基础文化程度已不足以让一个人轻易获得一份可以绝对令其脱贫的工作，更不能保证其收

入超过平均水平。2000年以来，CEPAL数次提出，在当今的拉美，完成中学学业才是保证一个人在未来能够脱贫的最低教育门槛。因为只有达到这一教育水平，才能具备全球化、民主化的世界所要求的基本技能，才能使一个人在结束学业后的一生中具备自主学习和自由发展的能力，才能打破不公正代际复制的机制。[1] 过去初中毕业甚至小学毕业就可以进入中等家庭部门，而现在，中产阶级的子女们必须读完高中才能保证自己在未来不落入贫困阶层，而要想使收入超过平均水平则必须进入大学继续学习（图4）。

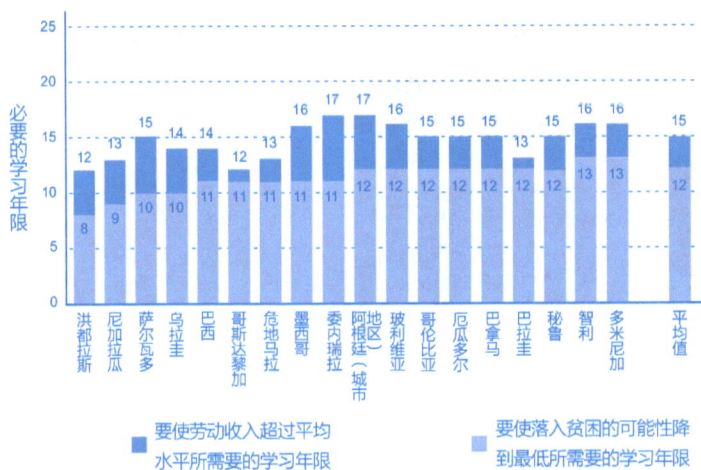

必要的学习年限

国家	要使落入贫困的可能性降到最低所需要的学习年限	要使劳动收入超过平均水平所需要的学习年限（总计）
洪都拉斯	8	12
尼加拉瓜	9	13
萨尔瓦多	10	15
乌拉圭	10	14
巴西	11	14
哥斯达黎加	11	12
危地马拉	11	13
墨西哥	11	16
委内瑞拉	11	17
阿根廷（城市）	12	17
玻利维亚	12	16
哥伦比亚	12	15
厄瓜多尔	12	15
巴拿马	12	15
巴拉圭	12	13
秘鲁	12	15
智利	13	16
多米尼加	13	16
平均值	12	15

■ 要使劳动收入超过平均水平所需要的学习年限   ■ 要使落入贫困的可能性降到最低所需要的学习年限

图4：2008年拉美18国20—29岁就业群体（每周工作20小时以上）：要使其劳动收入超过平均水平以及要使落入贫困的可能性降到最低所需要的学习年限

资料来源：CEPAL. *Panorama Social de América Latina 2010*, Santiago de Chile, mar. 2011, p.105.

可见，目前拉美的中等教育回报率非常有限，只能保证一个人的收入超过贫困线，而无法保证他能够稳定地享有中产阶级的地位。这一标准与拉美的现状形成了鲜明的对比。21—30岁是相对最年轻而且已经经历了所有教育阶段的年龄段，但各国中等家庭部门处于这一年龄段的子女的教育年限却基本低于12年：厄瓜多尔11.26年，阿根廷11.13年，智利11.10年，秘鲁10.43年，墨西哥9.52年，巴西9.08年，哥伦比亚8.42年。按照上述标准，这些年轻人在未来不但难以维持并超越其父母的收入地位，还很有可能变成穷人。

---

[1] CEPAL. *Panorama Social de América Latina 2010*, Santiago de Chile, mar. 2011, pp.104~105.

此外，中学文化程度的人最难找工作，失业率比其他教育水平的人都高。其中，未完成高中学业者失业率最高，上述各国中等家庭部门21—30岁年轻人恰好是这样的人；女性失业率高于男性，青少年失业率远高于30岁以上成年人（图5）。

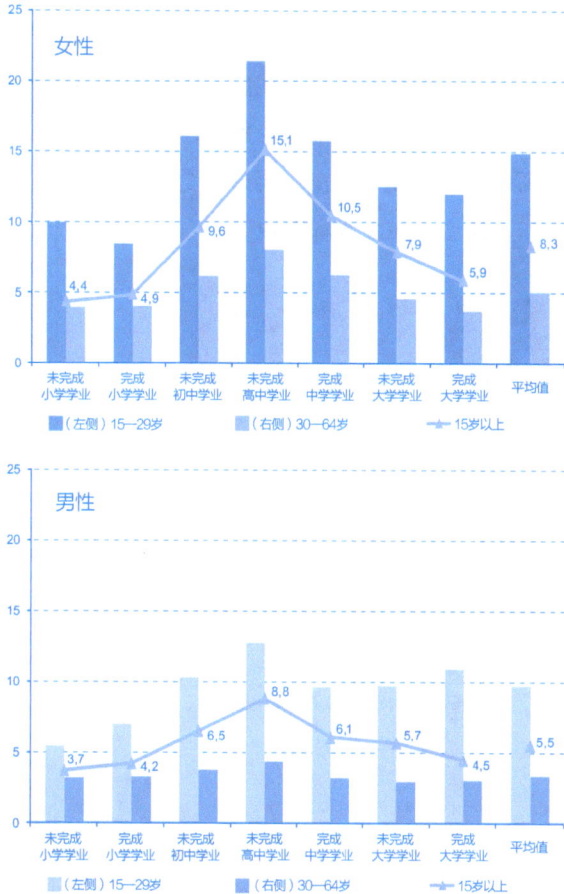

图5：拉美部分国家：各教育水平群体的失业率（％）

资料来源：CEPAL. *Panorama Social de América Latina 2010*, Santiago de Chile, mar. 2011, p.106.

对各教育阶段的回报率进行具体比较后可以发现，教育年限的增加与就业的非正规性和低生产率存在负相关，从而与收入存在正相关。此外我们还可以发现，中等教育水平的劳动者虽然比初等教育水平劳动者多付出了近一倍的学习时间，但两者月平均收入之间的差别并不大，而接受过部分高等教育和完整高等教育的劳动者的收入却陡然上升（图6）。这说明教育回报率只有在上大学和大学毕业后才能出现大的飞跃，中学学历尤其是未完成中学学业的劳动者极容易被社会抛弃。面对这一局面，许多中等家庭部门子女可能会选择在初中毕业后辍学，因为浪费三年的时间和金钱去读高中换来的回报并不大，不如尽早开始工作养家。回报率出现这种差距的原因是易于理解的：由于接受高等教育是富裕阶层的特权，这些极少数的拥有高学历的精英分子在市场上供不应求，薪水自然居于高位。由此可见高等教育的高回报率很大程度上是由低的教育流动性带来的。另外，接受过高等教育的人可以胜任现代高技术、高生产率行业的工作，而只接受过中等教育的人大多只能从事传统行业的工作，这也会拉大收入差距。

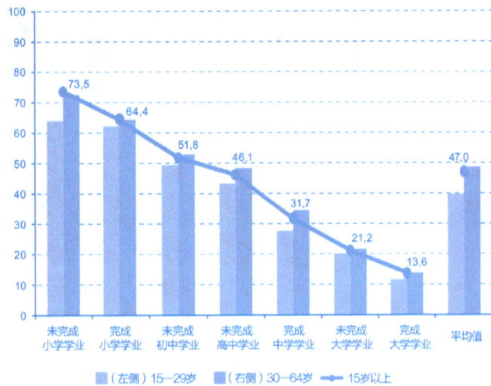

A. 各教育水平下的就业非正规性（纵轴，%）

B. 各教育水平下的月均劳动收入（纵轴，2000年美元购买力平价）

图6：拉美部分国家：教育水平与就业质量的关系

资料来源：CEPAL. *Panorama Social de América Latina 2010*, Santiago de Chile, mar. 2011, p.107.

　　具体到各国的情况（表2），巴西和智利的高等教育私人回报率远远高于初、中等教育回报率，证明其教育流动性低，教育资源不平等；墨西哥和乌拉圭在这方面的差距较小，而阿根廷城市地区各教育阶段的回报率增长幅度最为平缓。另外，从事正规工作对工资增长的影响非常大，远大于高等教育的回报率。而由于教育年限越长，就业正规性程度越高，这一因素进一步拉大了各教育阶段回报率间的差距。

　　OECD指出，与其他拉美国家不同，智利中等家庭部门中非正规就业比例小于正规就业。因此上述"从事正规工作"这一影响因素对智利该部门有着积极的意义：其收入对教育年限的弹性会比较大，每多接受一年教育所得到的回报率相对会更高。这在一定意义上可以解释为何智利教育流动性低于巴西，而代际流动性却高于巴西。

表2：拉美部分国家的教育私人回报率及其他因素对工资增长的影响

（基本工资增长的百分比）

	教育回报率			其他因素的影响		
	小学	中学	大学	在城市	是男性	从事正规工作
阿根廷（城市，2006）	3.00	7.60	8.30	—	15.80	47.80
巴西（2008）	6.70	9.20	25.50	18.70	24.50	26.90
智利（2006）	3.00	7.50	19.40	7.40	20.70	24.30
墨西哥（2008）	4.50	9.00	14.80	21.40	17.60	33.20
乌拉圭（2008）	2.90	8.70	14.90	-3.10	21.50	35.80
简单平均数	4.70	7.60	14.90	17.60	18.30	34.10

资料来源：CEPAL. *Panorama Social de América Latina 2010*, Santiago de Chile, mar. 2011, p.109.

　　总而言之，教育水平处在未完成高中教育阶段的拉美新一代中等家庭部门在教育回报率方面处于比贫困和富裕家庭部门更为不利的地位。首先，中等教育的贬值使其无法稳固地保持与父母一样的经济地位，而且失业率较其他文化程度的群体更高。其次，中等教育的回报率远不及高等教育；虽然略高于初等教育，但这一微弱优势与其所投入的学习时间不成正比。

五、结论及对策

综上所述，可以总结出如下结论：一是拉美中等家庭部门的教育水平基本为接受部分的中等教育。由于教育资源不均等，该部门教育的代际相关性较强，子女无法明显超越父母的教育水平，教育流动性甚至低于贫困和富裕家庭部门。二是随着中等教育的贬值，其教育回报率与初等教育相差无几，而与高等教育相去甚远，中学文化程度者的教育投入和产出最不成比例。因此中等家庭部门教育回报率相对而言处于最低的水平。此外，该部门由于财力有限，只有能力接受公立中等教育，而其教学质量不及私立教育，这进一步降低了其教育回报率。三是目前拉美中等家庭部门在就业和劳动收入上处于非常尴尬和不利的地位，相对另外两个阶层而言，他们更难突破父母的收入水平，代际收入地位的复制性更强，代际流动性更低。此外，由于拉美各国中等家庭部门在人口中比例最大，其较低的流动性也会拉低社会整体的流动性水平。

本文中所体现的"教育流动性—教育回报率—代际流动性"传导过程证明了布劳、邓肯所认定的"教育与代际流动性密切相关"的结论。

从分析中可以发现，要促进拉美中等家庭部门向上的代际流动性，并最终达到改善收入分配的目的，首要的任务是促进其教育流动性，充分提高其子女一代的教育程度，这样才能增加其教育回报率，使其有更多的机会超越父母的地位。而目前其教育流动性低的主要症结在于基础和高等教育公共投资比例不协调，私立教育和公立教育质量不平衡，义务教育年限不足，中等家庭部门教育支出不积极等。针对这些问题，应当考虑采取以下对策：

第一，改善公共投资在各教育阶段的比例，增加初、中等教育公共投资，改善公立教育质量。拉美历史上存在过分重视高等教育而相对忽视基础教育的弊病，这种精英教育的模式导致了教育资源的不均等和贫富差距的拉大。进入21世纪以来，拉美国家在经济较快增长的背景下逐步加大教育公共投资力度，并有意识地提高初、中等教育投资比例。以智利为例（下页图7），智利近10年来教育公共投资经历了较大反复，而2006年前后出现的波动主要是由于初、中等教育投资下降，相比之下高等教育投资发展平稳。这说明智利对初、中等教育的重视程度还有待提高。较令人满意的一点是，2009年智利高等教育投资占教育总投资比重为16.00%，与巴西持平，在拉美居于较低水平（2007年委内瑞拉该比例高达43.00%）。在增加中等教育公共投资的基础上，要大力提高公立教育的质量。如上文所述，拉美中等家庭部门子女几乎全部就读公立中学，而它与私立学校教学质量及教育回报率的差距令他们失望。政府应加大对公立中学的投入，吸引优秀教师的加入，并完善行政管理制度和对教师的考评制度，让大部分人享受到优良的教育资源。

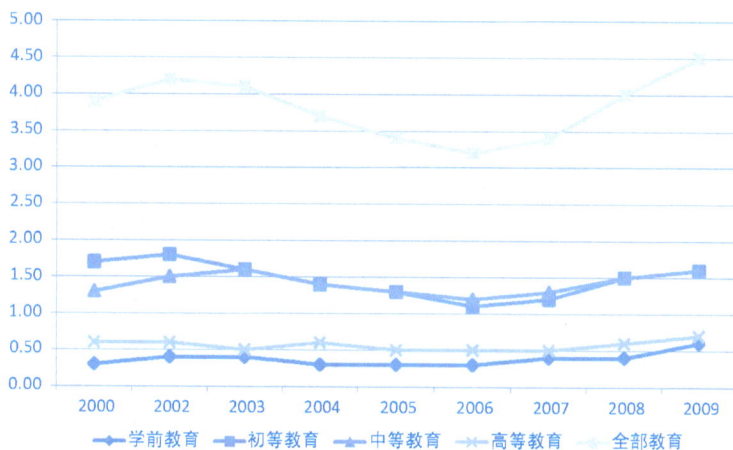

图7：2000—2009年智利在各教育阶段的公共投资占GDP的比重（%）
资料来源：作者根据联合国教科文组织（UNESCO）数据绘制。

第二，延长义务教育年限，增加学生学习时间。巴西义务教育年限仅为8年，而智利为12年，覆盖全部中小学阶段（下页表3）。义务教育的延长首先会使国家相应加大对延长部分的投资，增加其数量和质量，减少家庭的教育支出；其次有利于从制度上保证中等家庭部门完成中等教育，增加对家庭的约束力和为子女教育投资的动力。另外，要增加学生在校学习时间。这首先有利于那些因父母自身文化程度低而无法创造足够文化氛围的中等家庭部门子女提高学习动力，其次可以减少学生辍学、犯罪的几率，还可以增加中学毕业后继续深造的可能性，从而改善未来的工作条件。

表3：2007—2008年拉美部分国家义务教育年限与初、中等教育年限（单位：年）

	义务教育年限	初等教育年限	中等教育年限	义务教育/初、中等教育
阿根廷	10*	6	6	10/12
巴西	8	4	7	8/11
智利	12	6	6	12/12
墨西哥	10	6	6	10/12
乌拉圭	10	6	6	10/12

注：阿根廷于 2007 年将义务教育年限由 10 年延长至 13 年（OECD，2010 年）。
资料来源：CEPAL. *Panorama Social de América Latina 2010*, Santiago de Chile, mar. 2011, p.154.

第三，公共教育投资要向中低收入者倾斜。国家教育投资在各收入群体中的分配比例一般与收入分配正相关，形成一条与洛伦兹曲线相对应的向上弯曲的曲线，目的是给予中低收入群体更多的教育资源。巴西虽然基尼系数很高，但教育投资对其的纠偏作用较强；阿根廷在小学、初中阶段将更多的资金投向劣势群体；智利更重视高中阶段的教育公平（这有利于中等家庭部门）；而危地马拉公共投资不但在中等教育阶段没有体现公平性，对高等教育投资的不公平性甚至超过了收入的不公平性（表4）。投资倾向于中等收入者有利于减轻其经济负担，增加其学习机会。另外，国家还应通过助学金和奖学金等方式来资助该部门子女进入大学继续深造。

表4：拉美部分国家人均收入基尼系数和各级教育公共投资带来的基尼系数

	人均收入	学前教育	小学教育	初中教育	高中教育	大学教育	全部教育
阿根廷（2008）	0.52	−0.30	−0.43	−0.30	−0.10	0.12	−0.23
巴西（2008）	0.60	−0.40	−0.40	−0.29	−0.11	0.47	−0.27
智利（2006）	0.53	−0.20	−0.21	−0.19	−0.13	0.30	−0.15
危地马拉（2006）	0.59	−0.25	−0.21	0.11	0.27	0.69	0.07
巴拉圭（2008）	0.53	−0.12	−0.30	−0.11	0.01	0.51	−0.12

资料来源：CEPAL. *Panorama Social de América Latina 2010*, Santiago de Chile, mar. 2011, p.164.

以上政策有利于提高中等家庭部门教育流动性。此外，针对拉美中等教育就业回报率低的问题，应当加强对拥有部分或完整中学学历者的职业培训。中学回报率低的一个重要原因是教学内容与工作岗位需求脱节，学生难以胜任现代高技术、高生产率工作。因此政府应当与企业合作来开展职业培训，帮助刚走出中学校门的年轻人尽快掌握基本的劳动技能，从而提高其劳动收入水平。另外还应发展高中职业教育，培养有各种职业技能的专门人才。

参考文献

1. 郭丛斌，闵维方. 中国城镇居民教育与收入代际流动的关系研究[J]. 教育研究，2007(5): 3-14.

2. 经合组织发展中心. 2011年拉丁美洲经济展望[M]. 北京：当代世界出版社，2011.

3. 郑秉文. 拉丁美洲城市化：经验与教训[M]. 北京：当代世界出版社，2011.

4. 周怡. 布劳—邓肯模型之后：改造抑或挑战[J]. 社会学研究，2009(6): 206-225.

5. AZEVEDO V M R, BOUILLON C P. Intergenerational Social Mobility in Latin America: A Review of Existing Evidence [J]. Revista de Análisis Económico, 2010, 25(2):12-23 .

6. CEPAL. Panorama Social de América Latina 2010 [M]. Santiago de Chile: CEPAL, 2011.

7. SÉMBLER C. Estratificación Social y Clases Sociales: Una Revisión Analítica de los Sectores Medios [M]. Santiago de Chile: CEPAL, Serie Políticas Sociales, 2006.